Manfred Riedel folgt in diesem Buch den Spuren von Nietzsches Philosophie und ihrem brisanten Nachspiel in der europäischen Geschichte des 20. Jahrhunderts. Die Spuren führen zu den Identifikationen der Lehre vom »Willen zur Macht« mit dem nationalsozialistischen Machtwahn. Nach dem Zusammenbruch des »Dritten Reiches« verschränken sie sich mit der Teilungsgeschichte Deutschlands und dem Ost-West-Konflikt. Und schließlich münden sie in den Weg des »anderen deutschen Staates«, der seine Legitimität auch aus dem Kampf gegen Nietzsche als Vorläufer des Faschismus zu gewinnen glaubte und sie zugleich durch die geduldete Publikation des Nietzsche-Nachlasses aus dem Weimarer Goethe-Schiller-Archiv untergrub. Nietzsche hatte es prophezeit: »Allem Zukünftigem beißt das Vergangene in den Schwanz.«

Manfred Riedel, geb. 1936, lehrt Philosophie an der Universität Halle-Wittenberg. 1990 erhielt er den Nietzsche-Preis. Zuletzt erschien *Freilichtgedanken* (1998).

Manfred Riedel

Nietzsche in Weimar

Ein deutsches Drama

Reclam Verlag Leipzig

ISBN 3-379-01685-3

Reclam-Bibliothek Band 1685
1. Auflage, 2000
Reihengestaltung: Hans Peter Willberg
Umschlaggestaltung: Oberberg + Puder, Leipzig,
unter Verwendung eines Fotos der Nietzsche-Büste
von Curt Stoeving aus dem Jahre 1901 (Privatbesitz)
Foto: Gertrud Glasow, Erlangen
Gesetzt aus Times
Satz: XYZ-Satzstudio, Naumburg
Druck und Bindung: Ebner Ulm
Printed in Germany

»Ich hasse die falschen, verwirrenden Alternativen, deren Liebhaber und Verfechter über den modischen Augenblick, einen allenfalls korrekten Rückschlag des Geistes, nicht hinaussehen … Mir ist zumute, als ob eine solche Beschränktheit im Lande Goethes und Nietzsches beschämend sei. Denn was namentlich diesen letzteren, einen Seher wahrer menschlicher ›Neuigkeiten‹, betrifft, so gilt es, das Pathos großer europäischer Humanität, das seines Wesens Kern bildet, klar herauszuarbeiten und gegen wüste Mißverständnisse zu verteidigen.«

Thomas Mann, Von europäischer Humanität.
Fragment, 1927

Inhalt

Zur Einführung 11

Prolog 15

I. TEIL: Der »Gute Europäer« und die Parteien des europäischen Bürgerkriegs

1. Kapitel: Die »Philosophie des Nietzsche-Archivs« . . 22

§ 1 Im Familienbann: Einhegungen mit Folgen . . . 22

§ 2 Im Bann des Staates oder die Anfänge der Verkehrung von Nietzsches Philosophie 27

§ 3 Nietzsche im Kriegsbann oder die Anfänge öffentlicher Ächtung 42

2. Kapitel: Nietzscheanismus ohne Philosophie? 52

§ 4 Nietzsche im Umfeld der Sozialdemokratie . . . 54

§ 5 Jüdischer oder messianischer Nietzscheanismus? 68

§ 6 Nationaldeutsche Nietzschebewegung 76

II. TEIL: Nietzsche und der Nationalsozialismus

3. Kapitel: »Wille als Macht« und Übermensch: Halbierungen von Nietzsches Philosophie 86

§ 7 »Heroischer Realismus« oder wie Alfred Baeumler den »Willen zur Macht« systematisiert 90

§ 8 Die »Welt als Kampf« oder mit welchen Mitteln Nietzsches Philosophie nationalsozialistisch banalisiert wird 99

4. Kapitel: Von Nietzsche zu Hitler? 109
§ 9 Zwischen innerer und äußerer Emigration: Martin Heidegger und Karl Löwith, Max Horkheimer und Karl Jaspers 109
§ 10 Der Streit um das nationalsozialistische Nietzschebild 124
§ 11 Machenschaften mit Nietzsche 136

III. TEIL: Im Schatten der Nachkriegszeit

5. Kapitel: Zwischen Anklage und Verteidigung 150
§ 12 Bewahrung des Nietzsche-Nachlasses im Goethe- und Schiller-Archiv und eine »Sterbenische« für Nietzsche 153
§ 13 Nietzsche in Nürnberg oder Verwechslungen mit Alfred Rosenberg: Johannes R. Becher . . . 164
§ 14 Im Vorraum des Faschismus? Thomas Mann und Ernst Niekisch 171

6. Kapitel: Zwischen West- und Ostzone: Zweierlei Nietzsche-Debatten 180
§ 15 Im Zwielicht des Jahrhunderts: Der junge Wolfgang Harich als Nietzsche-Verteidiger? 180
§ 16 Freispruch für Nietzsche: Eva Siewert 192
§ 17 Vor dem Kassationshof: Stefan Andres, Otto Flake und Heinrich Scholz. Mit einem Nachtrag zum Urteilswiderspruch in Thomas Manns ›Doktor Faustus‹ 196

IV. TEIL: Der Philosoph als Staatsfeind

7. Kapitel: Im Namen des Antifaschismus oder wie Nietzsche realsozialistisch banalisiert wird . . . 208
§ 18 Verurteilung durch die Besatzungsmacht und Ernennung zum Staatsfeind 208
§ 19 Essayraum der Hoffnung: Ernst Bloch 215
§ 20 Die Banalität ist die Gegenrevolution: Georg Lukács 226

8. Kapitel: Der Kampf gegen die westliche Nietzsche-Renaissance 237
§ 21 Das Feindbild »spätbürgerliche Philosophie« . . 237
§ 22 Auf den Spuren Zarathustras: Fahndungen nach dem Kriegstreiber 241

V. TEIL: Lärm, Stille vor dem Sturm und ein Mantel um Nietzsches Gedanken

9. Kapitel: Zwischen Staat und Kirche 248
§ 23 Zweierlei »Nietzsche-Konferenzen« 248
§ 24 Nietzsches Weg aus dem Weimarer Goethe- und Schiller-Archiv 257
§ 25 Kein Ausbruch aus der Lügenparade? Grunderfahrung und Gefahrenzone von Nietzsches Philosophieo der die Frage des »Vernichtungskriegs« 262

10. Kapitel: »Wo der Staat aufhört ...« 273
§ 26 Solopartie mit Kirchenchor: Der späte Wolfgang Harich und die Nietzsche-Debatte in ›Sinn und Form‹ 273
§ 27 Keine Nische für Nietzsche? 286
§ 28 Nietzsche und der Staat: Zweierlei Wendegesang 296

Epilog: Goethe und Nietzsche 300

Anmerkungen 304

Zur Einführung

Dieses Buch folgt einer *Coda* zu Nietzsches Philosophie: ihrem *Nachspiel*, das sie in der Geschichte unseres Jahrhunderts findet. Es stellt nicht dar, was dieses Wort besagt: ein heiteres Spiel von Tönen und Formen, von Anhängen zu Musikstücken oder Zusatzversen zum vollendeten Gedicht, die Disharmonisches ausgleichen, das allzu Glatte, Glänzende anrauhen und dadurch um so wirkungsvoller erscheinen lassen. Und am wenigsten fügt es sich jenem intellektuellen *Vorspiel* zu einer Philosophie der Zukunft, das doch die Niederschrift der Lehre vom Willen zur Macht an ihrem Grund und Ursprung sein wollte: »Ein Buch zum Denken, nichts weiter: es gehört denen, welchen Denken *Vergnügen* macht, nichts weiter. Daß es deutsch geschrieben ist«, hält Nietzsche, als ahne er sein Verhängnis, in Notizen zu einer *Vorrede* fest, »ist zum Mindesten unzeitgemäß: ich wünschte es französisch geschrieben zu haben, damit es nicht als Befürwortung irgendwelcher reichsdeutscher Aspirationen erscheint.«
Dazu ist es unter politisierenden Intellektuellen und Parteipolitikern, die diese Philosophie in Dienst nahmen, schon bald gekommen: als Elisabeth Förster-Nietzsche um die Jahrhundertwende aus Nietzsches fragmentarischen Niederschriften unter dem Titel »Der Wille zur Macht« ein »Hauptwerk« herausgibt, das zum Handeln anleitet, zu nichts weiterem; und dann bald jenen gehören sollte, denen *Handeln Vergnügen macht*, nichts weiter: den großen Tyrannen des Jahrhunderts.

An diesem Punkt beginnt der Ernst des Nachspiels, setzt unsere Beschreibung des deutschen Dramas auf dem Hintergrund der Geschichte des europäischen Bürgerkriegs in diesem Jahrhundert ein. Die Spuren weisen zurück auf die alldeutsche Bewegung während des späten Kaiserreichs. Sie führen weiter zu Identifikationen der Lehre vom »Willen zur Macht« mit dem nationalsozialistischen Machtwahn. Nach dem Zusammenbruch des »Dritten Reiches« verschränken sie sich dann mit der Teilungsgeschichte unseres Landes und dem Ost-West-Konflikt. Und schließlich münden sie in den Sonderweg des »anderen deutschen Staates«, der seine Legitimität auch aus dem Kampf gegen Nietzsche als Vorläufer des Faschismus gewinnt und sie sich zugleich durch die geduldete Publikation des Nietzsche-Nachlasses aus dem Weimarer Goethe-Schiller-Archiv untergräbt.
Warum die Nachspiele hier ihren Gipfel erreichen mußten und während des letzten Stadiums der DDR gar deren Menetekel ankündigen, die wie von Geisterhand geschriebene Mahnung an der Wand, den Bogen nicht zu überspannen, darüber kann sich der Leser am Leitfaden unseres *Prologes* unterrichten. Die »Schlange der Erkenntnis«, Nietzsches Sinnbild philosophischer Denkkraft, sollte sich als wendig erweisen. Statt gebändigt zu werden, kräftigte sie sich, blieb der Kopf lebendig. So konnte sich die Schlange wieder einringeln und der ihr angehängten *Coda*, nach dem Grundsinn jenes Wortes, in den Schwanz (lat. cauda) beißen.
»Fürchtet euch nicht vor dem Fluß der Dinge«, hatte Nietzsche für diejenigen notiert, die sich dadurch zum Denken herausgefordert wissen, »dieser Fluß kehrt in sich selber zurück: er flieht sich selber nicht nur zwei Mal. Alles ›Es war‹ wird wieder ein ›Es ist‹. Allem Zukünftigen beißt das Vergangene in den Schwanz.« So ist es mit Nietzsches Philosophie in diesem Jahrhundert gewesen.

Und die Gefahr einer Rückkehr des Vergangenen, sie wäre weniger gefährlich, wüßte die Gegenwart, wo ihr der Kopf stünde. Sie braucht ihn, um sich zu häuten und die Hüllen einer toten Vergangenheit abzustreifen.
Die Konzeption des Buches geht auf die Zeit meiner Lehrtätigkeit als Schiller-Professor an der Universität Jena (1992/93) zurück und sah für den Anfang eine Darstellung von Nietzsches Verhältnis zur Weimarer Klassik vor. Sie hat sich verselbständigt und mußte, als mir zugesandte Zeugnisse und Zufallsfunde zum Hintergrund der bekannten ›Sinn-und-Form‹-Debatte über Nietzsche (1986/87) eine konzeptuelle Veränderung nahelegten, während der Vorarbeiten entfallen. Einige Keimgedanken sind erhalten geblieben (vgl. §2) oder eingestreut in das kursorische Gespräch mit meinem Leipziger Lehrer Hermann August Korff und dessen ›Geist der Goethezeit‹ (1954[2]). Einiges ist inzwischen in dem von Otto Dann, Norbert Oellers und Ernst Osterkamp herausgegebenen Sammelband ›Schiller als Historiker‹ (1995) und in der Festschrift für Peter Horst Neumann (1996) publiziert worden. Anderes wird gesondert erscheinen.
Den Titel ›Nietzsche in Weimar‹ habe ich beibehalten. Der Untertitel ergab sich im Verlaufe des mühsamen, zeitweilig auch von außen behinderten Versuchs, ein tragisches, und das heißt: furchtbares Kapitel deutscher Geistesgeschichte in seiner Verflechtung mit dem Weltgeschehen des Jahrhunderts durch Rückgriffe auf artistische Stilmuster von Nietzsches Philosophie zu vergegenwärtigen. Es ist nicht zu erwarten, daß die gewählte Form den Bann von Gleichgültigkeit und Schweigen oder des Geschwätzes lösen wird, der sich um heutige Fortsetzungen jenes Dramas legt. Aber ich hoffe, daß sie dem Leser Nietzsches »Pathos der Distanz« nahebringt und die Lektüre erleichtern wird.

Das Buch in der jetzt vorliegenden Fassung gäbe es nicht ohne meine alten Freunde aus der frühen DDR-Zeit, die mir als Zeitzeugen Rede und Antwort standen und meine abgeblaßte Erinnerung wieder auffrischten. Besonders danke ich Horst Laude (Berlin) für seinen Hinweis auf jenen nur wenigen Nachkriegszeugen bekannten Nietzsche-Essay aus dem Berliner ›Kurier‹ von 1946, der nach redaktioneller Erklärung »Wolfgang Harich zum Verfasser hatte« (Nr. 20, S. 3). Es handelt sich um eine geistreiche Verteidigung von Nietzsche gegen die Anklage, Hitlers Vorläufer gewesen zu sein. Der für einen *Anhang* zu diesem Buch geplante Abdruck wurde von Harichs Erben verhindert.
Berichte und Zeugnisse über die bislang unbekannte Nietzsche-Konferenz der evangelischen und katholischen Studentengemeinden im Magdeburger Sebastianum (1982) stammen von Frank Steinmüller (Magdeburg) und Günther Knittel (Leuna). Oberkirchenrat Michael Jacob (Berlin) hat den IV. und V. Teil des Manuskripts mit wertvollen Anmerkungen versehen. Frau Dr. Wollkopf (Weimar) danke ich für freundliche Hilfe bei der Erschließung von Akten des Nietzsche-Archivs im Goethe- und Schiller-Archiv. Besonderer Dank für kritische Einwände gilt Kurt Lenk (Aachen), dem alten Weggefährten seit der Marburger Zeit; für Mithilfe bei der Wahrheitssuche Eberhard Haufe (Weimar), Gerd Irrlitz (Berlin) und seinem Schüler Gunnar Decker (Berlin), der während der 80er Jahre als Student an der Humboldt-Universität die Nietzsche-Debatte in der Zeitschrift ›Sinn und Form‹ aus der Nähe miterlebt und mir Einblicke in seine demnächst erscheinenden Untersuchungen zu den philosophisch-politischen Hintergründen dieser Debatte gewährt hat.

Rathsberg, im November 1996 *Manfred Riedel*

Prolog

Im Eingangsraum zum Weimarer Nietzsche-Archiv, das wenige Monate nach der deutschen Vereinigung als Gedenkstätte an den hier am 25. August 1900 verstorbenen Philosophen wiedereröffnet wurde, findet sich ein Auszug aus dem Archiv-Tagebuch vom August 1945. Geschrieben auf verblichenem Kriegspapier, nimmt sich dieses Zeugnis in der Fülle von Illustrationen und Materialien zur Geschichte des von Elisabeth Förster-Nietzsche begründeten Archivs so unscheinbar aus, daß es dem Betrachter nicht weiter auffällt. Es vermerkt den Abzug amerikanischer Truppen Anfang Juli 1945, die Mitte April in die Stadt eingerückt waren und die Häftlinge des KZ Buchenwald befreiten. Es berichtet über den Wechsel der Besatzungsmacht von den USA an die Sowjetunion. Und es notiert Versuche russischer Offiziere, die angrenzende Nietzsche-Halle (das heutige Gebäude des Rundfunksenders Thüringen) für Einquartierungen von Truppenteilen zu beschlagnahmen. In der großen Halle, so erfährt der Besucher, befanden sich die während des Krieges ausgelagerten Bestände des Schiller-Hauses, Exponate des naturhistorischen Museums, Akten aus der Geschichte Weimars. Da der russische Stadtkommandant nicht zu bewegen war, fährt der Bericht fort, »von ihm unterschriebene Verbotsschilder zur Verfügung zu stellen, bringen wir selbst in deutscher und russischer Sprache an beiden Häusern Schilder an: *Schiller- und Nietzsche-Museum. Kein Quartier!*«

Der Tagebuchschreiber ist Max Oehler, als Major a.D. und Nietzsche-Vetter zusammen mit seinen Brüdern Richard und Adalbert Oehler seit 1919 am Archiv tätig, dessen Verwaltung er nach dem Tod von Elisabeth Förster-Nietzsche (1935) übernimmt. Sein Eintrag ist ein historisches Dokument, und dies in zweifacher Hinsicht. Einmal kündigt es das Ende der langen Geschichte des Nietzsche-Archivs an, die wenig später erfolgende Schließung und Versiegelung durch die Sowjetische Militäradministration. Und unfreiwillig, der Folgen seines vom Zwang der Umstände diktierten Handelns nicht bewußt, bezeugt der Tagebuchschreiber, was mit dem Schutzversuch gegen willkürliche Übergriffe der Besatzungsmacht beginnt – die »Zurücknahme« des Nietzsche-Archivs hinter die Schilder der »Weimarer Klassiker«. Es ist das erste Zeugnis eines höchst widersprüchlichen Geschehens: der Bergung des Nietzsche-Nachlasses und seiner Verbergung zugleich. Er wird zum Bestandteil des Goethe- und Schiller-Archivs und gerät damit später in die Obhut der »Nationalen Forschungs- und Gedenkstätten der klassischen deutschen Literatur in Weimar« (NFG). Unter stillschweigender Tolerierung der DDR-Regierung verwahren sie den Nietzsche-Nachlaß als literarisches Erbe und geben ihn dann Anfang der 60er Jahre für das westliche »Ausland« zur Veröffentlichung frei, ohne daß es vor Ort je zu einer kritischen Auseinandersetzung kommt.[1] Der Widerspruch besteht darin, daß Nietzsches Erbe, um es mit Hegel auszudrücken, zwar im negativen Sinne »aufgehoben«, aber nicht im Land öffentlich zugänglich wird. Es bleibt vielmehr *Tabu* und wird damit dem geistigen Leben in Thüringen und Sachsen und darüber hinaus während der DDR-Zeit entzogen – bis kurz vor der »Wende« die lange verborgene Doppeldeutigkeit der Nietzsche-Bergung offen zutage tritt.

Dieses Geschehen voller Widersprüche und Spannungen gilt es im folgenden darzustellen. Wir versuchen das auf zwei verschiedenen Ebenen. Zum einen bezieht sich unsere Darstellung auf einen komplexen Verbund von Institutionen, die trotz räumlicher Nachbarschaft in der Kulturhauptstadt des deutschen Geistes immer schon weit auseinanderlagen und stets nur – bis auf jenen aus der Verzweiflung geborenen Vereinigungsakt vom Juli 1945 (»Schiller- und Nietzsche-Museum«) – in gemessener Entfernung miteinander verkehrten. Und zum anderen analysieren wir das darin eingeflochtene Motivbündel politischer Vormeinungen und geistiger Tabuisierung, die eine sachlich unbefangene, dem Gedanken aufgeschlossene Auseinandersetzung mit Nietzsches Philosophie lange Zeit verhindern.
Die Analyse führt uns in mehreren Gängen durch das Labyrinth des Zeitgeistes. Zunächst zeichnen wir in einigen Grundzügen die Philosophie des »Guten Europäers« und ihren Abstand zu den Weltanschauungsparteien des europäischen Bürgerkriegs im 19. und 20. Jahrhundert nach. In einem zweiten Durchgang konfrontieren wir den nationalsozialistisch-faschistischen Nietzscheanismus mit Nietzschebildern des Nachkriegsantifaschismus und untersuchen dann die Hintergründe der Bergung des Nietzsche-Nachlasses im Weimarer Goethe- und Schiller-Archiv, die unter den Umständen der Nachkriegszeit in seine Verbergung und die Ernennung des Philosophen zum DDR-Staatsfeind mündet. Und in einem dritten Gang beleuchten wir die Ambivalenz der Nachlaßbergung, die Nietzsches Warnung, sein Werk enthalte »Dynamit« und sei mit Vorsicht zu behandeln, auf unvorhergesehene Weise bewahrheitet. Die Edition des Nachlasses in der Colli-Montinari-Ausgabe (1967–1977) verurteilt den Mauerbau der DDR-Kaderphilosophie um Nietzsche zum Stückwerk.

Jene gleichsam unterirdisch verlaufende Geschichte, welche die Vorgänge um Nietzsche seit 1945 umspielt, wird dem heutigen Besucher des Weimarer Nietzsche-Archivs vorenthalten. Außer dem erwähnten Tagebucheintrag bekommt er nichts aus der Frühzeit der DDR-Geschichte zu Gesicht: kein Wort über die Weiterführung der Stiftung Nietzsche-Archiv bis zum Jahr 1949, keine Auszüge von Sitzungsprotokollen oder vom Beschluß aus dem Gründungsjahr der DDR, im Archiv-Haus an der Humboldtstraße Nietzsches Sterbezimmer wieder herzurichten, von anderen Zeugnissen mit historischem Gewicht zu schweigen. Veranschaulicht wird durch Bilder und Zeugnisse das Geflecht der verschiedenen Gremien des Nietzsche-Archivs (die »Stiftung« (1908), die »Gesellschaft der Freunde« (1926), der »Wissenschaftliche Ausschuß« (1931) für die »Historisch-Kritische Gesamtausgabe der Werke und Briefe Nietzsches«) und seine Beziehung zum italienischen Faschismus auf der einen, zum Nationalsozialismus auf der anderen Seite.
Das politische Beziehungsgeflecht hängt mit der problematischen Familienkonstellation am Archiv zusammen, die zur Vorverständigung über die verhängnisvolle Wirkungsgeschichte von Nietzsches Werk in unserem Jahrhundert im folgenden wenigstens andeutungsweise erläutert sei. Kurz vor dem Ende seines Denkwegs, im Januar 1887, konstatiert Nietzsche in einem Brief an seine Schwester Elisabeth Förster, es unter »den lieben Deutschen« als Schriftsteller in 15 Jahren nicht ein einziges Mal zu einer mittelmäßig gründlichen und ernsthaften Kritik irgendeines seiner 12 Bücher gebracht zu haben; daß er selber »dieses Faktum« jetzt erst bemerke, also eben nicht sehr »um die Aufmerksamkeit der lieben Deutschen« bemüht gewesen sein mag; und daß er drittens von keinem Menschen wisse, der »vom Hintergrund dieser ganzen Literatur, von meinem sehr merkwürdigen

eigentlichen Schicksale, etwas ›wüßte‹ *oder* es mir zu verstehen gegeben hätte, daß er etwas wüßte«.[2] Das schien Nietzsche das Schlimmste: in der Sache seines Denkens kein Gehör zu finden, *unverstanden* zu bleiben. Was ihm entgegentrat, waren entweder unkritische Verehrung und Lobhudelei oder Verwechslungen mit seinem Gegensatz, die ihn diskreditierten. Und die Gegensätze, sie zeichneten sich gegen Ende seines Lebens im Meinungspegel der wilhelminischen Zeitgenossen ab. Er schwankt zwischen dem Idealbild des unbürgerlichen »Kulturkritikers« und dem Zerrbild des Bildungsphilosophen der herrschenden Bürgerklasse, dem »aufgeklärten« Freigeist und neuen Religionsstifter, dem konservativen Apologeten des preußischen Junkertums oder dem Wegbereiter deutschen Weltmachtstrebens im Übergang vom altbürgerlich-kapitalistischen zum imperialistischen Zeitalter.
Die Besorgnis um das »eigentliche Schicksal« des getanen Werkes und die Geschichte seiner Wirkung, die Sorge, auch künftig in Deutschland nicht gehört zu werden, erfüllt Nietzsches letzte Lebensjahre.[3] Sie treibt ihn zur Selbstbezeugung »mit aller möglichen ›Schläue‹ und Heiterkeit« in ›Ecce homo‹ (1888). Nietzsche betreibt sie, um »jeden Mythos über mich zu zerstören«, in der erklärten Absicht, »durchaus nicht als Prophet, Untier und Moral-Scheusal vor die Menschen hintreten« zu wollen.[4] Er beschreibt sein Leben im Spiegel des Geschriebenen; aber er schreibt nicht in der Absicht, zu sachgerechtem Lesen und Verstehen seiner Schriften anzuleiten oder gar (mit Fichte) Verständnis zu erzwingen. Ihm dünkt es besser, »mißverstanden zu werden. Verstanden zu werden? Ihr wißt doch, was das heißt? – Comprendre c'est égaler.«[5] Die Selbstbezeugung in ›Ecce homo‹ ist ein letzter, verzweifelter Versuch des Philosophen Nietzsche, das Verständnis seiner Philosophie zu *erschweren*

und sich gegen Mißbrauch zu wehren; ein Unterfangen, das letztlich scheitern mußte.
Es war ein Teil von Nietzsches Schicksal, als Philosoph erst von den deutschen Nationalisten und dann von Nationalsozialisten mißbraucht zu werden, so daß sich bis in die vierziger Jahre unseres Jahrhunderts hinein alles, was Nietzsche philosophisch beabsichtigte, ins Gegenteil verkehrte – bis hin zur Verkehrung des Verkehrten als vermeintlicher Absicht seiner Philosophie durch deutsche »Realsozialisten« während vier Jahrzehnten DDR-Zeit.

I. TEIL

Der »Gute Europäer« und die Parteien des europäischen Bürgerkriegs

»Dank der krankhaften Empfindung, welche der Nationalitäts-Wahnsinn zwischen die Völker Europa's gelegt hat und noch legt, Dank ebenfalls den Politikern des kurzen Blicks und der raschen Hand, die heute mit seiner Hilfe obenauf sind und gar nicht ahnen, wie sehr die auseinanderlösende Politik, welche sie treiben, notwendig nur Zwischenakts-Politik sein kann, – Dank Alledem und manchem heute ganz Unaussprechbaren werden jetzt die unzweideutigsten Anzeichen übersehen oder willkürlich und lügenhaft umgedeutet, in denen sich ausspricht, daß E u r o p a E i n s w e r d e n w i l l. Bei allen tieferen und umfänglicheren Menschen dieses Jahrhunderts war es die eigentliche Gesamt-Richtung in der geheimnissvollen Arbeit ihrer Seele, den Weg zu jener neuen S y n t h e s i s vorzubereiten und versuchsweise den Europäer der Zukunft vorwegzunehmen: nur mit ihren Vordergründen, oder in schwächeren Stunden, etwa im Alter, gehörten sie zu den ›Vaterländern‹ – sie ruhten sich nur von sich selber aus, wenn sie ›Patrioten‹ wurden.«

Jenseits von Gut und Böse, 8. Hauptstück,
Aph. 256, KSA 5, S. 201 f.

1. Kapitel

Die »Philosophie des Nietzsche-Archivs«

§ 1 Im Familienbann: Einhegungen mit Folgen

Vorahnungen von Unheil und drohendem Verhängnis am Grunde seiner Philosophie haben Nietzsche oft befallen. Man denke an Zarathustras Traum vom ›Kind mit dem Spiegel‹, worin der Weisheitslehrer nicht sich selbst, sondern »eines Teufels Fratze und Hohnlachen« erblickt und das Traumzeichen als Mahnung versteht, daß seine Lehre in Gefahr sei: »Unkraut will Weizen heißen.«[6] Aber Nietzsche hat nicht geahnt, daß sich der Familienhintergrund, den er bei aller Abhängigkeit von privaten Einhegungen als »unglücklich« bilanzierte, nach seinem Tod einmal verhängnisvoll auswirken könnte. Und am wenigsten mag er vermutet haben, daß die Wirkungsgeschichte seiner Philosophie durch die Schwester bestimmt werden würde, die das Spätwerk im Namen der »Naumburger Tugend« als »unmoralisch« ablehnt und dann entscheidend dazu beiträgt, daß sein Werk durch Deutschtümelei banalisiert werden konnte.

Trotz Nietzsches Widerwillen gegenüber antijüdischen Tendenzen in Deutschland verbindet sich Elisabeth Nietzsche mit Bernhard Förster, einem der bekanntesten Antisemiten des Bismarck-Reiches, dem sie Mitte der 80er Jahre des vorigen Jahrhunderts nach Südamerika folgt, um dort im Zuge alldeutscher und rassistischer Bestrebungen die Kolonie »Neu-Germanien« zu gründen.[7] Womit sich der privat verhängte *Bann*, die Ein-

hegung von Nietzsches Denken durch kleinbürgerliche Borniertheit, ins Öffentliche wendet, und die politisch fatale Banalisierung ihren Lauf nimmt. Wir gebrauchen dieses Wort für das Gewöhnliche (»banal«, das heißt nach dem geschichtlichen Grundsinn: einem Zwangsrecht unterworfen sein, eine Sache »umzäunen« und als »abgemacht« behandeln) im folgenden als Schlüsselwort, um einen geistesgeschichtlich höchst ungewöhnlichen, ja einmaligen Vorgang zu klären.
Im Unterschied zu den Frauen aus Nietzsches Bekanntenkreis, zu Lou von Salomé, Resa von Schirnhofer, Meta von Salis, hatte Elisabeth Förster-Nietzsche weder ein Universitätsstudium absolviert noch philosophische Kenntnisse erworben. Nachdem die Kolonialpläne scheitern und Förster freiwillig aus dem Leben scheidet, kehrt sie nach Naumburg zurück und gründet ein »Archiv« für den Nachlaß des geisteskranken Bruders. Sie fühlt sich als Nachlaßwalterin und Hüterin seines Werkes. Sie weiß sich dazu berufen, sein Leben zu erzählen und »die Persönlichkeit Nietzsches als die edelste Lichtgestalt den Leuten fest in die Herzen zu prägen.«[8] Und sie schreibt den 1. Band ihrer Nietzsche-Biographie in dem Wissen, sich ausschließlich auf Familiengeschichtliches beschränken zu müssen, um die Auslegung der Philosophie seinem Freund Heinrich Köselitz alias Peter Gast zu überlassen, dem von ihr so apostrophierten »Priester am Nietzsche-Altar«, dem »allein wahren Verkünder seiner Lehre« und »Hüter der heiligen Flamme«.[9] Eine Glorifizierung, die verrät, wie recht Nietzsche mit seiner Vermutung hatte, seine Schwester sei niemals bei ihm »heimisch« gewesen.[10] Und in der Tat besaß sie kein Sensorium für die Tugend der Wahrhaftigkeit, jene menschliche Größe ihres Bruders, der lieber noch Hanswurst als ein Heiliger oder Religionsstifter sein wollte und allen Gralshütern einer Glaubenslehre auswich.[11]

Nietzsche sehnte sich nach Widerhall, den er zu Lebzeiten nicht fand. Aber mehr noch verlangte er nach starken *Widersachern,*[12] nicht nach Verstärkern von angenehmen Seiten seiner Schriften, ihrer artistischen Reize. Und am allerwenigsten lag ihm an kritikloser Hingabe. »Man kritisiert einen Denker schärfer«, heißt es in ›Menschliches, Allzumenschliches‹, »wenn er einen uns unangenehmen Satz hinstellt; und doch wäre es vernünftiger, dies zu tun, wenn sein Satz uns angenehm ist.«[13] Dieser Anforderung zeigte sich kaum einer der frühen Interpreten seiner Schriften gewachsen, auch nicht der philosophisch kenntnisreiche Freund Peter Gast. Und am wenigsten konnte ihr Nietzsches Schwester genügen, die noch die »unangenehmen Sätze« ins Angenehme umlog.
Als sich Elisabeth Förster-Nietzsche nach der Übersiedlung des Archivs von Naumburg nach Weimar mit dem Gedanken trägt, die Biographie fortzuschreiben, nimmt sie privaten Unterricht in Philosophie bei Rudolf Steiner, dem damaligen Angestellten des Weimarer Goethe-Archivs, der selber philosophischer Autodidakt ist.[14] Danach weiß sie sich dazu berufen, Nietzsches »Botschaft« zu vermitteln. Ausgerechnet zu jener Zeit, als sie sich durch die eheliche Bindung an Bernhard Förster unwiderruflich auf die Gegenseite schlägt, soll ihr Nietzsche während einer Wanderung in der Umgebung von Naumburg über den »inneren Zusammenhang aller seiner Gedanken« gesprochen haben. Nach eigenem Geständnis hätte sie zwar im Herbst 1885 noch wenig davon verstehen können, aber »seine Worte, den Klang seiner Stimme, den Ausdruck seines Gesichts in treuliebendem Herzen aufbewahrt, so daß mir in der Erinnerung daran jetzt erst oft der wahre Sinn dessen aufgeht, was er mir damals mitgeteilt hat«[15]. In Wahrheit zerfällt ihr der Sinn, fällt mit ihrer Darstellung das Ganze von Nietzsches Philosophie in Stücke auseinander. Und die einzelnen Lehren werden

in ihrer Erinnerung durch Erzählungen von nicht nachprüfbaren, privaten Vorkommnissen banalisiert.
Das gilt vor allem für die Lehre vom Willen zur Macht. Nach Elisabeth Förster-Nietzsche soll Nietzsche während einer Naumburger Wanderung im Herbst 1885 die Entstehung dieses Lehrstücks auf die Zeit des Deutsch-Französischen Krieges zurückdatiert haben (während es sich in Wahrheit erst ein Jahrzehnt später entfaltet). An jenem Herbstabend habe er davon berichtet, wie ihm diese Einsicht während des Aufmarschs der preußisch-deutschen Armeen auf dem Kriegsschauplatz von Metz gekommen sei; als er »gefühlt« habe, »daß der stärkste und höchste Wille zum Leben nicht in einem ewigen Ringen ums Dasein zum Ausdruck kommt, sondern als Wille zum Kampf, als Wille zur Macht und Übermacht«[16]. Viele, unendlich viele, so deutet die Interpretin ihre Erzählung aus, mögen auf dem Schlachtfeld Ähnliches erlebt haben. Aber die Augen des Philosophen sähen anders als andere Leute, sie fänden neue Erkenntnisse in Erlebnissen, die andere zu entgegengesetzten Resultaten führten. Und als es der Erzählerin an ergänzenden Beispielen fehlt, stopft sie die Lücken durch eigene Phantasieprodukte. Da gebraucht sie die banale Phrase, daß Nietzsche, wenn er später an diese Vorgänge zurückgedacht haben mochte, das von Schopenhauer so gepriesene Gefühl des Mitleids im Vergleich mit jenem »wundervollen Anblick des Lebens-, Kampfes- und Machtwillens« ganz anders erschienen sei. Da vermutet sie, daß Nietzsche sich von Schopenhauer auf dem Schlachtfeld getrennt habe. Denn hier konnte er einen Zustand wahrnehmen, worin der Mensch seine stärksten Triebe, sein gutes Gewissen und seine Ideale als identisch fühlen müsse, und er hätte ihn nicht bloß »in den Ausführungen jenes Machtwillens, sondern vor allem auch in dem Zustande des Feldherrn selbst« gesehen. Kurzum:

die Lehre vom Willen zur Macht ist eine Anleitung zum Handeln, die sich an Kriegsstrategen vom Typus Moltke oder Roon bewahrheitet: »Damals mag ihm das Problem zuerst aufgestiegen sein, daß der große Mensch das Recht hat, Menschen zu opfern, wie es dem Feldherrn zugestanden wird, und wie es den größten geistigen Führern der Menschheit zugestanden werden sollte, um ihre höchsten Ziele zu erreichen.«[17]

Die Gesprächssituation bildet den Dialog des Lehrers mit der Schülerin nach. So kunstvoll sich die Selbstinszenierung der Nietzsche-Schwester in dieser Rolle auch ausnehmen mag, so wenig vermag sie über ihre Person hinwegzutäuschen. Der Abfall im Redegestus, die Wendung zur banalen Phrase sprechen eine deutliche Sprache. Und was schwerer wiegt: Die Schwester lebt vor, was Nietzsche ablehnt; was er von Anbeginn im Blick auf D. F. Strauß' banalisierende Anpassung der klassischen deutschen Dichtung und Philosophie an das »Kulturbedürfnis« des Bismarck-Staats den *Bildungsphilister* nennt, der die überlieferten »Werte« dadurch zu erhalten glaubt, daß er den Menschen an die Stelle Gottes rückt. Sie ist die persönliche Inkarnation des »höheren Menschen« aus der *Zarathustra*-Dichtung, der das geschichtlich Einmalige und Große von Literatur und Kunst anbetet und sich einbildet, die höchsten Gipfel der Kultur erklommen zu haben. Sie verkörpert die Oberpriesterin des Nietzsche-Kults, der für das zeittypische Unternehmen steht, nach dem Tod Gottes die göttlichen Werte durch menschliche zu ersetzen und die Banalisierung des menschlich Großen, Ehrwürdigen – seine Herabziehung ins Gewöhnliche, Allzumenschliche – als »Kultur« auszugeben.

Unter diesen Umständen mußten den Manipulationen von Nietzsches Nachlaß Verfälschungen seines Lebens und der Lehre durch die Nachlaßverwalterin folgen. Wir

tun daher gut daran, die Bilder aus dem Weimarer Familienalbum so scharf wie möglich ins Auge zu fassen, um den Motivationszusammenhang zu erkennen, der den Zwang zur Banalisierung von Nietzsches Philosophie auslöst. Erscheint es doch nur folgerichtig, daß Elisabeth Förster-Nietzsche genau dort ansetzt, wo sein Kampf gegen die banale Phrase anhebt: am Glauben des »Bildungsphilisters«, mit dem preußisch-deutschen Sieg über Frankreich hätte die »deutsche Kultur« gesiegt, so daß sich die seit Schiller und Hölderlin immer wieder beklagte Kluft zwischen Geist und Macht durch die Reichsgründung schließen könne. Nietzsche selbst war gegenteiliger Ansicht und sah das nationale Unheil kommen, das solcher wahnwitzigen Rechtfertigung des neuen Einheitsstaats in der Mitte Europas erwachsen würde. Er sah eine verhängnisvolle Politisierung der Philosophie und Dichtung voraus, die ihre Lebensgrundlage gefährdete und geeignet war, den Triumph der Einheit »in eine völlige Niederlage zu verwandeln: in die Niederlage, ja Exstirpation des deutschen Geistes zugunsten des ›deutschen Reiches‹«[18].

§ 2 Im Bann des Staates oder die Anfänge der Verkehrung von Nietzsches Philosophie

Nietzsches Vorhersage ist für das Verständnis der Folgen seiner Weimarer Einhegungen und des anschließenden Dramas von großem Gewicht. Das deutsche Drama gleicht dem *Satyrspiel*, jener *Parodie* zur griechischen Tragödie, die der junge Nietzsche zu einem Bestand seiner »tragischen Philosophie« erhoben hatte. Deshalb fügen wir unserem Gedankengang an dieser Stelle eine Vorbetrachtung zu ihrem Ansatz am Ausgangspunkt von Nietzsches Denkweg hinzu, die wir dann zur Verständigung über den inneren Zusammenhang zwischen Tragö-

die und Satyrspiel im Doppelblick auf den Familien- und Staatsbann durch eine zweite Betrachtung über die Anfänge seiner Philosophie ergänzen.

Als *klassischer Philologe* von Beruf geht Nietzsche von der Einsicht aus, daß die Tragödie als künstlerisch höchste Kulturform des griechischen Menschentums aus dem *Satyrchor* entsteht, dem Gefolge des Gottes Dionysos, und ursprünglich nur Chor und nichts als Chor von Satyrn gewesen sei: halbmythischer Naturwesen zwischen Tier und Mensch. Sie veranschaulichen, daß *Kultur* nichts anderes ist und sein kann als verklärte, *gesteigerte Natur* im griechisch verstandenen Wortsinn der *Physis*, wodurch das Menschentum ein verklärendes Gesamtziel seines Daseins bekommt. Und damit erlangt es jene *Macht*, das heißt: die Möglichkeit, dem tierisch gebrochenen Leben inmitten der »ersten Natur« zu einer »zweiten«, wahrhaft menschlichen Natur zu verhelfen: zum *Ethos* einer *tragischen Kultur.*[19] In diesem Zusammenhang deutet Nietzsche an, daß zum hohen Spiel der Tragödie die Komödie gehört, das *parodistische Satyrspiel* mit seiner Kraft, gleichsam nebenher die ganze Tonleiter des Menschlichen abzusingen, die dunklen Punkte des Allzumenschlichen einer Zeit zu erraten und darin oftmals Recht zu gewinnen, ohne Rechenschaft vom »Warum« geben zu können.[20]

Als *Philosoph* von Berufung wird Nietzsche im Versuch der Rechenschaftgabe bewußt, daß die Philosophie des tragischen Mythos mit der Parodie verbunden ist, jener Kunstform, die den Mythos aus der Sphäre des Erhabenen ins Lächerliche oder Boshaft-Komische versetzt. Ja, die Fähigkeit, den tragischen Mythos zu parodieren, entscheidet geradezu über die Tragweite philosophischen Denkens wie des Dichtens. Für die Dichtung der Moderne hat dieses Kriterium einzig Heinrich Heine erfüllt, von dem Nietzsche sagt, er habe jene »göttliche

Bosheit« besessen, »ohne die ich mir das Vollkommene nicht zu denken vermag, – ich schätze den Wert von Menschen, von Rassen danach ab, wie notwendig sie den Gott nicht abgetrennt vom Satyr zu verstehen wissen«[21]. Die Parodie ist ein Grundelement von Nietzsches Denken, das niemals den Anspruch erhebt, etwas als geltend hinzustellen oder zu begründen, ohne dasjenige, wogegen es spricht, in der Aufnahme zu verwandeln, ja die Sache selbst in oft ungewöhnlicher Weise parodistisch zu verzerren und dadurch bloßzustellen.[22] Und das sind mit den kulturell überlieferten Formen von Kunst, Religion und Philosophie die Begründungsansprüche ihrer Inhalte, der tradierten Lebensformen des europäischen Menschentums am Grunde seiner Kultur, jener »zweiten Natur« im griechisch verstandenen Sinne des *Ethos*, das in der Tradition sokratisch-christlicher Ethik mit den moralischen Begriffen von »gut« und »böse« umschrieben und im Schritt über die *Physis* hinaus, *meta-physisch*, erklärt wird.

Diese moralisierende Umschreibung wie jene Erklärung der Ethik durch die von Platon begründete Metaphysik hält Nietzsche selbst für eine tragische Verkehrung des Verhältnisses von Lebens- und Begriffsformen am Naturgrund der europäischen Kultur. Darum behandelt er sie unter parodistischer Optik, der ins Komische versetzten Bloßstellung metaphysischer Irrtümer, die immer auch zu einem Teil Entstellung der philosophischen Tradition ist: Erschwerung ihres von Nietzsche noch einmal begangenen Höhenwegs durch erratische Blöcke des Zweifels und Bedenkens aller Art gegenüber moralmetaphysischen Denkweisen, die er dem Leser in immer neuen Parodien zumutet. Wer sich selbst für »gut« oder für einen Wegbereiter vollkommenen Menschentums hält, mag sich eher zu erhöhen als zu erniedrigen trachten, das Göttliche eher als Gedankenspuk ablehnen denn als

»boshaft« bezeichnen. Er wird jedenfalls gar nicht erst versuchen, den verrätselten Tiefsinn dieser literarischen Mischungen seiner Texte und ihrer subtilen Darstellungsformen zu entschlüsseln. Sondern er wird es vorziehen, das Parodistische auf seine derb natürlichen, tierisch-menschlichen Inhalte festzulegen, und sie dann als »inhuman« denunzieren, um den Preis vollständiger Verkennung des von Nietzsche erneuerten Grundsinns der *Parodie*. Denn ihr Sinn liegt eben darin, den *Zugang* zum *Naturgrund der Kultur*, zu jenem abgründig tragischen Spiel unseres Menschseins zwischen Tier und Gott, durch Nebenspiele des Allzumenschlichen zu bahnen: Gegenstücke zum Auftakt des Chors in der Tragödie. Das parodistische Gegenstück, darauf kommt es uns an, ist kein aus sich selbst tönender Hauptgesang. Es setzt den tragischen Chorgesang voraus, und das heißt im buchstäblichen Sinne jenes Wortes: Es *parodiert* ihn in der verzerrenden, verwirrenden Weise eines Nebengesangs, der weder von sich her angestimmt noch für sich selbst verständlich wird.
Die von Nietzsche *literarisch bewußt inszenierte Parodie auf das Gewicht des tragischen Gedankens* und seine dadurch erreichte Hebung ins Hohe müssen wir von unbewußten Inszenierungen jenes Satyrspiels abheben, das der zeitgenössische Nietzscheanismus wie seine Gegner aufführen. Bleibt doch dieser Gang auf Nebenwegen, dieses wirre Spiel von beiden Seiten her nichts als *Nachspiel*: Parodie der Parodie, die sich am Ende in Banalitäten verläuft. Sie sind das Nichtige, Abgemachte, Gewöhnliche, das sich gegen den Gang des tragischen Gedankens ins Weite erhebt und wie ein Bann auf alles Große legt. Um ihm nicht vollständig zu erliegen, muß das Denken sich stilistisch verrätseln. Und eben jene erzwungene Mischung verschiedener Stilformen auf Nietzsches Denkweg macht seine Schriften so vieldeutig, macht Nietzsches Wunsch nach Lesern verständlich,

die sich Zeit lassen, still und langsam werden, um dem Rätsel gewachsen zu sein, das seine geschriebene Lehre aufgibt; eine Philosophie, die nach der *Zarathustra*-Dichtung sich selbst zu parodieren scheint, sofern sie keine literarische oder sonstige Autorität, sondern dafür den Autor zur Vorlage nimmt, der sein Leben schutzlos und ohne jede Schonung in sie einlegt. Es sind Vorbedingungen des Verstehens, die Nietzsche mehr am Rand der europäischen Kultur, in West- und in Nord- und Osteuropa, nicht in der Mitte erfüllt sieht: »In Wien, in St. Petersburg, in Stockholm, in Kopenhagen, in Paris und New York – überall bin ich entdeckt: ich bin es *nicht* in Europas Flachland Deutschland.«[23]

Das Versagen ist auch dann auffällig genug, wenn wir bedenken, wie sich der Denker selbst zu verdecken und zurückzuhalten liebt. Als er am 4. Teil der *Zarathustra*-Dichtung schreibt und erwägt, die Formel vom »Willen zur Macht« inhaltlich zu vertiefen, da bekennt Nietzsche, er wolle niemanden zur Philosophie überreden. Der Philosoph müsse eine seltene Pflanze bleiben, nichts sei ihm widerlicher als seine moralisierende Anpreisung bei dem Tugendtrompeter Seneca und dessen Nachtönern im Zeitalter der Aufklärung. Habe doch philosophisches Denken wenig mit »Tugendlehre« zu tun, und auch Wissenschaft und Gelehrsamkeit seien grundverschieden von der Philosophie. »Was ich wünsche«, notiert Nietzsche, und er notiert es auf dem Hintergrund seiner Erfahrungen, in Europas Flachland nicht entdeckt worden zu sein, »ist, daß der echte Begriff des Philosophen in Deutschland nicht ganz und gar zugrunde gehe. Es gibt so viele halbe Wesen aller Art in Deutschland, welche ihr Mißratensein gern unter einem so vornehmen Namen verstecken möchten.«[24] Notizen eines Philologen? Wünsche eines Außenseiters unter den Philosophen von Beruf? Gewiß! Aber sie markieren Unterschiede und ge-

ben Aufschluß über die Vorausbedingungen des Philosophierens, die Nietzsche von Anbeginn im Blick hat: Grund genug, um unseren Gedankengang durch eine vorläufige Betrachtung über sein Verhältnis zum deutschen Nationalstaat zu vertiefen.

So weit die Einigungsbestrebungen vom lebendigen Geist der deutschen Philosophie und Dichtkunst getragen waren, hatte der junge Nietzsche im Bunde mit Wagner daran teilgenommen. Als die innere Einheit den Deutschen versagt blieb und das »berühmte Volk der Innerlichkeit« sich nach außen wandte, um europäische Vormachtpolitik zu treiben, begann Nietzsche die Gefahr einer geistlosen Politisierung der Vereinigung zu erkennen und sich von Wagners Identifikation mit dem germanozentrischen Nationalgedanken zu lösen.[25] Seitdem hat sich Nietzsche als »letzten antipolitischen Deutschen« verstanden.[26] Und dieses Selbstverständnis hat er auf seinem Denkweg immer wieder artikuliert, zuerst in der dritten ›Unzeitgemäßen Betrachtung‹ über »Schopenhauer als Erzieher« (1874).

Hier erscheint der Philosoph von Hause aus in seiner Zeit als zufällig: ein versprengter, vereinzelter Wanderer auf dem Weg zur Weisheit, der staatliche Förderung ausschlägt, um »der Wahrheit in alle Schlupfwinkel nachzugehen«[27]. Weit davon entfernt, das Zufällige in ein Notwendiges zu übersetzen und der Natur des Vereinzelten beizustehen, hilft der Staat nur jenen, die ihm nützen, den »schlechten Philosophen von Staatswegen«. Sie dienen ihm als Feigenblatt, indem sie dem Staat den Anschein geben, als hätte er die Philosophie auf seiner Seite, obwohl er doch die philosophische Natur fürchten muß, sobald sie einmal Miene machte, »mit dem Messer der Wahrheit Allem, auch dem Staat, an den Leib zu gehen«[28]. Dem Staat, so folgert Nietzsche mit Schopenhauer, kann nie an Wahrheitsforschung gelegen sein,

sondern immer nur an der nützlichen Wahrheit. Genauer: Ihm liegt an allem *ihm* Nützlichen, »sei dies nun Wahrheit, Halbwahrheit oder Irrtum. Die Verbindung von Staat und Philosophie hat also nur dann einen Sinn, wenn die Philosophie versprechen kann, dem Staat unbedingt nützlich zu sein, das heißt den Staatsnutzen höher zu stellen als die Wahrheit.«[29]

Dieses Versprechen darf die Philosophie niemals geben, wenn sie sich nicht selbst und ihr Kulturziel aufgeben will: die Möglichkeit für den Menschen, *geistige Macht* zu gewinnen, um im Geist der Wahrhaftigkeit seine *erste* zu einer *zweiten* Natur fortzubilden. Mit dem jungen Schiller wendet sich Nietzsche gegen den zeitgenössischen *Naturstaat*, der eine Gegenmacht zur Kultur bildet und das Menschentum zu barbarischer Gleichförmigkeit und Spezialisierung seiner individuellen Kräfte zwingt. Und wie Schiller in seiner Ästhetik, so vertraut auch der junge Nietzsche auf eine Lösung des inneren Zwiespalts der Natur durch die tragische Dichtkunst.[30] Sein Mißtrauen gilt dem Glauben, daß die griechische Kunst im apollinischen Geiste »edler Einfalt und stiller Größe« den Zwiespalt überwunden habe und damit zum Urbild europäischer Humanität geworden sei; eine Annahme, die der deutsche Neuhumanismus zwischen Winckelmann und Wilhelm von Humboldt teilt. Dagegen hält Nietzsche im Blick auf das humanistisch verzeichnete Griechenbild fest: »Der Mensch, in seinen höchsten und edelsten Kräften, ist ganz Natur und trägt ihren unheimlichen Doppelcharakter an sich. Seine furchtbaren und als unmenschlich geltenden Befähigungen sind vielleicht sogar der fruchtbare Boden, aus dem allein die Humanität … hervorwachsen kann.«[31]

Um so mehr gewinnt dieser Satz für das bei Schiller richtig gezeichnete Bild der Moderne an Geltung: für die Kulturentwicklung jener europäischen Gesellschaft im

Zeitalter der Französischen Revolution, die das Menschentum den Extremen von barbarischer Verwilderung und Erschlaffung aussetzt und damit sein Leben im ganzen bedroht. Nietzsche widerspricht dem so weder von Schiller noch von Goethe geteilten Aberglauben an den »Kulturstaat«, wie ihm Fichte und dann Hegel das Wort reden. »Die Kultur und der Staat – man betrüge sich hierbei nicht – sind Antagonisten: ›Kultur-Staat‹ ist bloß eine moderne Idee. Das Eine lebt vom Anderen, das Eine gedeiht auf Unkosten des Andern. Alle großen Zeiten der Kultur sind politische Niedergangs-Zeiten: was groß ist im Sinne der Kultur, war unpolitisch, selbst antipolitisch.«[32]

Das ist im Einklang mit Goethe gedacht. Und der Widerspruch richtet sich gegen Wagners Erwartung eines »deutschen Delos« in *Bayreuth*, sein (vergebliches) Werben um Bismarck. Nietzsche scheint dieser Staatsmann so fern von deutscher Philosophie und Musik zu sein wie ein Bauer oder Korpsstudent.[33] Die für Bayreuth gesuchte Wagner-Bismarck-Koalition bedroht die Überlieferung des geistigen Deutschland. Sie verträgt sich nicht mit der Weltbürgerlichkeit des klassischen Weimar. Und sie gefährdet den Lebensgrund der überlieferten Kultur, die nach Nietzsches Vorhersage im Europa des Herrn von Bismarck zugrunde gehen werde, das »mit fieberhafter Tugend an seiner Bewaffnung arbeitet und ganz und gar den Aspekt eines heroisch gestimmten Igels darbietet«[34].

Mit der Enttäuschung über Wagners nationale *Bayreuth*-Hoffnungen beginnt Nietzsches Kampf gegen das Reich, der im Kern ein Denkkampf um die *Deutung von Bismarcks Werk* ist; ein lebenslanges Ringen um die Frage, was mit der Reichseinigung aus Deutschland und den Deutschen in der Mitte Europas geworden sei. Und hier steht Nietzsches Urteil fest: »Das augenblickliche politi-

sche Übergewicht Deutschlands ist nicht aufrecht zu erhalten; es verdankt es der Willenskraft eines Einzelnen, der außerdem von dem schwachen Charakter aller Deutschen so überzeugt war, daß er weder Parteien noch Fürsten fürchtete.«[35] Bismarcks Machtfülle korrumpiere die Deutschen, die beste Organisation mit trefflichem Gehorsam vereinigten, aber kein Rückgrat hätten und unfähig seien, Befehle zu erteilen. Befehlende würden selten geboren und noch seltener diejenigen, die befehlen und Geist haben. Deshalb sei die europäische Vormacht für Deutschland eine große Gefahr, sie erziehe die Deutschen zur Anmaßung und verblende ihre Ansprüche.
In ständiger Sorge um das Anwachsen dieser Gefahr bekämpft Nietzsche Bismarcks Werk; ein Kampf, der sich bis hin zur *Zarathustra*-Dichtung und darüber hinaus fortzieht, ja, in jenen »Wahnsinnszetteln« seiner Spätzeit gipfelt, die Bismarck mitsamt den Hohenzollern und ihrem antisemitischen Hofprediger Stoecker zu »exekutieren« auffordern.[36] Von Anbeginn ist dieser Kampf ein Denkkampf. Er richtet sich gegen das Gefährlichste an der Entwicklung im Bismarck-Reich: den Verfall der deutschen Philosophie, ihr Abgleiten zu bloßer Denk-Wirtschaft und beruhigter Scheingelehrsamkeit im Namen »objektiver« Wissenschaft, der die Objektivität zur Phrase wird. Und in diesem Zusammenhang gewahrt Nietzsche selbst die größte aller Gefahren: daß die »Banalität der Gesinnung« in der geistigen Welt zur Herrschaft kommt. Es ist jene »Jedermanns-Weisheit, die nur durch ihre Langweiligkeit den Eindruck des Ruhigen, Unaufgeregten macht«, während sie in Wahrheit das Richteramt über das Vergangene beansprucht, ohne zu dem »furchtbaren Berufe des Gerechten« vorbereitet zu sein: »Als ob es auch die Aufgabe jeder Zeit wäre, gegen alles, was einmal war, gerecht sein zu müssen! Zeiten und Generationen haben sogar niemals recht, Richter aller

früheren Zeiten und Generationen zu sein: sondern immer nur einzelnen, und zwar den Seltensten, fällt einmal eine so unbequeme Mission zu. Wer zwingt euch zu richten? Und dann«, so ruft Nietzsche jenen sich gegen sein Denken formierenden Herrschaftsträgern der geistigen Welt im Bismarck-Reich zu, »prüft euch nur, ob ihr gerecht sein könntet, wenn ihr es wolltet! Als Richter müßtet ihr höher stehen als der zu Richtende; während ihr nur später gekommen seid.«[37]

Was Nietzsche von den Trägern der *politischen* Gewalt im Kaiserreich gehalten hat, davon verrät einiges das *Zarathustra*-Kapitel *Vom neuen Götzen*: »Hin zum Throne wollen sie Alle: ihr Wahnsinn ist es, – als ob das Glück auf dem Throne säße! Oft sitzt der Schlamm auf dem Thron – und oft auch der Thron auf dem Schlamme.«[38] Nietzsches *Zarathustra*-Dichtung weist über die zeitgenössische Anbetung der Staatsmacht und literarische Anbiederungen in jeder Form hinaus, ganz im Gegensatz zur Deutung seiner Schwester. Ihre Politik, zu diesem Ergebnis kommt einer der ältesten Mitarbeiter kurz nach der Übersiedlung des Archivs von Naumburg nach Weimar, »ist für N[ietzsche]s wahre Ziele sehr verhängnisvoll: Ihr ersehntes Ziel wäre, ihn mit den bestehenden Gewalten zu versöhnen, hof- und adelsfähig zu machen und als social [unleserlich] Religionsstifter der Gegenwart einzuführen«[39]. Das Nietzsche-Archiv handelt nach außen hin so, als habe Nietzsche niemals gegen Bismarck gekämpft. Und es wird sich nach innen so verhalten, als hätte Nietzsche im deutschen Einheitsstaat keinen Gegensatz zum deutschen Geist gesehen und von der *Zarathustra*-Dichtung nicht ausdrücklich gesagt, in diesem Werk rede *kein Prophet*, »keiner jener schauerlichen Zwitter von Krankheit und Willen zur Macht, die man Religionsstifter nennt. Man muß vor Allem den Ton, der aus diesem Munde kommt, diesen halkyonischen Ton

richtig *hören*, um dem Sinn seiner Weisheit nicht erbarmungswürdig Unrecht zu tun.«[40]
Nietzsche charakterisiert hier die mit der Zarathustra-Gestalt verbundene Philosophie durch Anspielungen auf den griechischen Mythos von Alkyone und Keyx, das in Eisvögel verwandelte Liebespaar, dem der Gott der Winde ruhiges Wetter zum Brüten schenkt. Die halkyonischen Tage fallen in jene kurzen Winterwochen um den kürzesten Jahrestag, wo sich das Meer nach langen Stürmen glättet. Das mythische Bild steht für die Stellung der Philosophie im *zeitlichen Abseits* oder *zwischen den Zeiten*, für die Ruhe des Denkens ebenso wie für das gelassene Wissen darum, daß den darin ausgebrüteten Gedanken der Sturm vorherging und nachfolgt. Denn nicht laute Gedanken sind es, sondern stille, die das Menschentum verändern und Bewegung in eine erstarrte Zeit bringen.
Nietzsche überträgt jene Anspielungen auf den Grundton seiner Philosophie, die nur aus der Stille heraus gehört und verstanden werden will. Sie verkehrt sich ins Gegenteil, wenn aus Zarathustras Lehren ein Dogma gemacht wird. Und dem Sinn der von ihm verkündeten Weisheit wird zum Erbarmen Unrecht getan, wenn man sie zu kultischen oder weltanschaulichen Propagandazwecken mißbraucht.
Beides bereitet sich durch die Weimarer Einhegung von Nietzsches Leben und Werk am Ausgang des Bismarck-Reichs vor: als Elisabeth Förster-Nietzsche die »Villa Silberblick« durch den Architekten Henry van de Velde im repräsentativen Jugendstil umbauen ließ und Bayreuther Hoffnungen auf ein »deutsches Delos« am Ort hegte. Zusammen mit van de Velde versuchte damals Harry Graf Kessler, in Weimar nicht ein Zentrum deutschnationaler Kunst, sondern der neuen, *übernationalen*, europäischen Künstleravantgarde (mit Ausstellungen

von Rodin [1904], Munch [1906], Maillol [seit 1906]) zu schaffen,[41] während Elisabeth Förster-Nietzsche zur Verklärung des glanzlosen Reiches im Bunde mit Potsdam ein »drittes Weimar« erstrebte, das nach dem ersten der klassischen Dichtung von Goethe und Schiller und dem zweiten der romantischen Musik in der Gestalt von Liszt unter Nietzsches Leitstern stehen sollte. Wir wollen, schrieb Kessler, »an einer Berglehne, die eine Aussicht über Weimar bietet, eine Art von Hain schaffen, durch den eine ›Feststraße‹, eine feierliche Allee, hinaufführt zu einer Art von Tempel. Vor diesem Tempel auf einer Terrasse, die den Blick auf Weimar und das Weimarer Tal bietet, soll Maillol in einer überlebensgroßen Jünglingsfigur das Apollinische Prinzip verkörpern ... *Hinter* dem Tempel denke ich mir ein Stadion, in dem jährlich Fußrennen, Turnspiele, Wettkämpfe jeder Art, kurz die Schönheit und Kraft des Körpers, die Nietzsche als erster moderner Philosoph wieder mit den höchsten geistigen Dingen in Verbindung gebracht hat, sich offenbaren können.«[42]
Nietzsche als Ahnherr olympischer Dauerspiele in Weimar: Man lese dazu Paul Deussens Bericht über Nietzsches Turnkünste am Stufenbarren in Schulpforta nach,[43] um das Abwegige solcher Pläne zu erkennen. Der Ausbruch des 1. Weltkrieges hat die Verwirklichung des aberwitzigen Projekts verhindert. Es hätte den durch das Archiv verstellten Gang seines Denkens vollends verkehrt, den Richtungssinn des einfachen Lebens eines »kynischen« Philosophen, der nach zehn Jahren wenig erfolgreicher Lehrtätigkeit von seiner schmalen Pension in billigen Gasthöfen oder möblierten Zimmern auf Reisen wohnte und allenfalls einen Garten mit Turm als Lebensziel anvisierte: jene *Turmzinne*, wie sie Schiller in Jena besaß.
Zeichen des Unrechts, das seiner Philosophie zu widerfahren beginnt, hatte Nietzsche selbst noch wahrgenom-

men. Gewahrt er doch, wie intellektuelle Wortführer der nationalliberalen Partei sein Spätwerk ›Jenseits von Gut und Böse‹ als Zeitsymptom deuten: als »die echte rechte *Junker-Philosophie*«, zu der es der ›Kreuzzeitung‹ (dem Organ der preußischen Konservativen) nur an Mut gebreche.[44] Und zu seinem Leidwesen mußte er den Mißbrauch feststellen, den schon die Zeitgenossen mit dem Wort »Übermensch« trieben, jener von ihm gewählten Bezeichnung eines »Typus höchster Wohlgeratenheit«, im Gegensatz zum »modernen«, »guten« Menschen, zu Christen und anderen Nihilisten. Er konnte nicht übersehen, daß dieses Wort, das nach seinem Verständnis ein *Frage-* und *Denkzeichen* sein sollte, nicht mehr, aber auch nicht weniger, fast überall im Sinne derjenigen Werte verstanden wurde, deren Gegensatz die *Zarathustra*-Dichtung veranschaulicht. Der »Übermensch« wird interpretiert als »idealistischer« Typus einer höheren Art Mensch, halb »Heiliger« und halb »Genie«, halb darwinistisches Zuchtgemächte eines »Übertiers« und dann wieder halb »Held« im Stil von Carlyles Heroen-Kult. Eine Kette von Mißverständnissen, die noch zu Lebzeiten, als sich der Erkrankte nicht mehr dagegen verwahren konnte, das Ganze seiner Philosophie in Mißkredit bringen sollte.

Ich verdeutliche dieses Faktum an Nietzsche-Deutungen von Wortführern der deutschen Sozialdemokratie. Das vielleicht gravierendste Mißverständnis betrifft die literarische Form seiner Grundlehren. Nietzsches Denken, behauptet Eduard Bernstein, sei keine Philosophie, da er kein System besitze. Es hätte sich »aphoristisch« geäußert, und das heißt für Bernstein: als »stotterndes Philosophieren« oder »philosophisches Stottern«,[45] das zu keinem Ergebnis gelangt. Nietzsche sei kein Denker, er habe nur Einfälle, und seinen Einfallsreichtum regiere nicht der Geist, sondern die Willkür. Ein Gedanke, der außer allem Zusammenhang, ohne Voraussetzung und

Konsequenzen »hinausgeworfen« werde, lasse sich nirgends fassen und kontrollieren. Und darüber könne auch die Formelhaftigkeit von Nietzsches Grundlehren nicht hinwegtäuschen: Der Übermensch, so folgert der zunächst parteinahe Schriftsteller Otto Ernst aus Bernsteins Behauptungen, ist nichts als ein Willensmensch ohne beherrschenden Geist.[46]

Die politischen Prämissen für diese Sätze und Schlußfolgerungen hat Franz Mehring ausgearbeitet, nach dem Tod von Marx und Engels theoretischer »Kopf« der deutschen Sozialdemokratie. Mehring interpretiert den Übermenschen als sozialtypischen »Gewaltmenschen«, eine Erscheinungsform des entfesselten Kapitalismus im Übergang vom nationalliberalen ins imperialistische Zeitalter. Nach seiner Überzeugung stellt die imperialistische Politik einen letzten Versuch dar, den Moment des erwarteten »Zusammenbruchs« der Gesellschaftsordnung hinauszuzögern, so daß der Übermensch in diesem Kontext als Symbolfigur für den verzweifelten Kampf des Bürgertums um die vom Aufstieg der Arbeiterschaft bedrohte Macht gedeutet werden kann.[47] Die von Nietzsche geschaffene Figur, so sieht es Mehring in seiner Schrift ›Kapital und Presse‹ (1891), sei zum Spiegelbild kriegerischer Schichten geworden, die in der Epoche des Imperialismus, einer Zeit des Übergangs von einer nationalen Politik zur politischen Aufteilung der Erde, ins Rampenlicht der Geschichte treten. »Übermenschen« sind dann jene immoralistischen Gewaltmenschen, die in Kolonialuniform ihrer Grausamkeit gegen Naturvölker freien Lauf lassen oder den altdeutschen Plunder wieder entstauben und sich auf Nationalgefühle berufen, um die »vaterlandslosen Gesellen« der Sozialdemokratie zu bekämpfen. Gegen diese Absage an ursprünglich bürgerliche Lebensideale macht sich die marxistische Theorie zum Bewahrer der Ideale sozialer Gerechtigkeit und

identifiziert sich mit dem humanistischen Geist der Weimarer Klassik. Mag sich, so heißt es dazu im Echo auf Mehrings Nietzsche-Kritik, »die verkommene Bourgeoisie mit ›übermenschlichen‹ Äffereien über ihr jammervolles Schicksal trösten: Die Arbeiterbewegung ist echt menschlich und rein menschlich«[48].

Mehrings Sicht bleibt nicht unwidersprochen (vgl. §4). Und der erste, der ihr kurz nach dem Erscheinen seines Buches widerspricht, ist eben jener Parteireformer und Revisionist Eduard Bernstein, der Nietzsche mit »all seinen Abgeschmacktheiten und Maniriertheiten« für eine zeitgeschichtlich bemerkenswerte Erscheinung hält. Nach Bernstein sollte *Nietzsche selbst* einmal unter Gesichtspunkten sozialdemokratischer Kritik untersucht werden, eine Untersuchung, die nicht bloß Urteile mitzuteilen, sondern zu begründen hätte. Ein Anfang dazu sei von Mehring gemacht worden, aber er hätte nur *eine Seite des Nietzscheanismus* behandelt.

Es ist die politische Einseitigkeit einer orthodox-marxistischen Nietzsche-Kritik, worauf Bernstein mit seiner Unterscheidung zwischen Nietzsche und dem Nietzscheanismus anspielt, und er unterläßt es nicht, auf Gefahren hinzuweisen, die durch ihre Verabsolutierung entstünden, besonders auf jenes Unrecht, das Nietzsche widerfahre, wenn er nur unter diesem Gesichtspunkt behandelt werde. Mit der Anführung einzelner Sätze oder Schlußfolgerungen aus Nietzsches Schriften wäre doch nur ein »Zerrbild des Mannes« gegeben. In seinen Fragen und nicht in seinen Antworten, glaubt Bernstein, »liegt, so weit ich urteilen kann, seine Bedeutung«[49]. Als Bernstein diese Sätze niederschreibt, ist das Leseverhalten deutscher Arbeiter noch nicht untersucht, die in ihrer Lektüre deutlich Nietzsche vor Marx und Lassalle bevorzugen.[50] Sie sind es, die dem Philosophen Gerechtigkeit zuteil werden lassen.

§3 Nietzsche im Kriegsbann oder die Anfänge öffentlicher Ächtung

Wir haben die »Philosophie des Nietzsche-Archivs« im Umriß dargelegt. Wir konnten nachweisen, wie es Nietzsches öffentlich ausgesprochene Ablehnung des Bismarck-Reichs zu verharmlosen, wie es sein offenes Bekenntnis zum Europäertum zu verheimlichen und seine bis zuletzt gehegten Hoffnungen auf eine europäische Einigung zu vertuschen sucht. So erscheint es nur folgerichtig, wenn das Archiv die von Nietzsche gezogenen Trennlinien zu den nationalen Parteien in Deutschland und Europa verwischt: Abgrenzungen zur rechten Seite des politischen Spektrums, die eine ebenso entschiedene Absage an radikalsozialistische Parteibewegungen in sich schließen, weil beide Parteien nach Nietzsches Diagnose von Anbeginn geschichtlich bestimmte Elemente europäischer Gesittung preisgeben (vgl. §6). Und zuletzt unterwirft das Archiv Nietzsche gar dem Kriegsbann, indem es seine Philosophie mit dem Ausbruch des 1. Weltkriegs in den Dienst preußisch-deutscher Wehrertüchtigung stellt.

Als hätte es Nietzsches denkwürdige Worte gegen den »Kriegsglorien-Baum« nie gegeben, der »nur mit einem Male, durch einen Blitzschlag, zerstört werden« könne, den Einschlag des *Ethos* der Friedenswahrung aus einer den europäischen Völkern aufgegebenen Höhe der Empfindung von Verwandtschaft und Zusammengehörigkeit, mißbraucht Elisabeth Förster-Nietzsche das Werk des Philosophen zu nationalpolitischen Zwecken. Ihrer Frontausgabe der *Zarathustra*-Dichtung stellt sie eine Rubrik »Für Krieg und Frieden« voran, die im Text selbst nicht vorkommt. Ganz gegen Nietzsches Ratschlag, seine Worte langsam und im Zusammenhang zu lesen, folgt dort rasch ein Satz dem anderen: vom Para-

dies, das unter dem Schatten der Schwerter stehe, über die Wehrpflicht als harte Schule des Gehorchens und Befehlens bis hin zu den bekannten Prophezeiungen, daß Europa in ein Zeitalter der Kriege eintrete und es darauf ankomme, sich nach dem Grundsatz des »Willens zur Macht« zu behaupten.[51] Unter Berufung auf solche Textmanipulationen betrachten es die westlichen *Entente*-Mächte 1918 als ihre »Mission«, das Prinzip jenes Machtwillens, die »Teufelslehre des Deutschen«, durch den »Willen zum Frieden« zu ersetzen. In Wahrheit ist diese »deutsche Lehre« erst mit der Editionspraxis von Nietzsches Schwester in die Welt gesetzt worden, so daß der Abschnitt: *Vom Krieg und Kriegsvolke*, der vom *Volk der Erkennenden* handelt und unter »Krieg« *Kritik, Polemik, Denkkampf* mit überlieferten »Kulturwerten« (als Vorbereitung zur »Umwertung aller Werte«) versteht, einen ihm fremden, verkehrenden Sinn erhalten konnte.[52]

Den äußeren Anstoß zur Ächtung gibt in England das Buch des Treitschke-Schülers und pensionierten preußischen Generals Bernhardi mit dem Titel ›Deutschland und der nächste Krieg‹ (1912). Es hat einen aus dem Zusammenhang gerissenen Nietzsche-Spruch zum Motto (»Der Krieg und der Mut haben mehr große Dinge getan als die Nächstenliebe. Nicht euer Mitleiden, sondern eure Tapferkeit rettete bisher die Verunglückten«). Der Spruch richtet sich gegen alle passive Mitleidsethik. Er bezieht sich auf das *Tun des Guten* hier und jetzt und damit auf das Wesen der Tapferkeit: seit Sokrates eine menschliche Grundtugend, die Nietzsche ganz sokratisch definiert: »Was ist gut? fragt ihr. Tapfer sein ist gut.«[53] Das Buch sagt nichts über Nietzsche, dafür um so mehr über seinen Gegner Heinrich von Treitschke und die vom preu-ßischen General beklagte Friedensliebe des deutschen Volkes. Dennoch figuriert Nietzsche nach

der Übersetzung von Bernhardis Kriegsbuch ins Englische aufgrund dieses (mißverstandenen) Mottos zusammen mit dem »kleindeutschen« Geschichtsschreiber Treitschke in der westlichen Kriegspropaganda als typischer Repräsentant großdeutschen Weltmachtstrebens. Man hat im Westen, so schreibt Thomas Mann im Frühjahr 1915 an seinen Freund Ernst Bertram, »wahrhaftig neuestens angefangen, Kritik und Erkenntnis des Deutschtums zu treiben, wenn auch unter dem Titel ›Nietzsche, Treitschke und Bernhardi‹. Daß gerade Den, der gegen Und's so empfindlich war, diese Zusammenstellung treffen muß. Schon ›Goethe und Schiller‹, ›Schopenhauer und Hartmann‹ konnte er nicht ertragen. Und nun dies.«[54]
Es war der Anfang einer willkürlichen Konstellation von Namen, dazu gemacht, um Nietzsches Sternbild zwischen Schopenhauer und Wagner zu verdunkeln und sein Werk zu einem Irrlicht für die Welt werden zu lassen. Thomas Mann hatte recht, dieses Verwirrspiel als »groteske Kakophonie für das Ohr jedes geistigen Deutschen – und doch wohl nicht nur des Deutschen« zu betrachten. Aber er ahnte bereits das Furchtbare: was Spätere, besonders harthörige Deutsche, den »Nietzsche-Mythos« nannten. Und es fängt eben damit an, daß Nietzsches Name, »um das Symbol deutscher Bösartigkeit zu vollenden«, durch entstellende Zitierung einem preußischen General und Hofhistoriker des durch Preußen geeinigten Reiches beigesellt wird.[55] Thomas Mann, der den Mythos, als darin das Böse über die Karikatur hinaus zur Fratze umschlägt, aus dem Geist des Zitats erklärt und Verstellendes ironisch »aufzuheben« sucht, erscheint das bei Kriegsausbruch als wahnhaft und »zum Lachen«. Dennoch ist der Wahn ansteckend und breitet sich überall in Europa aus.
Bei Kriegsausbruch im August 1914 konnte man in eng-

lischen Wochen- und Monatsschriften lesen, Nietzsches Lehre vom Übermenschen habe die Deutschen zu ihrem größenwahnsinnigen Angriff auf Europa verführt. Da veröffentlicht der politisch erfahrene (und gelehrte) Philosoph Ernest Baker ein Buch unter dem Titel ›Nietzsche and Treitschke. The Worship of Power in Modern Germany‹.[56] Da schreibt der bedeutende Romancier Thomas Hardy in Briefen an große englische Tageszeitungen, es gäbe in der ganzen Geschichte kein zweites Land, das so wie Deutschland ein einziger Schriftsteller »demoralisierte«, weil seine Führungselite durch Nietzsches Lehre vom Willen zur Macht angesteckt worden sei.[57] Da druckt das traditionsreiche Londoner Witzblatt ›Punch‹ den aberwitzigen Satz ab: »One touch of Nietzsche makes the whole world sin« (eine wenig geistreiche Umkehrung des englischen Sprichworts: »One touch of nature makes the whole world kin«). Und damit der Galgenhumor auch öffentlich nicht fehle, wurde für den Verkauf der achtzehnbändigen englischen Nietzsche-Ausgabe mit dem Reklamesatz geworben: »Der Mann, der den Krieg gemacht hat.«

Hatte man vor dem 1. Weltkrieg in Nietzsche den Sozialaristokraten und Befürworter einer neuen Ethik gesehen (wie der Dramatiker George Bernard Shaw), so erscheint er während des Krieges als »Champion of the German *Geist*«: ein Verfechter preußischer Immoralität.[58] Ja, in der Zeitschrift ›Spectator‹ schließt Lord Cromer, als langjähriger Generalbevollmächtigter für Ägypten einer der energischsten Verfechter britischer Weltmachtpolitik, sein voluminöses Pamphlet gegen Nietzsche mit den Worten: »Einer der Gründe, warum wir an diesem Krieg teilnehmen, ist der, daß wir die Welt, den Fortschritt und die Kultur davor bewahren müssen, der Philosophie Nietzsches zum Opfer zu fallen.«[59] Und in Nordamerika schlägt die Dämonisierung von Nietz-

sches Person und der Bannfluch gegen das Werk ins Groteske um, als sein Übersetzer und Interpret H. L. Mencken mit der Begründung verhaftet wird, er sei ein Agent »des deutschen Monsters Nietzky«.[60]

Dank der mit Recht sprichwörtlichen Nüchternheit englischer Intellektueller und ihrer intakten Redlichkeit wurde dem Unfug, Nietzsche für die Politik der Berliner Wilhelmstraße verantwortlich zu machen, Einhalt geboten. Der tapfere Oskar Levy, Herausgeber der englischen Nietzsche-Ausgabe, traf den Nagel auf den Kopf, als er dem ›Punch‹ prophezeite: »One touch of nonsense makes the whole world grin.«[61] Levy wußte, wovon er sprach, als er angesichts des Nationalitäten-Wahns ringsum in Nietzsche den Urheber eines kleinen Bundes übernationaler, freier Geister würdigte, die bei Kriegsausbruch ihre Überlegenheit gegenüber den großen »Internationalen« von links und rechts unter Beweis gestellt hätten. Und er eilte seiner Zeit weit voraus, als er daran zweifelte, ob sich der Wahn durch Institutionen eines europäischen Völkerbunds überwinden ließe, um schließlich seine Friedenshoffnungen ganz auf die Gründung einer geistigen Internationale »guter Europäer« zu richten.[62]

Anders stellt sich die Lage in Frankreich dar, wo Nietzsche um diese Zeit in Charles Andler seinen ersten großen Biographen[63] und schon vorher in Henri Lichtenberger einen verständnisvollen Fürsprecher findet[64]. Hier ist sein Denken bekannt, so daß man sich auf Nietzsches Vorliebe für den französischen Geist stützen und sein Spätwerk umgekehrt als Quelle antideutscher Kundgebungen benutzen kann. Unter dem Druck des englischen Nietzsche-Bildes schwanken jedoch die Urteile: Das Urbild des »Guten Europäers« wird zeitweilig durch das Zerrbild vom Kriegstreiber und Ideologen des preußischen Militarismus überlagert. Das ist, um nur einen der bekanntesten Schriftsteller aus jener Zeit zu nennen,

die Optik von Romain Rolland, der sich entfalten sieht, was im »Übermenschen« steckte, als deutsche Soldaten zu Hunderttausenden in Belgien und Frankreich einfallen.[65] Und in der ›Revue des Deux-Mondes‹ wird Louis Bertrand nicht müde, Nietzsche die kriegerische Zerstörung geschichtlicher Kulturdenkmäler anzulasten.[66] Der Mißbrauch von Nietzsches Werk zu geistiger Aufrüstung im Weltkrieg hatte überall in Europa tiefe Spuren hinterlassen.

Nietzsche zwischen Bernhardi und Treitschke: Diese irrlichternde Konstellation, worin bald andere Namen auftauchen, konfrontiert Thomas Mann mit den Leitsternen seiner Jugend. Und das sind *Schopenhauer, Nietzsche und Wagner* – »ein Dreigestirn ewig verbundener Geister. Deutschland, die Welt stand in seinem Zeichen, bis gestern, bis heute, wenn auch morgen nicht mehr.«[67] Die Verbindung löst sich mit jenem Vorgang auf, den er »Nietzsches Politisierung« nennt. Er sagt vorher, daß sie auf seine »Verhunzung« hinauslaufen werde.[68] Ihr hält Thomas Mann das Nietzsche-Wort aus der dritten ›Unzeitgemäßen Betrachtung‹ (1874) entgegen, wonach derjenige, welcher den »*furor philosophicus*« im Leibe hätte, schon »gar keine Zeit mehr für den *furor politicus* haben und sich weislich hüten« würde, »jeden Tag Zeitungen zu lesen oder gar einer Partei zu dienen: ob er schon keinen Augenblick anstehen wird, bei einer wirklichen Not seines Vaterlandes auf dem Platz zu sein«.[69]

Diesem Wort wußten sich Thomas Manns ›Betrachtungen eines Unpolitischen‹ (1918) verpflichtet, als sie Politik und Philosophie zu unterscheiden und den Ethiker in Nietzsche zu entdecken suchten, seine »Moralkritik im Zeichen des *Lebens*«, die ihn an die Seite von Kants ›Kritik der praktischen Vernunft‹ und ihrem »Willen zur Praxis, zur Ethik, zum Imperativ, zum Leben jenseits der tiefsten Erkenntnis« rücke.[70] Eine Sicht, die tief hinein-

blickt in den Lebensgrund der Moral und zugleich gegen das Kriegs- und Todesgeschrei Nietzsches Ruf nach Leben in Erinnerung bringt: »Der *Lebensbegriff*, dieser deutscheste, goethischste und im höchsten, religiösen Sinn konservative Begriff, ist es, den Nietzsche mit neuem Gefühle durchdrungen, mit einer neuen Schönheit, Kraft und heiligen Unschuld umkleidet, zum obersten Range erhoben, zur geistigen Herrschaft geführt hat.«[71] An der polemischen Oberfläche seines »Kriegsbuchs« bringt Thomas Mann die ganze Tiefe von Nietzsches Philosophie in den Blick, ihre Erfahrung des Lebens als richterlicher (»dionysischer«) Instanz, vor der sich Kunst und Wissenschaft, Ethik und Politik zu verantworten hätten. Eine Einsicht, an der Thomas Mann seit dieser Zeit festhält. Sie läßt ihn den »guten Europäer« in Nietzsche erkennen und, »unbeschadet der tiefen Deutschheit seines Geistes«, schlicht vom »europäischen Philosophen« sprechen,[72] der durch die Art, in der er lehrte und schrieb, zur kritizistischen Erziehung, Intellektualisierung, Literarisierung, Radikalisierung oder, »um das politische Wort nicht zu scheuen, zur *Demokratisierung* Deutschlands« stärker beigetragen hätte als irgend jemand.
Gemeint sind neben dem pro-westlichen Bruder Heinrich Mann und Kurt Hiller der linksliterarische Kreis um Franz Pfemfert und Wilhelm Herzog,[73] den Thomas Mann bekämpft, obwohl er ihm innerlich schon näher steht als den rechten Kreisen um das Weimarer Nietzsche-Archiv. Und in diesem Kampf verwickelt sich der »Unpolitische« am Ende selbst in die Polemik seiner frankophilen Gegner, indem er behauptet, wenn »irgend etwas Geistiges den Krieg aktiv herbeigeführt« hätte, so sei es die »Unfähigkeit der Romanen« gewesen, Philosophie und Politik auseinanderzuhalten.[74]
Es kann nicht meine Aufgabe sein, den Anfängen der Geschichte jener verhängnisvollen Nietzsche-Politisierun-

gen im einzelnen nachzugehen.[75] Mir ist lediglich aufgegeben, Nietzsche selbst noch einmal anzuhören und seinen Argumenten fallweise Gehör zu verschaffen. Und dabei muß ich mich hier (wie im folgenden) mit wenigen Fällen begnügen: mit ausgewählten Zeugnissen, die am meisten strittig gewesen (und geblieben) sind.
Gewiß: Nietzsche spricht zuweilen so, als gedenke er, sich freiwillig – wie in seiner Jugend – zum Wehrdienst zu melden. So redet auch die *Zarathustra*-Dichtung von »Soldaten in Uniform«. Aber sie übersetzt das vertraute Fremdwort mit »Ein-form« und spricht die Erwartung aus, es möge »nicht Einform sein, was sie damit verstecken«[76]. Nietzsche fordert ferner dazu auf, den Feind zu suchen. Aber diese »soldatische« Aufforderung lautet vollständig: »... euren Krieg sollt ihr führen und für eure Gedanken! Und wenn euer Gedanke unterliegt, so soll eure Redlichkeit darüber noch Triumph rufen!« Und gewiß: Nietzsche rät, den Frieden als Mittel zu neuen Kriegen und den kurzen Frieden mehr als den langen zu lieben. Ja, er behauptet sogar, nicht die gute Sache sei es, die den Krieg heilige, sondern umgekehrt der gute Krieg die Sache; von der auftrumpfenden Behauptung zu schweigen, daß der Krieg und Mut mehr große Dinge getan hätten als die Nächstenliebe. Aber Nietzsches Rat gilt nicht den Soldaten auf den Schlachtfeldern imperialistischer Weltkriege, sondern, noch einmal, dem »Kriegsmann der Erkenntnis«, seinem gewagten *Denkkampf* im Sinne des griechischen *Agon*: eines Wettkampfs und Ratespiels um den besten Gedanken, der selber Rat schafft, abwägt und fällige Entscheidungen über neue Wertschätzungen des Lebens vorbereitet. Mündet doch dieser ganze Abschnitt der *Zarathustra*-Dichtung in den Wunsch: »Eure Liebe zum Leben sei Liebe zu eurer höchsten Hoffnung: und eure höchste Hoffnung sei der höchste Gedanke des Lebens! Euren höchsten Gedanken aber sollt ihr euch von

mir befehlen lassen – und er lautet: der Mensch ist Etwas, das überwunden werden soll.«[77] Und selbst in der Zeit seiner Gemeinschaft mit Wagner, als der junge Nietzsche geneigt war, einen »Päan auf den Krieg« anzustimmen, fehlt nicht die Gegenstimme, das Postulat: »Kriege dürfen nicht sein, damit endlich einmal das immer wieder neu angefachte Staatsgefühl einschlafe.«[78]

Wer diesen Kontext von Nietzsches »Kriegsreden« bedenkt, dem wird seine Rede über den Frieden in ›Menschliches, Allzumenschliches‹ nicht länger absonderlich erscheinen. Er dürfte sie in seinem Werk auch nicht mehr so vollständig »isoliert« finden, wie seine Gegner von gestern und heute zu jener einzigen Stelle bemerken, mit der sie sich »schwer«tun oder ihre Interpretation am liebsten gar nicht erst »belasten«. Zu Unrecht, denn das Argument ist ebenso leicht wie durchschlagend. Und ohne Not, denn es dreht sich um nichts anderes als um das Ideal irdischer Vollkommenheit oder die *höchste Tugend*: den Imperativ menschlicher Selbstüberwindung. Mit Goethe bezieht ihn Nietzsche auf das Individuum (»Von der Gewalt, die alle Wesen bindet, befreit der Mensch sich, der sich überwindet ...«) und dann auf das *Ethos* von »Kulturvölkern«, die diesen Namen verdienen. Ich zitiere abschließend den ganzen Text, ohne ihn auszulegen. Er bedarf keiner Fürsprache; und auch der geschichtliche Kontext – die durch Bismarcks Werk verursachte Überrüstung des *gegen* das damalige Europa geeinigten Reiches – ist eindeutig genug: »Der Lehre von dem Heer als einem Mittel der Notwehr muß man ebenso gründlich abschwören als den Eroberungsgelüsten. Und es kommt vielleicht ein großer Tag, an welchem ein Volk..., durch die höchste Ausbildung der militärischen Ordnung und Intelligenz ausgezeichnet und gewöhnt, diesen Dingen die schwersten Opfer zu bringen, freiwillig ausruft: ›Wir zerbrechen das Schwert‹ –

und sein gesamtes Heerwesen bis in seine letzten Fundamente zertrümmert. *Sich wehrlos machen, während man der Wehrhafteste war,* aus einer Höhe der Erfindung heraus –, das ist das Mittel zum *wirklichen* Frieden, welcher immer auf einem Frieden der Gesinnung ruhen muß.«[79]

Kein Wunder, daß manche Intellektuelle im Dienste der Entente-Mächte während des 1. Weltkriegs Argumente zur Bekämpfung Deutschlands Nietzsches Schriften entnehmen konnten. Kein Wunder auch, daß westliche Staatsmänner die Voraussetzungen für einen dauerhaften Frieden verkannten und sich die von Nietzsche ersehnte Friedensgesinnung mit dem Versailler »Friedensvertrag« nicht zu eigen machten, während deutsche Nietzscheaner nach dem Vorbild der »Philosophie des Nietzsche-Archivs« diese Argumente des »letzten antipolitischen Deutschen« unterdrückten. Sie erblickten im Nationalstaat ein unaufgebbares Mittel zur Realisierung von Nietzsches Ideal des Übermenschen und scheuten sich nicht, es in Hindenburg und Ludendorff, den Oberbefehlshabern des deutschen Heeres, verkörpert zu sehen.[80]

Damit hat die erste Phase der Nietzsche-Banalisierung ihren äußersten Fixpunkt erreicht. Wir sind nun in der Lage, unsere Darlegung davon abzulösen, und können die Aufmerksamkeit des Lesers auf den geistesgeschichtlich breiter angelegten Wirkungsraum von Nietzsches Philosophie am Beginn unseres Jahrhunderts zurücklenken. Denn der Nietzscheanismus ist älter als jene Weimarer Institution, die ihn im Wilhelminischen Deutschland repräsentiert. Er entsteht unabhängig von jeder Bindung an eine Partei oder Weltanschauung. Und vor allem: Er hat ursprünglich einen übernationalen, europäischen Charakter und reicht in seiner Bedeutung über Europa hinaus.

2. Kapitel

Nietzscheanismus ohne Philosophie?

Während der letzten Jahre seines geistigen Wachlebens notiert Nietzsche zweierlei Wirkungen seiner Philosophie, die ihn in Erstaunen setzten. Die eine ist das »komische Faktum«, daß er »nachgerade einen ›Einfluß‹« ausübe, und zwar »sehr unterirdisch, wie sich von selbst versteht. Bei allen radikalen Parteien (Sozialisten, Nihilisten, Antisemiten, christ[lichen] Orthodoxen, Wagnerianern) genieße ich eines wunderlichen und fast mysteriösen Ansehens.«[81] An erster Stelle, so halten wir fest, nennt Nietzsche »Sozialisten« und »Nihilisten«, an letzter »Wagnerianer«, die mit »Antisemiten« und »christlichen Orthodoxen« zusammen eine zweite Parteiung abgeben.

Die andere Wirkung ist ein nicht weniger erstaunliches Phänomen. Nietzsche findet es nicht »komisch«, sondern gleichsam natürlich, so daß er dieses Faktum in seinem Werk wiederfinden und sich ohne Umschweife damit identifizieren kann: »Wer mich heute in Deutschland liest, hat sich gründlich vorher, gleich mir selber, *entdeckt*: man kennt meine Formel, ›gut deutsch sein heißt sich entdeutschen‹ oder ist – keine kleine Distinktion unter Deutschen – jüdischer Herkunft. – Die Juden unter bloßen Deutschen immer die höhere Rasse – feiner, geistiger, liebenswürdiger ... L'adorable Heine sagt man in Paris. – Mein Stolz ist, daß man mich überall liebt und auszeichnet, außer in Europa's Flachland Deutschland.«[82] Nehmen wir diese Distinktion beim Wort, so hätten wir

mit Nietzsche *dreierlei Nietzsche-Bewegungen* zu unterscheiden.

Bevor wir diese Unterscheidungen ausdifferenzieren, sei wenigstens ein kurzer Blick auf die spontanen Nietzsche-Bewegungen im Bereich der Kunst und Literatur geworfen, die sich zuerst außerhalb von Deutschland formierten. Hatte sich doch schon zu Nietzsches Lebzeiten in Wien ein Verehrerkreis um den Schriftsteller Siegfried Lipiner, in Kopenhagen um den Literaturhistoriker Georg Brandes gebildet.[83] Und in Stockholm war es kein Geringerer als August Strindberg, der mit dem späten Nietzsche Briefe wechselt und in ihm den Geistesverwandten erblickt.[84] Überall in Europa sind es junge Dichter, Essayisten und Kritiker, die Nietzsche für sich entdecken und sein Werk der Verborgenheit entreißen. Ihre Namen sprechen für sich: André Gide und Paul Valéry in Frankreich, Miguel Unamuno und José Ortega y Gasset in Spanien, George Bernard Shaw und die Gebrüder Lawrence in England, Gabriele D'Annunzio und Italo Svevo in Italien, Björnsterne Björnson und Knut Hamsun in Skandinavien, Maxim Gorki und Leo Schestow in Rußland.[85] Und parallel zu ihren Entdeckungen des Dichters und Essayisten Nietzsche kommt es auch in Deutschland zur Bildung ähnlicher Kreise im literarischen Leben. Ich erwähne nur Hugo von Hofmannsthal und Rilke, den Kreis um Michael Georg Conrads Zeitschrift ›Die Gesellschaft‹ (mit Heinrich und Thomas Mann), um O. E. Hartlebens ›Pan‹ (mit Richard Dehmel und Johannes Schlaf), um Stefan Georges ›Blätter für die Kunst‹ (mit Friedrich Gundolf und Karl Wolfskehl und dem Historiker Kurt Breysig) oder um die neukantianischen Philosophen Alois Riehl (Verfasser einer noch heute lesenswerten Monographie ›Friedrich Nietzsche, der Künstler und Denker‹, 1897) und Hans Vaihinger (den Begründer der ›Kant-Studien‹ (1897) und Autor

der Schrift ›Nietzsche als Philosoph‹, (1902); von Nietzsche-Wellen im Einzugsbereich künstlerischer Bewegungen wie der Neuromantik, dem Jugendstil und dem Expressionismus nicht zu reden.[86] Thomas Mann hat im Blick auf die anarchischen Züge der literarisch-künstlerischen Nietzsche-Bewegungen zu Beginn des Jahrhunderts vom »ästhetizistischen Renaissance-Nietzscheanismus« gesprochen,[87] was hier auf sich beruhen mag; wie überhaupt eine Behandlung literarischer Tendenzen den Rahmen unserer Untersuchung sprengen würde. Wir befragen die Literaturgeschichte von Fall zu Fall: wie ein *Vademecum*, das wir nach Bedarf unterwegs aufschlagen.

§ 4 Nietzsche im Umfeld der Sozialdemokratie

Aus dem Bündel unterschiedlicher Bestrebungen der Nietzsche-Bewegung hebe ich zuerst den *sozialrevolutionär-anarchistischen Nietzscheanismus* der Jahrhundertwende heraus. Wir finden ihn *im Umfeld der sozialdemokratischen Arbeiterbewegung*[88]. Das mag schwer zu verstehen sein angesichts der harschen Kritik des späten Nietzsche am »Sozialisten-Gesindel«, an jenen »Tschandala-Aposteln« der Sozialdemokratie, die das »Genügsamkeits-Gefühl des Arbeiters mit seinem kleinen Sein untergraben – die ihn neidisch machen, die ihn Rache lehren«[89]. Die Nähe wird verständlicher, sobald wir uns im Anschluß an unsere Vorerwägungen zu diesem Thema einiger historischer Zeugnisse erinnern.

Da ist auf der einen Seite Nietzsches Selbstverständnis aus der Zeit seiner Gemeinschaft mit Richard Wagner, dem einstigen Sozialrevolutionär und Gesinnungsfreund von Bakunin. Ich meine den nie preisgegebenen Grundsatz des Autors der ›Geburt der Tragödie‹ (1872),

»unter allen Umständen die *Revolution*« zu begünstigen, die kulturelle *und* ethische, in dem Wissen darum, daß es von der »Klugheit und Menschlichkeit der nächsten Geschlechter« abhängen werde, »ob daraus die Barbarei oder etwas Andres hervorgehe«.[90] Da sind auf der anderen Seite Nietzsches jugendliche Sympathien für Ferdinand Lassalle und seine Abneigungen gegenüber falschen Freunden der deutschen Sozialdemokratie wie Eugen Dühring, den er zur selben Zeit wie Friedrich Engels in seiner Artikelfolge über ›Herrn Eugen Dührings Umwälzung der Wissenschaft‹ (1876–1878) kritisiert.[91] Da sprechen ferner für sein »Revoluzzertum« Zeugnisse von Konservativen, denen Nietzsche gefährlicher erscheint als die Sozialisten. Und dazu kommen schließlich Bebels Anklagen gegen konservative Kräfte während der Parlamentsdebatte zur »Umsturzvorlage« des Deutschen Reichstags (1895), die sich auf Nietzsche als Zeugen dafür berufen, daß es sich um ein Gesinnungsgesetz zur Bestrafung »gefährlicher« Gedanken handele.[92]

Vor diesem Hintergrund wird uns Nietzsches Verständnis für die berechtigten Anliegen der Arbeiterschaft verständlich. Ich denke in diesem Zusammenhang an seine weitsichtigen Urteile über die Zukunft des Arbeiters in der modernen Gesellschaft, der »ein Honorar, ein Gehalt«, aber keine Bezahlung im Sinne eines Lohnarbeitsvertrags mit dem Arbeitgeber empfangen soll. »Kein Verhältnis zwischen Abzahlung und Leistung! Sondern das Individuum, *je nach seiner Art*, so stellen, daß es *das Höchste leisten kann*, was in seinem Bereich liegt.« Ich erinnere an Nietzsches Erwartung, daß die Arbeiter einmal leben sollen wie jetzt die Bürger, aber »über ihnen, sich durch Bedürfnislosigkeit auszeichnend, die *höhere Kaste*: also ärmer und einfacher, doch im Besitz der Macht«[93]. Und erwähnt sei schließlich

Nietzsches selbstkritisches Eingeständnis, daß die »Ausbeutung des Arbeiters«, die er anfänglich im Namen der »Kultur« und ihrer Vorausbedingung seit den Griechen gerechtfertigt hatte, eine »Dummheit« war, »ein Rauben auf Kosten der Zukunft, eine Gefährdung der Gesellschaft«.[94]

Während dieser Zeit sah Nietzsche den Nachteil der sozialistisch-kommunistischen Bewegung für das Leben vor allem darin, daß sie in Hegels Nachfolge die Anhäufung von Staatsgewalt ins Unermeßliche steigern werde. Und er erkannte, daß ihre politische Organisation die Arbeiterschaft »militärisch gemacht« habe und in der Zukunft weiter militarisieren werde; eine Voraussicht, die sich in unserem Jahrhundert bewahrheiten sollte. Aber mehr noch hatte Nietzsche den Nutzen betont, der dem dadurch erzeugten Gefühl höchster Lebensgefährdung des Einzelnen erwachsen muß. Wenn der Sozialismus mit seiner »rauhen Stimme in das Feldgeschrei: ›so viel Staat wie möglich‹ einfällt, so wird dieses zunächst dadurch lärmender als je: aber bald dringt auch das Entgegengesetzte mit um so größerer Klarheit hervor: ›so wenig Staat wie möglich!‹«[95]. So konnte Nietzsche ganz unbefangen den Vorteil anerkennen, den der sozialistische Gedanke einmal besessen hatte: die Wekkung menschlichen Gemeinsinns und des Sinnes für Gerechtigkeit, den er der frühen Arbeiterbewegung vermittelt. Der Sozialismus, sagt Nietzsche, und höher ist von seinem Grundgedanken nie gedacht worden, beruht »auf dem *Entschluß*, die Menschen *gleich* zu setzen und gerecht gegen jeden zu sein: es ist die höchste Moralität«[96]. Und seinen Vorzug gegenüber anderen politischen Ideen erblickt Nietzsche in Erregungen über das Unrecht, die er den weitesten Kreisen mitteilt. »Er unterhält die Menschen«, schreibt Nietzsche, der mit diesen Worten zugleich den weiten Abstand zum sprachlos dumpfen

Nationalismus ausmißt, »und bringt in die niedersten Schichten eine Art von praktisch-philosophischem Gespräch. Insofern ist er eine Kraftquelle des Geistes.«
Wer sich diese Gedankengänge vergegenwärtigt, dem wird vielleicht verständlich, warum die sozialdemokratische Presse und Literatur im Kaiserreich nicht mit flammenden Protesten gegen den Aristokraten Nietzsche angefüllt ist, der dem Anschein nach für Demokratie und Sozialismus nur Keulenschläge übrig hat und die »Gleichheitslüge« als schlimmstes Erbteil des Christentums bekämpft. Man verzeiht ihm vieles, bemerkt dazu ein scharfsichtiger Beobachter der literarischen Szene um die Jahrhundertwende, weil er »ein geistiger Revolutionär war, wobei man Wesen und Ziel dieser Revolution übersieht, weil er den Antichrist schrieb, wobei man den innersten Grund seiner Bekämpfung des Christentums verkennt, weil man der Forderung der Erhöhung des Daseins zustimmt, wobei man die Erhöhung des Individuums zur Erhöhung des Niveaus umwertet«[97]. So kommt es frühzeitig zu einer denkwürdigen Begegnung zwischen den Anhängern von Marx und Nietzsche, zur Herausbildung eines »linken« Nietzscheanismus in Deutschland.
Seine Wortführer in der deutschen Arbeiterbewegung sind neben Viktor Adler und dem Ehepaar Braun die Anarchisten Kurt Eisner und Gustav Landauer. Die Brauns hatten führenden Anteil am Aufstieg der deutschen Sozialdemokratie im Kaiserreich: Heinrich Braun war unter anderem Mitbegründer der ›Neuen Zeit‹ (1883) und Herausgeber des ›Archivs für soziale Gesetzgebung und Statistik‹ (1888–1903), seine Gefährtin Lily gewann als geistvolle Schriftstellerin großen Einfluß auf die deutsche Frauenbewegung. Ihr gemeinsamer Kampf um die Rechte der Arbeiterschaft und die Gleichberechtigung des weiblichen Geschlechts empfing Impulse durch

Marx *und* Nietzsche, jenes bis dahin entzweite Brüderpaar, das vor der Jahrhundertwende zuerst die englische »Fabian Society« zusammenführte.
Die ›Memoiren einer Sozialistin‹ (1909–1911) sind im Geist des deutschen Idealismus geschrieben und erklären den Bund, der von George Bernard Shaw inspiriert wurde und Nietzsches Figur des »freien Geistes« ins Zentrum einer Emanzipation des Individuums rückte. So hat diese Figur Lily Braun unter englischen Sozialisten kennengelernt: »Der Wille zur Macht, – die höchstmögliche Entwicklung der Persönlichkeit als Ziel des einzelnen, – der Übermensch als Ziel der Menschheit –: zu einem einzigen Akkord vereinigten sich plötzlich die Klänge, die mir diesmal in England entgegengetönt hatten. Mein Herz schlug zum Zerspringen wie das eines Gefangenen, dem die Ketten vom Fuß gelöst werden und die Pforten sich öffnen zur freien Wanderschaft... Ein halbes Kind war ich gewesen, als ich aus Nietzsches ›Fröhlicher Wissenschaft‹ den ersten Ruf persönlicher Befreiung vernahm: ›Das Leben sagt: Folge mir nicht nach, sondern dir! sondern dir!‹ – Galt nicht derselbe Ruf heute der Menschheit?«[98] Für Lily Braun lebten Nietzsches große Ideen »in uns« fort, den Schülern von Lassalle und Marx, und darunter verstand sie den Hang der sozialdemokratischen Gründerväter zum Individualismus, die »Umwertung aller Werte«, die Lebensbejahung und den »Willen zur Macht«. Nach ihrer Auffassung brauchten die Sozialisten die »blitzenden Waffen« aus Nietzsches Rüstkammer nur in die Hand zu nehmen. Und sie sollten es tun, denn mit dem »Ziel des größten Glücks der größten Zahl« würden sie nur eine »Gesellschaft behäbiger Kleinbürger« schaffen. Kurzum: Der Bund zwischen Marx und Nietzsche sei politisch notwendig und wäre für die Arbeiterbewegung von historischer Tragweite: »Den Weg zu unserem Ziel finden wir nur, wenn die Idee

der ethischen Revolution der Idee der ökonomischen Umwälzung Flügel verleiht.«[99]

Das war bereits der Grundsatz jener Gruppe der »Jungen« um den Schriftsteller Bruno Wille, die sich im Kampf gegen Auswüchse sozialdemokratischer Parteibürokratie auf Nietzsches Kritik am bürgerlichen Konformismus und dessen Nivellierung menschlicher Individualität beriefen. Auf dem Wege der Befreiung bedarf es Nietzsches Ideal des »höheren Menschen«, damit das Ziel nicht in der Verwirklichung des »Massenmenschen« versande, des »letzten«, wie ihn Nietzsche nennt, der im Tick-Tack des kleinen Glücks lebt, der Befriedigung kleinster Lüste und Bedürfnisse. Sein Individualismus, so behaupten Kurt Eisner und Gustav Landauer im Einklang mit der »jungen« Parteiopposition, widerspreche nicht dem Sozialismus, vorausgesetzt, man gebe Nietzsches zeitbedingte Verneinung menschlicher Solidarität preis. In seiner Person verehren sie den einzigen Denker, der neben Marx stark genug sei, Länder- und Zeitengrenzen zu sprengen. Als Philosoph ist er nach Eisner der ehrliche Künder seiner Überzeugungen, der den Mut habe, alles auszusprechen, ohne Rücksicht auf hergebrachte Sitte und Meinung, auf Polizei und Strafgesetzbuch.[100] Und obwohl Sozialdemokraten wie Landauer und Eisner Nietzsche als Erben der Romantik betrachten und daraus seine Abneigung gegen den aufklärerischen Sozialismus herleiten, polemisieren sie zugleich gegen Mehrings Nietzsche-Kritik.

Nach Franz Mehrings Buch ›Kapital und Presse‹ hatte Nietzsche die »Klassenmoral des Kapitalismus auf der heutigen Stufe seiner Entwicklung« entdeckt (vgl. § 2); eine Moral, die für das sich anbahnende Zeitalter der Kartelle und Trusts alle Bande gesprengt hätte, die ihr auf früheren Entwicklungsstufen die kleinbürgerliche Ehrbarkeit auf der einen und die großbürgerliche Respekta-

bilität auf der anderen noch anlegten.[101] Mehrings orthodoxer, mancherorts bis 1990 fortlebender These antwortet in den ›Sozialistischen Monatsheften‹ (1900) der Gedenkartikel aus Anlaß von Nietzsches Todestag am 25. August 1900: ›Etwas über Nietzsche und uns Sozialisten‹.

Als Verfasser zeichnet »Ernst Gystrow«, ein Pseudonym, hinter dem sich Willy Hellpach verbirgt, Schüler Wilhelm Wundts und des Historikers Karl Lamprecht in Leipzig, später Professor für Philosophie in Karlsruhe und Heidelberg. Von sozialdemokratischen Denkern, so Hellpach unter Anspielung auf Mehring, werde man fordern dürfen, daß sie über den Verstorbenen Gedanken hätten, auch wenn sich eine pseudomarxistische Programmweisheit in der Formel vom »Philosophen des Kapitalismus« erschöpfe. Mit jener Allerweltsweisheit sollten sich Sozialisten nicht identifizieren. Mute sie ihnen doch zu, einen Paß zu fälschen, weshalb sie die Feder erst einmal beiseite legen und überlegen müßten, ob es nicht Berührungspunkte gäbe, ja, ob vielleicht sogar die sozialistische Idee nahe genug bei jenem Ideal liege, das Nietzsche der Menschheit gewiesen habe.

Die Nähe dieser Idee zu Nietzsches Menschheitsideal wird in Hellpachs Artikel umschrieben. Er gehört zum Denkwürdigsten, was damals an Nachrufen auf den verstorbenen Philosophen erscheint: »Nietzsche ist tot. Wer nicht ihn selber aus seinen Schöpfungen, sondern nur seinen Schatten aus mancher sonderbaren Geschichtskonstruktion kannte, wie sie in früheren Jahren bei uns beliebt war, mußte ein pomphaftes Begräbnis für ihn erwarten. War er nicht der Philosoph der Bourgeoisie? Der Virtuose, der die brutale Lebenspraxis der Industriebarone und Handelsoligarchen ins schimmernde Gewand einer Ethik hüllte? Der Christentum und Sozialismus haßte, weil beide gegen den Götzendienst des goldenen

Kalbes stehen? Ein goldenes Kalb als Grabstein für Nietzsche – das ist der Traum der seltsamen Leute, die Hermann Bahr einmal die Marxisten nannte.«[102] Gemeint sind Mehrings Anhänger, die orthodoxen »Marxisten«, vor denen bekanntlich schon Marx warnte, der mit Nietzsche die Verachtung des Banalen und aller Phrasendrescherei teilte.

Nietzsche hatte geistige Maßstäbe und verstand nicht, daß Menschen nach Gelderwerb streben könnten, um Macht auszuüben. Zwei Machtbedürfnisse hat er nach Hellpach analysiert, das feudale und das priesterliche, während er für das dritte Bedürfnis, das kapitalistische, keinen Sinn gehabt hätte. Gewerbefreiheit und Goldwährung, das schienen ihm kleinbürgerliche Sorgen zu sein. Vermochte er doch nicht zu sehen, daß jenes Bedürfnis eine Macht war, welche die feudale Macht nahezu gebrochen hatte und sich nun auch an die priesterliche wagte: »So *hätte* die eine Hälfte seiner Lehre auch kapitalistische Philosophie sein *können*. Aber sie *war* und ward es *nicht*. Sie war nicht erwachsen auf kapitalistischem Boden, aus irgendwelcher Gründerstimmung.«[103] Nach Hellpach war sie eine Wiederkehr der *Renaissancephilosophie*. Und der Renaissancemensch sei Künstler, der Macht einzig zur Schaffung *geistiger* Werte suche: von *Kunstwerken*, wie sie Nietzsches Aphorismen im Aufbau seiner Gedankenwelt darstellen. Sie hätten die deutsche Sprache so bereichert, wie es vordem nur durch Luther und Goethe geschehen sei.

Vom Kapitalismus hingegen, so beschließt Hellpach seine Würdigung, und er wendet sich damit gegen die Marxisten in Mehrings Gefolge, hätte Nietzsche nichts verstanden und könne deshalb auch nicht dessen Philosoph sein. Hingegen habe er im Horizont der *sozialen Frage* die *aristokratische* aufgeworfen, die Sozialisten nicht fremd sei, weil in Lassalles und Marx' Diktatorge-

lüsten ein gewaltiger »Wille zur Macht« gelebt habe, wie sich überhaupt der Sozialismus nicht in bloßer Sozialdemokratie erschöpfe. Und wirtschaftliche Demokratisierung könne nichts anderes sein als geistige Aristokratisierung der Masse, weshalb eines Tages das Wort »Arbeiter« einmal so vieldeutig sein werde wie heute das Wort »Bürger«. Kurzum: ein erfolgreicher Sozialismus werde in der Zukunft mit Fug und Recht von Nietzsche sagen: »Er war unser ... Er hat geweissagt, was wir uns erarbeiten mußten: daß der Wert der Menschheit im Menschen liegt und daß jedes echte Aufwärts einen aristokratischen Sinn hat. Und diese Idee ist ewig, ist eine Macht, die niemals sterben noch verdummen kann.«[104]

Gemeint ist die Idee vom *Übermenschen*, die vor allem in der russischen Sozialdemokratie ihre Spuren hinterlassen hat. Ich denke an die von Dostojewski inspirierte *Gottsucherbewegung* im Umkreis gesellschaftlicher »Außenseiter« und ihre ganz durch Nietzsches *Zarathustra*-Dichtung geprägte Darstellung in Maxim Gorkis ersten Erzählungen über die ›Barfüßer oder Bosjaken‹ (1892–1898). Ich denke aber auch an seinen Traktat ›Der Leser‹ (1898), worin sich der Dichter selbst zum Außenseiter stilisiert, der dem russischen Volk die Wahrheit als »Peitsche« bringt. Zusammen mit A. A. Bogdanow und A. W. Lunatscharski schloß sich Gorki der von Lenin bekämpften Fraktion der *Gotterbauer* an, die den Individualismus des Übermenschen mit dem »menschlichen Sozialismus« zu vereinigen suchten. Eine Tendenz, die sich beim jungen Trotzki abzeichnet, der seine literarische Laufbahn mit einem Gedenkartikel zu Nietzsches Tod (1900) beginnt und noch als Stratege der Oktoberrevolution dem Zukunftsbild des »Sowjetmenschen« Züge von Nietzsches »Übermenschen« einschreibt.

Der Mensch, so heißt es am Schluß von Trotzkis Schrift: ›Literatur und Revolution‹ (1924), werde künftig »da-

nach streben, seine Gefühle zu beherrschen, seine *Triebe auf die Höhe des Bewußtseins zu bringen* und sie mit Klarheit zu erfüllen, seine Willenskraft in die Tiefen seines Bewußtseins zu lenken; und auf diese Weise wird er eine neue Bedeutung erlangen, wird er zu einem *überlegenen sozialen Typus – zum Übermenschen* – wenn man so will«[105]. Marx und Nietzsche begegnen sich dann gleichzeitig in den Revolutionsgedichten von Alexander Blok wie in den revolutionären Dramen von Lunatscharski, dem ersten allrussischen Volkskommissar für das Bildungswesen (1917–1928), der diese Impulse an die (1923 aufgelöste) Proletkult-Bewegung weitergibt. Nietzsche, schrieb N. Berdjajew schon in dem Sammelband ›Wegmarken‹ (1908), ist in dem Glauben gestorben, nirgends gebraucht zu werden; und auf einmal dient er dazu, den Marxismus zu beleben und zu stärken.[106] Und ein Jahrzehnt später konnte die amerikanische Tänzerin Isodora Duncan aus Moskau berichten, Nietzsches Ideen einer schöpferischen Selbstüberwindung des Menschen würden in Lenins Oktoberrevolution zusammen mit den Visionen von Beethoven und Walt Whitman verwirklicht: »Alle Menschen werden Brüder, hinweggetragen von der großen Welle der Befreiung, die jetzt von Rußland ausgeht.«[107]

Nietzsche als Bruder von Marx: Das ist die Konstellation der Dinge in der deutschen und europäischen Nietzsche-Debatte bis hin zum 1. Weltkrieg und über diese Epochenschwelle hinaus.[108] Daß der eine durch vielerlei Bildungsschleier hindurch den Willen zur Macht preist, um dann doch, seiner musisch-musikalischen Wesensmitte getreu, weltferne Bildungsgemeinden und ahnungslose Arierbünde zu hinterlassen, heißt es zu Beginn der Weimarer Zeit in der deutschen Zeitschrift ›Die Dioskuren‹ (1922), und daß der andere den geschichtlichen Endzustand einer Assoziation verkündete, worin die freie Ent-

wicklung eines jeden die Bedingung für die freie Entwicklung aller sein sollte, um dann doch nur eine neue *Spielart politischer Tyrannis* und zugleich jene vielfältig miteinander *verfeindeten Riesenmassen hilfloser Seelensklaven* zu schaffen, dieser paradoxe Gegensatzzusammenhang beider Männer bezeuge den ungeheuren Zwiespalt der Epoche.[109] Wenn Marx das Dunkel der Zeit durch wissenschaftliche Aufklärung erhellte und ohne einen einzigen entscheidenden Dunkelzustand sein Werk und Leben in beispielloser Geradlinigkeit vollendete, so habe er doch eben dadurch die Massen in ein um so tieferes Dunkel gestoßen, während Nietzsche Dunkel und Licht in einem einzigen Martyrium seiner persönlichsten Geschichte vereinige und als allgemeinstes Schicksal verkörpere, so daß er alle Schmerzen der Zeit auf sich laden konnte.

Der Vergleich bringt die geschichtliche Konstellation kurz vor Beginn des europäischen Bürgerkriegs auf den Punkt. Der Konflikt mit der Welt, die Erfahrung des universalen Leidens an ihrem Grunde, verdichtet sich in Nietzsches Philosophie, während Marx die einzigartige Klasse der Leidenden entdeckt zu haben glaubt und allen Weltkonflikten *einen (partikularen)* Ort bestimmt, um dann im Glauben an die universale Heilkraft der Wissenschaft einen grundsätzlich konfliktlosen Endzustand der Menschheit ins Auge zu fassen: »Marx – der unerschütterliche Weltankläger, ein Heros der Massen. Nietzsche – ein namenlos leidender, am Ende zerbrochener Selbstankläger, ein Märtyrer der geistigen Menschheit.«[110]

Diese Ortsbestimmungen haben von Seiten der liberalen Opposition gegen das Kaiserreich Max Weber und Ernst Troeltsch, Heinrich Mann und der expressionistische Schriftstellerkreis um Kurt Hiller, Otto Gross, Salomo Friedlaender (Mynona), Alexander Ruest und viele

andere geteilt.[111] Und auf konservativer Seite war es Nietzsches alter Widersacher, Ulrich von Wilamowitz-Moellendorff, der im Gegensatz zum preußisch-deutschen Staatsgedanken von Treitschke und Bernhardi Nietzsche als radikalen Individualisten betrachtet und sein Denken der Bewegung des internationalen Sozialismus zurechnet.[112] Wilamowitz' Urteil hat Tradition. Stimmt es doch mit Einschätzungen deutscher Konservativer und ihrer religiösen Wortführer überein, die Nietzsche mit der Sozialdemokratie auf eine Linie rücken oder ihn gar für den gefährlicheren »Umstürzler« halten.[113]
Diese Beurteilungen konnten sich auf unterschwellige Nietzsche-Rezeptionen in der sozialdemokratischen Presse berufen, die manche seiner »unzeitgemäßen« Aphorismen ohne Namen abdruckte. Und sie fanden in Untersuchungen zum Leseverhalten deutscher Arbeiter eine Stütze, die schon zu Beginn des Jahrhunderts Nietzsche gegenüber Marx bevorzugten; vom Leseeindruck und Identifikationen mit dem Autor der *Zarathustra*-Dichtung nicht zu reden, wonach der Lebensentfremdete, wie es in einer zeitgenössischen Stimme heißt, der zu einem bitteren Höhenschicksal verurteilte *Anachoret* und der aus dem Gefüge eines lebensvollen Volksorganismus seit Jahrhunderten herausgerissene *Arbeiter* »im Grunde ein und dasselbe Zeitschicksal teilen, – isolierte Emporstrebende zu sein, Verkünder eines verzweifelten, individuellen Imperialismus«[114].
Eine andere Konstellation stellte sich dem Verfasser der ›Betrachtungen eines Unpolitischen‹ dar, als er sich nach der Ermordung Walther Rathenaus zur (anfänglich) sozialdemokratisch regierten Republik von Weimar bekannte und sich nicht scheute, publizistisch an Friedrich Eberts Seite zu erscheinen oder zum Verfassungstag zu reden. Dazu mußte das »Dreigestirn ewig verbundener Geister« durch weitere Leitsterne ergänzt und ihr wech-

selseitiger Stand neu bestimmt werden. Der eine ist Walt Whitman, optimistischer Sänger Amerikas, der andere Dostojewski, Dichter des leidenden Rußland, den der späte Nietzsche als »Visionär der Seele« und moralistischen Geistesverwandten entdeckt. Mit seinem Aufruf an die Menschen, der Erde treu zu bleiben und den Kopf nicht mehr in den Sand der himmlischen Dinge zu stekken, stehe Nietzsche dort, wo »der Geist des Griechentums eingeht in den hymnisch gewordenen Geist amerikanischer Demokratie, den Geist Walt Whitmans, der ausruft: ›Zweifelt jemand, daß der Leib vollauf so viel gilt wie die Seele? Und wäre der Leib nicht die Seele, was ist die Seele?‹«[115] Nietzsche nehme eine neue Humanitätsidee vorweg, die mehr sei als Idee, nämlich Pathos und Liebe, jene »wahrhaft *erzieherische* Liebe, welche ihren Trägern – und auch Nietzsche war ihr Träger – die Gefolgschaft einer ganzen Weltjugend« sichere.

»Zwei Erlebnisse sind es«, so hatte Thomas Mann Anfang der 20er Jahre geschrieben, »die den Sohn des 19. Jahrhunderts zur neuen Zeit in Beziehung setzen, ihm Brücken in die Zukunft bauen: das Erlebnis Nietzsches und das des russischen Wesens.«[116] Wie unsicher er zunächst in der Angabe seines eigenen Standorts ist, verrät der Verweis auf die »Entretiens d'Eté« in Pontigny, wo Franzosen und Deutsche übereingekommen seien, als »Wecker und Bildner heutigen Lebensgefühls« für beide Länder jene drei Geister – *Whitman, Nietzsche und Dostojewski* – zu nennen; mit dem Zusatz, es sei »ohne Zweifel eine gescheitere Zusammenstellung« als jene andere – *Bernhardi, Nietzsche und Treitschke* –, die »nichts war als ein Merkmal allgemeiner Kriegsverdummung«.[117] Im Blick auf Lenins Rußland und den sich abzeichnenden Ost-West-Gegensatz hatte er dann diese Konstellation um die Dioskuren der klassischen russischen und deutschen Literatur erweitert und im Ge-

genüber zu Tolstoi und Goethe – als Repräsentanten des »Klassischen«, »Gesunden«, »Naiven« – Nietzsche zusammen mit Dostojewski und Schiller das »Romantische«, »Kranke«, »Sentimentalische« repräsentieren lassen.[118] Ein Gegensatz, der sich angesichts heraufziehender Gefahren durch Mussolinis Faschismus und Hitlers »Nationalsozialismus« mit Thomas Manns Zuwendung zur deutschen Sozialdemokratie am Ausgang der Weimarer Republik in den Bahnen des Zweigestirns: *Goethe und Nietzsche* aufhebt.

Im Horizont dieser großen Konjunktion geschichtlich verbundener Geister gelingt es Thomas Mann, Nietzsches Nähe zu Goethe in Weimar und seinen Stand inmitten der Zeit zu bestimmen; eine Ortsbestimmung, die sich im Absprung von den ›Betrachtungen‹ des neuen Standorts vergewissert. So zweideutig der Wechsel vom deutschnationalen zum sozialdemokratischen Umfeld damals vielen erscheint: Der Goethe-Nietzsche-Verehrer ist geschichtlich im Recht, wenn er glaubt, der »wesentlichen Linie« seiner ›Betrachtungen eines Unpolitischen‹ zu folgen und sich im Namen deutscher Humanität jener »reaktionären Welle« entgegenwerfen zu müssen, die »wie nach den napoleonischen Kriegen über Europa hingeht (denn ich denke nicht an Deutschland allein) und die mir nicht erfreulicher scheint dort, wo sie faszistisch-expressionistisch brandet. Ich fühle«, so gesteht der Freund von Ernst Bertram auf dem Höhepunkt des Streits um seinen Standortwechsel, »daß die große Gefahr und Faszination einer des Relativismus müden und nach dem Absoluten begierigen Menschheit der Obskurantismus in irgendeiner Form ist (Erfolge der römischen Kirche), und ich halte mich an die großen Meister Deutschlands, Goethe und Nietzsche, die es verstanden, anti-liberal zu sein, ohne irgendeinem Obskurantismus das geringste Zugeständnis zu machen und der mensch-

lichen Vernunft und Würde etwas zu vergeben ... ich habe mich von Nietzsche nicht abgewandt, wenn ich freilich seinen klugen Affen, Herrn Spengler billig gebe.«[119] So sieht Thomas Mann keinen Widerspruch darin, den ersten sozialdemokratischen Präsidenten der Weimarer Republik um Unterstützung der Münchener Nietzsche-Gesellschaft zu ersuchen.[120] Er wird sich sicher, daß Nietzsches Philosophie das Romantisch-Krankhafte durchlebt und erlitten habe, um es geistig zu überwinden; was am Ende sein eigenes (Thomas Manns) Künstlertum ermöglicht, »das Erlebnis der Selbstüberwindung der Romantik in Nietzsche«[121]. Und diese Sicherheit erwächst dem Wissen, daß Goethe in Nietzsches Sicht die Überwindung der Aufklärung des 18. und der Reaktion des frühen 19. Jahrhunderts verkörpert, als »guter Europäer« ein großer Zufallstreffer für die Deutschen, aber vergeblich und ohne Wirkung, wie – bisher – Nietzsche selbst. Sein »hohes und bildendes Deutschtum«, sagt Thomas Mann gegen die Anhänger dumpfer Vaterländerei, »wußte, wie dasjenige Goethes, andere Wege des Ausdrucks als den des großen Zurück in den mystisch-historisch-romantischen Schoß«[122].

§ 5 Jüdischer oder messianischer Nietzscheanismus?

Daß Nietzsches Philosophie früheste Anhänger unter Denkern und Schriftstellern jüdischer Herkunft sammelte, ist kein Zufall. Hatte er sich doch in Vorahnungen kommenden Urteils früh dagegen gewandt, »die Juden als Sündenböcke aller möglichen öffentlichen und inneren Übelstände zur Schlachtbank zu führen«; ein Volk, dessen in alle Welt zerstreuten Mitglieder Nietzsche mit den Worten ansprach, es habe »die leidvollste Geschichte unter allen Völkern gehabt« und den »edelsten Men-

schen (Christus), den reinsten Weisen (Spinoza), das mächtigste Buch und das wirkungsvollste Sittengesetz der Welt« hervorgebracht.[123] Durch seine Wertschätzung des Alten Testaments vermochte er selbst Repräsentanten des orthodoxen Judentums anzusprechen. Und in der Tat hegte Nietzsche die stärkste Bewunderung für jenes »Buch von der göttlichen Gerechtigkeit«, worin es »Menschen, Dinge und Reden in einem so großen Stile« gebe, daß sich kein Schrifttum damit vergleichen lasse, die griechische und indische Literatur eingeschlossen: »Man steht mit Schrecken und Ehrfurcht vor diesen ungeheuren Überbleibseln dessen, was der Mensch einstmals war, und wird dabei über das alte Asien und sein vorgeschobnes Halbinselchen Europa, das durchaus gegen Asien den ›Fortschritt des Menschen‹ bedeuten möchte, seine traurigen Gedanken haben.«[124]

Diese Äußerungen aus ›Jenseits von Gut und Böse‹ (1886) werden vielleicht noch durch Worte des Respekts übertroffen, den Nietzsches ›Genealogie der Moral‹ dem Alten Testament entgegenbringt: »In ihm finde ich große Menschen, eine heroische Landschaft und etwas vom Allerseltensten auf Erden, die unvergleichliche Naivität des *starken Herzens*; mehr noch, ich finde ein Volk. Im neuen dagegen lauter kleine Sektenwirtschaft, lauter Rokoko der Seele, lauter Verschnörkeltes, Winkliges, Wunderliches, lauter Konventikel-Luft.«[125] Und schließlich fällt in diesem Zusammenhang Nietzsches Vorhersage über die Zukunft des Judentums: keine zionistische Vision, wie sich versteht (Theodor Herzls Schrift ›Der Judenstaat‹ erscheint 1896). Aber Nietzsche teilt auch nicht jene Erwartungen einer deutsch-jüdischen Kultursymbiose, die sich im Kaiserreich zu erfüllen schienen. Sondern was Nietzsche erhofft, das ist die Verwandlung des jüdischen Menschen in den »guten Europäer«, nach seiner Prophezeiung die Aufgabe des kommenden »Jahr-

hunderts«. Die Vereinigung Europas selbst, sie würde scheitern ohne das Werk der europäischen Auszeichnung des Judentums, die Integration eines Kulturvolkes von langer Dauer und tragischer Größe in die europäische Gesamtkultur: »Dann, wenn die Juden auf solche Edelsteine und goldene Gefäße als ihr Werk hinzuweisen haben, wie sie die europäischen Völker kürzerer und weniger tiefer Erfahrung nicht hervorzubringen vermögen und vermochten, wenn Israel seine ewige Rache in eine ewige Segnung Europas verwandelt haben wird: dann wird jener siebente Tag wieder einmal da sein, an dem der alte Judengott sich seiner selber, seiner Schöpfung und seines auserwählten Volkes *freuen* darf, – und wir alle, alle wollen uns mit ihm freuen.«[126]
Sätze dieser Art (sie lassen sich weiter vermehren und auch durch scheinbare Gegen-Sätze nicht entwerten) finden angesichts der religiösen und politischen *Krisis* im Diaspora-Judentum um die Jahrhundertwende Gehör. Die Resonanz ist breit, und je nach eigenem Standort wechseln Zu- und Widerspruch einander ab. Zuspruch findet selbst unter Rabbinern Nietzsches Formel vom »Willen zur Macht«, die dem Schlagwort des »Willens zum Judentum« als Vorlage dient und das Erwachen des jüdischen Selbstbewußtseins in der zionistischen Bewegung rechtfertigt. Strittig bleibt hingegen die Idee des Übermenschen. Während die einen in Nietzsches Ideal menschlicher Selbstüberwindung und des Strebens nach immer höheren Menschheitszielen den Kern alttestamentlicher Messiashoffnungen wiederentdecken, lehnen andere diese Identifizierung mit dem Argument ab, der jüdischen Religion gehe es vornehmlich darum, den »Unmenschen« zu überwinden; es gebe keine Sklaven- und Herrenmoral, sondern »nur eine Moral, und die ist sehr demokratisch, pflegt keinen unmäßigen Kultus des Genies, gebietet nicht eine schwärmerische, mystische

Liebe zu den Fernen, sondern sie sagt: ›Liebe Deinen Nächsten, wie Dich selbst!‹«[127]

Der Streit sei hier nicht weiter erörtert, wie überhaupt der Wirkung von Nietzsche in diesem Umfeld nicht näher nachgegangen werden kann, das von neueren Historikern und Theologen als »jüdischer Nietzscheanismus« bezeichnet worden ist.[128] Ob eine solche Grenzziehung im Sinne von Nietzsches Distinktion läge, erscheint mehr als zweifelhaft, da sie auf das genaue Gegenteil hinzielt und jede nationale Abgrenzung für »borniert« hält. Und im übrigen spräche manches dafür, die Bezeichnung umzukehren und vom »messianischen Nietzscheanismus« zu sprechen. Denn in vielen Fällen sind es historisch spezifische Ideen alttestamentlicher Überlieferungen, die sich in Nietzsches Philosophie spiegeln oder in sie hineingelegt werden. Ein solches Spiegelverhältnis scheint mir im Fall des nietzscheanisch-jüdischen *Gerechtigkeitssinnes* vorzuliegen, die ich im Blick auf die Stellung der *Idee des Gerechten* im Frühwerk meines Lehrers Ernst Bloch und des jungen Georg Lukács kurz beleuchten möchte.

Es handelt sich um die Frage, inwieweit sich Nietzsches Ideal des Übermenschen im Lichte der mosaischen Tradition an jener Idealgestalt des *gerechten Menschen* widerspiegelt, der sein geschichtliches Dasein nur zusammen mit dem in einem »Übervolk« verkörperten »Willen zur Macht« zu gewinnen vermag; eine Fragestellung, die seit der Jahrhundertwende die intellektuelle jüdische Jugend in ganz Europa umtreibt. Für die Anhänger des älteren Judentums ist jenes Volk im Einklang mit der frühzionistischen Bewegung das Volk Israel, das sich kraft seiner »moralischen Genialität« stets anderen Völkern überlegen gefühlt und sich erst seit den Parolen der Französischen Revolution von Gleichheit und Brüderlichkeit aller Menschen und Völker der Vorstellung sei-

ner Auserwähltheit zu schämen begonnen habe. Der Gerechte, wenn es seine Gestalt in einem Volk gibt, so hatte es der junge Nietzsche in der zweiten seiner ›Unzeitgemäßen Betrachtungen‹ formuliert, wäre das »ehrwürdigste Exemplar der Gattung Mensch«[129] – eine Formulierung, die im Nietzscheanismus des osteuropäischen Judentums Anklang findet und dann lange nachhallt.
Es ist der waghalsige Versuch, das Bewußtsein eines »jüdischen Sonderwegs« dadurch zu wecken, daß die Inhalte alttestamentlicher Prophetie mit Nietzsches Lehre von der »Umwertung aller Werte« verbunden und dabei die Gerechtigkeit als Zeichen menschlicher Vollendung gedeutet wird: abweichend von Nietzsche, der ihr das christliche Moment der »Liebe mit sehendem Auge« an die Seite stellt. Der Deutungsversuch hat zum Ziel, im doppelten Aufstand gegen das alte Diasporajudentum wie gegen seine Verächter unter der jüngeren jüdischen Intelligenz den universalen und zugleich nationalgeschichtlich begründeten Vorrang des israelischen Volkes zurückzugewinnen; eine gleichsam innerweltliche Widerlegung des gemeineuropäischen Aufbruchs in die Moderne, die infolge der von Juden mitbetriebenen Assimilation an »die Völker« den innersten Kern seines Wesens zu vernichten und dem historischen Lebensgeist des »Volkes Israel« den Garaus zu machen drohe.[130]
Dagegen richtet sich Martin Bubers jugendliche Vision einer nietzscheanisch inspirierten Befreiung jenes Lebensgeistes auf dem Weg der zionistischen Bewegung, die das zur Ohnmacht verurteilte Dasein des Diaspora-Judentums wie die »unfreie Geistigkeit« des Ghettos überwinden soll. Dadurch würde die Renaissance der altjüdischen Lebensform des Gerechten vorbereitet, eines Menschentums, das sein Leben aus dem Geist der Unbedingtheit und Treue zur Erde zu führen vermag, wenn es wieder »zu seinem freien natürlichen Ausdruck, dem

freien Schaffen in Wirklichkeit und Kunst« zurückfindet.[131] In Bubers Vision ist der Nietzscheanismus zugleich Bestandteil der großen Zukunftsaufgabe einer Wiederherstellung des in der jüdischen Kultur früh zerrissenen Bandes zwischen Mensch und Natur – Gedankenzüge, die in Blochs frühes Verständnis der Natur als »Enklave« der Geschichte eingegangen sind.[132]
Der junge Bloch zählt mit Georg Lukács zu den intellektuellen Verächtern des alten Diasporajudentums am Beginn des Jahrhunderts. Und in einem weiteren Sinne gehören dazu auch die um eine Generation jüngeren Freunde Max Horkheimer und Theodor Wiesengrund-Adorno, das Dioskurenpaar des Frankfurter »Instituts für Sozialforschung«, der Ausgangsbasis für die von ihnen begründete »Kritische Theorie«. Bloch entstammt der protestantisch assimilierten Mittelschicht deutsch-jüdischer Beamtenfamilien, Lukács der in Österreich-Ungarn arrivierten jüdischen Geldaristokratie, Horkheimer einer schwäbischen Fabrikantendynastie und Adorno jüdisch-italienischem Großbürgertum. Mit Walter Benjamin haben sie sich vom Glauben ihrer Vorväter abgewandt und nach dem Vorbild der Gestalt des gerechten Menschen jenen spezifisch jüdischen Zugang zu Nietzsches Philosophie aus dem Geist eines messianischen Nietzscheanismus geöffnet.
Am Beginn von Blochs Denkweg steht ein Essay über ›Das Problem Nietzsche‹ (1906)[133], der zu einer Zeit, als sich der deutsch-nationale Nietzscheanismus um das Weimarer Nietzsche-Archiv zu gruppieren begann, vor übereifrigen *Bekennern* warnt, welche die Worte ihres Meisters als »fertige Weisheit« nehmen. Mit dem jungen Martin Buber zählt der junge Ernst Bloch Nietzsche zu jenen Denkern, die »groß und undefinierbar« erscheinen »wie das Leben selbst, dessen Apostel sie sind ... Dem Gesetz des Weltbeginns brachte er einen großen Wider-

sacher: den werdenden Gott, an dessen Entwicklung wir mitschaffen können.«[134] Nach Bloch hat er »ein völlig Neues« gesucht. Nietzsche »will ein Anfang sein, gewalttätig und grell wie ein Licht, das im Dunkeln entzündet wird«[135]. Nietzsches Größe besteht für Bloch nicht in seinen Lehren und Werken, sondern im Pathos seines Wünschens. Und er sieht es in der »Verkündigung des unendlichen Rechts alles Ursprünglichen, Eigenen, Echten, Starken«, das an erneuerten Sturm und Drang, an Sammlung aus der Diaspora wie an Exodus aus klassizistisch abgebogener Kultur erinnert.

Nietzsches Problem ist die Geburt des Apollinischen aus dem Dionysischen, die Überwindung des Gegensatzes zwischen dem faustischen und mephistophelischen, dämonischen Element am Lebensgrund einer jeden Kultur. Und die Lösung findet er nach dem jungen Bloch in der Vertiefung des Subjektbegriffs der klassischen deutschen Philosophie und Dichtung. Drückt doch sein Inhalt nicht nur das »allgemein Menschliche«, Humanitäre aus, sondern »das Leben selbst«. Die Vieldeutigkeit dieses Wortes ist Index von Sinnfülle, Freude, Macht, Wachstum, einer Steigerung der Lebensintensität auf eine Höhe, wo Seele und Sinn, Sinnliches und Dämonisches im dionysisch verklärten *Kosmos der Kulturwerte* harmonieren. Bloch spricht bereits die Sprache des Expressionismus, wenn er behauptet, sie müßten »Werte« genannt werden, weil sie als Ausdruck von Lebensintensität »das Innerliche frei heraufführen – nicht als Bruch oder Absage oder Verneinung des Sinnlichen, sondern als eine Vollendung und Vergoldung, als Erschaffen und zum Licht tragen unseres Selbst«[136]. Und in diesem Vorgriff können sie dann auf dem Hintergrund des messianischen Nietzscheanismus ausgelegt werden: im Horizont von Auszug, *Exodus* und Ankunft des gerechten Menschen zugleich. Werte, sagt Bloch, und diese Aus-

legung präludiert bereits den ›Geist der Utopie‹ (1918), sind »dies, worin wir uns finden, zu uns selbst kommen, uns mit uns selbst zusammenschließen. Und alle Freude des Wiedersehens erfahren.«[137] Im Präludium wird das Leitmotiv der utopischen Philosophie angeschlagen, die Variation des Nietzsche-Themas in Gestalt einer Forterzählung des Dionysos-Mythos, der das menschliche Glücksbegehren vergoldet und in jener übermenschlichen Idealgestalt des *Gerechten* kulminiert, der die Erfüllung des Glücks in seine Rechte nimmt.[138]

Der junge Lukács hat seine Schriftstellerlaufbahn unter dem Einfluß von Georg Simmel mit Variationen zum Nietzsche-Thema der »Geburt der Tragödie« begonnen. Ihren Ausgangspunkt bildet die Idee der griechischen Bürgergesellschaft, worin sich Bürgerlichkeit mit Humanität paart. Sie entspricht dem Ideal einer Kultur, in der die Kunst über das Leben herrscht, während die moderne bürgerliche Gesellschaft unter die Herrschaft der Wissenschaft, der Technik, des Geldes geraten sei, so daß eine Lebenskultur im ursprünglichen Sinne dieses Wortes für das Bürgertum nicht mehr möglich erscheint. In diesem Horizont hat dann Lukács die ›Entwicklungsgeschichte des modernen Dramas‹ (1908–1911) dargestellt. Es ist sein Erstlingswerk, das die Moderne im Spiegel jener Literaturgattung als heroische Epoche der »Dekadenz« begreift: des Verfalls der Humanität auf dem Boden des neuzeitlichen Bürgertums; ein literatursoziologischer Auftakt, der in seiner Vision einer »Kunst der großen Ordnung, der Monumentalität«[139] Nietzsches Geschichtsbetrachtung verpflichtet bleibt. Und selbst im späteren Rückgang auf Hegels Dialektik in der ›Theorie des Romans‹ (1920) klingen Nietzsches Denkmotive fort, bis hin zu Lukács' Beschreibung der Moderne unter dem Tenor »transzendentaler Obdachlosigkeit«, der ein Grundthema des »Denkers ohne Heimat« variiert.

Alle Themen und Motive von Lukács' Essays aus der Vorkriegszeit zum Verhältnis von Seele und ästhetischer Formenwelt sind nach ursprünglich nietzscheanischer Einsicht einzig danach komponiert, die dissonanten Töne der menschlichen Alltagswelt künstlerisch verdichtet zu Gehör zu bringen; nicht etwa deshalb, um den Widerstreit im Hegelschen Sinne zu versöhnen, sondern damit die Kunst und nichts als die Kunst die trübe Verworrenheit des alltäglichen Lebens *zur Dissonanz läutere.* »Die erlösende Bejahung des Widerstreits«, so hatte es der junge Martin Buber umschrieben, »ist das Wesen alles Schaffens.«[140] Es sind Kräfte, die sich im Leben selbst bekämpfen und einander entgegengesetzt bleiben müssen, damit es nicht vorzeitig »dekadent« werde: von sich abfalle und in seinen Teilen erstarre.

§ 6 Nationaldeutsche Nietzschebewegung

Die um die Jahrhundertwende einsetzenden Nietzscheströmungen, so konnten wir im Fortgang unserer Untersuchungen sehen (vgl. §§ 4–5), bringen viele Köpfe und Gesichter mit eigenem Profil hervor, dichterische und philosophische, lebensreformerische und religiöse, nationale und übernationale. Und sie vereinigen literarisch und politisch unterschiedliche Richtungen, Schriftsteller und Publizisten, die für einzelne Themen von Nietzsches Werk sensibel sind, von der Behandlung ästhetischer Phänomene angefangen bis hin zu Phänomenen der Moral- und Kulturkritik. Die Themen werden aktualisiert, ohne dem Zwang zur Banalisierung zu erliegen, der Gefahr, zerredet und verkleinert, ins Alltägliche herabgezogen und parteipolitisch verzerrt zu werden. So habe ich mich im vergleichenden Blick auf diese Strömungen davon leiten lassen, entstellte Gesichtszüge nicht nur als

»Symptome historischer Prozesse« zu betrachten, sondern Grundhaltungen und Denkweisen zu charakterisieren und einzelne Personen selbst sprechen zu lassen, um sie mit Nietzsches Gedanken zu konfrontieren. Diesen Versuch setze ich im folgenden fort, wobei es stärker als zuvor darum gehen wird, den Abstand zu verdeutlichen, der den jetzt zu erörternden Nietzscheanismus von Nietzsches Philosophie trennt.

Bevor ich damit beginne, werde ich der wirkungsgeschichtlichen Analyse wiederum das Gespräch mit Nietzsche vorausschicken. Ich hole damit etwas nach, was der Sache nach an den Anfang dieses Kapitels (2) gehört hätte, aber an dieser Stelle vielleicht besser plaziert ist. Ich meine Nietzsches bis heute unüberholte Diagnose des Gegensatzes jener beiden Bürgerkriegsparteien, der »Nationalisten« und der »Sozialisten«, deren Kampfgeschrei den ganzen Raum unseres Jahrhunderts erfüllt.

Nietzsche hält sie für verfeindete Bruderparteien, die er im Horizont des Deutsch-Französischen Krieges und seines doppelten Ausgangs in der »Reichseinigung« von 1871 und der Pariser Kommune als zusammengehörige Bewegungen wahrnimmt.[141] In ihren Erscheinungsformen sind sie einander *affin*: im *gesetzlichen Sinne verwandt*, weil sie gegen die Emanzipation des Einzelnen in der Neuzeit *re-agieren*. Mit Nietzsches Worten: »Im Allgemeinen ist die Richtung des Sozialismus und des Nationalismus eine Reaktion gegen das Individuellwerden. Man hat seine Not mit dem ego, dem *halbreifen tollen* ego: man will es wieder unter die Glocke stellen.«[142] Und in der Tiefe sind sie *stammverwandt* – *Agnaten*, die beide meinen, durch revolutionäre Umwälzungen könne das Problem des Daseins »verrückt« oder gar »gelöst« werden. Ja, sie glauben sogar daran, eine politische Neuerung nach dem Vorbild der Französischen Revolution reiche

aus, um »die Menschen ein für allemal zu vergnügten Erdenbewohnern zu machen«[143]. Für Nietzsche ist das ein Aberglaube, der die Probe der Philosophie nicht aushält und lediglich das afterphilosophische Halbprodukt jener parteigebundenen Weltanschauungen erzeugt, die wir seit langem – mit einem von Nietzsche zuweilen gebrauchten Ausdruck – *Ideologien* nennen.
Beiden Richtungen wachsen in der Zeit immer mehr Hände und Köpfe zu. Und sie vervielfältigen sich um so mehr, als sie sich gegenseitig bekämpfen und ihr Kampf als »Anzeiger ganz anderer Zukunftskämpfe« erscheint: eine Diagnose, die sich bald bewahrheiten sollte. Nietzsche hält sie für verfeindete Bruderparteien, die auf wechselseitige Vernichtung abzielen, aber als Stammverwandte des Nichtigen (im Sinne des gänzlich eitlen *nihil negativum*) »einander würdig« erscheinen: »Neid und Faulheit sind die bewegenden Mächte in ihnen beiden.«[144] Und Nietzsche vergleicht sie mit zwei Heerlagern: In dem einen Lager will man so wenig als möglich mit den Händen, in dem anderen so wenig als möglich mit dem Kopf arbeiten; dort haßt man die bessere, äußerlich günstiger gestellte Gesellschaftsschicht, hier die hervorragenden, aus sich wachsenden Einzelnen, die sich nicht gutwillig in Reih und Glied zum Zwecke einer Massenwirkung stellen lassen. Kurzum: Durch beide Parteien kommt mit dem nihilistischen »Massengeist« ein *Moraldämonismus* zur Herrschaft, der alle Andersdenkenden auf der Gegenseite verfolgen wird.[145] Und wenn er die Gesellschaft einmal ganz durchdrungen hat, dann wird Europa nach Nietzsches Prophezeiung an den Rand der Vernichtung geraten sein.
Er interessiere sich, so hatte Nietzsche bekannt, weder für den »nationalen Staat, als etwas Ephemeres gegenüber der demokratischen Gesamtbewegung«, noch für die »Arbeiter-Frage, weil der Arbeiter selber nur ein

Zwischenakt« sei. Und was den Sozialismus angehe, so stelle er bestenfalls ein Zwischenspiel dar zur Neugestaltung Europas.[146] Gegen diese und ähnlich unzweideutige Erklärungen wurde Nietzsches Philosophie durch die vom Nietzsche-Archiv verbreitete Weltanschauung in den Weltbürgerkrieg des Jahrhunderts hineingezogen. So wenig Nietzsche je daran gedacht hätte, für die nationale Partei zu optieren, so undenkbar wäre ihm jene Option für die »Synthese« des *National-Sozialismus* erschienen, wie sie dann das Nietzsche-Archiv mit Elisabeth Förster-Nietzsche an der Spitze traf.

Das Nietzsche-Archiv war, um der nachfolgenden Beschreibung seiner Option zugunsten der nationalsozialistischen Partei diese Vorbemerkung vorauszuschicken, ein Familienunternehmen im engeren Sinne des Wortes (vgl. § 1). Gegründet von einer philosophisch dilettierenden Außenseiterin, stützt sich das Archiv von Anbeginn auf die Familie Oehler, der Nietzsches Mutter entstammt. Und philosophische Dilettanten, das sind auch die Gebrüder Oehler. Max Oehler ist seit dem Ende des 1. Weltkriegs arbeitsloser Berufssoldat, Adalbert nach seiner Vertreibung aus dem Düsseldorfer Bürgermeisteramt im Gefolge des kommunistischen Ruhraufstands arbeitsloser Verwaltungsbeamter, Richard Philologe und Bibliothekar von Beruf. Nicht ohne Grund engagieren sich Max und Adalbert Oehler zusammen mit Elisabeth Förster-Nietzsche im Dunstkreis der Deutschnationalen Volkspartei, die unter Berufung auf die Dolchstoßlegende die Weimarer Republik bekämpft. Und sie interessieren sich insgeheim für die politische Gegenpartei zur Sozialdemokratie, den italienischen Faschismus, der seine geistigen Wurzeln im rechtshegelianischen Staatsdenken hat; nach den Worten von Mussolini: »Alles, was ist, ist im Staat« und: »Es gibt nichts Menschliches und nichts Geistiges, das außerhalb des

Staates existiert, *geschweige denn* Wert hat«.[147] Max Oehler ist einer der ersten, der in Deutschland Mussolinis »Synthese« des Rechtshegelianismus mit dem nationalrevolutionären Nietzscheanismus italienischer Prägung bekannt macht.[148]
Von dieser Spielart rechtskonservativer Nietzsche-Strömungen ist der Weg nicht mehr weit zur offenen Parteinahme für ›Mussolini und den Faschismus als geistige Bewegung‹, wie der Titel eines Vortrags vom Sommer 1928 lautete, der in Anwesenheit des italienischen Botschafters im Nietzsche-Archiv stattfindet. 1930 veröffentlicht Max Oehler einen Beitrag zu diesem Thema.[149] Und nach einer Weimarer Uraufführung von Mussolinis Napoleondrama kommt es am 31. Januar 1932 zum ersten Hitler-Besuch im Archiv, dem nach der »Machtergreifung« im Jahr danach weitere Besuche folgen. Sie kulminieren in Elisabeth Förster-Nietzsches öffentlichem Werbespiel um Hitler am 2. November 1933: ihrer symbolträchtigen Doppelgabe von Nietzsches Degenstock und einem Exemplar der Denkschrift seines Schwagers, Bernhard Förster, an Bismarck – jener von Nietzsche verachteten Eingabe an den ersten Reichskanzler, die nach Bekundungen der Nietzsche-Schwester »bereits alle die Forderungen nationaler Kreise in der Judenfrage enthält, die in neuerer Zeit vom Nationalsozialismus erhoben und zum großen Teil verwirklicht worden sind«[150]. Seinen Gipfelpunkt erreicht das Spiel, als während des Treffens zwischen Hitler und Mussolini Mitte Juni 1934 in Venedig ein Telegramm aus Weimar mit den salbungsvollen Worten eintrifft: »Die Manen Friedrich Nietzsches umschweben das Zwiegespräch der beiden größten Staatsmänner Europas.«[151] Ein Meisterstück schachspielartiger Regie in jener gemischten Gattung des antiken Schauspiels, der aus dem burlesken Satyrspiel hervorgegangenen Komödie, worin, nach einem Wort von

Nietzsche,[152] die berechnende Schlauheit und Verschlagenheit fortwährend triumphiert. Ein Mitarbeiter des Archivs – es war Karl Schlechta, der wenig später die Manipulationen am Werk- und Briefnachlaß durch die Hausherrin aufdecken wird – konnte zum Ritual in der ›Villa Silberblick‹ aus Anlaß von Hitlers Besuch am 20. Juli 1934 schreiben: »So mag in alten Zeiten eine große Mutter ihren großen Sohn, eine Prophetin einen Helden empfangen, ein großer Mensch die die heilige Flamme hütende Priesterin begrüßt haben.«[153]
Die Gabe an Hitler symbolisiert den Brückenschlag von der deutschnationalen zur nationalsozialistischen Nietzsche-Bewegung, der im Milieu des Archivs angelegt war. Und am wenigsten hätte sich Nietzsche träumen lassen, daß seine *Zarathustra*-Dichtung, das Buch für »Keinen«, dem Denken nicht Vergnügen macht, einmal zusammen mit weltanschaulichen Propagandaschriften wie Hitlers ›Mein Kampf‹ und Rosenbergs ›Mythus des 20. Jahrhunderts‹ im Grabgewölbe des Denkmals der Schlacht bei Tannenberg deponiert werden würde …
»Was hat das Nietzsche-Archiv«, so klagt am Ausgang der Weimarer Republik Kurt Tucholsky, »mit Nietzsche getrieben! Das Archiv und seine Leute sind schuld daran, daß die Weltmeinung Nietzsche für einen deutschen Kriegsanstifter gehalten hat, zu welcher Auslegung allerdings die Verschwommenheit seiner Diktion beigetragen hat.«[154] Es sind Abgründe, schreibt Walter Benjamin zur selben Zeit im Blick auf Nietzsche, »die ihn auf immer vom Geist der Betriebsamkeit und des Philistertums trennen, der im Nietzsche-Archiv der herrschende ist«[155]. Und im Blick auf die Schwester heißt es in Leopold Schwarzschilds ›Neuem Tagebuch‹ (1933): »Aus dem Nietzsche-Archiv ist schon längst ein Förster-Archiv geworden, ebenso beharrlich sucht sie den Förster-Geist als Nietzsche-Geist vorzustellen.«[156] Allerdings! Denn das Nietz-

sche-Archiv, so hat der konservative Oswald Spengler diese fatale Entwicklung schon Mitte der 30er Jahre umschrieben, pflegt »seine Philosophie«, die der von Nietzsche nach Geist und Buchstaben widerspricht.[157]
Eine solche »Philosophie« kultivierte seit 1933 auch die seit 1919 in München ansässige ›Nietzsche-Gesellschaft‹. Als Gegengründung zur gleichnamigen, im Mai 1918 ins Leben gerufenen Berliner Gesellschaft, die Nietzsches Namen nationalistisch mißbrauchte, verschrieb sie sich der »Pflege eines durchaus unpolitischen, aber wahrhaft europäischen Geistes«, um, ihrem Prospekt zufolge, »unter dem Zeichen Friedrich Nietzsches die guten Europäer der Gegenwart zu sammeln – diesen Typus, der, im eigenen Land gern verdächtigt, dennoch die Idee seines Volkes am reinsten verkörpert«.[158] Nach Hitlers Machtergreifung hatte der Vorsitzende Friedrich Würzbach nichts Eiligeres zu tun, als sich durch eine Kompilation von Nietzsche-Aphorismen unter dem Titel ›Arbeit und Arbeiter in der neuen Gesellschaftsordnung‹ (1933) den Machthabern anzudienen. Im Amt eines Leiters der Vortragsabteilung am Bayrischen Rundfunk konnte er dann über den Äther verkünden, Nietzsche habe »weissagerisch das Kommen solcher Führer, wie sie nun auch in Deutschland entstehen«, prophezeit; um nach einer Eloge auf Mussolini, der durch Nietzsche aus einem »Demokraten« zu einem »nationalen Führer« geworden sei (in Wahrheit war er Sozialist am linken Flügel der II. Internationale, in politischer Nähe zu Lenin), seine Anbiederung mit dem Satz zu krönen, Nietzsche hätte nicht nur das Kommen dieser Führer »gesehen«, sondern auch »die Entstehung eines Reiches von tausend Jahren, dem er im Geiste schon sein Gepräge gibt«.[159] Und damit der Hieb gegen die Weimarer Demokratie nicht fehle, behauptet Würzbach, Nietzsche habe »guten« und »schlechten« Sozialismus unterschieden: »Demokratie

ist Sozialismus, zum Selbstzweck erhoben, für Nietzsche jedoch ist Sozialismus ein Mittel, ein notwendiges Fundament, auf welchem große Führer den gegliederten Bau neuen Volkstums errichten können.«[160]
Die »Philosophie der Nietzsche-Gesellschaft« treibt die »Archiv-Philosophie« auf die Spitze, als ihr Vorsitzender in der Folgezeit die »Wiedergeburt des Geistes aus dem Blut« lehrt und behauptet, ihre Voraussetzung sei der »Ansturm der nationalsozialistischen Bewegung gegen die Vorherrschaft des Intellekts«, die »der Jude« Edmund Husserl in seinen ›Logischen Untersuchungen‹ (1900) am Anfang des Jahrhunderts durchzusetzen versucht habe. »Geist« sei aber nach Nietzsche etwas ganz anderes als »intellektuelle Betätigung«, als Erdenken möglicher Gedankenformen, weil der Geist, so Würzbach, durch das »Geblüt« geadelt werde.[161]
Die Repräsentanten des geistigen Deutschlands im westeuropäischen Exil gewahren in diesen Machenschaften des Nietzsche-Archivs und der Nietzsche-Gesellschaft mit Recht eine »Lästerung Nietzsches«. Es sei noch nicht lange her, so erinnert John L. Beevers im ›Neuen Tagebuch‹, daß Elisabeth Förster-Nietzsche nach der Uraufführung von Mussolinis Napoleon-Drama einen Empfang zu Ehren Hitlers im Archiv gegeben habe, auf dem sich der »Führer« neben Klingers Nietzsche-Büste fotografieren ließ: »Sie machte die Runde durch Bücher und Blätter ...« Das ›Tagebuch‹ berichtet auch, daß Friedrich Würzbach zum Chef des deutschen Rundfunks ernannt worden sei und daß er seinen Hörern letzthin verschiedene Vorträge über Nietzsche gehalten habe: »Eine Anfrage, die aus Paris an Würzbach erging, ob ›offiziell wirklich Hitler als die Verkörperung der Nietzsche-Lehre ausgegeben werde‹, wurde mit Schweigen beantwortet. Aber mancher auf seinem Posten verbliebene Professor soll Nietzsche ebenfalls mit Hitler in Verbindung bringen.«[162]

Es sind am Ende weniger Professoren, die sich dazu bereit finden,[163] als der Berichterstatter des ›Tagebuchs‹ vermutet (vgl. § 5). Dennoch trifft er ins Schwarze, als er prophezeit, bald würde man erleben, daß »die Brutalitäten der Nazis Nietzsche in die Schuhe geschoben werden, genau so wie ehemals die Brutalitäten der ›Hunnen‹ im Weltkriege. Verrückteres aber kann es kaum geben. Denn Hitlers Politik steht in direktem Gegensatz zu allem, was Nietzsche je gelehrt hat.«[164] Die Nazilehre sei nichts anderes als eine »besonders wild geratene Abart des Nationalismus«, während Nietzsche darüber lediglich die Achseln gezuckt und gemeint hätte, wer im europäischen Völkerwirrwarr von Rasse spreche, der müsse gewiß »aus Horneo oder Borneo« stammen; ein Satz, der uns von jetzt an bis zum Ende unseres Gedankengangs zu denken geben wird (vgl. §§ 20 und 28). Er enthält Nietzsches Metapher für das *Banale* (vgl. § 1), ein Sinnbild gemeinschaftlichen Herdendaseins auf dem eingehegten Weideland; ohne Bild gesprochen: die Gemeinheit im Sinne jenes Gemeinen, das von allem benutzt wird, was Hörner oder einen bornierten Kopf hat.

II. TEIL

Nietzsche und der Nationalsozialismus

»Nein, wir lieben die Menschheit nicht; andererseits sind wir aber auch lange nicht ›deutsch‹ genug, wie heute das Wort ›deutsch‹ gang und gäbe ist, um dem Nationalismus und dem Rassenhass das Wort zu reden, um an der nationalen Herzenskrätze und Blutvergiftung Freude haben zu können, derenthalben sich jetzt in Europa Volk gegen Volk wie mit Quarantänen abgrenzt, absperrt. Dazu sind wir zu unbefangen, zu boshaft, zu verwöhnt, auch zu gut unterrichtet, zu ›gereist‹: wir ziehen es bei Weitem vor, auf Bergen zu leben, abseits, ›unzeitgemäß‹, in vergangenen oder kommenden Jahrhunderten, nur damit wir uns die stille Wut ersparen, zu der wir uns verurteilt wüßten als Augenzeugen einer Politik, die den deutschen Geist öde macht… Wir sind mit Einem Worte – und es soll unser Ehrenwort sein! – g u t e E u r o p ä e r, die Erben Europa's, die reichen, überhäuften, aber auch überreich verpflichteten Erben von Jahrtausenden des europäischen Geistes.«

Die fröhliche Wissenschaft, 5. Buch, Aph. 377,
KSA 3, S. 630f.

3. Kapitel

»Wille als Macht« und Übermensch: Halbierungen von Nietzsches Philosophie

Nietzsches Philosophie stellt in ihrer Grundlehre ein *Gedankenexperiment* dar. Es wird von der einzigen Aufgabe und Frage bewegt, wie die Erde angesichts der dem neuzeitlichen Menschentum zugefallenen Macht über die Natur im Ganzen »verwaltet« und wozu »›der Mensch‹ als Ganzes – und nicht mehr ein Volk, eine Rasse gezogen und gezüchtet werden« soll. Dagegen knüpft die *»Philosophie des Nietzsche-Archivs«* an den völkischen Gedanken der »germanischen Nation« als vermeintlicher Ursprungsmacht des Geistes an, während Nietzsches Experimentalphilosophie seinen Ursprung gerade in Rassen- und Völkermischungen erblickt. Indem das naturwissenschaftlich verstandene »Experiment« ins Zentrum des deutschnationalen Nietzscheanismus rückt, entfällt der für Nietzsches experimentelles Denken ausschlaggebende Unterschied zwischen Philosophie, Weltanschauung und Wissenschaft, so daß die vom Archiv autorisierte »Nietzsche-Bewegung« mit autoritären Zeitströmungen identifiziert werden konnte.

Der Unterschied mag gering erscheinen, zumal einem Zeitalter wie dem unsrigen, das im Zeichen der Wissenschaft oder des Mythos Weltanschauungen verschiedenster *Couleur* über sich ergehen ließ. Kein Wunder, daß es vergessen hat, was Philosophie einmal war. Denn nur wenige unter den Heutigen wissen davon, daß Nietzsche einer der letzten deutschen Denker von europäischem Rang gewesen ist, der seine Grundlehren in eigenem

Namen durchdacht, auf eigene Gefahr hin gelebt und mit den Gefährdungen des Zeitalters gerungen hat. Und die größte Gefahr, das ist die Degenerierung des Denkens zum Geschwätz. Sie wächst, wenn die Philosophie authentische Denkerfahrungen preisgibt und statt dessen die namenlose *Autorität* wissenschaftlicher Gesetze der Natur, der Gesellschaft, der Geschichte und ihre Vollstreckung im Namen einer autoritären Partei in Anspruch nimmt, um sich auf diese Weise populärwissenschaftlich oder (was das gleiche ist) weltanschaulich zu banalisieren.

In gebotener Kürze läßt sich die Trennungslinie zwischen Philosophie und Weltanschauung wie folgt ausziehen: Eine Philosophie, die nichts als Klarheit in der Begründung ihrer Lehren erstrebt und nach *Weisheit* im Sinne grundhaften *Abwägens* ihres Nutzens oder Nachteils für das Leben sucht, verdient diesen Namen nur dann, wenn sie *authentisch* ist, das heißt: aus keiner anderen Machtvollkommenheit (griech. authentia) als derjenigen des lebendigen Selbstdenkens ihres Urhebers spricht. Die Weisheitslehre muß sich durch ein Leben bezeugen. Einzig dadurch wird sie glaubwürdig und erlangt die Aussicht, sich vor der höchsten Instanz als »unwiderleglich« und rechtsbeständig zu bewähren. Womit ich nicht nur das Urteil auf den Spuren der Wirkungsgeschichte meine, die ein jedes Werk auf der Grundlage zeitbedingter Vorurteile hinter sich her zieht. Dieses Urteil schwankt, ja, es kann zeitweilig auf vollständige Verurteilung hinauslaufen, wenn es sich auf den Glauben an autorisierte Lehrmeinungen stützt. Sondern ich verstehe darunter, was das Wort »Autorität« (von lat. *auctor*, der »Förderer« und »Vermehrer« einer Sache) sagt: den Anspruch einer Institution und der sie tragenden Vertreter, Gedeihen und Wachstum der Glaubenslehre zu mehren. Dazu benötigen sie weder philosophisches Klarheitsstreben noch ein grundhaftes Abwägen des Nutzens oder Nachteils

der Lehre für das Leben. Sie orientieren sich in der Regel an vorsätzlichen Erwägungen von Vorteilen, die ihr aus Vermischungen mit wissenschaftlichen und politischen Autoritäten zusätzlich erwachsen.
Es handelt sich um Kriterien einer Unterscheidung, die Nietzsche als Autor in seinen Schriften öffentlich anerkennt. Für seine privaten Aufzeichnungen und Vorstudien aus verschiedenen Wissensgebieten hat er sie nicht immer beachtet; was sie in weltanschaulicher Absicht manipulierbar machte, besonders für diejenigen, die den parodistischen Stil seiner veröffentlichten Schriften verkannten und darin nichts als eine Maskerade von Fechterpositionen sahen, um den »authentischen Nietzsche« in den Aufzeichnungen und Vorstudien seines Nachlasses zu finden.[165] Das Nietzsche-Archiv hat diese Unterscheidungskriterien bis hinein in Details der Editionspraxis des mit Nietzsches Autorennamen versehenen »Hauptwerks« verwischt, jenes Buches mit dem Titel ›*Der Wille zur Macht*‹, das in Wahrheit seine Schwester »autorisiert« hat.[166] Und die nationalsozialistisch gesinnten Erben des Archivs konnten dann aus Nietzsches fragmentarischem Werk und Nachlaß nur deshalb zu zeitgemäßen Weltanschauungsfragen (von der Rassenlehre und Eugenik bis hin zum Antisemitismus) zitieren, weil sie davon ausgingen, Nietzsches Denken sei in seinen vollständigen Sätzen nur maskiert enthalten; was er wirklich gedacht habe, stehe in Parenthese, in Nebensätzen und Einschüben.[167]
Der Vorgang braucht hier nicht im einzelnen dargelegt zu werden. Mir geht es lediglich um die Verdeutlichung des Unterschieds zwischen authentischer Philosophie und autoritärer Weltanschauung. Das eigentliche Unterscheidungskriterium liegt nach meinem Dafürhalten in Nietzsches Verständnis der Philosophie als eines Denkkampfs, der sich von Anbeginn und immer wieder dem Mächtigen auf Erden entgegenwirft. Und das irdisch

Mächtigste, Übermächtige, das ist die Macht des Vergehens und Untergehens alles Erscheinenden im Fluß der Zeit. Es ist der treibende Grund philosophischen Fragens und Forschens nach der Wahrheit *und* seiner Beirrung durch autoritäre Weltanschauungen, die im Namen der Wissenschaft oder der Politik eine generelle »Erlösung« vom Zeitfluß versprechen.

Ausdruck und Organon jenes Denkkampfs ist die politisch verstandene, aber damit gründlich mißverstandene Lehre vom *Willen zur Macht*. Nietzsche hat sie für diejenigen entworfen, die abzuwägen wissen und zu denken wagen. Und er hat sie dann im Austrag des von ihm angestrengten Denkkampfs mit der Zeit seiner philosophischen Grundlehre eingefügt, dem gewagten *Lehrstück der ewigen Wiederkunft des Gleichen*. Besteht doch die Hauptsache seines Denkens in dem Wagnis des großen Gedankenexperiments, die Welt unter dem angenommenen Gesichtspunkt der ewigen Wiederkunft in ihr gezeitigter, gleichartiger Ereignisse zu betrachten, um dann die Folgen der Annahme einer zyklisch kreisenden Zeit *für das Menschenleben* und sein Verhältnis zur Natur am komplementären Gedanken des Willens zur Macht zu erproben: Ob der Mensch in seiner natürlichen Lebensführung den Gedanken einer möglichen Wiederkunft aushält und »verträgt«, ja »denkmächtig« genug ist, sie von sich her als menschlich wünschenswert zu bejahen. Im Vollzug des Experiments soll und wird sich zeigen, ob die Lehre dem Leben standhält, ob sie nicht nur *Gedanke*, sondern ihn bewährende *Lebensmöglichkeit und Tat* ist, mit dem jungen Nietzsche gesprochen: die Möglichkeit, über ein »hohes und verklärendes Gesamtziel« *Macht* zu gewinnen, um durch sie der »ersten Natur« im Sinne der *Physis* zu einer zweiten, wahrhaft menschlichen Natur im Sinne einer künftigen *Kultur*, des menschlich verantworteten *Aufenthalts auf Erden im Ganzen der Zeit* (der

Ursinn des griechisch gedachten Grundworts *Ethos*) zu verhelfen.[168] Wenn die Lehre gelebt, der Gedanke einverleibt werden könnte, dann gäbe es eine Alternative zum geschichtlich gewohnten Dasein des europäischen Menschentums am Leitfaden *linearer* Zeitvorstellungen. Dann würde der Mensch »über« das bisherige Menschentum hinausgehen und für die Zukunft jene *zyklische* Zeitanschauung vorwegnehmen, die zu den ältesten Denkerfahrungen Europas gehört und an dessen Ursprung schon einmal im *Ethos* des tragischen Zeitalters der Griechen lebendig war: bei den Pythagoreern, bei Empedokles und Heraklit.
Während Nietzsche sein ganzes Denkexperiment nach beiden Seiten hin ansetzt, hat der *nationalpolitische Nietzscheanismus* (wie wir diese Richtung im Übergang von der Weimarer Republik zum »Dritten Reich« auch nennen könnten) seine Bedingungsfaktoren verändert. Er erreicht den Höhepunkt banalisierender Verkehrung in der Weltanschauungsdoktrin des »heroischen Realismus« von Alfred Baeumler. Er halbiert Nietzsches Philosophie, indem er ihre Grundidee der ewigen Wiederkunft als gedanklich »belanglos« beiseite schiebt und für das Experiment nur ein Teilstück als Faktor zurückbehält, das dann zum Ganzen erklärt und als »unbedingt« dogmatisiert werden muß: die *Lehre vom Willen zur Macht.*

§ 7 »Heroischer Realismus« oder wie Alfred Baeumler den »Willen zur Macht« systematisiert

Baeumler war mit einer philosophisch gediegenen Arbeit über das Verhältnis von Ästhetik und Teleologie bei Kant (1914) und zur Geschichte und Systematik der ›Kritik der Urteilskraft‹ (1923) bekannt geworden. Und historische Gediegenheit konnte man (trotz Thomas

Manns Gespür für ihren verborgenen Hang zum »großen Zurück« von der Aufklärung zur Romantik und dann zur mythischen Vergangenheit eines germanischen Zeitalters) auch Baeumlers Studien zu Bachofen und Nietzsche nicht absprechen.[169] In diesem Punkt berührt sich der junge Baeumler mit dem späteren Antipoden Georg Lukács, der fast zur gleichen Zeit mit seinem Essayband ›Die Seele und die Formen‹ (1911) und dem Buch ›Die Theorie des Romans‹ (1920) hervortrat. Im Rückblick auf seinen Weg hat Baeumler für sich beansprucht, die Deutschen gezwungen zu haben, von Nietzsche als einem Philosophen Kenntnis zu nehmen.[170] Um so mehr drängt sich die Frage auf, wie es möglich gewesen ist, daß Baeumler eine Nietzsche-Auslegung zustande bringt, die Nietzsches Grundlehre von der Wiederkehr des Gleichen aus dem Ganzen seiner Philosophie wie einen Stein des Anstoßes entfernt und aus dem Rest ein »System« des »heroischen Realismus« macht.[171]

Das »System«, so behauptet Baeumler, ist »realistisch« und »heroisch«, weil es auf jede Setzung einer transzendenten Welt verzichtet. Diese Behauptung verträgt sich nicht mit Nietzsches Position eines »verfeinerten Heroismus«, der sich von aller »Massen-Verehrung« distanziert. Und er widerspricht dem Faktum, daß seine Philosophie alle Fragen philosophischer Metaphysiker, mögen sie nun Idealisten oder Materialisten oder Realisten heißen, von sich abstößt. Reduziert doch die Kritik des freien Geistes am »groben Heroismus« metaphysischer Welterklärungen den Begriff »Realität« mitsamt dem Seinsbegriff am Ende auf eine unserem »Subjekt«-Gefühl entnommene *Fiktion*.[172] Und so erscheint es nur folgerichtig, daß Nietzsche den Ausdruck »Realismus« niemals zur Bezeichnung einer philosophischen Lehre verwendet hat, es sei denn scherzend, in Anspielung auf die Philosophie seines Freundes Paul Rée.

Wie Baeumler den Scherz überhört und wörtlich nimmt, was Nietzsche parodiert, so übersieht er Nietzsches philosophische Distanz zum Heroenkult. Sie hatte ein Jahrzehnt zuvor schon Ernst Bertram in seinem Nietzsche-Buch übersehen, das eine »Mythologie des letzten großen Deutschen« zu stiften versuchte, um »einiges von dem festzuhalten, was der geschichtliche Augenblick unserer Gegenwart in Nietzsche und als Nietzsche zu sehen scheint«.[173] Etwa gleichzeitig mit Thomas Manns ›Betrachtungen eines Unpolitischen‹ (1918) entstanden und wie diese im Moment des untergehenden Kaiserreiches veröffentlicht, hat das Buch in der Geschichte des deutschen Nietzscheanismus Epoche gemacht, so daß mir dazu eine Vorbetrachtung gestattet sei.
Bertram ist neben Friedrich Gundolf und Ernst Kantorowicz der bedeutendste Vertreter einer »heroischen« Geschichtsauffassung aus dem Gelehrtenkreis um den Dichter Stefan George. Mit dem Verfasser der ›Betrachtungen eines Unpolitischen‹ und dessen damaligem Bewunderer Baeumler vertraut Bertram darauf, daß alles Revolutionäre einmal unterliege und dem »Gesetz« diene, dem bekämpften Dauernden gerade in seinem Besten zu weiterer Dauer verhelfen zu müssen.[174] Mit diesem Argument wird jene Oppositionsbewegung des nationaldeutschen Nietzscheanismus gegen die Weimarer Republik gestärkt, der sich Alfred Baeumler und zuletzt auch Ernst Bertram anschließt, während Thomas Mann (zerfallen mit dem einstigen Adepten und in Trauer um den geliebten Freund Bertram) die entgegengesetzte Richtung einschlägt.[175] Ohne die Entscheidung selbst durch Zeitereignisse zu motivieren, kommt dem nationaldeutschen Nietzscheanismus Bertrams Nietzsche-Buch entgegen: auf dem Weg der »konservativen Revolution«, dem »Jungbad des Dauernden«. Es löst die von Nietzsche gezeichnete Figur des »guten Europäers«

zugunsten der Idealgestalt vom »guten Deutschen« auf; ein Ideal menschlichen Heroentums, das Bertram an einer geschichtlichen Fülle hervorragender »Geisteshelden« veranschaulicht (von dem Hohenstauferkaiser Friedrich II. über Luther und Dürer bis hin zu Goethe und Wagner), um es schließlich an Nietzsches Grundsatz zu erhärten, »gut deutsch« sein heiße, sich »entdeutschen«, über sich und außer sich hinauszugehen.[176] Bertram deutet den Satz als »deutsche Vorherbestimmung« und behauptet, noch die Konzeption des Übermenschen und seines (geistigen) »Willens zur Macht« speise sich aus dieser »deutschen Schicksalhaftigkeit«. Womit die klaren Konturen von Nietzsches »heroischer Philosophie« verwischt und ursprünglich philosophische Bezüge abgeschnitten sind, so daß sie einzig durch einen »fanatischen« Glauben an eine künftige Gestaltung »deutschen Wesens« zusammengehalten werden, der den geheimen Fluchtpunkt dieser »idealistischen« Nietzsche-Interpretation bildet. Und wie hoch ihre Ziele auch gesteckt sein mögen: Hinter ihrem »heroischen Idealismus« verbirgt sich doch immer ein Realismus, der von Baeumlers Position – bei aller Unvergleichbarkeit im geistigen Niveau – so weit nicht entfernt ist. Ich verdeutliche wieder die Nuancen durch das Gespräch mit Nietzsche.

Fragen wir zunächst, wie sich die »heroische Philosophie« des freien Geistes vom Fanatiker-Glauben abgrenzt.[177] Für Nietzsche sind alle heroischen Menschen die »großen Schmerzbringer der Menschheit«[178]. Sie bedürfen derselben Apologie wie das Phänomen des Schmerzes selbst, der nach Nietzsches Diagnose Instanz und Vorbeugungsmittel einer *medicina mentis* ist: »Wir müssen ... mit verminderter Energie zu leben wissen; sobald der Schmerz sein Sicherheitssignal gibt, ist es an der Zeit, sie zu vermindern, – irgendeine große Gefahr, ein Sturm ist im Anzuge, und wir tun gut, uns so wenig als

möglich ›aufzubauschen‹.«[179] Nietzsche wendet diese Einsicht auf sich an und behauptet, er sei das Gegenteil einer »heroischen Natur«[180]. Und er fügt hinzu, daß zum Zeichen einer heroischen Philosophie zweierlei gehöre, Freiheit des Geistes und der »herzliche Anteil am Kleinen, Idyllischen«[181].

Nach Baeumler entspricht Nietzsches »Heroismus« einer antihedonistischen Konzeption vom Wesen des Wollens. Daß der Wille ein Ziel anstrebe und sich in seiner Erreichung befriedige, das heißt der wollende Mensch darin Glück empfinde, das wäre »orientalischer« Quietismus, während das Eigentümliche an Nietzsches Lehre vom Willen zur Macht gerade darin bestehe, das Glück in der Aktion selbst zu suchen. Mit Baeumlers Worten: »Die Diesseitigkeit der Philosophie Nietzsches muß mit ihrer heroischen Zielsetzung in eins gesehen werden. Darin besteht der Germanismus Nietzsches, der sich bei ihm nicht nur in der politischen Sphäre ausprägt: Diese Philosophie ist heroisch und diesseitig zugleich.«[182] In Wahrheit kennt die vermeintlich diesseitige, »realistische« Philosophie ein »heroisches Ideal«, das gewiß dem »Ideal der harmonischen All-Entwicklung« im Geist der Weimarer Klassik und klassischen deutschen Philosophie entgegengesetzt ist. Der Gegensatz ist jedoch nicht kontradiktorisch, sondern konträr zu verstehen. Das klassische Humanitätsideal schließt das heroische Ideal nicht aus, sondern es ist »ein schöner Gegensatz und ein sehr wünschenswerter! Aber nur ein Ideal für gute Menschen.«[183]

In der ›Fröhlichen Wissenschaft‹ hatte Nietzsche gefragt, was »heroisch« sei. Und die Antwort lautete: Nicht indem wir gegen die Welt oder das Schicksal *kämpfen*, sondern unserem *höchsten Leide* und unserer *höchsten Hoffnung* entgegengehn.[184] Seine Philosophie, schreibt Baeumler im Jahre 1931, habe Nietzsche als ein »Held« gefunden,

der im germanischen Sinne »einsamer Kämpfer« gegen eine Welt von Feinden gewesen sei, und darin gleiche er nur *einem* unter den Zeitgenossen: Bismarck. Nicht zufällig hätte der Philosoph des heroischen Realismus mit *diesem* Heros gerungen wie kaum mit einem anderen. Und so zieht denn Baeumler die große Parallele zwischen dem Philosophen Nietzsche und dem Politiker Bismarck weiter aus, wobei er sich nicht scheut, Bismarck-Aufzeichnungen von Franz Overbeck, der solche Parallelzüge verabscheut hätte, als Stütze heranzuziehen. »Ich bin Gottes Soldat. Wo er mich hinschickt«, hatte Bismarck bekannt, »da muß ich gehen, und ich *glaube*, daß er mich schickt und mein Leben zuschnitzt, wie Er es braucht.« Hier können wir, fügt Overbeck hinzu, in die Wurzeln seiner Religiosität blicken, die im Boden seines Selbstgefühls saß. Es ist dies, so kommentiert Baeumler, das »Selbstgefühl heroischer Naturen, das eins ist mit dem Gefühl des Schicksals. Aus dem nämlichen Gefühl und Selbstbewußtsein ist Nietzsches ›Ecce homo‹ entsprungen.«[185]

Wer Nietzsches rückhaltlose, nichts verschweigende Lebensbeichte auf solche Weise mit Bismarcks verschwiegenen ›Gedanken und Erinnerungen‹ und seiner diplomatischen Zurückhaltung vergleicht, der wird dann seine wirren Geschlechterlinien weiter ausziehen und vor keiner genealogischen Verstiegenheit zurückschrekken. Baeumler verkennt nicht nur Nietzsches armseliges Leben, das in allem das Gegenteil von einem märkischen Adelsleben mit guter Verdauung und Machtlust darstellt. Er hat auch die Lehre verkannt, sein heroisches Ideal, das Baeumler nicht zusammen sieht mit dessen scheinbarem Gegenteil: Nietzsches Hang zur Einsamkeit, zum stillen Ertragen des Leids im Rückzug vom Machtgetriebe auf dem Boden des Bismarck-Reichs. *Sils Maria* und die südliche Landschaft, in welcher die *Za-*

rathustra-Dichtung entstand, so hat das der Emigrant Karl Löwith in seiner damals (1935) nicht gedruckten Baeumler-Kritik umschrieben, verkörpern für Nietzsche die »ewig heroische Idylle«; eine Wortverbindung, die Nietzsche im gleichen Sinne wie Hölderlin gebraucht. Und der heroische Mensch ist ihm kein Kämpfer gegen das Schicksal, sondern derjenige Menschentypus, der Leid gewohnt ist und Leid aufsucht, wovon in Baeumlers Darstellung von Nietzsches Gedankenlandschaft nichts zu bemerken sei, der sie im *ziellosen Kampf* versenkte.[186]

Tatsächlich wertet Baeumlers Nietzsche-Interpretation damit ein Wort auf, das Nietzsche nicht ohne Fragezeichen verwendet. Ist ihm doch der vom neuzeitlichen »Willen zum Leben« her verstandene *Kampf* keineswegs gleichbedeutend mit dem griechisch verstandenen *Agon*: ein Wort, das in erster Linie ein Wagen und Wägen, das Wagnis und Abwägen des Ringens um das Ganze und Große im *Denkkampf* und *künstlerischen Wettstreit* von Philosophen und Dichtern umfaßt.[187] Baeumlers Aufwertung erklärt sich aus seiner eigenwilligen »Übersetzung« der Grundformel vom »Willen zur Macht« in die Formel vom »Willen *als* Macht«. Mächtig werde der Wille erst dann, wenn er überhaupt nichts »will«, auch nicht Macht, sondern nur sich selbst, im Kreislauf des Wollens und Kämpfens ohne Anfang und Ziel, und darin stelle er schon die Unschuld des ewigen Werdens dar.

Dieser unschuldig gemachte Wille, der bei Baeumler an die Stelle der in sich kreisenden dionysischen Welt tritt und somit Funktionen der ewigen Wiederkehr des Gleichen erfüllt (um diese Formel überflüssig erscheinen zu lassen), ist das fragwürdige Fundament seiner Interpretation von Nietzsches halbierter Philosophie.[188] Nur im dionysischen Ring der ewigen Wiederkehr des Gleichen vermag nach Nietzsche das Dasein des agonalen Men-

schen auf dem Weg zur Weisheit über die erste Befreiung vom »Du sollst« hinaus zum »Ich will« zu gelangen, um sich dann in seinem *Sein* (dem »*Ich bin*«) »wieder« zu »wollen«. Nietzsches Formel für dieses Wollen der ewigen Wiederkehr ist kein bloßer Wille zum »Schicksal«, wie Baeumler die zur Funktion des Machtwillens herabgesetzte Formel interpretiert, sondern *amor fati*, während sich Baeumler unter »Liebe« keine Liebe zur Ewigkeit, sondern nur eine »bürgerliche« Sentimentalität vorstellen kann.[189]

Ohne Kenntnis der Wege von Nietzsches Philosophie setzt Baeumler die *Liebe* der *Gerechtigkeit* als äußere Ordnungsform der *Welt ewigen Werdens* im Willen zur Macht *entgegen*: als hätte Nietzsche zu keiner Zeit nach einer Gerechtigkeit in Form der Liebe mit sehendem Auge gesucht![190] Und er spielt dann die vom Machtwillen konstituierte Welt des *ewigen Werdens* gegen die dionysische Welt der *ewigen Wiederkehr* aus: Als ob Nietzsche niemals beide Welten in eins gedacht und ihre einheitlichen Züge als klassischer Philologe zuerst am Leitfaden seiner Heraklit-Interpretation in der Abhandlung ›Die Philosophie im tragischen Zeitalter der Griechen‹ entfaltet hätte![191]

Wie Baeumler den Gehalt von Nietzsches Philosophie auf die Lehre vom Willen zur Macht reduziert und darin nur ein anderes Wort für die »Unschuld des Werdens« findet, so vereinfacht er ihre Form, indem er sie von diesem Zentralbegriff aus erläutert und glaubt, Nietzsche interpretiere sich selbst mit Hilfe eines Grundbegriffs »seines Systems«. In Wahrheit hat Nietzsche den Systembegriff als Ausdruck eines »Mangels an Rechtschaffenheit«[192] für sich abgelehnt. Und er hat seine Selbstinterpretation stets an der von ihm befolgten Denkform orientiert: den Wegen, auf denen ihm die philosophischen Grundgedanken wie Figuren an einem Relief be-

gegnen. Es sind Denkwege, die immer wieder um Gedankenpaare herum gehen und an Figuren-Gruppen Nachbargedanken zu Gesicht bringen.
Das gilt auch für Nietzsches Gedankenfigur einer *ewigen Wiederkehr des Gleichen*, von der Baeumler behauptet, sie stehe in Nietzsches Denken »einsam« da wie ein erratischer Felsblock. Es gäbe im Grunde keine *Philosophie*, sondern nur eine *Religion* der ewigen Wiederkunft. Als Nietzsche der »Eingebung« am Block von Surlei nachgegeben und zu denken begonnen habe, daß alles in der Welt zeitlich wiederkehre und die Zeit selbst ein Kreis sei, da sei er für einen Augenblick(!) dem gottbildenden Instinkt des Religionsstifters erlegen. Und das sicherste Kennzeichen dafür, daß wir es hier mit dem Stifter einer Religion zu tun haben, scheint Baeumler das auf die Wiederkunft bezügliche ›Ja-und-Amen-Lied‹ zu sein, womit der dritte Teil der *Zarathustra*-Dichtung schließt. Es ist das Hohelied des Jasagens zum schmerzvollen Leben, einer Weltverklärung, die in Baeumlers Sicht mit der Hervorkehrung des Begriffs der Liebe (»Denn ich liebe dich, oh Ewigkeit«) »zu allen philosophischen Positionen Nietzsches im Gegensatz steht«[193].
In Wahrheit steht der zur Gerechtigkeit komplementäre Liebesbegriff nur quer zu Baeumlers zeitgemäßer Position des »heroischen Realismus«. Und wenn Baeumler darauf beharrt, daß der dionysische Gedanke der Wiederkehr »von Nietzsches System aus« ohne Belang sei; daß er mit dem Grundgedanken des »Willens zur Macht« in keinem Zusammenhang stehe, ja, die Philosophie des Willens zur Macht sprengen würde,[194] so tut er dies nur deshalb, weil die Lehre der ewigen Wiederkunft in der Sache Baeumlers Machtlehre aus den Angeln heben und seine Sicht von Nietzsche als Politiker *ad absurdum* führen würde. Zieht doch Baeumler mit der vollständigen Preisgabe des Wiederkunftsgedankens (für ihn kein

Gedanke, sondern »Ausdruck eines höchst persönlichen Erlebnisses«) den Schluß vom »Willen zur Macht« auf eine geschichtsideologische Interpretation der »Welt als Kampf«, die sich den politisch inszenierten Weltanschauungskämpfen im Namen des »dritten Reiches der Deutschen« und dessen »Siegfriedangriff auf die Urbanität des Westens« adaptiert. Nietzsches Machtlehre, so rechtfertigt Baeumler die Politisierung des deutschnationalen Nietzscheanismus, »ist der vollkommenste Ausdruck seines Germanismus«[195].

§8 Die »Welt als Kampf« oder mit welchen Mitteln Nietzsches Philosophie nationalsozialistisch banalisiert wird

Das scheint bereits mit Verbeugungen vor Hitlers ›Mein Kampf‹ (1925) und Rosenbergs ›Mythus des 20. Jahrhunderts‹ (1930) geschrieben zu sein, jenen beiden Programmschriften der »Nationalsozialistischen Deutschen Arbeiterpartei«, die eine solche »germanische Weltanschauung« propagierten. Kein Wunder also, daß der deutschen Öffentlichkeit das Erscheinen von Baeumlers Buch durch eine Notiz unter der Überschrift: »Nietzsche als Faschist« avisiert wurde.[196] Die Brücke von Nietzsche zu Hitler hat Baeumler jedenfalls schon im 2. Teil seiner Schrift von 1931 über »Nietzsche den Politiker« geschlagen. Er beginnt mit einer Beschreibung der »germanischen Grundhaltung« in ihrem »Verhältnis zu Rom« und behauptet, Nietzsches *Grundbegriff* vom Staat sei *germanisch* und *nicht deutsch*; eine Unterscheidung, die alles beiseite schiebt, was auf germanischem Boden unter christlich-römischem Einfluß im Verlauf unserer Geschichte zusammengewachsen ist. Die dauernde Spannung, in der sich Nietzsche gegenüber Deutschland be-

findet, behauptet Baeumler dann weiter, und diese Behauptung bedeutet in der Sache eine Banalisierung von Nietzsches geschichtlichen Grundgedanken und seines Weges zur »großen Politik« im ganzen, »beruht darauf, daß er auf die germanischen Untergründe des deutschen Wesens mit einer Unbeirrbarkeit und Kraft zurückgeht wie keiner vor ihm«[197].

Baeumler überspringt alle Kritik an diesen »Untergründen« in Wagners Werk, Nietzsches These, wonach dessen Heraufkunft zeitlich mit der »Heraufkunft des ›Reichs‹ zusammenfällt: Beide Tatsachen beweisen ein und dasselbe – Gehorsam und lange Beine«[198]. Das ist, wie Baeumler wissen mußte, Nietzsches Definition des »Germanen«, den Wagner in der Rolle von Schauspielern auf die Bayreuther Bühne bringt: zur Zeit der Verpreußung Deutschlands durch Nachfahren des Berliner Soldatenkönigs, worauf diese scherzhafte »Beweisführung« anspielt. Im Ernst hält Nietzsche nur während der Freundschaft mit Cosima und Richard Wagner an jener »germanischen Lebensauffassung« fest.[199] Mit dem Abschied von seinem Jugendglauben an eine Erneuerung der deutschen Kultur gibt er sie der Parodie preis. Und Baeumler kann es auch nicht entgangen sein, daß der Abstand vom »germanischen Lebensernst« in der Wagner-Kritik des Spätwerks immer auch ein Stück Distanz zum anfänglichen Wagner-Enthusiasmus enthält. Man denke nur an die Verspottung des »spezifisch-germanischen Einflusses« auf Europa, seiner »Alkohol-Vergiftung«, die in Nietzsches Augen auf das genaueste mit dem »politischen und Rassen-Übergewicht der Germanen bisher Schritt gehalten hat«[200].

Baeumler schiebt das alles beiseite, um seine Behauptung zu erhärten, wonach Nietzsches Opposition gegen den zeitgenössischen »Kultur-Staat« keinem ästhetischen Motiv entspringt, etwa dem Einspruch des Künstlers in

ihm, der sich gegen die staatlich geregelte Bildung und überhaupt gegen alle staatliche Zentralisation empört habe. In Wahrheit, so sieht es Baeumler, reichten die Gründe dieser Opposition »in eine andere Tiefe: Germanisches Freiheitsbedürfnis, germanischer Kriegerstolz und Trotz ist in Nietzsche lebendig, wenn er sich gegen den Staat wehrt, den er als eine undeutsche, eine römische Institution empfindet«[201]. Baeumlers Sicht entspricht dem Anti-Romanismus, der im deutschen Geistesleben um die Jahrhundertwende weit verbreitet ist. Und in der Sache nimmt sie bereits jene nationalsozialistische Geschichtslüge des Pangermanismus vorweg, die den alldeutsch gebrochenen Fiktionen des Historismus der Bismarck-Zeit entspringt.

»Lügen« heißt nach Nietzsche, etwas *nicht* sehen wollen, was man sieht, und etwas nicht *so* sehen wollen, wie man es sieht, gleichgültig, ob die Lüge vor Zeugen oder ohne Zeugen statt hat.[202] Die gewöhnlichste Lüge sei die, mit der man sich selbst belügt, während das Belügen anderer den Ausnahmefall bildet. Um gewöhnlich zu werden, muß eine Überzeugung sich *banalisieren*: entweder »wissenschaftliche« Redensarten aufbieten oder sich auf weltanschauliche Bindungen einlassen, um Anhänger zu gewinnen. Denn »banal«, das meint eben, sich in enge Grenzen einschließen und daran, um den Preis des Nicht-sehen-Wollens, was darüber hinaus liegt, gehalten oder gezwungen sein, etwas anders zu sehen, als es die wissenschaftlich-weltanschauliche »Sicht« vorschreibt (vgl. § 13). Der Fall des Belügens anderer – die potentiell »alle« sind – wird dann zur Regel der Parteinahme im Machtkampf der Weltanschauungen. Ist doch für Nietzsche das Nicht-sehen-Wollen, was man sieht, und dies Nicht-so-sehen-Wollen, wie man es sieht, »beinahe die erste Bedingung für alle, die *Partei* sind, in irgendwelchem Sinne: der Parteimensch wird mit Notwendigkeit

Lügner. Die deutsche Geschichtsschreibung z.B. ist überzeugt, daß Rom der Despotismus war, daß die Germanen den Geist der Freiheit in die Welt gebracht haben: welcher Unterschied ist zwischen dieser Überzeugung und einer Lüge?«[203]
Die Antwort ist klar: keiner. Die pangermanisch-antiromanische Überzeugung ist eine Lüge, weil und indem sie banalisiert, das heißt: für Tatsächliches blind wird und alle Unterschiede einebnet. Was sich an Baeumlers Fall bestätigt, der Nietzsches Weg zur Weisheit als einen »Willensweg« interpretiert, in dem »Kraft gegen Kraft« steht; eine Interpretation der »Welt als Kampf«, die alles aus dem Weg räumt, was ihr nicht ins Konzept paßt, den erratischen Block der Lehre von der ewigen Wiederkehr eingerechnet. Und sie vergreift sich folgerichtig nicht nur an der Sache, sondern auch an der Form von Nietzsches Philosophie. Sie tut es mit dem maßlosen Anspruch, den Grundriß eines »verschütteten Tempels« freizulegen und »einige gebrochene Säulentrommeln wieder aufeinanderzuwälzen«; ein Kraftakt, der Baeumlers »heroischem Realismus« und seiner Überzeugung gemäß sein mag, den »wahren« Nietzsche wiederherzustellen. In Wahrheit demonstriert schon die Ungemäßheit des Vergleichs, wie sich dieser athletische Akt hermeneutisch überhebt und alle Maße und Proportionen jener plastischen Denkformen sprengt, die der Einheit von Nietzsches Grundlehre eingraviert sind.
Der Schritt von der Überzeugung zur Lüge erscheint kaum merklich. Dennoch wird er im Übergang vom Bild »des Philosophen Nietzsche« zum Nachbild des »Politikers« getan. Wenn Baeumler sagt, es käme für die Erkenntnis der Wahrheit auf das *Pathos* und die *Kraft* des Denkers an: wie weit sein Erkennen reiche, so charakterisiert er richtig die Prämissen von Nietzsches Philosophie. Aber er zieht daraus den entgegengesetzten Schluß.

Er verschiebt Nietzsches Position, denn er folgert, der »Wille zur Macht« sei ein *Buch zum Handeln*, nichts weiter, für diejenigen geschrieben, denen *Handeln* Vergnügen macht, nichts weiter. Und das sind nach Baeumler die Politiker, zu denen er Nietzsche selbst mit seiner Lehre von der »Welt als Kampf« zählt. Ich zeichne die Konsequenzen an einigen Beispielen nach.
Baeumler sieht den Philosophen als Politiker in der Pose des altgermanischen Freiheitshelden, der auf einsamem Posten gegen eine Welt von Feinden kämpft. Nach Nietzsche sei die Freiheit keine Einrichtung, keine liberale Staatsinstitution, sondern Sache des freien Menschen im vorstaatlichen Raum altgermanischer Völker, die sich durch Kampf und Krieg zur Freiheit erziehen. In Wahrheit behauptet Nietzsche lediglich, daß liberale Institutionen im modernen Verfassungsstaat tendenziell aufhören, liberal zu sein, sobald sie erreicht sind. Dann neigen sie dazu, die Freiheit des Einzelnen zugunsten der Freiheit »aller« zu nivellieren: wie das Alexis de Tocqueville in seinem Buch ›Über die Demokratie in Amerika‹ (1835–1840) erkannt hat.[204] Nietzsches Behauptung lautet, daß dieselben Institutionen, solange sie noch erkämpft werden, ganz andere Wirkungen hervorbringen und in der Tat die Freiheit auf eine mächtige Weise fördern: »Genauer gesehen, ist es der Krieg, der diese Wirkungen hervorbringt, der Krieg *um* liberale Institutionen, der als Krieg die *illiberalen* Instinkte dauern läßt.«[205]
Baeumler macht dagegen im Gleichklang mit dem nationaldeutschen Nietzscheanismus während der wilhelminischen Zeit aus dem späten Nietzsche einen unbedingten Lobredner des Krieges. Und den jungen Nietzsche, der zeitweilig dazu neigte, auf das Kriegsgeschehen einen »Päan« anzustimmen und die germanische Freiheit in der Tradition des Neuhumanismus mit der griechischen

Polisfreiheit zu identifizieren, erklärt er gar zum Kriegsverherrlicher, dessen Blick »mit Lust« auf dem Schauspiel eines unablässigen Kampfes um politische Vorherrschaft einer Polis über die andere geruht habe, »dieser blutigen Eifersucht von Stadt auf Stadt, von Partei auf Partei, dieser mörderischen Gier jener kleinen Kriege, dem tigerartigen Triumph auf dem Leichname des erlegten Feindes, kurz der unablässigen Erneuerung jener trojanischen Kampf- und Greuelszenen«[206]. Ja, es gab nach Nietzsche einmal ein Volk, das einzig den Trieb nach Macht und Sieg gelten ließ und für berechtigt erachtete: die Griechen. Aber weder ist diese Anschauung eines trojanischen Dauerkriegs das »ungeheure Erlebnis« des jungen Nietzsche noch deduziert er daraus als Ergänzungsstück zum griechischen Polisbürgertum die Grundzüge germanischer Adelsherrschaft.
Mit dem Baseler Historiker Jacob Burckhardt beschreibt Nietzsche lediglich, was die griechische Polis, im Unterschied zum rousseauistischen Polisideal eines Bürgerbunds der Freien und Gleichen und ihrer idealistischen Verklärung durch Schiller, Hölderlin und Hegel, geschichtlich gewesen ist. So kommt ihm auch nicht in den Sinn, das Gewesene, wie Baeumler das tut, auf die Geschichte der altgermanischen Freiheit zu übertragen und dann zu folgern: »Genau dies ist der Sinn des germanischen Fürstentums: denn Fürst ist nicht, wer einem Beamtenapparat vorsteht, sondern wer der erste ist in Gefahr und Kampf.«[207] Aus der Anschauung permanenter Selbstzerfleischung der griechischen Poliswelt im Hegemoniekampf zwischen Athen und Sparta hat der junge Nietzsche keine »germanische« Weltanschauung mit mythischer Permanenzerklärung jenes Kampfes abgeleitet. Sondern mit den Philosophen im tragischen Zeitalter der Griechen hat er nach der Möglichkeit seiner Regulierung durch Stiftung eines gesamthellenischen

Städtebunds gefragt: »Wie war es nur möglich, daß sich Thales vom Mythos lossagte! Thales als Staatsmann! Hier muß etwas vorgefallen sein. War die Polis der Brennpunkt des hellenischen Willens und beruhte sie auf dem Mythos, so heißt den Mythos aufgeben soviel wie den alten Polisbegriff aufgeben.«[208]

Der Vorfall betrifft die von Thales vorgeschlagene Gründung einer Eidgenossenschaft von Städten; einen Vorschlag, der am mythischen Polisbegriff mit seinen vielen Göttern von Stadt zu Stadt scheitert. Im Gegensatz zu Baeumlers Glorifizierung von Sondertümelei und Hegemoniestreben gewahrt Nietzsche an Thales' Beispiel Spuren eines Völkerbundes unter den Griechen, die Europa in seiner Frühzeit vor den Gefahren ständiger Selbstzerfleischung bewahrt hätte. Ahnte doch Thales nach Nietzsches Auffassung die ungeheure Bedrohung Griechenlands, falls die isolierende Macht des Mythos die Städte weiter getrennt halte. Und inmitten der Gefahr habe Thales mit seinen philosophischen Nachfahren das Rettende gesehen, den Weg aus der Sackgasse hellenischer Stadt-Kultur: »Hätte Thales seine Eidgenossenschaft zu Stande gebracht, so wäre Griechenland vom Perserkriege verschont geblieben, und damit auch vom Athener-Siege und Übergewicht.«[209]

Während der späte Nietzsche den Ausweg einer europäischen Dauerordnung in der Gründung des Römerreichs sieht, konstruiert Baeumler einen griechisch-germanischen Gegensatz zum Vielvölker-Staat der Römer, der dem auf Sippe und Heeresverband beruhenden »Staat« der Germanen so fremd gewesen sei wie jenem stammverwandten Volk der Griechen, dem Nietzsches dauerhafteste Liebe gegolten habe. Statt von seinem Renaissance-Ideal der machiavellistischen Machtlehre im »Willen zur Macht« zu sprechen, sollte man darum lieber vom *Anti-Romanismus* reden, der Kehrseite seines

Germanismus mitsamt der Bewunderung der griechischen Kampfes-Ethik und Kampfes-Metaphysik.[210] Ja, Baeumler behauptet am Ende sogar, hinter Nietzsches Angriff auf das Christentum stehe nicht die von ihm gezeichnete (und bis ins Spätwerk hinein verfeinerte) Figurengruppe des auf dem Boden der *Romanitas* gewachsenen *Freigeistes*, vom Troubadour am Ausgang des Mittelalters angefangen bis hin zum Moralisten und Aufklärer der Neuzeit, sondern der Siegfried-Held des germanischen Mythos: »*Das nordische Heidentum ist der unermeßliche, dunkle Untergrund, aus dem der kühne Kämpfer gegen das christliche Europa hervortaucht.* In den *lateinischen* Rassen sieht er das Christentum recht eigentlich verwurzelt.«[211] Eine Geschichtsklitterung, die kategorisch formuliert, was Nietzsche lediglich hypothetisch als »historisch möglich« *vermutet* und erwogen hat (»Es scheint, daß den lateinischen Rassen ihr Katholizismus viel innerlicher zugehört, als uns Nordländern das ganze Christentum überhaupt...«), um dann das Vermutete umgekehrt abzuwägen und zu beurteilen (»Die Leidenschaft für Gott: es gibt bäuerische, treuherzige und zudringliche Arten wie die Luther's – der ganze Protestantismus entbehrt der südlichen delicatezza«).[212]

Baeumlers Nietzsche-Banalisierung gipfelt in dem Beweis der Notwendigkeit eines von Nietzsche vorgedachten Angriffskrieges Deutschlands gegen Westeuropa. Er stellt auf den Kopf, was der späte Nietzsche wirklich über das Verhältnis der romanischen Zivilisation zur germanischen »Kultur« gedacht und über die bleibende Vorbildlichkeit des französischen für den deutschen Geist gesagt hat. Statt dem von Nietzsche ein Leben lang Bedachten nachzudenken und das zuletzt wie ein Vermächtnis an die Bismarck-Deutschen seiner Zeit Gesagte zu beherzigen, stützt Baeumler den Zeugenbeweis auf die

westliche Kriegspropaganda von 1914, die »richtig das Germanische« in Nietzsche empfunden hätte; mit dem fragwürdigen Fazit, Nietzsche sei der unversöhnliche Gegner jener abendländischen Zivilisation, die Deutschland den Krieg erklärt habe. Und noch fragwürdiger ist dann der Schluß seiner abenteuerlichen Geschichtsklitterung, Baeumlers These, Deutschland könne weltgeschichtlich nur unter der Form der »Größe« existieren und hätte einzig die Wahl, antirömische Macht in Europa zu sein oder nicht zu sein: »Wenn es sich der Zivilisation des Westens einordnet, unterwirft es sich Rom; wenn es seine germanische Abkunft vergißt, verfällt es dem Osten. Der Schöpfer eines Europa, das mehr ist als eine römische Kolonie, kann nur das nordische Deutschland sein ... Nicht neben Bismarck gehört Nietzsche, er gehört in das Zeitalter des Großen Krieges. Der deutsche Staat der Zukunft wird nicht eine Fortsetzung der Schöpfung Bismarcks sein, sondern er wird geschaffen werden aus dem Geiste Nietzsches und dem Geist des großen Krieges.«[213]

Über diese zu Bismarcks Blut-und-Eisen-Politik gezogenen Vergleichslinien treffen jetzt die von Baeumler fortgezogenen Parallelen mit Hitlers Bekämpfung der Republik von Weimar zusammen. Baeumler spricht nicht mehr als Anhänger des nationaldeutschen Nietzscheanismus, sondern als Nationalsozialist und Leiter der »Abteilung Wissenschaft« im »Amt Rosenberg«[214]. Wie Hitler, so argumentiert der langjährige Rosenberg-Intimus, mit seiner Kampfansage an die Nachkriegsrepublik der Entwicklung von Jahrhunderten, ja Jahrtausenden, den Krieg erklärte, so habe sich Nietzsches Kritik der Bildung, Kultur und Politik seines Jahrhunderts dem bürgerlichen »Geist von Weimar« entgegengeworfen: Als hätte diese Kritik niemals dem »Geist von Potsdam« gegolten! Und die dann einsetzenden Kreuz- und

Querzüge einer nordisch-ghibellinischen Bewegung am Grunde der deutschen Geschichte von Friedrich dem Großen über Bismarck zu Hitler, von Meister Eckhart über Luther zu Nietzsche,[215] sie verwischen schließlich alle Unterschiede der deutschen Geistesgeschichte und ihrer Höhenzüge zwischen Pietismus, Aufklärung und Romantik.
Baeumlers Geschichtskonstruktion gipfelt in der Behauptung, die Weimarer Klassik sei nicht lebendige Wirklichkeit, sondern Legende, geschaffen vom altliberalen Bürgertum, das sich ein der politischen Sphäre fernes Zeitalter konstruiert und darin Herder und Lessing, Schiller und Goethe, Humboldt und Hegel auf einen Nenner gebracht habe, ohne zu sehen, daß diesem Mischgebilde aus Aufklärungshumanismus und romantischen Elementen die originäre Wurzel fehle. Es gibt, so Baeumler unter Anspielung auf das gleichnamige Werk des Leipziger Literaturhistorikers Hermann August Korff, keinen »Geist der Goethe-Zeit«, sondern nur einen großen Einsamen, der den Namen *Goethe* trägt, alles andere verdanke sich phantastischem Wunschdenken. Und gar mit Korff zu behaupten, Nietzsche sei »Goethes Schüler« – eine Einsicht, die sich Thomas Mann am Ende der Weimarer Republik zu eigen machte[216] –, dieser geistesgeschichtliche Zusammenhang wird aus ideologischen Gründen abgelehnt oder ignoriert. Denn Nietzsche, der andere Einsame, den das Lebenswerk meines Leipziger Lehrers Korff dem »Geist der Goethe-Zeit« zuordnete (vgl. § 13), steht bei Baeumler nicht im Umkreis Goethes, sondern hinter Hitler: als sein »Mitkämpfer« ...

4. Kapitel

Von Nietzsche zu Hitler?

§9 Zwischen innerer und äußerer Emigration: Martin Heidegger und Karl Löwith, Max Horkheimer und Karl Jaspers

Nietzsche – ein Philosoph für Alle, die nationalsozialistisch handeln: das ist die Leitlinie, der Baeumlers Interpretation seiner Philosophie im Horizont des Willens zur Macht folgt. Diesem Ansatz war zeitweilig auch Martin Heidegger verpflichtet, der noch Mitte der 30er Jahre mit Baeumler sagen konnte, daß Mussolini und Hitler, »die beiden Männer, die eine Gegenbewegung gegen den Nihilismus eingeleitet haben«, in verschiedener Weise von Nietzsche »gelernt« hätten; mit dem einschränkenden Zusatz: »Der eigentlich metaphysische Bereich Nietzsches ist damit aber noch nicht zur Geltung gekommen.«[217] In dem Versuch, sich Gehör zu verschaffen, ist Heidegger gescheitert: Erst an Baeumler und dessen Gesinnungsgenossen Ernst Krieck (vgl. §10)[218] und dann am Weimarer Nietzsche-Archiv, dem Heidegger als Mitglied des »Wissenschaftlichen Ausschusses« zur Publikation von Nietzsches Gesamtausgabe verbunden war.

Heideggers Mitarbeit – um nur dieses wenige zu erwähnen – stand von Anbeginn unter keinem günstigen Stern.[219] Hatte sich doch Richard Oehler die Verurteilung von Heideggers Hauptwerk ›Sein und Zeit‹ (1927) als »Judenphilosophie« durch Krieck und seine Anhän-

ger zu eigen gemacht; ein Urteil, das Heidegger bekannt gewesen sein muß.[220] Und dieser hatte seinerseits aus der Ablehnung von Weimarer Machenschaften kein Hehl gemacht. So wandte sich Heidegger entschieden gegen den von Hitler finanzierten Bau einer »Nietzsche-Halle« neben der »Villa Silberblick« und blieb dem Richtfest im Jahre 1937 demonstrativ fern. Heidegger empfand das groteske Mißverhältnis zwischen den umfangreichen Förderungsbeiträgen und Stiftungen für den Bau der Prunkhalle und dem kümmerlichen Aufwand zur Edition von Nietzsches Werken als »Schande« und erklärte den Weimarer Nietzsche-Verwandten: »Ich möchte die Antwort von Nietzsche selbst nicht hören, wenn er den Bau einer Nietzsche-Halle und den Zustand der Werkausgabe vor sich sehen müßte.«[221]
Diese Haltung stand im Einklang mit Heideggers Kritik an Baeumlers Nietzsche-Bild, seinem groß angelegten Versuch, Nietzsches Urbild vor Verunstaltungen durch die »offizielle« Parteiideologie zu bewahren. Darin ist Heidegger nicht gescheitert. Dem von Baeumler geschlossenen »Pakt« zwischen Nietzsche und der nationalsozialistischen Massenbewegung hat er den Leitsatz entgegengestellt: »Nietzsche *ist* das, was er eigentlich ist, zuerst und langehin für die Wenigen, die im Denken es mit der Philosophie und nur damit ernst nehmen, alles andere hat mit ihm nichts zu schaffen, so bequem er selbst es auch zu machen scheint, in ihm nach anregenden Gedanken herumzulesen und mit Hilfe seiner Forderungen sich ›herrisch‹ zu gebärden.«[222] *Die Wenigen*, das sind diejenigen, denen Denken Vergnügen macht, nichts weiter. Darum können sie sich nicht mit der Auskunft begnügen, zwischen Nietzsches Grundlehren bestehe ein Widerspruch. Wissen doch die wahrhaft Denkenden seit Hegel, daß der Widerspruch nichts gegen die Wahrheit eines philosophischen Satzes beweist, sondern im Ge-

genteil ein Beweis dafür ist. Wenn sich ewige Wiederkehr und Wille zur Macht widersprechen sollten, dann wäre vielleicht der Widerspruch gerade die Aufforderung, den »schwersten« aller Gedanken – die Wiederkehr des Gleichen – zu denken, statt in die andere Auskunft zu flüchten, es sei Nietzsches »religiöser« Wahngedanke. Und vorausgesetzt, es liege ein unaufhebbarer Widerspruch vor, der zur Entscheidung – entweder ewige Wiederkehr oder Wille zur Macht – zwinge, dann bleibt nach Heidegger noch immer zu fragen, warum sich *die Vielen* gegen Nietzsches Wiederkunftslehre und für die Lehre vom Willen zur Macht entscheiden.

Der Schöpfer des nationalsozialistischen Nietzschebildes – ein öffentlicher Wortführer der Vielen: Das ist Heideggers Charakterisierung des Weggefährten von 1933 in seiner ersten Freiburger Nietzsche-Vorlesung (1936/37). Nach Heidegger dringen Baeumlers Überlegungen zum Verhältnis beider Lehren von keiner Seite her in den Bereich philosophisch ursprünglichen Fragens vor. Sie motivieren sich einzig dadurch, daß die Lehre von der ewigen Wiederkunft aus Baeumlers Sicht vom Willen zur Macht herausfällt, jenem Lehrstück über die Grundmöglichkeit (= Macht, *Dynamis*, *Potentia*) geschichtlich gezeitigten Daseins, die Baeumler trotz seiner Rede von Metaphysik nicht metaphysisch aus dem verborgenen Wesen der Zeit heraus begreift, sondern den zeitgemäß-alltäglichen Anforderungen des Politischen unterwirft und aktualisierend ausdeutet: »Die Lehre Nietzsches von der ewigen Wiederkehr paßt Baeumler nicht in seine Politik, oder er meint mindestens, sie passe nicht dazu. Also ist diese Lehre für das System Nietzsches ohne Belang.«[223] In Wahrheit, das will Heidegger sagen, und er sagt es auf dem Höhepunkt des Lärms um Nietzsche als »revolutionären« Hitler-Vorläufer, ist Baeumlers Nietzsche-Ausdeutung gar keine Auslegung, sondern politi-

scher »Entscheid«, der für das Verständnis der Grundlehre des Philosophen belanglos bleibt.

Daß Heideggers Nietzsche-Vorlesungen zwischen den Jahren 1936 und 1940, nach dem Urteil von Georg Picht, eines ihrer damaligen Hörer, das »bedeutendste Dokument des geistigen Widerstands gegen den Nationalsozialismus« sind,[224] bestätigt sich, wenn wir den Auslegungsansatz von Heideggers Philosophie etwas näher ins Auge fassen.

In der öffentlichen und alltäglichen Vorstellung, so beurteilt Heidegger die Verkehrungen des nationalsozialistischen Nietzsche-Bilds, gelte Nietzsche als »Revolutionär«, der verneine, zerstöre und die Vernichtung prophezeie; und das alles sei keine »Rolle«, die er vorspiele, sondern eine innerste Notwendigkeit seines Zeitalters: dem »Bild« gemäß, worin es sich spiegelt. Aber das »Wesentliche des Revolutionärs« sei keine »Umwendung« aller Dinge, die sie in der Zeit umstürzt, sondern daß er »in der Umwendung das Entscheidende und Wesenhafte ans Licht bringt, und in der Philosophie sind das allemal die wenigen großen Fragen«.[225] Wenn er sie auf dem »Gipfel der Betrachtung« erreicht, so trachtet der philosophische Revolutionär nicht nach dem »Willen als Macht«. Er fragt nach dem Sein und betrachtet damit den »schwersten Gedanken«. Und er handelt nicht, sondern denkt »das Wesen des Seins, also des Willens zur Macht, als ewige Wiederkehr«[226]. Im Blick auf Nietzsche besagt das für Heidegger, weit und wesenhaft genommen: Nietzsche betrachtet die Zeit im Horizont der Ewigkeit, und er sieht sie darum nicht als »stehenbleibendes Jetzt« oder eine ins Endlose abrollende Abfolge von Jetztpunkten, sondern als »in sich selbst zurückschlagendes Jetzt«. Er denkt das verborgene Wesen der Zeit in seiner Gegensätzlichkeit oder *schaut* den Gegensätzen von Jetzt und Ewigkeit im Augenblick *entgegen*. Denn vom Willen zur

Macht auf der einen Seite und auf der anderen von der ewigen Wiederkehr her das Wesen des Seins schauen, dieses *Entgegen-schauen* verlangt *und* vollzieht alles philosophische Betrachten (contemplatio), das den Namen verdient. »Das Sein, den Willen zur Macht, als ewige Wiederkunft denken«, so drückt es Heidegger in der ihm eigentümlichen, durch das Gespräch mit Nietzsche zugewachsenen Sprache aus, »den schwersten Gedanken der Philosophie denken, heißt, das Sein als Zeit denken. Nietzsche dachte diesen Gedanken, aber er dachte ihn noch nicht als Frage von Sein und Zeit.«[227]
An diesem Ansatz hat Heidegger von der ersten bis zur letzten Freiburger Nietzsche-Vorlesung im Winter 1944/45 festgehalten. Gewiß: er hat ihn differenziert. Und er hat die beiden Stellungen von Nietzsches »schwerstem Gedanken« zum Wesen des Seins durch eine dritte ergänzt: jene »Umwertung aller Werte«, die das zyklische Zeitverständnis gegenüber der Wertinterpretation durch das lineare des christlich-neuzeitlichen Geschichtsdenkens erzwingt, das die »Zeit im Ziel« mit Wertbegriffen des guten, vollendeten, vollkommenen Menschentums identifiziert. In einem einzigen, großen Denkkampf mit Baeumlers »einseitigem« Nietzsche-Bild hat Heidegger im Spiegel der Wiederkunftslehre das politisierte Nietzsche-Zerrbild zurechtgerückt und das philosophische Fragen mit Nietzsche vom Blick auf die »Vielen« (das »Volk«, die »Rasse«, die »Klasse«) abgelöst und dorthin gelenkt, wo es entspringt: auf Augenblickserfahrungen des Menschen, der in gezeitigter Vereinzelung »da« ist. Nietzsche »spricht jeden an: ›du‹ – jeden, so er selbst ist und als er selbst gemeint wird. Die Meinung des Gedankens gibt damit die Verweisung auf das je eigene ›Dasein‹. In diesem und aus diesem soll sich entscheiden, was ist und sein wird, da das Werdende nur das Wiederkommende ist, was schon in meinem Leben war.«[228] In

Heideggers Sicht – und sie ist Baeumlers Ansicht von »Nietzsche als Politiker« strikt entgegengesetzt – bezieht sich der Wiederkunftsgedanke auf das Seiende im Ganzen und *zugleich* auf das augenblickhafte Dasein des Menschen, der ihn denkt; ja, er wird nach Heidegger »sogar zuerst und ganz vom Menschen her gedacht werden müssen«[229]. Nicht ein Volk oder eine Klasse und Rasse, sondern der Einzelne ist es, der im Denkkampf mit der Zeit seiner selbst mächtig zu werden sucht.

Von hier aus lassen sich mit Heidegger einige bis heute nicht verstandene, geschweige denn überholte Einblicke in den *Reliefcharakter* von Nietzsches Philosophie gewinnen. Was Nietzsche das »letzte Faktum« nennt, »zu dem wir hinunterkommen«, das ist jener unter der Oberfläche aller Erscheinungen treibende ›Wille zur Macht‹. Aber er gleicht nur der Grundfläche im Relief, woraus sich der Machtgedanke im Denkkampf gegen die Zeit erhebt und seinen charakteristischen Ausdruck gleichsam im Vorspringen zum Augenblick erhält. Es handelt sich um keinen Naturvorgang, sondern darum, auf dem Weg der Reliefkunst die verschiedenen Stellungen des Gedankens zum Grund herauszuarbeiten und die ganze Gedankenfiguration in steigender wie fallender Linie in die Höhe zu treiben. Statt eine Entwicklungsstufe mit eigenem Profil zu sein, umfaßt jede Grundstellung »das Ganze der Philosophie, und in jeder sind jeweils die beiden anderen mitinbegriffen, aber in je verschiedener Weise der inneren Gestaltung und in verschiedener Lagerung der gestaltgebenden Mitte«[230].

Aus diesen Einblicken hat Heidegger in der letzten Nietzsche-Vorlesung am Vorabend des 2. Weltkriegs die Folgerung gezogen,[231] Nietzsches Gedankengang könne aus dem vom Nietzsche-Archiv kompilierten Buch mit dem Titel: ›Der Wille zur Macht‹ in seinen Grundzügen nicht heraustreten; ein Sachverhalt, der den Auslegern

zunächst einmal »aufgeben« würde, den Nietzsche-Nachlaß neu zu gestalten (vgl. § 11). Heidegger sieht darin eine Aufgabe von geistiger und geschichtlicher Tragweite, die selbst dann bestehenbleibe, wenn niemand in Deutschland davon ahne, und die durch noch so viele Bücher »über« Nietzsche auch »niemals von der Stelle, sondern höchstens noch endgültiger ins Verborgene kommt, wohin sie ja auch gehört«[232].

Den der Zeit »verborgenen« Nietzsche hatte wenige Jahre zuvor Karl Jaspers, Heideggers Weggefährte aus der Epoche zwischen 1920 und 1932, in Erinnerung zu bringen gesucht. Im geschichtlichen »Augenblick« nach Hitlers Machtergreifung entstanden, wollte Jaspers' Nietzsche-Buch mit der Sache seines Denkens »zugleich gegen die Nationalsozialisten die Denkwelt dessen aufrufen, den sie zu ihrem Philosophen erklärt hatten«[233]. Im Buch selbst ist davon wenig zu bemerken. Es verrät kein Gespür für das menschliche Drama um Nietzsche, für sein gebrochenes Verhältnis zur Schwester, das nach Jaspers trotz aller Belastung unversehrt bleibe, weil sich »die Nähe des Blutes und die bis in den Beginn der Kindheit zurückgehende Erinnerung« nicht nur als »unüberwindbar, sondern als kostbares, menschlich unersetzliches Gut« erweisen.[234] Und keine Spur führt in Jaspers' Gedankengängen zur Vergegenwärtigung von Nietzsches Lebensdrama hinüber nach Weimar, zur Problematik des von Elisabeth Förster-Nietzsche gegründeten Nietzsche-Archivs, im Gegenteil! Ihre »Fürsorge« ist nach Jaspers »auch der Nachwelt zugute gekommen. Nur weil die Schwester ... alle Manuskripte bewahrte und nach dem Ausbruch der Geisteskrankheit die hinterlassenen Manuskripte, die damals noch jedermann als nicht wichtig erschienen, sammelte und pflegte, kann man die Kenntnis des ganzen Nietzsche aus den Dokumenten gewinnen.«[235]

Jaspers führt den Leser im »Dritten Reich« nicht in Nietzsches Philosophie ein, wie das Heidegger tut, sondern in sein »Philosophieren«, das als Existenzdialektik im Sinne prozeßhafter Selbstüberwindung von Widersprüchen ausgelegt wird. Wenn Jaspers erzählt, die Lehre von der ewigen Wiederkehr sei für Nietzsche entscheidend, so vermerkt seine Erzählung sogleich, daß sie für ihn auch fragwürdig gewesen sei. Woraus dann Jaspers für sich selbst und den Leser folgert, das Ganze seiner Philosophie nicht ernst zu nehmen, sondern die Lehre als Zeugnis von Nietzsches Persönlichkeit gelten zu lassen, statt zu fragen, warum sie für Nietzsche fragwürdig werden mußte und wonach darin eigentlich gefragt wurde, kurzum: Ob die Lehre »nicht unsre, und d. h. die Frage des abendländischen Daseins und unserer Zukunft sei«[236].
In der Vernachlässigung dieser Fragen trifft sich Karl Jaspers mit Alfred Baeumler, über den er sich im übrigen ganz ausschweigt. Aus äußerlich gutem Grund, da sonst das Buch unter der Nazidiktatur so wenig hätte erscheinen können wie Karl Löwiths Nietzsche-Auslegung unter dem Gesichtspunkt der ewigen Wiederkehr des Gleichen.[237] Löwith, der 1934 aus »rassischen« Gründen emigrieren mußte, hatte zum Vorlesungsabschied in Marburg Nietzsches Philosophie zum Thema gewählt, weil sie ihm ein Prüfstein der Zeit zu sein schien, die sich *mit* und *an* ihr auszulegen suchte. Er wollte seinen in SA- und SS-Uniform anwesenden Hörern klarmachen, daß Nietzsche »ein Wegbereiter der deutschen Gegenwart ist und zugleich ihre schärfste Verneinung, ›Nationalsozialist‹ und ›Kulturbolschewist‹ – je nachdem man ihn wendet«[238]. Löwith machte weder die eine noch die andere Wendung mit. Vielmehr ging er im Moment des erzwungenen Abschieds vom einstmaligen »Land der Dichter und Denker«, das durch zeitgemäße oder ungemäße »Verwendungen« Nietzsches Namen politisch mißbrauchte,

auf das philosophisch authentische Denken der Zeit selbst zurück, um als seinen Mittelpunkt den Gedanken der Ewigkeit festzuhalten.[239]
Nach diesem Maßstab von Nietzsches Philosophie setzt sich Löwith mit der nationalsozialistischen Nietzsche-Banalisierung in einem Vortrag auf dem Prager Weltkongreß für Philosophie (1934) auseinander. Löwith deutet Nietzsche als Denker einer wahrhaft zeitgemäßen Zeit, die weder seine eigene, durch Bismarck und Wagner beherrschte Gegenwart noch »unser zufälliges Heute« – die Hitlerzeit – betrifft. Sondern, was er »als der erprobte Entdecker der ›Modernität‹ und als der neue Verkünder einer ältesten Lehre sah, das ist gesehen auf *längste Sicht*«[240]. Diese Weitsicht *über* und *zwischen* den Zeiten bis zurück in die Antike verkürzt sich Baeumler und seinen Nachfolgern auf die »Tendenzen der eigenen Zeit«. Sie werden zum einzig gültigen Maßstab für das Verständnis von Nietzsches philosophischer Absicht erhoben, ohne daß sie ihre absichtlich aphoristische Darstellungsform berücksichtigen, weshalb sich Baeumler seine Philosophie »zu einer beliebigen *Auswahl* aus zeitansprechenden Sätzen« verkehrt. In der Sache, auf diese These läuft Löwiths Auseinandersetzung hinaus, trennt jeder Aphorismus das Zeitliche vom Überzeitlichen ab, um dann die Trennsätze zu verknüpfen und daran ein *Allzeitiges* zu Gesicht zu bringen. Er ist die *Form* seiner Philosophie, die den Satz vom Widerspruch aphoristisch zuspitzt und daran – Stück für Stück – ihre Wahrheit »beweist«.
Löwith zeigt das an der Verknüpfung des Getrennten in Nietzsches späten Selbstbekenntnissen: daß erst mit ihm, dem »letzten *antipolitischen* Deutschen«, der mehr deutsch sei als ein bloßer »Reichs«-Deutscher von Bismarcks Gnaden, der »Krieg des *Geistes* eins werde mit der ›großen Politik‹«. Beides scheint sich zu wider-

sprechen und stellt doch ein und denselben Gedanken in aphoristisch zugespitzter Form dar. Denn nur darum, weil Nietzsche *in seiner Philosophie* den Gedanken einer wahrhaft großen, das heißt: *europäischen* Politik vertritt, »kann er sich auch im Verhältnis zur zeitgenössischen Reichspolitik als den letzten antipolitischen Deutschen bezeichnen und sagen, man müsse das ›erbärmliche‹ Zeitgeschwätz von Politik und Völker-Selbstsucht *unter* sich haben, um ihn überhaupt zu verstehen«[241].

Darauf macht Löwith abschließend die Gegenprobe, indem er Aphorismen, auf die sich die nationalsozialistische Falschmünzerei beruft, zu einem Gedankengang bündelt, der die Wahrheit des Denkens in Widersprüchen charakterisiert: »Nietzsche spricht von umwälzenden Völkerkriegen und daß der Krieg und der Mut mehr große Dinge in der Welt getan hätten als die Nächstenliebe – er sagt aber auch: die ›größten Ereignisse‹ seien nicht unsere lautesten, sondern unsere ›stillsten Stunden‹. Er bekämpft den ›pressefreien‹ Geist des Liberalismus – aber nicht weniger jedes dogmatisch fixierte ›Parteigewissen‹; schon die bloße Vorstellung, zu irgendeiner Partei zu gehören, selbst wenn es die eigene wäre, erregt ihm Ekel. Er glaubt an die zeitweilige Notwendigkeit einer Rückkehr zur Barbarei und an die ›Vermännlichung‹ Europas, und er prägt dafür das Wort von der ›blonden Bestie‹ – er charakterisiert aber auch in sarkastischer Weise Wagners pseudogermanische Helden als skandinavische Untiere mit einer verzückten Sinnlichkeit. Er spricht zugunsten der rassischen Zucht und Züchtung – aber nicht minder gegen die verlogene Selbstbewunderung im antisemitischen Rassenwahn.«[242]

Während Löwith als deutscher Emigrant unfreiwillig auf den Abdruck seiner Baeumler-Kritik im Anhang seines Buches verzichtet, hatte Jaspers gar nicht erst versucht,

sich mit der nationalsozialistischen Nietzsche-Interpretation auseinanderzusetzen. Und obwohl er Nietzsche mit Löwiths Augen liest und das Übergewicht der Lehre vom Willen zur Macht zugunsten der Wiederkunftslehre verschiebt, gelingt es Jaspers nicht, diese Lehre als philosophische Frage ernst zu nehmen, weil er im Grunde weder an den Wahrheitsgehalt der Philosophie noch an das von Nietzsche vorgelebte Ideal des Philosophen glaubt. Der Sprengstoff in seiner Philosophie scheint bei Jaspers, um mit Löwith zu sprechen, »wie ausgelaugt und in einem kunstvollen Netz von farblosen Begriffen seiner geschichtlichen Wahrheit und Wirkung beraubt: ein Monolog am Grabe von Nietzsches sämtlichen Werken, aber keine produktive Auseinandersetzung mit ihm«[243]. Jaspers, so hat es der Frankfurter Sozialphilosoph Max Horkheimer im amerikanischen Exil gesehen, und diese Sicht deckt sich im wesentlichen mit der von Heidegger und Löwith, bringe das Kunststück fertig, Nietzsche darzustellen, ohne anzustoßen, und dabei brauche er sich selbst keine Gewalt anzutun: »Seine verbindliche Sprache bezeugt ihre Herkunft aus der liberalistischen Ideologie und dadurch, daß in ihrem Medium alle Gegensätze untergehen.«[244]

Horkheimers ›Bemerkungen zu Jaspers' Nietzsche‹ erschienen als Ergänzung zu Löwiths *Jaspers*-Rezension in der ›Zeitschrift für Sozialforschung‹ (1937). Sie führen aus, was Löwith beiläufig ausgedeutet hatte: daß in Jaspers' Buch von Nietzsches Aktualität nichts zu verspüren sei. So mag es erlaubt sein, unsere Darlegungen zur nationalsozialistischen Nietzsche-Banalisierung mit Bemerkungen zu einigen Reaktionen abzuschließen, die Jaspers' Schweigen über diese Zusammenhänge unter den deutschen Emigranten in Amerika auslöst. Und wer hier zu Wort kommen muß, ist neben Max Horkheimer und Karl Löwith Theodor W. Adorno. Seine Kritik an

Jaspers' rhetorischer Überdeckung des Widerspruchs von Nietzsches Grundlehre zur Gesellschaft der Epoche trifft, unausgesprochen, aber gedanklich um so entschiedener, ins Zentrum der Banalisierung. Sie betrifft die Unverträglichkeit einer Adaption der Idee des Übermenschen an die faschistische Herrenmensch-Ideologie und darüber hinaus die Grundfrage der »Kritischen Theorie«: Warum Nietzsche, um den späten Horkheimer zu zitieren, wahrscheinlich ein bedeutenderer Denker sei als Marx.[245]

Horkheimers Stellung zu Nietzsche bestimmt sich aus seiner unterschwelligen Zuwendung zur *Gestalt des gerechten Menschen* im messianischen Nietzscheanismus der Jahrhundertwende (vgl. § 5). Auf der einen Seite ist ihm Nietzsches Gerechtigkeitssinn, die »Unabhängigkeit, die in seiner Philosophie zum Ausdruck kommt, die Freiheit von den versklavenden ideologischen Mächten«, eine der Wurzeln von Nietzsches authentischem Denken.[246] Und auf der anderen überspringt er nach Horkheimer in seiner psychologisch motivierten Kritik an jenen Mächten im Namen intellektueller Redlichkeit den gesellschaftlichen Ursprung geistiger Dekadenz sowie den Weg aus ihr, weshalb Nietzsches Schicksal, verkannt und mißbraucht zu werden, seine »Notwendigkeit« habe.[247] Dennoch ist Nietzsche für Horkheimer einer der ersten Denker, der das »menschliche und soziale Debakel« vorausgesehen habe, das den Aufstieg Deutschlands zur Weltmacht auslöste, und insofern werde er zu Unrecht als ein »bloßer Vorläufer des Nazitums« angesehen.[248]

Für den hegelianisch inspirierten Sozialphilosophen hat Nietzsche den objektiven Geist seiner Zeit durchleuchtet. Die psychische Verfassung des preußisch-deutschen Bürgertums mit ihren masochistischen Zügen sei ihm angesichts der irdischen Möglichkeiten des Menschen,

die er überschwenglich beurteilt hätte wie nur je ein Utopist, unerträglich erschienen. Und so habe er, scheinbar sadistisch, die Wahrheit der bürgerlichen Ordnung ausgesprochen: daß keiner ein »Recht auf Dasein«, weder auf »Arbeit« noch auf »Glück« habe, und daß es sich mit den einzelnen Menschen prinzipiell nicht anders verhalte als mit dem niedrigsten Wurm. Aber Nietzsche, so wendet Horkheimer gegen die barbarisierenden Konsequenzen der faschistischen Interpretation dieses Ansatzes seiner Philosophie ein, sei dabei nicht stehengeblieben. Und am wenigsten hätte er Zuflucht zu den kleinbürgerlichen Ersatzbefriedigungen der Zeit genommen, zu vaterländischer Begeisterung, Germanenkult und Antisemitismus. Vielmehr gelte sein Denken einer Zukunft, in der durch gesteigerte Naturbeherrschung unbestimmbar viele menschliche Kräfte frei würden, und das Ideal des Übermenschen bezeichne diesen Zustand. Denn hinter den »scheinbar menschenfeindlichen Formulierungen« dieser Lehre stecke nicht Nietzsches Einverständnis mit der herrschenden Barbarei, sondern sein »Haß gegen den geduldigen, sich duckenden, mit der Gegenwart ausgesöhnten, passiven und konformistischen Charakter«.[249]

Seine Theorie darüber, wie der Übermensch »gezüchtet« werden könne, die naiven eugenischen und anderen sozialpolitischen Maßnahmen, unter denen die *Rassenmischung* immerhin eine besondere Rolle spiele, sie gehören nach Horkheimer zum Preis, den Nietzsche für die freiwillig gewählte Einsamkeit zu entrichten hatte. Und in der Tat: Es war das Signum und Siegel der Lebensform des »Vornehmen«, sein Schicksal, in dürftiger Zeit »nur Philosoph« zu sein und »abseits« zu leben.[250] Trotzdem habe Nietzsche gewußt, daß es »viele Übermenschen« geben werde oder gar keine und daß alle menschliche *Liebe und Güte* sich nur aus der *Sehnsucht* des Menschen

über sich hinaus entwickele. Aber dieses Wissen sei nicht auf eine Rasse oder soziale Klasse fixiert, sondern Ausdruck von Nietzsches utopischem Gewissen, das am geschichtlich gewordenen Herdenmenschen gelitten habe. Und die einzige Idee, die den Übermenschen aus einer undenkbaren, sich selbst widersprechenden Utopie zum substantiellen Geschichtsziel hätte machen können, die Wiederherstellung der Gestalt des gerechten Menschen in Marx' Bild der klassenlosen Gesellschaft, diese Idee, so Horkheimer, sei ihm durch ihre Träger verleidet gewesen. Nietzsche habe nicht Marx, sondern bloß die damalige Sozialdemokratie gekannt, und sie habe er gar nicht so verkehrt beurteilt.

Nietzsche, so sagt das Horkheimers Denkfreund Theodor W. Adorno in einer Diskussion im amerikanischen Mitarbeiterkreis des emigrierten Frankfurter ›Instituts für Sozialforschung‹, »gehört zu Bebel nur in dem Sinn, daß er an ihm die Dinge designiert, die in Wirklichkeit Ideologie sind«[251]. Wie Marx in seiner Gesellschaftskritik davon ausgehe, so gewahre Nietzsche an ihr die Kulturbarbarei, die er ähnlich schonungslos diagnostiziere. Und in der Schonungslosigkeit dieser Diagnose für *beide* Bürgerkriegsparteien, darin besteht für Adorno seine Wahrheit – »daß der ganze Zusammenhang von Begriffen wie Praxis, Organisation etc. bereits auf der Stufe von Nietzsche ein Gesicht gezeigt hat, das erst heute ganz durchsichtig wird«[252].

Adorno geht noch einen Schritt weiter. Während Horkheimer an seiner Option für eine klassenlose Gesellschaft grundsätzlich festhält und sie marxistisch mit der Abschaffung von Not realisiert glaubt, erkennt Adorno, daß dieses Geschichtsziel auch der fortgeschrittene Kapitalismus erreichen könne. Darum fordert er, den sozialistischen Gedanken so zu formulieren, daß er seine praktisch-organisatorische Bindung an die Arbeiterschaft

abstreift. Um im Ideenkampf zwischen den Bürgerkriegsparteien nicht zu erliegen, muß das Ziel verborgen und alle Bezugnahme auf seine politische Realisierung preisgegeben werden. Und als einzige Wahrheit bleibt dann neben der Idee des gerechten Menschen und seiner Sehnsucht nach Gerechtigkeit die *Liebe*: kein Ergänzungsstück, sondern ein Ganzes. Für Adorno ist es der Inbegriff und die Erfahrung von Solidarität mit dem Leben, die sich unverfälscht im Kunstwerk aussprechen. Die Kunst, und nichts als die Kunst – dieser nietzscheanische Leitsatz ästhetisch fundierter Kultur wird zum Maßstab der kritischen Theorie. Nietzsche, so Adorno, der diese Einsicht später zu verdrängen wußte, »wirft nicht der bestehenden Gesellschaft, sondern ihren Kritikern Mangel an Liebe vor … Die tabuhafte Abneigung von Nietzsche gegen alle mit der materiellen Existenz zusammenhängenden Fragen hat alle möglichen schlechten Momente, aber sie zeigt auch, daß er inne geworden ist, daß an dem Begriff der totalen Praxis etwas schlecht ist. Hinter Nietzsche steht die ganze Frage des Verhältnisses von Kommunismus und Anarchie in der zweiten Phase. Daher der Ernst der Kultur. Sonst ist man in Gefahr, den Sozialismus in einen ins Planetarische gesteigerten Pragmatismus zu verwandeln.«[253]
Diese Sätze markieren die Trennlinie der Marxisten des nach Amerika emigrierten »Instituts für Sozialforschung« zum Kreis um Georg Lukács im Moskauer Exil. Man könne, so erläutert Adorno die »nietzscheanische« Position einer kritischen Theorie der Kultur, bei Nietzsche die Elemente bezeichnen, woran sein Gedanke wahr werde. Denn er habe gesehen, daß nicht nur die Demokratie, sondern auch der Sozialismus eine Ideologie geworden sei. Nach Adorno hat er die Schwäche des nachhegelischen Programms einer »Verwirklichung der Philosophie« gewahrt, jenes im Grunde ungelöste Pro-

blem, daß »der Begriff der Praxis seinerseits nicht ausreicht, den wirklichen Unterschied einer barbarischen von einer nichtbarbarischen Welt adäquat zu treffen. Genau an der Stelle, daß er seiner Philosophie keine Anweisung mitgegeben hat, ist das Moment seiner Wahrheit.«[254]

§ 10 Der Streit um das nationalsozialistische Nietzschebild

Von dieser Wahrheit vermochten sich im Bann des europäischen Bürgerkriegs weder die Anhänger von Alfred Baeumler noch die seines Antipoden Georg Lukács Rechenschaft zu geben. Die eine Partei verblendet das barbarische Verständnis von Theorie als Anweisung zum Handeln, die andere die Barbarei des rassistisch reduzierten Lebensbegriffs, der das Leben selbst – ein Ganzes – zur Partei und damit zu einem Teilphänomen (des »Blutes«, der »Abstammung«, des »Bodens«) macht. Baeumler hat gesehen, daß der Nationalsozialismus mit seiner biologistischen Rassenlehre nicht unmittelbar aus Nietzsche schöpfte. (Er konnte es nicht, weil Nietzsche als Philosoph das Leben immer – einen Moment gedanklicher Verwirrung kurz vor dem Gang in die geistige Umnachtung ausgenommen (vgl. § 25) – als Ganzes und im Ganzen des geschichtlich gezeitigten Seins betrachtete.) Und Baeumler hat es offen ausgesprochen, daß in den ersten Jahren nach dem Weltkrieg keiner daran dachte, die »neue Bewegung« mit Nietzsche in einen Zusammenhang zu bringen.[255]

Das ist kein historischer Zufall. Kommt doch in Hitlers ›Mein Kampf‹ (1925) Nietzsche nicht ein einziges Mal vor. Der gescheiterte Künstler und Weltkriegsgefreite kennt ihn bis dahin nicht einmal dem Namen nach. Und in Alfred Rosenbergs ›Mythus des 20. Jahrhunderts‹

(1930), der Nietzsches Dionysos-Symbol als »nicht-arisch« ablehnt, wird er einmal erwähnt, und zwar ausdrücklich abwertend: mit der historisch richtigen Bemerkung, an »Nietzsches Banner« hätten sich zu Beginn des Jahrhunderts die »roten Standarten und die marxistischen nomadischen Wanderprediger gereiht«[256]. Und sieht man von Nietzsche-Anspielungen in Hermann Rauschnings fiktiven ›Gesprächen mit Hitler‹ (1939) ab, so bezeugt keiner der aufgezeichneten Redetexte oder ›Monologe im Führerhauptquartier‹ (1941–1944) eine auch nur flüchtige Nietzsche-Kenntnis. Gelesen hat Hitler, nach eigener Bekundung, Schopenhauer, nicht Nietzsche.[257]

Der Anführer des »Dritten Reiches« konnte sich nicht auf ihn berufen, weil Nietzsche schon das »zweite Reich« von 1871 als nationalstaatliche Verengung des übernationalen Standorts der deutschen Nation ansah. Und als Philologe von Beruf wußte Nietzsche nur zu gut um ihren rassischen Mischcharakter, kannte er von den spätantiken Ursprüngen her die geschichtliche Verflechtung der germanischen mit den romanischen und slawischen Völkern im Westen und Osten des alten »Römischen Reiches Deutscher Nation«.

Das brauchen wir hier nicht weiter auszuführen. Wir halten lediglich noch einmal fest: Im Unterschied zum nationaldeutschen und nationalsozialistischen Nietzscheanismus ist Nietzsches Denken weder germanozentrisch noch antiwestlich oder -östlich, sondern an der Einheit Europas orientiert, in der Hoffnung auf die Entstehung eines »europäischen Mischmenschen«, der das von Gobineau und Wagners Schwiegersohn Chamberlain aufgeworfene »Rassenproblem« geschichtlich obsolet erscheinen lassen werde.

Im Kontrast zu dieser Gegenposition[258] behandeln wir im folgenden den Streit um das von Baeumler geschaf-

fene Nietzsche-Bild des Nationalsozialismus, der schon bald nach Hitlers »Machtergreifung« ausbricht. Damit sich das Bild verbreiten konnte, mußten beträchtliche Hindernisse überwunden werden. Lehnen es doch seine alten Anhänger entschieden ab, die »neue Bewegung« mit Nietzsche in einen Zusammenhang zu bringen. Hitlers Mentor Dietrich Eckart, dem ›Mein Kampf‹ gewidmet ist, erklärt Nietzsche zum »geborenen Gemütskranken« und seine Philosophie zur »brutalen Ellbogenmoral«. Hitler selbst, der Autor jenes Machwerks, bekennt sich darin zu Richard Wagner und Paul de Lagarde, aber nicht zu Nietzsche, der sich beiden in seiner Spätzeit widersetzt hat. Und noch im Jahre 1935, als Hitler mit Mussolini das Weimarer Nietzsche-Archiv längst zu protegieren und in den Dienst der Staatspropaganda zu stellen begonnen hatte, schreibt Hans Goebel in seinem Buch: ›Nietzsche heute‹, wer nach dem jetzigen Stand der Nietzsche-Forschung den Philosophen immer noch für einen Propheten des Dritten Reiches halte, müsse eine besonders große Phantasie besitzen, durch die er kühn vereinige, was im schärfsten Widerspruch zueinander stehe. Sollte es, fragt Goebel, »wirklich klardenkende, zielsichere deutsche Männer geben, die treu dem Rufe Hitlers folgen und dabei noch für Nietzsche schwärmen, der das gerade Gegenteil von dem sagt, was der Führer will«[259]? Nietzsche, meint wenig später Eugen Kühnemann, ist für viele nur »ein großer Verführer«, bei dem der die Zeit bewegende »Gedanke der Volkwerdung und gar der Volkwerdung der Deutschen« nicht die geringste Rolle spiele.[260] Seine Ideen und die des Nationalsozialismus sind einander diametral entgegengesetzt, und es wäre, so Wilhelm Michel am Vorabend des 2. Weltkrieges, »unredlich und weder der Erkenntnis dieser Weltstunde noch der Erkenntnis Nietzsches förderlich, diesen Gegensatz zu leugnen«[261].

Wir werden im folgenden den Kontroversen um Nietzsche unter den literarischen Wortführern des Nationalsozialismus nicht im einzelnen nachgehen. Und wir vernachlässigen auch jene nationalsozialistischen Parteistimmen, die während der 30er Jahre vor seinen »Wahnideen« warnen.[262] Wir beschränken uns auf Nietzsches »Nazifizierung« durch das von Alfred Rosenberg gegründete ›Amt für die Überwachung der gesamten geistigen und weltanschaulichen Erziehung und Ausbildung der NSDAP‹, dem Baeumler verbunden war. Die Kontrahenten des Streits um das hier propagierte Nietzsche-Bild sind die Pädagogen Friedrich Alfred Beck und Ernst Krieck auf der einen, der Wagnerianer Curt von Westernhagen und der Historiker Christoph Steding auf der anderen Seite. Und dazwischen bewegt sich Heinrich Härtle, Schüler von Alfred Klemmt, Studienleiter der Deutschen Hochschule für Politik, Berlin, und später Baeumlers Nachfolger im ›Amt Rosenberg‹.[263] Bevor ich die Hauptstreitpunkte kurz darlege, hebe ich zunächst das verbindende Element heraus.
Es handelt sich um den »heroischen Realismus«, jenes weltanschauliche Zwitterwesen, dessen Blöße die Kontrahenten übereinstimmend mit Phantasiebildern aus dem germanischen Heldenleben schmücken. Im Horizont eines antikisierenden Schicksalsglaubens (*amor fati*), so hatte Baeumler den Ansatz des »heroischen Realismus« nach der Option für Hitler und Rosenberg unterstrichen, spreche Nietzsche »verächtlich« vom Christentum »mit seiner Perspektive auf Seligkeit«. Als »nordischer Mensch« hätte Nietzsche nie verstanden, wozu er »erlöst« werden solle, und überhaupt sei ihm die mittelmeerische Erlösungsreligion ebenso fremd und fern wie eine Denkweise, die Kampf und Arbeit als »der Sünde Lohn« begreife: »Er kann den Menschen nur als Kämpfer gegen das Schicksal verstehen.«[264] Eine Bana-

lisierung von Nietzsches ethischen Grundgedanken, die zum lieblosen, liebeleeren Kampf ums Dasein herabzieht, was doch der Hebung durch die Liebe bedarf: die menschliche Daseinsnot und Verzweiflung über das Schreckliche am Grunde unserer Welterfahrung. »Zuerst das Nötige – und dies so schön und vollkommen, als du kannst! ›Liebe das, was notwendig ist‹ – *amor fati*, dies wäre meine Moral, tue ihm alles Gute an und hebe es über seine schreckliche Herkunft hinauf zu dir.«[265]

Der Mensch als Kämpfer gegen das Schicksal – das war Baeumlers Botschaft, die der Parteidenker Friedrich Adolf Beck völkisch ausdeutet und mit traditionell wertphilosophischen Leerformeln vermischt. Seine Phantasie schöpft aus Bildern germanischen Heldendaseins, des »Volkes«, das sich im Daseinskampf behauptet. Und »heroisch« leben, das bedeutet nach Beck ein auf *Wertverwirklichung* gerichtetes Leben, »Umwertung aller Werte« im Rahmen der »nationalen Revolution«. Zum Sinnbild dieser politischen »Umwertung« wird für Beck Nietzsches Philosophie. Sowenig die geistige Welt von der wirklichen zu trennen sei, ebensowenig könne man die philosophische von der politischen Welt unterscheiden. Die Wirklichkeit sei vielmehr der Erschließungsraum des Geistes, die *Politik* als »Funktionsgebiet der Philosophie«[266]. Nietzsche habe das Leben als Kampf gesehen und gedeutet und den Mut gehabt, eine solche Philosophie zu lehren, im erklärten Widerspruch zur »liberalen Daseinshaltung«, der nichts anderes erstrebenswert gelte als allumfassende Sicherheit. Und von hier aus wird dann die Geschlechterlinie zu Adolf Hitler gezogen, der in seinem »Bekenntnisbuch« die nationalsozialistische Weltanschauung auf die Formel gebracht habe: »Wer leben will, der kämpfe, der kämpfe also, und wer nicht streiten will in dieser Welt des ewigen Ringens, verdient das Leben nicht.«[267]

Es lohnt nicht, diese stereotypen Formeln auf der Tafel des Zeitgeistes nachzubuchstabieren, um daran das Gepräge des nationalsozialistischen Nietzsche-Bildes festzuhalten. Ein fest ausgeprägtes Bild hat es zu keiner Zeit gegeben. Und gerade an Härtles Darstellung, die einem solchen »offiziellen« Bild vielleicht am nächsten kommt, läßt sich zeigen, wie fließend die Übergänge selbst im Vorhof der Staatsmacht gewesen sind. Übersieht Härtle doch nicht den Gegensatz zwischen Hitlers Weltanschauung und Nietzsches politischer Gedankenwelt, den er herausarbeitet, um dann über Einzelverirrungen hinweg ihre »Fruchtbarkeit« für den Ausbau der nationalsozialistischen Weltanschauung zu erweisen.
Verirrungen sieht Härtle unter anderem in Nietzsches Kampf gegen die verschiedenen Spielarten der demokratischen Bewegung, denn vorbehaltlos bekenne sich der Nationalsozialismus zur »wahren Demokratie« im Sinn einer Herrschaft, die sich vor dem Volk verantwortet. Dem widersprächen sowohl Nietzsches Begriff einer »Herrenrasse«, der ständisch gebunden sei, als auch sein ästhetizistischer Kult jener »großen Einzelnen«, der im Bunde mit dem Ideal des Übermenschen die rassisch fundierte Volkseinheit auflöse. Und den schärfsten Gegensatz zu Hitler entdeckt Härtle schließlich an Nietzsches Europagedanken, der die geschichtliche Wirklichkeit der Nationen leugne und mit Erwartungen einer »Mischrasse« als Voraussetzung europäischer Einheit alle Unsicherheiten in seiner inhaltlichen Zielbestimmung des Staates und der »Züchtungs-Politik« veranlasse.[268] Um so größer der Widerspruch, worin sich Härtle selbst verfängt, wenn er trotz dieser höchst zwiespältigen Ergebnisse daran glaubt, daß Nietzsches Wirkung erst noch bevorstehe und einmal alle Vorläufer des Nationalsozialismus verschatten werde. Nietzsche, so schreibt Härtle im pathetischen Zeitstil, »ist die Verkündigung, nicht die

Erfüllung. Dem Genie der Wertung mußte erst folgen das Genie der Gestaltung. Sollte Nietzsche nicht umsonst gerungen haben, – dann mußte kommen der Mann aus dem Weltkrieg, der Philosoph aus dem Schützengraben, der Denker und Täter: Adolf Hitler.«[269]
Das Gegenteil folgert Ernst Krieck, der sich anfänglich auf der Linie von Baeumler bewegt und in Nietzsche, zusammen mit Hölderlin, Stefan George und Moeller van den Bruck, den »Künder und Propheten des heroischen Menschen« gesehen hatte.[270] Aber der heroische Geist lebt nach Krieck vor allem in den »Gefolgschaften« und dem »Führertum« der nationalrevolutionären Bewegung, die den »Geist der bürgerlichen Sekurität« und des überfliegenden Idealismus überwinde, weil sie jede Flucht vor dem Wirklichen abschneide.
Nietzsches »heroischer Gedanke« war geistig so weitgespannt, daß ihn der Verfasser der ›Morgenröte‹ mit alttestamentarischen Anschauungen »großer Menschen« und der »heroischen Landschaft« Israels identifizieren konnte (vgl. § 5).[271] Er erwächst anderem Boden als der Nationalsozialismus; einer Bodenständigkeit mit Weite, der nichts von »Scholle«, »Blut«, »Rasse« anhaftet. Für Krieck und seinesgleichen besitzt der Heroismus sein volles Recht nur dann, wenn er ein höheres Ganzes über dem Einzelmenschen erkennt und anerkennt, daß es weder vom Einzelnen herkommt noch um seiner Zwecke willen vorhanden ist, sondern als Schicksalsraum souverän über allen Einzelnen steht. Nietzsches Heros, das große Individuum, gilt Krieck eher als »sozialer Sündenfall«. Es sei eine Tragödie, wie Nietzsche ein Leben lang »mit seiner und seines Volkes Deutschheit« gerungen habe, um am Ende, als er sich ganz von Wagner löste und schließlich zu Bizets ›Carmen‹ bekehrte, darüber zu triumphieren, daß das Deutschtum hinter ihm liege und er gänzlich zum Romanen geworden sei; womit er nach

Krieck gerade die »schlimmste Seite der Deutschheit am stärksten herauskehrte«[272]. Kein Wunder, daß Krieck, der die Anerkennung von »Blut und Boden«, des Volksganzen, der Gemeinschaft an Nietzsches Philosophie vermißt, ironisch urteilt: »Alles in allem: Nietzsche war Gegner des Sozialismus, Gegner des Nationalismus und Gegner des Rassegedankens. Wenn man von diesen drei Geistesrichtungen absieht, hätte er vielleicht einen hervorragenden Nazi abgegeben.«[273]

Dieses Urteil ironisiert die »geistesgeschichtliche« Nietzsche-Auslegung und kommt einer Verurteilung ihrer Adaption an den Nationalsozialismus gleich. Unter dem Gewand der Ironie verbirgt sich eine vernichtende Kritik an Baeumler, womit Ernst Krieck allen Bestrebungen den Kampf ansagt, Nietzsche zum eigentlichen Ahnherrn und Kronzeugen des Nationalsozialismus aufzubauen. Es ist der Auftakt zum langjährigen Streit um das offizielle Nietzschebild, der publizistisch Aufsehen erregt und die sich sammelnden Kräfte des inneren Widerstands gegen Hitler im Glauben bestärkt, es könne mit der offiziell verkündeten »Geschlossenheit« der nationalsozialistischen Weltanschauung nicht allzu weit her sein. Und so weckt der Streit unter den Anhängern der intellektuellen Opposition die Hoffnung, daß es auf lange Sicht nicht gelingen werde, den lebendigen Geist in Deutschland in ein »starres, allgemein verpflichtendes System zu zwingen«[274].

Das fragwürdige Nietzsche-Bild der nationalsozialistischen Ideologen attackiert Curt von Westernhagen in seiner Streitschrift: ›Nietzsche, Juden, Antijuden‹ (1936). Sie glänzt durch Einfallsreichtum und karikaturistische Überzeichnung. Es ist reine Ironie gegenüber den beflissenen Dienern von Hitlers und Rosenbergs Gnaden, wenn Curt von Westernhagen unterstellt, Nietzsches Anti-Christentum basiere auf seiner ambivalenten Ju-

dengegnerschaft, weil er das Christentum nicht als Erzeugnis des Judentums, sondern als Folge des Aufstands der jüdischen Unterschicht verurteilt habe. Weit davon entfernt, ein Künder und Prophet des Nationalsozialismus zu sein, stehe Nietzsche in Wahrheit auf der Gegenseite. Dazu trägt der beredte Verfasser dieser Streitschrift drei Argumente vor. Nietzsche habe *erstens* den Antisemitismus verabscheut, *zweitens* den deutschen Nationalismus gehaßt und *drittens* die »Rassenlüge« zurückgewiesen: eine Argumentation, die an Nietzsche-Texten belegt wird und sich uns Heutigen wie eine antifaschistische Huldigung an den unverändert als »faschistisch« etikettierten Philosophen liest.[275] Die Deutschen, in dieser satirischen Anspielung auf die Zeit kulminiert das *Nachwort* zu Westernhagens Streitschrift, seien keine Psychologen. Und weil sie das auch in der Zukunft nicht sein werden, bleiben sie dankbar, wenn sie *mißverstehen.*[276] Und es entbehrt auch hier nicht der Wahrheit und eines Spürsinns für satyrhafte Komik, wenn Westernhagen im Streit um das nationalsozialistische Nietzschebild den Nietzsche-Gegnern unter den Nazis größere Gewissenhaftigkeit in ihrer Interpretation bescheinigt als denjenigen, die Nietzsche als Hitlers geistigen Vorläufer oder Wegbereiter feiern.

Die schärfste Attacke gegen den nationalsozialistischen Nietzscheanismus reitet der Historiker Christoph Steding in seinem Buch ›Das Reich und die Krankheit der europäischen Kultur‹ (1938). Geschrieben unter der Protektion von Walter Frank, dem Leiter des nationalsozialistischen ›Instituts für deutsche Geschichte‹, zeichnet es ein nicht weniger verzerrtes Gegenbild zu Baeumlers Vexierbild. Nach Steding ist Nietzsche das Gegenteil eines Politikers, der immer nur das Eine wählt und sich dann ihm gemäß entscheidet: kein Entschiedener, sondern ein Schwebender, dem nicht zu sagen möglich sei,

wo er stehe, sondern der stets »ganz anders« kann, ja, jeweils auch das »ganz Andre« präsentiert, das Unanschauliche, Unfaßbare, Paradoxe.[277] Was sich nach Steding am zerfahrenen Denkstil seiner Schriften ausprägt, jener überall und nirgends punktierten Reihe von Aphorismen. So sieht er auch sein Leben: ohne wahre Interpunktion, am Ende ohne Punkt und Schlußstrich. Nietzsche gilt hier als Symptom der europäischen Krankheit, die er diagnostiziert. Und sein Kampf gegen das Reich wird nach nationalsozialistisch beliebter, gewalttätiger Manier ohne jedes Federlesen oder philologische Lesedisziplin mit dem Todeskampf des Bismarck-Reichs im 1. Weltkrieg und der darauf folgenden »Locarner Republik« zusammengebracht.
Der einzige Punkt, worin Steding mit Baeumler übereinstimmt, ist die »Vermutung«, daß es erst der politischen Katastrophe von 1918 bedurft hätte, damit Deutschland für die »Lösung« des Dritten Reichs »reif« geworden sei.[278] Wohl weise Nietzsches Denkgestus Verwandtschaft mit den Theoretikern des »Totalstaats« auf, aber schon die aphoristische Form seiner Schriften lasse keinen Zweifel daran, daß ihm der lange Atem gefehlt habe, um ins Große zu bauen. Noch mehr deute darauf ihr Inhalt, sein Wunsch nach der Einheit Europas und einer europäischen »Rasse« von romanisch-jüdischem Grundgepräge. Und damit hänge sein sonderbarer Stolz zusammen, in sich etwas Fremdes, einen polnischen Einschlag aufzuspüren, den er so hoch über das Deutsche gestellt habe, daß es für ihn zuletzt unkenntlich geworden sei.[279]
Am wenigsten geeignet erscheint Nietzsche aus dieser Sicht für die ihm zugeschriebene Rolle des nationalsozialistischen Staatsphilosophen. Für Steding ist Nietzsche als Philosoph ein von Anbeginn »Gezeichneter«, der seiner geschichtlichen Umgebung in allem widersprochen

habe. So habe ihm fehlen müssen, was der Historiker Heinrich von Treitschke den *Sinn für das Recht* (sensus recti) nannte; und dies um so stärker, als Nietzsche auf seinem Denkweg immer mehr die Rolle eines Unzeitgemäßen gewählt habe, das heißt: des vom *Faktischen* und der *Norm* Abweichenden, der in die Innerlichkeit flüchtet und seine Außenseiterstellung als eine von allen anderen abweichende Option empfindet. Abweichung und Innerlichkeit gehörten zu den Schlüsselbegriffen seines Denkens. Steding, der vieles weiß, hätte wissen können, wie Nietzsche über Treitschke und jene preußischen *Hof*-Geschichtsschreiber urteilte, die mit »dick verbundenen Köpfen« durch die Zeit gehen.[280] Und er muß gewußt haben, was der Autor des *Zarathustra*-Textes von jenem *sensus recti* hielt: »... wer dem Volk verhaßt ist wie ein Wolf den Hunden: das ist der freie Geist, der Fessel-Feind, der Nicht-Anbeter, der in Wäldern Hausende. Ihn zu jagen aus seinem Schlupfe – das hieß immer dem Volke: ›Sinn für das Rechte‹: gegen ihn hetzt es noch immer seine scharfzahnigsten Hunde.«[281]
Aus Nietzsches Stellung zum Staat leitet Steding mit aller nur wünschenswerten Deutlichkeit ab, wie wenig dieses Denken zur Staatsphilosophie des »Dritten Reiches« tauge, obwohl Nietzsche die Macht und damit auch die Staatsgewalt zu rühmen scheine. Wer ein Reich will, erklärt Steding den nationalsozialistischen Nietzscheanern, der müsse auch den Staat wollen, »jene nüchterne und oft harte Wirklichkeit des Alltags, mit der man es zunächst zu tun hat, während das Reich mehr in den Herzen der Einzelnen lebt und sich auch zum Staat begeistert, damit jener seinen Aufgaben, die vornehmlich außenpolitisch sind, nachgehen kann«[282]. Nietzsches Abneigung gegenüber dem Bismarck-Reich erklärt Steding aus seinem Haß gegen den Staat, das »eiserne Gerüst« einer Zwangsgewalt, die sich das Volk geben

müsse, um ein Reich werden zu können. Und den Staat habe er gerade als eine jede Abweichung aufhebende Macht gehaßt, als kalten Götzen,[283] dem er im Namen des Übermenschen die Ein- und Zweisamen entgegensetze (vgl. § 29).

Ein Staat, der sich selbst will durch die in seinem Machtbereich lebenden Menschen, er kann nichts anderes sein als Diesseitigkeit und Wirklichkeit, Bestimmtheit und Grenze, mit einem Wort: die *Verkörperung der Banalität*, des in diesseitige Zwänge eingegrenzten Herdendaseins im politisch totalitären Verband. Wer aber den Übermenschen will, der muß nach Steding die Jenseitigkeit und das Grenzenlose, die Unbestimmtheit und das Unwirkliche wollen: »utopische« Züge, denen die Abweichung von faktischen Zwangsnormen des »totalen Staats« eingeschrieben ist. Und wenn Nietzsche schließlich in der *Zarathustra*-Dichtung das Volk vor dem Staat warne und sich damit, wie die Nietzscheaner unter den Nationalsozialisten meinen, auf die Seite der bloßen Rasse- und Blutseinheit zu stellen scheint, so plädiere er doch insgeheim für un-staatliche Lockerung und Anarchie.

Stedings Fazit lautet: Nietzsches Werk *kann* gar nicht zum Aufbau des »Dritten Reichs« verwendet werden. Warum? Weil Nietzsche auf seinem Denkweg zum Freigeist werde und freier Geist bleibe. Seine Philosophie sei rein urbanen, ja, modern großstädtischen Ursprungs; und dies, obwohl ihr Urheber den größten Teil seines Lebens außerhalb der Städte verbracht habe.[284] Und wenn sich aus der Zeit der Gemeinschaft mit Richard Wagner Bemerkungen fänden, die Beweise seiner Reichsfreundlichkeit zu sein scheinen, so stünden sie doch im Werk des ganzen Nietzsche nicht nur vereinzelt da, sondern ihnen fehle auch dort der *sensus recti*,[285] so daß gelegentliche Lichtblitze immer durch einen Wust verzerrter und schiefer Behauptungen verschattet wären. »Er würde heute

auch protestieren«, merkt der nationalsozialistische Reichsideologe Steding lakonisch an.[286]
Die Wahrheit dieses Fazits liegt auf der Hand. Wahr ist auch die Erklärung von Nietzsches Protest gegen den staatlichen Allmachtsanspruch, den Steding auf seinen Ästhetizismus zurückführt. Und in der Tat ist es die ästhetisch autonome Sprachgebung der *Zarathustra*-Dichtung, die sich im Aufgang des Schönen an die *Einzelnen in einem Volk* wendet und dann wie ein Regenbogen über *allen* Völkern wölbt. Bedenkt man den individuellen Charakter dieser Dichtung und ihren universellen Anspruch, so läßt sich am Ende unseres Jahrhunderts kaum noch begreifen, daß sie während seiner ersten Hälfte einmal mit politischen Machwerken wie Hitlers ›Mein Kampf‹ und Rosenbergs ›Mythus des 20. Jahrhunderts‹ zusammengebracht und im Tannenberg-Denkmal deponiert werden konnte.

§ 11 Machenschaften mit Nietzsche

Zarathustra in Tannenberg: das war die Krönung des Lebenswerkes von Elisabeth Förster-Nietzsche, die kurz nach Hitlers Machtübernahme das Nietzsche-Archiv »mitten in der gegenwärtigen Bewegung« stehen sah.[287] Und die »Köpfe« dieser Bewegung, sie dringen in seine Innenräume vor, so daß ihnen der Philosoph – ein wahrhaft symbolischer Akt – weichen muß. Grüßte den Besucher im Vestibül der ›Villa Silberblick‹ bis zum Ende der Weimarer Republik zwischen dunklen Lorbeerbüschen Klingers Nietzsche-Büste, so erblickte er nach 1933 auf der einen Seite den kolossalen Bronzekopf des Braunauer Führertiers mit Fliegenbart und bis zur Stirnmitte abfallender Haarsträhne. Und auf der anderen Seite sah er sich dem kahlen Schädel jenes römischen Rotten-

führers mit mächtiger Kinnlade gegenüber, dem »herrlichsten« Zarathustra-Jünger und »Wiedererwecker aristokratischer Werte«[288], während die Nietzsche-Büste in der Bibliothek plaziert wurde.

Unter Verwischung jeglicher Unterschiede zwischen Weltanschauung und Philosophie und der für Nietzsche unverzichtbaren Abgrenzung zum Antisemitismus wie zum Germanozentrismus Richard Wagners hatte Elisabeth Förster-Nietzsche das *Weimarer Archiv* in Konkurrenz mit den Festspielen von *Bayreuth* zu einer Kultstätte des »Dritten Reiches« gemacht. Kein Wunder, daß Hitler aus eigenen Mitteln die Schaffung eines Nietzsche-Gedächtnisfonds stiftet, Pläne zum Bau der Nietzsche-Gedenkhalle unterstützt und zusammen mit Albert Speer in die Bauplanung eingreift. Das »Archiv« hatte sich mit dem Nationalsozialismus »gleichgeschaltet«. Und seine Mitarbeiter, alte wie neue, »schalten« sich freiwillig in die nationalsozialistische Bewegung ein.

Einer der ersten ist der Rechtsphilosoph Carl August Emge, der schon im Frühjahr 1932 für Hitler öffentliche Wahlpropaganda betreibt und erklärt, die positive »Bewertung und Deutung der Hitler-Bewegung« verdanke er »dem Studium Nietzschescher Ideen« über Blüte und Verfall der Kulturen und eigener Beobachtung gesellschaftlicher Vorgänge.[289] Nietzsches Ideen, so verkündet der kurz zuvor zum wissenschaftlichen Leiter der künftigen Nietzsche-Ausgabe ernannte Professor an der Universität Jena auf einer Mitgliederversammlung der Gesellschaft der *Archiv*-Freunde im Dezember 1933, »befruchten nicht nur den italienischen Faschismus, sondern auch den Geist der deutschen Bewegung. Kein Material ist so unmittelbar aktuell und in so positivem Sinne auswertbar wie das Material, das in den Nachlaßbänden Nietzsches steckt.«[290]

Einer der ehemaligen Mitarbeiter am Archiv, Ernst Hor-

neffer, feiert nach Hitlers Machtergreifung Nietzsche als »Vorboten der Gegenwart«. Seine Botschaft zielt auf eine »deutsche Religion«. Um das Leben zu »organisieren«, müsse der individualistische »Wille zur Macht« über den ewigen Kampf mit der Zeit, das ziellose Werden in ewiger Wiederkehr des Gleichen, hinausgehen und sich als »Wille zur Form« auf zeitlich bestimmte Inhalte richten: die »Heldentaten« und »mannigfaltigen Kämpfe« des »Volkstums«.[291] Und soweit es sich dabei nicht mehr um Vorbilder sittlicher Erziehung, sondern um »Zucht und Züchtung« als Mittel »gegenseitiger Steigerung und Befruchtung« des Schaffens für ein Volksganzes handelt, schlägt Horneffer von hier aus die Brücke zwischen der »deutschen Religion« und dem »größten Idealbild« des »Dritten Reiches«. In diesem Sinne sei Nietzsche »einer der bedeutendsten Wegbereiter der Zukunft«[292].

Nietzsche als Prophet von Mussolini und Hitler als seine Erfüllung: dies ist der Tenor des Buches über ›Friedrich Nietzsche und die deutsche Zukunft‹, das Richard Oehler im Leipziger Armanen-Verlag (1935) erscheinen läßt. Eine Auswahl von Nietzsche-Zitaten, mit Randbemerkungen versehen, die ihre Fragestellung durch die fotografische Aufnahme von Hitler im Nietzsche-Archiv, den Blick auf Klingers Nietzsche-Büste gerichtet, veranschaulichen.[293] Hier erfüllt sich das Wort von Thomas Mann (vgl. § 3), wonach die Politisierung Nietzsches seine »Verhunzung« nach sich ziehen werde. Der »erlösende Glücksfall«, um dessentwillen man nach Nietzsche »den Glauben an den Menschen« festhalten darf, ist dem Bibliothekar am Nietzsche-Archiv und Leiter der historisch-kritischen Neuausgabe von Nietzsches Werken in der nationalsozialistischen Bewegung gegeben. Oehler identifiziert sie ohne Umstände mit jener »ersten Bewegung«, von der Nietzsche in der ersten *Zarathustra-*

Rede spricht: dem Gang vom »letzten« zum »höheren Menschen« und schließlich zum Übermenschen als »Herrn der Erde«. Wagner und Nietzsche sind keine Gegensätze mehr, denn »der Führer fährt nach Weimar ins Nietzschearchiv und *von dort* zur Eröffnung der Festspiele in Bayreuth«. Unter diesen Umständen ist der *Nihilismus* – »wie er es nennt, wir sagen Kommunismus, Bolschewismus« – im Nationalsozialismus »überwunden«. Und die Gleichstellung von Nietzsches Geist mit »der Bewegung« kann dann regelmäßig mittels der stereotypen Formel: »bei Nietzsche wie bei Hitler« vollzogen werden.

So ist es nicht weiter verwunderlich, daß Nietzsche als »Lieblingsautor des Führers« und sein »Vorläufer« während der 30er Jahre wiederum Schlagzeilen in der englischen und französischen Presse macht.[294] Und mit Ausbruch des 2. Weltkriegs scheint sich noch einmal die Situation von 1914 zu wiederholen: Nietzsches Name wird in einem Atemzug mit Bernhardi und Treitschke genannt und zusammen mit einer bunten Ahnengalerie, die von Novalis und Carl Ludwig von Haller über Fichte und Hegel bis hin zu Wagners Schwiegersohn Chamberlain und Oswald Spengler reicht, den »Irrwegen« deutscher Geschichte und ihrem vermeintlichen Grundzug durch die Jahrhunderte eingereiht.[295]

Der Anschein einer Wiederholung des Gleichen trügt. Denn diesmal lebt das geistige Deutschland im westlichen Exil, ediert Heinrich Mann eine Anthologie unter dem Titel ›Les pages immortelles de Nietzsche‹ (1939), schreibt er, von Nietzsche angestoßen, seinen großen Exilroman über die ›Jugend und Vollendung des Königs Henri Quatre‹ (1935 – 1938);[296] widersprechen die Nietzsche-Kenner unter den deutschen Schriftstellern und Philosophen in Amerika und England, gibt es Widerspruch durch ihre Schüler im Gastland.[297] Hervorgehoben sei

in diesem Zusammenhang Peter Viereck's Nachweis, wonach die wirklichen Wurzeln des Nationalsozialismus bei Richard Wagner und den ›Bayreuther Blättern‹ liegen; eine Untersuchung, die sich in ihrer Verurteilung der Naziideologie durchweg auf Nietzsches Kampf gegen Wagner stützt.[298] Gedacht sei ferner Henri Lefebvres Plädoyer für Nietzsches »Übermenschliches«, das in Wahrheit ein zutiefst Menschliches sei, der »Wille des Menschen unserer Epoche, sein Leiden, seine Verzweiflung und immer wieder seine Hoffnung«[299]. Und erinnert zu werden verdient auch das besonnene Urteil von Crane Brinton, der weder damals noch später die Ansicht vertritt, Nietzsche sei »ein Proto-Faschist« gewesen oder direkt für die nationalsozialistische Ideologie verantwortlich.
Brintons Auffassung, daß Nietzsche den Nazis nicht nur nicht zur Macht verholfen, sondern sie als Zeitgenossen gehaßt hätte,[300] deckt sich mit der damaligen Sicht deutscher Westemigranten. Sie erfahren davon, daß die anfänglich laute Nietzsche-Propaganda immer leiser wurde, als die Nachlaß-Bände Nietzsches erschienen.[301] Und während liberale Denker und Schriftsteller in der Emigration gegen den totalitären Nietzsche-Kult an der Nietzsche-Figur des »freien Geistes« festhalten,[302] hält in der neutralen Schweiz der katholische Denker Hans Urs von Balthasar das Nietzsche-Ideal des »vornehmen Menschen« wach.[303] Wie überhaupt in der damaligen Schweiz eine ganze Reihe von Publikationen erscheinen, die Einspruch erheben gegen den nationalsozialistischen Nietzsche-Kult. Ich denke in diesem Zusammenhang noch einmal an meinen Heidelberger Lehrer Karl Löwith, der Anfang der 40er Jahre sein Buch über den Weg der deutschen Philosophie von Hegel zu Nietzsche in Zürich erscheinen ließ.
Als Löwith im fernen Japan die Nachricht vom Bau einer Nietzsche-Prunkhalle in Weimar erhält, da widmet

der von den Nationalsozialisten geflüchtete Philosoph diesem »Ereignis« einige Sätze. Marginale Zusätze zur deutschen Geistesgeschichte, wie es scheint, mehr Topographisches am Rande als das Zentrum berührend. Das scheint nur so. Verdeutlicht doch Löwith, wie sich Größe und Verfall des Geistes von Weimar an zwei Orten spiegeln: am Nietzsche-Archiv in der »Villa Silberblick« auf dem Hügel über der Stadt und am Goethe- und Schiller-Archiv mit den schlichten Wohnhäusern der beiden Dichter in ihrer Mitte. Sie bringen zu Gesicht, wie der große Mensch um sich her, nach Immermanns Wort über Goethes Haus am Frauenplan, das Einfachste sehen will, weil er sich selbst die größte Zierde ist. Die Nietzsche-Halle des »Dritten Reiches«, schreibt Löwith, »ist Nietzsches ›Bayreuth‹, durch das Wagner an Nietzsche gerächt wird. Das andere, den Jahren nach ältere Deutschland ist in dem bürgerlichen Hause Goethes zu sehen.«[304]

Am Weimarer Nietzsche-Archiv bewirken nach dem Tod von Elisabeth Förster-Nietzsche (1935) Entdeckungen ihrer Nachlaß-Fälschungen im Mitarbeiterkreis ein gespanntes Verhältnis zwischen dem »Wissenschaftlichen Ausschuß« für die historisch-kritische Nietzsche-Ausgabe und dem Vorstand der Stiftung »Nietzsche-Archiv«. Die Spannungen verschlimmern sich, als der erste Band im Gutachten-Anzeiger von Rosenbergs ›Amt für Schrifttumspflege‹ (1938) negativ eingestuft und eine Aufhebung des Urteils nur dadurch erreicht wird, daß das Archiv, gegen Heideggers Votum, die folgenden Bände dem Rosenberg-Amt zur Prüfung vorlegt.[305] Und sie spitzen sich 1942 durch die Wahl des Parteiphilosophen Günther Lutz in den Stiftungsvorstand zu, der Heideggers Austritt aus dem »Wissenschaftlichen Ausschuß« für die Herausgabe der Werke Nietzsches zur Folge hat.[306]

In seinem Nietzsche-Beitrag zum Sammelband ›Das Deutsche in der deutschen Philosophie‹ (1942) hatte

Lutz sich durch Seitenhiebe auf die »krisenhaft übersteigerte« Existenzphilosophie von Jaspers und Heidegger und durch eine beispiellose Invektive gegen »jüdische Interpreten« empfohlen, die in Nietzsche »nur den Dialektiker, den Freigeist, den psychologischen Zergliederer« sähen, dessen »ganze Philosophie Ausdruck seines durch und durch agonalen Wesens sei, ohne je die Möglichkeit einer philosophischen Einheit und Systematik zu bieten, ganz abgesehen von der Randphilosophie der Emigration, die Nietzsche völlig auf den Kopf stellt und die im einzelnen hier nicht erwähnt zu werden verdient«.[307] Lutz, Parteimitglied seit 1931 und zeitweilig auch SS-Zensor und SD-Informant, brachte das Kunststück fertig, Vertrauensmann von Rosenberg *und* Goebbels zu sein und zugleich dem Reichsministerium für Wissenschaft, Erziehung und Volksbildung zu dienen. Von ihm erhofften sich die Gebrüder Oehler angesichts der kritischen Archiv-Situation Beistand, während sie selbst kein anderes Mittel dagegen wußten, als an den Geist der Hitler-Jugend zu appellieren: »Trotz der Bedenken der Ewig-Behutsamen, der Ewig-Vorsichtigen, der Ewig-Zurückhaltenden lebt diese Jugend der Überzeugung, die in einer ihrer Schriften kürzlich so zum Ausdruck gebracht worden ist: ›Mit klaren Zielen marschieren wir in die nationalsozialistische Zukunft. Und diese Zukunft wird auch sein die Zukunft Nietzsches!‹«[308] Ein Marsch, der in Wahrheit ziellose Flucht nach vorn ist und im Herbst 1944 mit der Organisation der Weimarer »Reichsfeier« zu Nietzsches 100. Geburtstag endet.

Auf dem Weg dorthin gerät das Drama um den Staatsphilosophen des »Dritten Reiches« zum Satyrspiel, das dem Gott der Tragödie mitspielt und auf drastische Weise vorführt, was es heißt, »gefährlich zu leben«. Der dieses *philosophische* Nietzsche-Diktum zum Wahlspruch erkor, Mussolini, hatte im Gegenzug zu Hitlers Präsent ei-

ner Nietzsche-Ausgabe zu seinem 60. Geburtstag die an ihn ergangene Bitte um eine griechische Skulptur für die Apsis der von den Nazis erbauten Nietzsche-Prunkhalle positiv beschieden. Zu Jahresbeginn 1944 nimmt ein Diplomat der deutschen Botschaft in Rom die Statue in Empfang. Der Oberbefehlshaber von Hitlers Italienarmee, Feldmarschall Kesselring, kümmert sich persönlich um die Verladung per Bahn. Der Abtransport der mächtigen, über zwei Meter hohen Statue vom Nationalmuseum zum nahe gelegenen Hauptbahnhof von Rom verläuft reibungslos, die Entfernung beträgt nicht einmal einen Kilometer.

Als die Dionysos-Statue Ende Januar 1944 nach der langen Reise über den Brenner am Weimarer Güterbahnhof eintrifft, da brennen »englische Weihnachtsbäume« am Himmel und erleuchten den Ettersberg mit dem Nazi-Konzentrationslager Buchenwald auf der Spitze: Die Goethe-Stadt liegt im Sprengbombenhagel alliierter Luftangriffe. Trotzdem schleppt eine Zugmaschine den Gott auf den Bahnhofsplatz, wo ihn Max Oehler mit dem Transportwagen abholt und zum Archiv in die »Villa Silberblick« dirigiert – »in göttlicher Gesellschaft die interessanteste und abenteuerlichste Fahrt meines Lebens«[309].

Mit der Ankunft von Dionysos in Weimar ist das Satyrspiel um den bärtigen Gott nicht zu Ende. Fällt ihm doch die Rolle zu, jenen von Hitler mitfinanzierten Prunkbau zu zieren, der anläßlich von Nietzsches 100. Geburtstag am 15. Oktober 1944 mit einer »Reichsfeier« eingeweiht werden sollte, die als »dionysischer Höhepunkt der Nietzsche-Bewegung in Deutschland« gedacht war. Die Statue samt Kopf überragt die Apsis der großen Halle, so daß der Raum umgebaut werden muß. Der Umbau wird nicht rechtzeitig fertig. Und als die Feier im Weimarer Nationaltheater mit Alfred Rosenberg an der Spitze

dann stattfindet, ist mit Mussolinis Rückkehr zu seinen sozialistischen Anfängen in der kleinen Sozialrepublik von Saló am Gardasee kein Staat mehr zu machen. So verliert man kein Wort über sein Geschenk, sondern beschweigt jene Statue, die einmal dazu bestimmt war, den Mittelpunkt des nationalsozialistischen Götzendienstes um den Staatsphilosophen des »Dritten Reiches« zu bilden.

In seiner Festrede beschwört Rosenberg Nietzsches Einsamkeit und Seherkraft, die Einsicht in die Krisis des Liberalismus mitsamt seinen »plutokratischen« und »anarchistischen« Zügen. Das Werk des unzeitgemäßen Philosophen rage über alles Zeit- und Traditionsbedingte hinweg in die »riesige Auseinandersetzung, die das deutsche Volk heute durchzukämpfen hat, mitten hinein, aber auch in jenen Prozeß, in dem alles das, was Nietzsche im innersten als unvornehm und niederträchtig bekämpfte, sich gegen ein Deutschland zusammengeschlossen hat, das in der Überwindung aller dieser niederziehenden Kräfte und Erscheinungen des 19. Jahrhunderts sich anschickte, das 20. Jahrhundert mit einer neuen Idee, mit einer neuen Lebenshaltung, mit einer wirklich großräumigen deutschen und europäischen Anschauung der Welt zu beschenken«[310]. Die neue Idee, das ist der Nationalsozialismus. Die neue Lebenshaltung, das ist Baeumlers »heroischer Realismus«, der den Willen als Macht interpretiert. Und die »wirklich großräumige Weltanschauung«, das ist in Wirklichkeit die alldeutsche Konzeption jenes »Volkes ohne Raum«, das sich als großdeutsches Reich angeschickt hatte, diesen Raum west- und ostwärts durch den von Hitler angezettelten 2. Weltkrieg zu erobern.

Solche Parallelen konnte Rosenberg nicht ziehen, ohne Nietzsches Denken über das übliche Maß hinaus zu banalisieren. Sein Verfahren faßt noch einmal alle Gemein-

plätze des uns bekannten Nietzsche-Bildes von Baeumler zusammen. Damit die Linie zu Hitlers Nationalsozialismus hinführt, muß Nietzsches Kritik an der »sozialistischen« Partei mit der am *Bolschewismus* identifiziert werden, den Nietzsche gar nicht kannte. Um den Heroismus zur zentralen Lebenshaltung zu erheben, muß Nietzsches Ideal der vornehmen Persönlichkeit »gehärtet« und ins Militärische umgebogen werden. Und damit das Geschenk einer großräumig deutschen und europäischen Anschauung der Welt über Hitler hinaus einen philosophischen Ideenspender habe, muß der nach Nietzsches Ansicht seit Bismarcks Reichsgründung verlorengegangene »deutsche Geist« im Schützengraben des 1. Weltkrieges wiedergefunden und dann im »Dunkel des Verrats von 1918« durch Hitler und seinen Anhang ans Licht gebracht werden.

Nietzsche und Hitler als einsame Kämpfer gegen eine Welt von Feinden: auf diesen Tenor stimmt sich der Staatschor zur Weimarer Reichsfeier ein, den Alfred Baeumler dirigiert. Er beruft sich auf jene altgermanisch-isländische Sage vom Heldentod, den ein Geächteter im Kampf auf einsamer Klippe stirbt.[311] Von der Übermacht umringt, erzählt Baeumler, wehrt der Held sich tapfer: »Aus Wunden blutend spricht er noch eine Strophe – und dann springt er vom Felsen und bricht über dem Mann, den er mit letzter Kraft erschlagen hat, tot zusammen. Die Nachrede, die man ihm gibt, lautet: ›Er sei keinen Schritt zurückgewichen und sie hätten nicht bemerkt, daß sein letzter Hieb schwächer gewesen sei als sein erster.‹«[312]

Mit solcher Nachrede, so verkündet Baeumler, müsse beginnen, wer in solcher Zeit von Nietzsche Rechenschaft ablege. Denn als Kämpfer habe er gelebt, und im einsamsten Kampf des Geistes sei er wie der germanische Held auf ferner Klippe gefallen: »Seine Zeit wollte ihn

nicht hören, weil unsere Zeit ihn hören sollte; seine Freunde verließen ihn, unbeachtet lebte er jenseits der Grenzen des Reiches – ein Soldat der Erkenntnis auf verlorenem Posten ... ›Es wird Kriege geben, wie es noch keine auf Erden gegeben hat‹, sagt er, und er weiß, daß der Begriff Politik einmal gänzlich in einem Geisterkrieg aufgehen wird. Es ist eingetroffen, was er vorhergesagt hat – ein Geisterkrieg, ein Krieg der Weltanschauungen von ungeheurem Ausmaß ist heute unser Schicksal.«[313]
Im fünften Jahr des mörderischen Krieges verteidigt Baeumler ein letztes Mal seine uns bekannte Auslegung von Nietzsches »heroischem Realismus«; eine Apologie der »Welt als Kampf«, die angesichts der kriegerischen Wirklichkeit das Banale als blanke Brutalität enthüllt. Und so führt sich denn die Rede des Autors der ›Studien zur deutschen Geistesgeschichte‹ dadurch *ad absurdum*, daß er im geistigen Raum alles mit allem parallelisiert, Schiller mit Nietzsche (»Nur in der Gefahr ist der Mensch ganz Mensch«) und beide mit dem Humanitätsideal der Weimarer Klassik. Es ist der einst bekämpfte »Geist der Goethezeit«, der im Bunde mit Nietzsche gegen den »Westen« ins Feld rückt, wenn Baeumler schließt: »Diejenigen, die den Kampf um die Menschheit in uns eingestellt haben, kämpfen heute gegen uns. Sie wagen es, den großen Denker zu schmähen, der den Menschen einen Pfeil der Sehnsucht genannt hat. – Er hat uns den Menschen vorgelebt und vorgedacht, dessen Idee wir verteidigen, den Menschen der schenkenden Tugend, dessen innerster Kern die Tapferkeit ist ...«[314]
So trägt das Nietzsche-Archiv mit den ideologischen Gralshütern des »Dritten Reiches« dazu bei, daß Nietzsche, einer der beharrlichsten Verfechter jener »höchsten Billigkeit der höchsten Intelligenz, die im Fanatismus ihren Todfeind hat«, zum Lehrer der von ihm verachteten »Rassenlüge« und fanatisierten Gewalttätigkeit auf

dem Boden des modernen »Nationalitäten-Wahns« erhoben wird; daß Tugenden wie Tapferkeit und Mut, die sein Ringen um redliches Denken bis hin zur Selbstpreisgabe des Lebens um wahrhaftiger Erkenntnis willen begleiteten, in Deutschland mißbraucht und verkehrt werden. Mit Ausnahme von Marx, so hat Albert Camus, der französische Dichter und Philosoph, kurz nach Kriegsende im Blick auf das Weimarer Debakel bemerkt, kenne die neuere Geistesgeschichte keinen zweiten Fall, der dem von Nietzsche an Abenteuerlichkeit gleichkomme. Und niemals werde sein Land das Unrecht gutmachen können, das es ihm angetan habe: »Gewiß gibt es in der Geschichte philosophische Lehren, die entstellt und in ihr Gegenteil verkehrt worden sind, aber bis zu dem Fall Nietzsches und des Nationalsozialismus gibt es kein Beispiel, daß ein vom Adel und den Schmerzen einer außergewöhnlichen Seele erleuchtetes Denken in den Augen der Welt dargestellt wird durch eine Parade von Lügen und grauenhafte Kadaverhaufen der Konzentrationslager.«[315]

Dem ist nichts hinzuzufügen, es sei denn der Ausdruck von Scham über den Holocaust und seine Identifizierung mit Nietzsches Namen. Wie es dazu kommen konnte, das ist eine unendliche Geschichte der Wirren und Irrungen dieses Jahrhunderts. Wir haben dazu die Vorgeschichte erzählt: die Aufführung des deutschen Dramas, die mit den Weimarer Nietzsche-Feiern vom Oktober 1944 ihren Schlußpunkt erreicht. Das Drama selbst geht damit nicht zu Ende, im Gegenteil! Seine Handlung in absteigender Linie ist ein fester Bestandteil deutscher Geistesgeschichte in der Epoche des europäischen Bürgerkriegs. Und das heißt zu beiden Seiten der Front: Sie bildet einen Teil im Ganzen der Geschichte des politisch verführbaren Geistes, der sich in der gesuchten Bindung an die Macht selbst preisgibt.

Das hat die intellektuelle »Linke« Frankreichs während der 30er Jahre erkannt, die im Zeichen von Nietzsches »freiem Geist« der Verführung durch den Faschismus widerstand. Daher muß es uns bedenklich stimmen, daß schon zu *dieser* Zeit deutsche Kommunisten in Moskau glaubten, »unverdaute Reste der Nietzscheschen Philosophie aus den Köpfen der französischen Intellektuellen entfernen« zu sollen.[316] Kein Wunder, daß sie und ihre Schüler nach dem Ende des Hitler-Regimes jene Stimmen aus Frankreich überhören und in Abhängigkeit von Lenins schrecklichem Nachfolger das Werk der Entstellung und Verkehrung des Nietzscheschen Denkens über ein halbes Jahrhundert hinweg fortsetzen. In vierzig Jahren DDR-Zeit tragen sie keine Bedenken, die Lügenparade des nationalsozialistischen Mythos als Wahrheit auszugeben und seine Banalisierungen mit der Behauptung auf die Spitze zu treiben, Nietzsches Philosophie habe den Mythos »mit provoziert«; sie habe die Welt unter imperialistischen Herrschaftsbedingungen durch das »von ihr proklamierte Bündnis mit der Politik« zweimal in kriegerische Katastrophen gestürzt, weil sie »letztlich Fleisch vom Fleische, Geist vom Geiste einer spätbürgerlich-imperialen Gesellschaftsentwicklung war«.[317]
Die Geschichte jenes an Nietzsche begangenen Unrechts im untergegangenen Realsozialismus ist so abenteuerlich wie der Nietzsche-Mißbrauch durch den vergangenen Nationalsozialismus. Sie wird im folgenden anhand erreichbarer Zeugnisse (in einigen Fällen sind Dokumente nach der Aktenvernichtung von 1989/90 lückenhaft oder gar nicht mehr vorhanden) und von Zeitzeugenberichten zu erzählen sein.

III. TEIL

Im Schatten der Nachkriegszeit

»Vielleicht hat Jeder einmal in seiner Jugend jenen leidenschaftlichen Moment erlebt, in dem er zu sich sagte: ›Könntest Du doch deine ganze Vergangenheit auslöschen! Und du ständest, rein und unbeschrieben, im Angesicht der Natur, und wie der erste Mensch, um von nun an weiser und besser zu leben.‹ Es ist ein törichter und schrecklicher Wunsch: denn sollte wirklich die ganze Vergangenheit des Wünschenden von der Tafel des Seins ausgelöscht werden, hieße dies nicht weniger als mit seinem ärmlichen Paar Lebensmonden auch zahllose frühere Geschlechter auszutilgen: deren Nachklang und Überrest nun einmal unsre Existenz ist, so gern sich das Individuum als etwas ganz Neues und Unerhörtes zu empfinden geneigt ist. In der Tat gibt es kaum ein selbstsüchtigeres Verlangen, als ganze frühere Generationen noch a posteriori zu vernichten, weil irgend ein Späterer Grund hat, mit sich unzufrieden zu sein.«

Nachgelassene Fragmente, Frühjahr 1873, 26 [13], KSA 7, S. 580

5. Kapitel

Zwischen Anklage und Verteidigung

Was sich kurz vor Kriegsende in Weimar ereignete, so heißt es im ersten *Nietzsche-Brevier*, das nach der Befreiung Deutschlands vom Nationalsozialismus unter dem Titel ›Der freie Geist‹ in der Amerikanischen Besatzungszone erscheint,[318] davon hätte die deutsche Öffentlichkeit kaum Notiz genommen. Und wenn Nietzsche nach dem 1. Weltkrieg zu den populärsten Erscheinungen des geistigen Europa gehörte, so sei es mit seiner Wirkung, die er einst auf eine Reihe der bedeutendsten europäischen Geister ausgeübt habe, seit dem Ausgang des 2. Weltkriegs schlecht bestellt.

Nach dem Verfasser – es ist Franz Stegmeyer, der während des Krieges in der ›Neuen Zürcher Zeitung‹ einen Essay über ›Nietzsche und Frankreich‹ (1943) publizieren konnte – sieht das Nietzsche-Bild von 1946 so aus: »Nietzsche, den ein amerikanischer Schriftsteller als ›Darwins Sohn und Bismarcks Bruder‹ bezeichnete, ist ein hypernervöser und immer kränkelnder Mann, dessen einzige Berührung mit den realen Mächten dieser Erde seine Militärzeit geblieben ist, weswegen er auch sein ganzes Leben hindurch für diese waffenschleppende Kaste eine so große Vorliebe behalten hat.«[319] Nietzsche: kein Zögling von Schulpforte, kein Bewunderer der Weimarer Klassiker und später Nachfahre von Friedrich August Wolf, sondern ein Zuchtprodukt des naturwissenschaftlichen Zeitalters. Nicht die besondere Kulturlage, die er vorgefunden habe, so schien es dem Amerikaner,

bestimme seine Empfindung der Menschheitswerte. Im Gegenteil: Von Darwins ›Entstehung der Arten durch natürliche Zuchtwahl‹ (1859) und seinem eigenen unruhigen Temperament geleitet, entdecke Nietzsche »in der Natur vor allem den Kampf, und zwar den Kampf um die Auslese der ›besseren Art‹. Diese Anschauung übertrug er dann auf das Gebiet der Politik. Gegen den ›Niedergangs-Typ‹ Sokrates und gegen die Tschandala-Moral der Menschenrechte stellte er eine Skala neuer Werte auf: ›das Leben‹ stand obenan, dann folgten ›der Instinkt‹, ›die Kraft‹, ›die Vornehmheit‹, ›der höhere Typus‹ – alles schon die Bestandteile jener unklaren und anmaßenden Terminologie, Synonyma aus dem Wörterbuch der Unmenschen des ›Dritten Reiches‹.«[320]
Stegmeyer hält dieses Bild, das Grundlinien westlicher »re-education« nachzeichnet, für eine Karikatur. Und er erwähnt dazu, was Nietzsche nach den trüben Erfahrungen mit seinen deutschen Landsleuten während der 80er Jahre des 19. Jahrhunderts, als er nicht einmal dem Namen nach bekannt war, für das kommende Jahrhundert prophezeit hat: »Die Deutschen werden auch in meinem Falle wieder Alles versuchen, um aus einem ungeheuren Schicksal eine Maus zu gebären. Sie haben sich bis jetzt an mir kompromittiert, ich zweifle, daß sie es in der Zukunft besser machen.«[321]
Eine Prophezeiung, die sich nach den unsäglichen Nietzsche-Heroisierungen im »Dritten Reich« an den Nachkriegsdebatten um Nietzsches Philosophie in den westlichen und östlichen Besatzungszonen ein weiteres Mal bewahrheitet. Ist dies nicht heute der Fall, fragt Stegmeyer, wenn der »verlogene deutsche Busen-Rhetor und Menschheitsschmeichler seine klappernde Terminologie des Platten und Gemeinplätzigen in Bewegung bringt, um Nietzsche als einen Pro-Faschisten und Lehrmeister Adolf Hitlers zu stempeln«[322]? Vor vierzig Jahren sei es

der erst sozialdemokratische und dann deutschnationale Schriftsteller Otto Ernst gewesen, der die Jugend vor Nietzsches Anarchismus gewarnt habe. Im Herbst 1945 zitierten alle über Nacht demokratisch gewordenen »Moraltrompeter von Säckingen« Nietzsche vor ihr Tribunal. Und während um 1900 schon einmal das Ausland Nietzsche höher und vor allem besser einschätzte, wiederhole es sich heute (1947), daß man in Frankreich, in England und in den USA Nietzsche-Gesellschaften gründe und seine Werke neu auflege, während von den deutschen Intellektuellen allein Thomas Mann den Mut bewiesen habe, sich zu Nietzsche zu bekennen. Für das gesamte intellektuelle Europa bleibe Nietzsche als Denker ein Ereignis ersten Ranges, ein Erwecker freier Geister und Schriftsteller von Rang, während er für die erneut gebundenen Geister in allen vier Besatzungszonen des geteilten Deutschlands einen »armseligen Fassadenstil« schreibe, der sich »mit seltener Findigkeit auf Beleuchtungseffekte« verstehe. Eine Rankünе gegenüber dem großen Stilisten deutscher Sprache, die durch Ränke im Umgang mit seinem Andenken ein tief eingewurzeltes Ressentiment bekundet, angefangen vom Befehl sowjetischer Kulturoffiziere an Hans-Georg Gadamer, den Leipziger Nachkriegsrektor, Nietzsches Namen aus dem Ehrenverzeichnis der Universität zu streichen,[323] bis hin zur Entfernung der Aufschrift ›Nietzsche-Archiv‹ über dem Eingang zu Nietzsches Sterbehaus in Weimar, das auf Anordnung der sowjetischen Militäradministration in Deutschland versiegelt wurde.

§ 12 Bewahrung des Nietzsche-Nachlasses im Goethe- und Schiller-Archiv und eine »Sterbe-nische« für Nietzsche

Nachdem die amerikanischen Truppen im April 1945 Weimar besetzt und in einer damals spektakulären Aktion die Einwohner zur Besichtigung des KZ Buchenwald auf dem Ettersberg gezwungen hatten, geriet das Nietzsche-Archiv unter Rechtfertigungsdruck, so daß sich Max Oehler veranlaßt sah, es in einem »Kurzen Abriß seiner Geschichte und Tätigkeit« gegen den »Vorwurf der Reaktion« zu verteidigen. Wenn es darin hieß, das Archiv habe stets den Grundsatz vertreten, daß »die Nietzsche-Forschung frei bleiben und *jede* wie immer geartete Richtung dieser Forschung unterstützt werden« müsse, so entsprach dies dem Stand der Dinge *vor* der Option für Hitler, knüpfte also an die Zeit der Weimarer Republik an, als neben Ernst Bertram Thomas Mann und der ihm befreundete Philosoph Karl Joel zum erweiterten Vorstand der Stiftung Nietzsche-Archiv gehörten. Und wenn die Verteidigungsschrift dann weiter behauptete, daß es »nicht Sache des Archivs sei, eine bestimmte, von irgendwelchen weltanschaulichen oder politischen Voreingenommenheiten beeinflußte Nietzsche-Auffassung zu vertreten oder gar ein Nietzsche-›Dogma‹ aufzustellen«[324], so widersprach diese Rechtfertigung den geschichtlichen Tatbeständen, die sie doch erst veranlaßt hatten.
Nach dem Wechsel der Besatzungsmacht an die Rote Armee taucht in Weimar der vormalige Nazi-Philosoph Günther Lutz wieder auf, um Max Oehler die Publikation eines Nietzsche-Buches und einer Werk-Ausgabe für die östlichen Machthaber vorzuschlagen. Lutz knüpft auch Verbindung zum Meiner-Verlag in Leipzig, der für sein neues Programm nach marxistischen Autoren Aus-

schau hält. »Erst gestern«, teilt Lutz Felix Meiner Anfang September 1945 mit, »unterhielt ich mich ausführlich mit einem Literaturdozenten aus Leningrad und mit zwei Romanschriftstellern, die mir bestätigten, daß sie Nietzsche gelesen hatten und daß Nietzsche ein interessantes Problem für die Zukunft darstelle. Allerdings wird Nietzsche vom Marxismus als Antipode betrachtet, man sagte mir, der Faschismus habe doch Nietzsche für sich als Vorläufer beansprucht. Als ich dies widerlegte – unter Hinweis auf Nietzsches Kampf gegen das Bürgertum, gegen den Kapitalismus, gegen den Idealismus und Metaphysik usw. –, gaben die Herren mir den Rat und die Anregung, doch hierüber etwas zu veröffentlichen und ein kleines Buch zu schreiben über das Thema: War Nietzsche ein Individualist und Faschist?«[325] In gleicher Sache schreibt Lutz an den Böhlau-Verlag in Weimar. Dem Verlag waren seine Machenschaften am Nietzsche-Archiv und die aktive Teilnahme an der »Reichsfeier« vom Oktober 1944 gut bekannt. Um nicht als Opportunist oder Konjunkturreiter zu erscheinen – das Wort »Wendehals« war jener Zeit nur als Bezeichnung für eine Vogelart geläufig, die bei Gefahren charakteristisch pendelnde und drehende Kopfbewegungen ausführt –, war Lutz gezwungen, sich als geheimer Widerständler während des »Dritten Reiches« auszugeben: »Abgesehen von der Tatsache, daß Nietzsche zu allen Zeiten jeweils als ein Tagespolitiker ausgedeutet worden ist, schwebte uns schon seit geraumer Zeit, schon im Jahre 1944 z.B. ein solcher Plan vor, d.h. wir wollten eine kleine Schrift herausgeben, in der Stellung genommen wird gegen den Versuch, Nietzsche als Tagespolitiker anzusehen. Wir wollten dagegen nachweisen, daß Nietzsche Kulturphilosoph von besonderem Ausmaß ist, dessen Anliegen sich um den Menschen und seine Kultur dreht, vor allem auch darauf hinweisen, daß Nietzsche … den Gedanken des

dionysischen Lebens fortentwickelte zum Gedanken vom Willen zur Macht, der mit dem politischen Machtbegriff der vergangenen Zeit nichts zu tun hat«[326].

Mit solchen Verweisen auf geheime »Absichten« und offizielle »Schwierigkeiten«, sie in der Hitler-Zeit zu verwirklichen, hoffte Lutz, den neuen Machthabern zu dienen und am Nietzsche-Archiv unterzukommen; eine Hoffnung, die ein Jahr später auch Carl August Emge hegte, der sich 1946 eine »Bestätigung von der höchsten Stelle des Hochschulwesens« verschafft hatte, daß er »Antifaschist« gewesen und dies immer geblieben sei: »Wer mich kennt, ist darüber nicht erstaunt.« Und obwohl beide Altnazis sich kaum mit dem Gedanken getragen haben mögen, den neuen Herren zu Gefallen eine Forschungsstelle für deutsche Philosophie im Exil einzurichten oder gar eine Marx-Gesellschaft mit international anerkannten Marxisten im Beirat zu gründen, so agierten sie doch taktisch mit dem noch aus jeder Wendezeit hinreichend bekannten Argument, immer schon im Widerstand gegen das untergegangene Regime gestanden zu haben. Lutz weist darauf hin, daß das Amt Rosenberg sein »Jubiläums-Werk« zum 100. Geburtstag des Philosophen (›Nietzsche. Der Mensch, sein Werk und Schicksal‹) zu Fall gebracht hätte, weil es »liberalistisch« angelegt gewesen sei und Nietzsche als »neuen Typ eines religiösen Genius angesprochen habe, was den Nichtswissern und Nichtskönnern dort oben eben nicht gefiel.«[327] Und Emge schiebt die Verantwortung für seinen Parteieintritt im Jahre 1931 von sich weg, indem er Elisabeth Förster-Nietzsche ins Spiel bringt: Ihr zuliebe sei er der NSDAP beigetreten, »um (auf Wunsch der alten Dame) in der damaligen Lage das *philosemitische* Archiv zu schützen, das ja ganz von der Regierung abhängig war … Ich hielt … die Räuberbande von Anfang an für schrecklich und machte schon damals unvorsichtige

Bemerkungen.«[328] Emge hatte »damals« das Glückwunschtelegramm des Nietzsche-Archivs zu Mussolinis 50. Geburtstag unterzeichnet und sich unter Berufung auf »Nietzschesche Ideen« als Wahlkämpfer für Hitler betätigt (§ 11). »Jetzt«, verkündet er, weder Mussolini noch Hitler und Rosenberg hätten das Recht gehabt, sich auf Nietzsche zu berufen: »Naseweisen und Allwissenden ist jeder Hinweis auf den menschlich-übermenschlichen Problematiker verboten. Auch in Form ›geflügelter Worte‹ gehört er nicht auf die Schilder ihrer Schaubuden.«[329]

Es sollte sich bald erweisen, daß gegen Anweisung von Stalins Kulturoffizieren – meist Professoren in Uniform mit Verständnis für kulturelle Dinge, die aber ihre Befehle auszuführen hatten – weder Liebedienerei noch Taktik bis hin zur Selbstpreisgabe persönlicher Identität etwas auszurichten vermochten. Anfang Juli 1945 wurden die Bankkonten des Archivs gesperrt, so daß es ohne Mittel dastand und das Büropersonal entlassen werden mußte. Am 6. Dezember 1945 verhaftete die Kommandantur der Sowjetischen Militäradministration (SMAD) den siebzigjährigen Max Oehler, der spurlos verschwunden blieb. Heute wissen wir, daß er, zu Zwangsarbeit nach Sibirien verurteilt, noch in Weimar erkrankte und unweit des Nietzsche-Hauses in einem Gefängniskeller den Hungertod starb. Das Haus mit dem gesamten Inventar wurde von der SMAD beschlagnahmt und dem örtlichen Leiter des ›Kulturbunds zur demokratischen Erneuerung Deutschlands‹ zur Nutzung übergeben. Die Archiv-Bestände – Manuskripte, Bücher, Möbel, Kunstgegenstände – wurden im April 1946 abgefahren und in einem Fabrikgebäude zwischengelagert, vielleicht, um Zeit zu gewinnen und sie vor sowjetischem Zugriff zu bewahren.[330]

In der Zwischenzeit hatte Karl Schlechta[331] durch Anton Kippenberg, den Leiter des Leipziger Insel-Verlags, Ru-

dolf Paul informiert, der im Frühjahr 1946 als Ministerpräsident des Landes Thüringen zu politischen Gesprächen in Wiesbaden weilte. Paul machte sich die von Kippenberg vorgetragene Auffassung zu eigen, es sei an der Zeit, den »wahren Nietzsche« von nationalsozialistischen Fälschungen zu befreien.[332] Womit er Erfolg hatte. Anfang Juli 1946 transportierten russische Soldaten das abgefahrene Material in 111 Kisten zurück, die zunächst vor der »Villa Silberblick« gestapelt und von Militärposten bewacht wurden: ein Satyrchor in Uniform. Denn *dieser* glückliche Ausgang des Weimarer Dramas – der in letzter Minute verhinderte Abtransport des gesamten Nietzsche-Nachlasses in Stalins Sowjetunion – endet abermals mit einem komischen Nachspiel. »Gestern«, so schreibt der Goethe-Forscher Hans Wahl an den SMAD-Beauftragten Oberstleutnant Borochowski, »waren Leute da, die die Kistendeckel geöffnet haben. Die Posten jedoch erklären, daß der Inhalt noch nicht in das Gebäude gebracht werden darf. Ich hatte gehofft«, so schließt Wahl seinen Brief, »daß Sie am Sonntag nachmittag 5 Uhr im Nietzsche-Archiv sein würden, um Weisungen zu geben. Darf ich Sie nunmehr bitten, daß der Inhalt der Kisten in das Gebäude gebracht wird, oder wollen Sie einen Zeitpunkt bestimmen, wo Sie das an Ort und Stelle anordnen wollen«.[333] Zum großen Welttheater des ideologischen Bürgerkrieges mit seinen furchtbaren Zügen nun der Zug ins Groteske, die kleine Szene in heiterem, versöhnlichem Abgesang. Keine Frage, daß Nietzsches Sinn fürs Parodistische das stumme Schauspiel vor der Eingangstür zur Villa auf dem Hügel oberhalb der Stadt, die mehrtägige Bewachung seines schriftlichen Nachlasses durch Soldaten der Sowjetarmee, genossen hätte. Dem Spektakel machte schließlich der Oberstleutnant durch den Befehl, die Kisten zu öffnen und ins Haus zu tragen, ein Ende. Und auf SMA-Veranlassung wurde als kommis-

sarischer Leiter des Nietzsche-Archivs Hans Wahl eingesetzt, der fortan als Direktor des Goethe- und Schiller-Archivs *alle* Weimarer Kulturstätten betreute.[334]
Wahl ließ das zurückgebrachte Material neu sichten und katalogisieren, da beim Abtransport die Registratur des Archivs verlorengegangen war. Er setzte sich in einem Schreiben an Marie Torhorst, die Volksbildungsministerin des Landes Thüringen, dafür ein, die »Villa Silberblick« der Öffentlichkeit wieder zugänglich zu machen und Nietzsches Sterbehaus bis zu Goethes 200. Geburtstag am 28. August 1949 »wenigstens im Sinne eines Memorialmuseums« zu präsentieren.[335] Und er bewirkte auch den Auszug von Franz Hammer aus dem Haus, seit Herbst 1945 Thüringer Sekretär des ›Kulturbunds zur demokratischen Erneuerung Deutschlands‹, der Nietzsches Krankenzimmer als Küche genutzt hatte.
Nach dem glücklichen Finale des Nachkriegsdramas glaubte Wahl, daß damit der Sturmlauf gegen Nietzsche in Weimar vorbei sei und ein günstigerer Wind aus dem Osten aufkommen werde. In einem Brief an den Weimarer Oberbürgermeister vom Juli 1946 sprach er die Erwartung aus, daß »die Herren von der SMA nun auch möglichst bald die Wiedererrichtung des Nietzsche-Archivs zu sehen wünschen, da, wie Ihnen bekannt ist, die ganze Ausräumung und Übergabe an den Kulturbund ihnen keine besonders angenehme Erinnerung ist«[336]. In diesem Punkt gab sich der unermüdliche Tätige trügerischen Hoffnungen hin. Dennoch schlug Wahl noch im Mai 1948 dem Thüringer Volksbildungsministerium in einem Briefkonzept vor, die beiden Wohnräume von Elisabeth Förster-Nietzsche und Nietzsches Sterbezimmer »wieder in den alten Zustand zu bringen«. Und er begründete seinen Vorschlag mit dem Argument, das Interesse der Weimarbesucher werde auch künftig nicht nur den »eigentlichen klassischen Stätten« gelten, wobei

Thomas Manns Weimar-Besuch im Goethe-Jahr seinen Schatten (oder besser: ein Licht) vorauswarf: »Wie stark das Interesse im Publikum an Nietzsche ist, zeigt neuerdings Thomas Manns ›Nietzsches Philosophie‹, die wahrscheinlich in kurzem in allen Kultursprachen der Welt vorliegen wird. Vielleicht«, so fügte Wahl dem Briefentwurf an das Ministerium hinzu, »lassen sich die wenigen Hunderte von Mark zur Wiederherstellung der historischen Räume aus den Mitteln des Kulturfonds für 1949 entnehmen.«[337] Wenige Wochen, nachdem Wahl auf Antrag von Ministerialrat a. D. Stier, des letzten in Weimar lebenden Vorstandsmitglieds der Stiftung Nietzsche-Archiv, satzungsgemäß zum Vorstand der Stiftung bestellt worden war, starb er, so daß alle Maßnahmen zur Verwirklichung seiner Pläne gestoppt wurden.

Damit begann eine neue Phase von Irregularitäten und Verletzungen der Rechtslage, mit Diebstählen von Briefen aus dem Nietzsche-Nachlaß, darunter des Briefes von Gottfried Keller an Nietzsche, worin er sich für die Übersendung der *Zarathustra*-Dichtung bedankt, und anderer wertvoller Stücke. Durch Erlaß des Thüringer Volksbildungsministeriums wird im August 1949 die Verwaltung des Nietzsche-Archivs an den Germanisten Gerhard Scholz übertragen, der nach Wahls Tod zu dessen Nachfolger ernannt worden war. Versuche, die Stiftung zu reaktivieren, bleiben im Sande stecken. So kommt es zu dem merkwürdigen Tatbestand, daß sich zu diesem Zeitpunkt der Vorstand aus Ministerialrat Senff als Vertreter der Landesregierung, Gerhard Scholz und seiner Mitarbeiterin Edith Braemer zusammensetzt, die nie eine Zeile über Nietzsche publiziert hat.

Scholz gehörte während der 30er Jahre zusammen mit dem jungen Willy Brandt der Sozialistischen Arbeiterpartei (SAP) an und lebte seit der Entlassung aus dem Nazi-Zuchthaus im skandinavischen Exil, wo er 1940

Kontakte zur Kommunistischen Partei aufnahm. Nach der Rückkehr aus Schweden wurde er nach einer kurzen Zwischenstation an der »Deutschen Zentralverwaltung für Volksbildung« damit beauftragt, einen Kreis marxistisch orientierter Literaturwissenschaftler auszubilden.[338] Ohne das Germanistik-Studium abgeschlossen und promoviert zu haben (seine Dissertation zum Dramenstil des Sturm und Drang lag erst 1957 vor), wurde er zum Professor und Leiter der klassischen Stätten Weimars ernannt: mit der Befugnis, die Geschäfte der nominell fortbestehenden Stiftung des Nietzsche-Archivs zu führen.[339] Auf seiner letzten Sitzung im Oktober 1949 wurde von dem Dreiergremium beschlossen, Ernst Bloch, den Schiller-Forscher Reinhard Buchwald und den Althistoriker Franz Altheim in den Stiftungsvorstand zu berufen, das Haus als »Arbeitsseminar des Goethe- und Schiller-Archivs« zu nutzen und Nietzsches Sterbezimmer museal herzurichten.[340]

Es erscheint mir zweifelhaft, ob die neuen Mitglieder des Vorstands je von ihrer Berufung Kenntnis bekamen. Denn gewiß ist, daß sich Scholz an das Beschlossene niemals gehalten und keine weitere Sitzung des Gremiums einberufen hat. Schon mit Schreiben vom 27. Juni 1950 an die ›Deutsche Notenbank‹ stellt er Antrag auf Kontoumbenennung für das »Nietzsche-Archiv«. Diese Bezeichnung liegt auch dem Stellenplan zugrunde, den Scholz am 7. Juli 1950 dem Thüringer Ministerium für Volksbildung vorlegt; Namensänderungen im Behördenzwielicht, denen dann am 19. Oktober 1950 eine »Pressemitteilung über den Umzug der Akten und Archivalien nach dem Goethe- und Schillerarchiv« an das Ministerium für Volksbildung des Landes Thüringen und das gleichnamige DDR-Ministerium folgt, worin es u. a. heißt: »Das Haus wird in seinen unteren Räumen als Arbeits-Seminar des Goethe-Schiller-Archivs dienen.

Am 25. Oktober wird dort ein Lehrgang für alle Kandidaten der Forschung und Lehre im Gebiet der DDR sowie von Dozenten der Hochschulen im Fach der Germanistik stattfinden. Im ersten Stockwerk wird das Sterbezimmer Nietzsches zur Erinnerung wieder in der alten Form hergestellt werden, nachdem es im Gefolge des Krieges anderen Zwecken diente.«[341]

Ein Punkt muß Anstoß erregt haben. Denn auf Anfragen des Staatssekretariats für Hochschulwesen der DDR teilt Scholz im August 1951 mit, es sei nicht daran gedacht, Nietzsches Sterbezimmer der Öffentlichkeit zugänglich zu machen. Gedacht werde nur an eine »der Öffentlichkeit selbstverständlich nicht zugängliche Sterbenische«.[342]

Der Leser von heute mag an dieser Stelle aufmerken und sich eines Wortes von gestern erinnern. Die »Nischengesellschaft«, so lautete jenes Schlüsselwort, das altbundesdeutsche DDR-Liebhaber während der 70er und 80er Jahre für Randerscheinungen in der alten DDR prägen zu sollen glaubten. Und sie waren guten Glaubens, damit ein neues Wort zum besseren Verständnis des »anderen Deutschland« gefunden zu haben, des »guten«, wie sich versteht, eines Landes, worin am Rande, reserviert, zuweilen aber auch in der Mitte, das Liebenswerte, Altertümliche, Private und sogar das Freie, Spontane, Vertraute zu utopischem Vorschein komme. In Wahrheit war es ein altes Wort und zugleich ein beredter Ausdruck, womit die Mächtigen im Lande ihre Machtausübung begleiteten; eine Politik, die »Nischen« zuließ oder erst schuf und zuweilen auch abschuf. Bedeutet doch dieses Wort (von frz. niche, it. nicchia) eigentlich die muschelartige Vertiefung in der Mauer (lat. mytilus) oder auch eine bogenförmige Wandvertiefung als Bildblende. Scholz war belesener, kenntnisreicher Germanist und hätte um die Bedeutung des Wortes wissen können, er

hätte nur im ›Wörterbuch‹ der Gebrüder Grimm nachzuschlagen brauchen, wo es nach Stielers ›Stammbaum und Fortwachs der Teutschen Sprache‹ (1691) auch unter der Wortform »Nitsche« verzeichnet ist (»... es gibt keine höllische Nitsche, da ich nicht ihre Gottheiten fasse und hineinpacke«).[343] Scholz hat es gewußt. Denn mit dem Goethe-Forscher Hans Wahl Nietzsches Leben und Werk in Weimar zu bezeugen, daran hat er niemals gedacht. Er wollte, um im Bilde zu bleiben, nur die zur Linken um die »Villa Silberblick« errichtete Mauer an einer Stelle »vertiefen«, um darin Nietzsches Andenken zu versenken – durch jene unzugängliche »Sterbenische«.

Wie wir wissen, ist weder aus der »musealen Einrichtung« noch aus der »Nische« für den in Weimar verstorbenen Nietzsche je etwas geworden. Mit der Gründung der »Nationalen Forschungs- und Gedenkstätten« (1953) geht das Haus in deren Rechtsträgerschaft über. Ihr erster Direktor, Helmut Holtzhauer, Mitglied der KPD seit 1932 und wegen Widerstandstätigkeit mehrfach im Gefängnis Waldheim, war nach 1945 Leipziger Bürgermeister und dann Volksbildungsminister in Sachsen, bis er 1951 zum Vorsitzenden der (von Brecht und anderen heftig attackierten) Staatlichen Kunstkommission der DDR aufstieg. Einer seiner ersten Akte nach der Ernennung zum Generaldirektor der ›Nationalen Forschungs- und Gedenkstätten der klassischen deutschen Literatur in Weimar‹ (NFG) war der Antrag auf Auflösung der Stiftung Nietzsche-Archiv, die nach juristischen Abwehrverfahren in einem langwierigen Vorgang schließlich im Jahre 1956 erfolgte. Das Inventar wurde den verschiedenen Abteilungen zugeführt: die Handschriften dem Goethe- und Schiller-Archiv, die Bücher der Zentralbibliothek, die Kunstgegenstände dem Goethe-Museum. Die Möbel waren nach Schloß Ettersburg »ausgelagert«,

darunter Klingers Nietzsche-Büste, die schon einmal im Vestibül des Nietzsche-Archivs anderen Platzhaltern weichen mußte.

Der Ausgang des Weimarer Nietzsche-Dramas ist ambivalent. Denn wie von selbst war durch den Zusammenbruch des Nationalsozialismus etwas geschehen, wozu Harry Graf Kessler schon Mitte der 20er Jahre geraten hatte: die Aufnahme von Nietzsches Nachlaß in das Goethe- und Schiller-Archiv.[344] Das geschah auf freilich unvorhersehbare, ja, irreguläre Weise, unter Verletzung von Beschlüssen, die, wären sie verwirklicht worden, dem Akt den Charakter der Strafaktion genommen und Nietzsches Namen in Weimar nicht obsolet gemacht, sondern die von Nietzsche selbst einmal vermerkte Verbindung zu den »Weimarer Goethe-Forschern« wachgehalten hätte.[345]

Daß es dazu nicht kommt, daß die Erinnerung an sein Leben und Werk aus dem Gedächtnis der Menschen in Thüringen und Sachsen und darüber hinaus getilgt wird, läßt sich nicht mit wenigen Worten erklären. Es ist eine lange Geschichte des Denkens im Labyrinth der Zeit, die ich wiederum verkürzt erzähle, wobei meine Darstellung immer wieder von der Institutionenebene auf das Niveau politischer Auseinandersetzung mit Nietzsche überwechseln und an Wendepunkten des Geschehens noch einmal die bis heute strittigen Grundfragen philosophischer Nietzsche-Interpretation berühren wird. Die Geschichte ist ein Drama, das im geteilten Nachkriegsdeutschland spielt. Aber der wichtigste Schauplatz ist die Ostzone und spätere DDR. Und ihr Zentrum ist Weimar, jene Stadt, die der ersten deutschen Republik einmal den Namen gab …

Das Drama beginnt noch vor der DDR-Gründung und steht anfangs im Zeichen der Spannungen zwischen Kulturoffizieren der Sowjetischen Besatzungsmacht und

ihren östlichen Befehlsempfängern, jenen Moskauer Emigranten um die »Gruppe Ulbricht« auf der einen, den aus westlichem Exil zurückgekehrten Repräsentanten der sozialdemokratisch-marxistischen Tradition aus der Zeit der Weimarer Republik auf der anderen Seite. Und es sind die Ostemigranten, die in Ulbrichts Troß nach Berlin kommen, um von dort aus das Nietzsche-Feindbild zu errichten. Einzig die Westemigranten um Ernst Bloch hatten sich im Kampf gegen den Faschismus ein differierendes Nietzsche-Verständnis bewahrt und wußten zwischen Nietzsche und der »Philosophie des Nietzsche-Archivs« zu unterscheiden.

§13 Nietzsche in Nürnberg oder Verwechslungen mit Alfred Rosenberg: Johannes R. Becher

Seit dem Herbst 1945 saß Nietzsches Geist mit auf der Anklagebank des Nürnberger Prozesses gegen die Untaten des NS-Regimes, und man konnte schlimmste Attacken befürchten. Die Rede des Hauptanklägers für die französische Republik fiel jedoch verhältnismäßig milde aus; vielleicht in Erinnerung daran, daß sich in Frankreich Teile der *Résistance* an Nietzsches »freiem Geist« orientiert und gegen seine Identifikation mit Hitler und Rosenberg ausdrücklich Einspruch erhoben hatten.[346] Keineswegs wolle er, M. François de Menthon, die späte Philosophie von Nietzsche mit der brutalen Einfältigkeit des Nationalsozialismus vermischen, argumentiert der Ankläger, sondern er wolle ihn lediglich mit Fichte und Hegel zu den »Ahnen« zählen, auf die sich der Nationalsozialismus mit Recht berufe. Und warum? Weil Nietzsche »einerseits der Erste war, der in zusammenhängender Form Kritik übte an den traditionellen Werten des Humanismus, und andererseits, weil seine

Vision von der Herrschaft über die Massen durch unumschränkte Herren das Nazi-Regime bereits ankündigte«. Überdies hätte Nietzsche die Vorherrschaft über Europa dem deutschen Volk zugebilligt, dem er »eine junge Seele und unerschöpfliche Kraftquellen zuerkannte«[347]. Daß der frankophile Nietzsche Deutschland kritisierte und überdies auch Rußland zu den »jungen Völkern« zählte, wird in der sonst sachlichen Anklagerede ignoriert. Aber in ihr hallt nach, was Georges Bataille 1944 schrieb und nach dem Krieg noch einmal bekräftigte: wie erstaunlich es sei, daß Nietzsche ausgerechnet vor jenes Tribunal moralisierender Gerechtigkeitsanwälte zitiert werde, das er aus philosophischen Gründen abgelehnt habe; und dies mit Alfred Rosenberg als Zeugen der Anklage, der seinerseits Nietzsche als »fremd« und »überpathetisch«, ja, »theatralisch« verworfen hätte. Ein Erstaunen, das Albert Camus teilte, der mit Nachdruck für das junge, vom Faschismus befreite Frankreich festhielt, daß es »uns immer unmöglich sein wird, Nietzsche mit Rosenberg zu verwechseln. Wir müssen die Anwälte Nietzsches sein.«[348]

Eben diese Verwechslung wird der jüngeren Generation in der ›Sowjetisch besetzten Zone Deutschlands‹ (SBZ) nach 1945 von deutschen Marxisten im Namen des Antifaschismus zugemutet. Ich weiß hier, wovon ich rede, weil ich mit meinen Altersgenossen der Zumutung lange genug ausgesetzt gewesen bin. Wir waren jung und unbefangen genug, um zu sehen, wie darin die Ernennung Nietzsches zum Lehrer der Lüge und Gewalttätigkeit durch den Nationalsozialismus nachträglich bestätigt und die Verkehrung von Tugenden wie Redlichkeit und intellektuelles Gewissen in ihr Gegenteil zur »Methode« parteipolitischer Verleumdungskampagnen geworden war. Wie wir heute wissen, war ihr geistiger Urheber der Schriftsteller Johannes R. Becher. Als Kulturfunktionär

der KPD setzte er im Moskauer Exil die Weimarer Kampagne in Gang. Und er sprach in eigener Sache: als expressionistischer Dichter und Nietzscheaner von gestern, der sich maskieren mußte und die erzwungene Abrechnung mit seiner eigenen Vergangenheit auf unsere Generation übertrug.
Die Herkunft aus dem Expressionismus wird spürbar im *Nietzsche*-Abschnitt von Bechers grundlegender Kritik an der »deutschen Misere«, die sich in Nietzsches Werk verdichtet habe: nach Becher das krisenempfindlichste und für jede Art von Trübung und Dunkelheit aufnahmefähigste Spiegelbild seiner Epoche. Nietzsche – ein Mensch im Spiegel einer gebrochenen Zeit; selbst zerscherbt und in die Brüche gegangen vor dem nicht mehr gestaltbaren Übermaß des Geschauten; unablässig sich selbst zersprengend und aufspaltend; erschöpft, entleert vor dem spiegelnden Verbrauch und Mißbrauch aller Überzeugungen. So steht es in Bechers Essay ›Deutsche Lehre‹, der zuerst 1943 in der ›Internationalen Literatur‹ (Heft 4) und danach in der Reihe: ›Deutsche Wandlung‹ des ›Free German Institut of Science and Learning‹ (London o. J.) erscheint. In diesem sympathisierenden Ton porträtiert sich der expressionistische Dichter selbst. Und darein mischt sich das Stimmungsbild des ideologischen Eiferers, dem an Nietzsche das Überfeinerte ins Grobschlächtige, Schlächterhafte umschlägt, das Abgelebte noch einmal im Anfall brutalster Lebensgier auflebe. Was Becher in Nietzsches Bild spiegelt, sind gegensätzliche Züge, die er an sich selbst gewahrt und zur Entlastung seines Selbsthasses nach außen projiziert, jene Lebensgier, die ihn dazu antreibt, seine Jugendgeliebte dem gemeinsam beschlossenen Freitod auszusetzen und sich selbst der Tat zu entziehen. So legt er sich Nietzsches vermeintlichen »Willen zum Leben« als gesellschaftlich verblendeten Lebenswillen zurecht, der im

Endstadium der bürgerlichen Gesellschaft zum blutlüsternen Machtwillen werde, worin sich das Überlebte in seiner Todesahnung als schwindelhaft Überlebensgroßes feiere: Eine Deutung der Megalomanie des Zeitalters, der Becher seit seinen poetischen Anfängen vom expressionistischen Menschheitspathos bis in die hymnischen Verklärungen des sozialistischen Heros als gottgleichem »Übermenschen« seiner Spätzeit verfallen gewesen ist.[349]

Würde nicht das eine Bild das andere überlagern, man käme nicht auf jenen banalen Kurzschluß, den Becher am Ende zieht: »Das unhaltbar und haltlos Gewordene versucht sich zu halten vor dem Absturz in das Nichts einer Philosophie der gepanzerten Faust, welche sich dann, in ihrer Praxis, dem Faschismus, als der Totschläger alles wahrhaft Lebendigen, der Welt zeigte.«[350] Becher banalisiert Nietzsches Philosophie der liebenden Ergebung in das Weltschicksal *(amor fati)*, indem er sie, im Einklang mit der nationalsozialistischen Nietzsche-Banalisierung, dem Zerrbild eines vermeintlichen *fatum germanicum* unterwirft: als sei der Weg von Nietzsche zu Hitler an Nietzsches Lebensweg mit seinem tragischen Scheitern vorweggenommen; als hätte »das deutsche Schicksal einen Nietzsche sich ausgesucht, um in ihm an ein drohendes Verhängnis zu mahnen«[351].

Nietzsche – ein deutsches Verhängnis: Das nimmt sich wie ein Nachhall im fernen Moskau zum Tenor der Weimarer »Reichsfeier« vom Oktober 1944 aus, die von Vorahnungen des herannahenden Zusammenbruchs erfüllt ist. Kein Zweifel, daß die Berichte im ›Völkischen Beobachter‹ über die Festrede von A. Rosenberg und Baeumlers Kommentar den Bewegungsspielraum der deutschen Emigranten einengen mußten, wie auch die Zeitungsnachricht ein Jahr zuvor (am 30. Juli 1943) über Hitlers Präsent zu Mussolinis 60. Geburtstag, eine »Prachtaus-

gabe« von Nietzsches Werken, in Moskau notiert worden sein mag.
Es ist der Tenor des Nietzsche-Abschnitts innerhalb eines Vortrags zum Thema ›Der Kampf um die politisch-moralische Vernichtung des Faschismus und die Arbeit für die Umerziehung des deutschen Volkes im Geiste einer fortschrittlichen Ideologie und die wahre Demokratie‹, den Becher im Frühjahr 1945 vor führenden KPD-Kadern der Moskauer Emigration gehalten hatte. Als Redemanuskript zur Unterstützung der »Gruppe Ulbricht« nach Berlin geschickt, lösen seine kurzschlüssigen Urteile die nun einsetzende Nietzsche-Verfolgung im Namen des Antifaschismus aus. Von Interesse sind sie nicht durch die von Becher verkündeten Hauptthesen, wonach Nietzsche zum ersten Mal in der deutschen Philosophie den »Anti-Humanismus« lehre (1), das Schlechte, Barbarische der modernen Gesellschaft als das eigentlich Schöpferische betrachte (2), die offene Trennung zwischen Herrenmenschen und Pöbel, Höherrassigen und Niederrassigen einführe (3) und einen Standpunkt jenseits von Gut und Böse wähle, den Immoralismus, der die »moralischen Grundinstinkte« und den Begriff des Gewissens aufhebt; Thesen, die wir in ähnlicher Punktierung auch in den Nietzsche-Debatten auf dem Boden der westlichen Besatzungszone vertreten finden.
Interessant werden diese Urteile durch Bechers Eingeständnis, die marxistische Intelligenz hätte sich erst seit kurzem zu einem »wirklichen Verstehen seiner Erscheinung und, bescheiden gesprochen, zu dem Ansatz einer grundlegenden Kritik der imperialistischen Rolle Nietzsches durchgerungen ... Noch weit nach 1933 gab es eine Anzahl von Genossen, die Nietzsche als zu unserem Erbe gehörig erachteten.«[352] Becher erwähnt ein zur Volksfrontzeit in Frankreich erschienenes Buch mit ausgewählten Nietzsche-Zitaten, die beweisen sollten, daß

Nietzsche »eben unser sei«. Er muß damit Heinrich Mann meinen, der als geistiges Oberhaupt der Volksfront im Kampf gegen den Faschismus Nietzsches Kritik an bürgerlichem Philistertum und Vaterländerei und seine Polemik gegen den Antisemitismus aktualisierte.[353]
Mann hatte in Nietzsche den aufgeklärten Wegbereiter des »guten Europäers« gesehen und festgehalten: »Die Jugend heute und die von morgen hat allen Anlaß, zurückzukehren zu einem ›grand seigneur des Geistes‹, der Voltaire für seinesgleichen hielt, und schrieb ihm eine Widmung, – jetzt läßt man sie fort. Lernten doch seine neuen Leser von ihm die Leidenschaft der Erkenntnis, nichts anderes!«[354] Im Gegensatz zu Becher hatte Heinrich Mann im Gedächtnis behalten, wie Karl Kraus 1933 das in aller Welt verbreitete Bild von Hitler vor Nietzsches Büste in Weimar mit Nietzsche-Zitaten kommentierte (»Alle Verbrechen gegen die Kultur in den letzten vierhundert Jahren haben die Deutschen auf dem Gewissen – Die Deutschen sind Kanaillen – ein Mann erniedrigt sich, wenn er ihre Gesellschaft frequentiert«) und dazu sarkastisch anmerkte, »ein Jahrtausend Konzentrationslager in ihrer Gesellschaft wäre diesen Bekenntnissen gesichert«[355]. Und bedenkt man die Grundeinstellung »linker« Schriftsteller im westeuropäischen Exil, so wirkt Bechers Eingeständnis, wonach Hitler mit jenem fotografischen Akt einen »besseren Instinkt« besessen hätte als die deutschen Kommunisten während der Weimarer Republik, geradezu komisch. Nicht »wir«, sondern die Nazis, so behauptet Becher, und er meint damit Alfred Baeumler und seine Gefolgsleute, »haben den Politiker Nietzsche entdeckt. Die Philosophie Nietzsches hätte seinerzeit zur Entscheidung und zum Trennungsstrich werden müssen zwischen Fortschritt und Reaktion.«[356]
Was vor 1933 von der KPD versäumt wurde, wird nach

1945 trotz warnender Stimmen französischer Widerstandskämpfer gegen Hitler im sowjetisch besetzten Teil Deutschlands nachgeholt. Und ohne auf Heinrich Mann zu hören, der Nietzsche am Vorabend des 2. Weltkriegs nachrühmte, er hätte sowohl den Gottesglauben als auch die christliche Moral in das »fortgeschrittenste Denken« einbezogen, während es bis zu Nietzsche in Deutschland so ausgesehen habe, als würden sie den Deutschen stumm entgleiten,[357] hat Becher den Trennungsstrich zur westlichen Emigration gezogen. Jener von ihm umworbene Volksfrontpräsident, der nach Kriegsende die Präsidentschaft der neu- oder wiedergegründeten »Akademie der Künste« in Ostberlin übernehmen sollte, er war Nietzscheaner geblieben. Für Heinrich Mann stand fest, daß außerhalb der christlichen Kirchen einzig Nietzsche Gott und die Moral noch einmal zu Fragen ersten Ranges erhoben hatte; eine geistige Tat, die Generationen von Jugend seiner Philosophie zuführte, gleichgültig, ob sie ihm gefolgt oder entgegengetreten seien. Becher hingegen verwechselte Nietzsches Philosophie mit der Weltanschauung des Nationalsozialismus. Und mit seinen kulturpolitischen Schriften brachte er es zuwege, sie den Weltanschauungskämpfen der europäischen Bürgerkriegsparteien einzuordnen.

In der Auffassung der Weltgeschichte als eines Kampfes zwischen »Gut und Böse« unterscheidet Becher drei Phasen: den Kampf im Sinne der freien Konkurrenz und eines humanistisch auflösbaren Widerspruchs, wonach das Böse letztlich als Mittel zum Guten dienen muß (1); den Kampf im Sinne eines tragisch unauflösbaren Widerspruchs und eines im Weltzustand selbst gesetzten Antagonismus: die Position der ewig Unentschiedenen (2); und schließlich den Kampf im Sinne des von Nietzsche gelehrten Anti-Humanismus, wobei das Gute als schwächlich und dekadent erscheint und das Böse als eigentlich

schöpferisches Prinzip und Geburtshelfer jeder Menschheitskultur (3). Wie sich versteht, beansprucht Becher den humanistischen Standpunkt des moralischen Grundinstinkts und der Gewissensmoral für sich und seine Partei. Und selbstverständlich identifiziert er ihn mit dem Antifaschismus, den Becher trotz seiner Kenntnis des stalinistischen Gewaltregimes in Moskau mit dem Humanismus gleichsetzt.[358]

§ 14 Im Vorraum des Faschismus? Thomas Mann und Ernst Niekisch

Bechers Moskauer Nietzsche-Thesen gehen ein in die Gründung des ›Kulturbunds zur demokratischen Erneuerung Deutschlands‹, einer im Sinne der einstmaligen »Volksfront« im Kampf gegen Hitler geschaffenen Massenorganisation. Über die vom Kulturbund herausgegebene Monatsschrift, den ›Aufbau‹, erfahren sie in der Nachkriegszeit eine Breitenwirkung, die Lukács durch seine zahlreichen Bücher niemals erreicht hat. Es gibt auch Gegenstimmen, aber unterdrückt, verhalten, abseits. So publiziert dieselbe Zeitschrift Anfang 1946 einen Essay von Ernst Niekisch unter dem Titel ›Im Vorraum des Faschismus‹, der ausdrücklich festhält, vielleicht widerstrebe keinem Philosophen mehr als Nietzsche der Versuch, ihn auf eine Formel zu bringen. Und im November 1947 findet sich ein Korrespondentenbericht aus London über Thomas Manns Vortrag ›Nietzsches Philosophie im Lichte unserer Erfahrung‹, der unter der Rubrik ›Marginalien‹ erscheint. Eine bezeichnende Plazierung, bedenkt man die weltweite Wirkung dieser Rede. Und eine bedenkliche Auswahl obendrein, denkt man daran, was die Marginalien als »marginal«, das heißt: am Rande befindlich, behandeln. Und das ist nichts Geringeres als Thomas

Manns Einspruch im Bunde mit seinem Bruder Heinrich gegen Vereinfachungen des antifaschistischen Nietzschebildes und deren Verbreitung durch Becher in der Sowjetisch besetzten Zone Deutschlands.
Was der ›Aufbau‹ seinen Lesern nicht mitteilt, ist Thomas Manns Eingeständnis im majestätischen Plural, der auch andere Westemigranten umfassen mag, daß »unsere Verehrung« sich freilich etwas in die Enge getrieben sehe, wenn der von Nietzsche immer wieder verhöhnte und als giftiger Hasser höheren Lebens angeprangerte »Sozialismus der unterworfenen Kaste« nachzuweisen suche, daß sein Übermensch nichts anderes als eine »Idealisierung des faschistischen Führers« und er selbst mit seinem ganzen Philosophieren ein »Schrittmacher, Mitschöpfer und Ideensouffleur des europäischen –, des Welt-Faschismus gewesen ist«.[359] Thomas Mann läßt nicht den geringsten Zweifel daran, daß er jener fragwürdigen Nietzsche-Kritik nur zum Schein ein Stück weit entgegenkommt: Aus rhetorischen Gründen, wenn man so will, um mit Gegenargumenten zu überzeugen. Denn »unter der Hand« neigt er dazu – und Mann motiviert diese niemals veränderte Zuneigung für den ihm zutiefst verwandten »Unpolitischen« mit seiner lebenslangen Verbundenheit im Streben nach demselben Ziel erneuerter Humanität –, »hier Ursache und Wirkung umzukehren und nicht zu glauben, daß Nietzsche den Faschismus gemacht habe, sondern der Faschismus ihn, – will sagen: politikfern im Grunde und unschuldig-geistig, hat er als sensibelstes Ausdrucks- und Registrierinstrument mit seinem Macht-Philosophem den heraufsteigenden Imperialismus vorempfunden und die faschistische Epoche des Abendlandes, in der wir leben und trotz dem militärischen Sieg über den Faschismus noch lange leben werden, als zitternde Nadel angekündigt«[360].

Dennoch verdeutlicht der Londoner Korrespondent den Lesern des ›Aufbau‹ die befreiende Tat von Thomas Manns Nietzsche-Rede. Während es unter Antifaschisten üblich geworden sei, Nietzsche als »Hitlers Bruder« zu betrachten und nach Baeumlers Muster zum Vorläufer der nationalsozialistischen Weltanschauung zu erklären, besitze Thomas Mann den Freimut, ihn als *seinen* Wegbereiter zu bezeichnen und das von George Bernard Shaw und André Gide, Benedetto Croce und Leo Schestow gezeichnete Bild des großen Moralisten und Kulturkritikers über die Zeiten hinweg zu festigen. Geschichte, Menschentum, Geist, sie alle seien Objekte der mächtigen Hammerschläge dieses leidenschaftlichen Propheten der Vernichtung gewesen, und obwohl er seinen Einfluß auf den italienischen und deutschen Faschismus beklagt habe, hätte Thomas Mann nicht für eine »Endabrechnung« plädiert. Im Gegenteil: Der Epilog seiner Rede lasse Nietzsche Gerechtigkeit widerfahren und spreche ein historisch abgewogenes Urteil aus. Mit den Worten des Berichterstatters: »Thomas Mann hatte wiederholt erwähnt, daß die große soziale Strömung unserer Zeit, der Sozialismus, als moralische Weltanschauung und Morallehre den Forderungen von Nietzsches Philosophie ablehnend gegenübertreten müsse. Aber nun zeigte er abschließend einen Gedanken dieser Philosophie, der den Sozialismus mit Nietzsche aussöhnen, ja von dem dieser sogar Nutzen ziehen könne. Er erinnerte an Nietzsches Prophezeiung eines geeinten Europa, in dem Deutschland statt der wenig angemessenen Rolle politischer Führung vielmehr die eines Ferments echter Empfindsamkeit einnehmen solle, und fügte seiner Apologie den Schlußstein an mit dem fast triumphierenden Hinweis auf Nietzsches Ruf nach dem guten Europäer, der sich als Leitmotiv durch sein ganzes Werk zieht und von dort aus zum Kampfzug manch eines geistigen Pioniers geworden ist.«[361]

Die Begegnung mit Thomas Mann und seinem Nietzsche-Vortrag war bedeutsam, so der Berichterstatter, der sich und den Lesern im besetzten Deutschland vom historischen Moment dieses Vorgangs Rechenschaft zu geben sucht. Und er tut es unter zwei Gesichtspunkten, die in der Folgezeit immer weniger beachtet werden, jedenfalls in der Sowjetischen Besatzungszone und dann in der frühen DDR-Zeit (vgl. § 12). Einmal wird der Vortrag als Beispiel kritischer Geschichtsauffassung gerühmt, das deutsche Denker und Lehrer an die Stelle jener von den Nazis geübten Geschichtsklitterung setzen sollten, die jede große Erscheinung in das Prokrustesbett eines bösen Gewissens gezwängt habe. Und zum anderen wird das Historische des Moments an die Überzeugung zurückgebunden, daß Völker und Gesellschaften trotz aller selbstverschuldeter Verfehlungen gerade im Zustand des Leidens zu erkennen vermögen, was recht ist. Suchte doch diese Geschichtsauffassung die Erscheinungen der Vergangenheit aus der Zeit zu verstehen, der sie angehörten, um aus ihren Verirrungen wie aus ihren Wahrheiten zu lernen.[362]
Was dem Berichterstatter des ›Aufbau‹ entgangen war – oder hatte Thomas Mann diesen Rede-Passus in London nicht vorgetragen? –, sind zwei Punkte, die jenen Geschichtszusammenhang berühren. Da ist einmal Thomas Manns Stellung zu Urteilen »sozialistischer, namentlich russischer Kritiker«, wonach die bemerkenswerte Feinheit von Nietzsches ästhetischen Aperçus mit seinem »Barbarentum« in moralisch-politischen Dingen kollidiere; eine Unterscheidung, die Thomas Mann »naiv« erscheint, denn Nietzsches Verherrlichung des Barbarischen sei nichts als eine Ausschweifung seiner ästhetischen Trunkenheit, die allerdings eine Nachbarschaft von Ästhetizismus und Barbarei verrate, über die nachzudenken hinreichende Gründe bestünden. Der Dichter deutet sie als »rasende Verleugnung des Geistes zu-

gunsten des schönen, starken und ruchlosen Lebens, die Selbstverleugnung eines Menschen also, der tief am Leben leidet«, womit etwas »Uneigentliches« und »Unverantwortliches«, ja »Gespieltes« in Nietzsches Philosophie komme. Und da ist zum anderen Thomas Manns Einsicht in ihren inneren Zusammenhang mit einer allgemein abendländischen Bewegung, die »Namen wie Kierkegaard, Bergson und viele andere zu den ihren zählt und eine geistesgeschichtliche Revolte ist gegen den klassischen Vernunftglauben des achtzehnten und neunzehnten Jahrhunderts. Sie hat ihr Werk getan oder nur insofern noch nicht vollendet, als seine notwendige Fortsetzung die Rekonstituierung der menschlichen Vernunft auf neuer Grundlage, die Eroberung eines Humanitätsbegriffs ist, der gegen den selbstgefällig verflachten der Bürgerzeit an Tiefe gewonnen hat.«[363]
Als Thomas Mann diese Worte sprach, hatte der von ihm geschätzte Georg Lukács sein Werk ›Die Zerstörung der Vernunft‹ (1954) unter der Feder, dem Selbstgefälligkeit und Verflachung eines aufgeklärten Vernunftglaubens bis hin zu tödlicher Erstarrung eingeschrieben waren (vgl. § 20). Wie Lukács' ›Suche nach dem Bürger‹ – so der Titel einer seiner Thomas-Mann-Studien aus dem Goethe-Jahr 1949 – am religiösen und menschlich-allzumenschlichen Lebensgrund der Vernunft beharrlich vorbeigeht, so konsequent übersieht er Manns Versuch, Nietzsches spätes Goethe-Bekenntnis beim Wort zu nehmen. »Er muß es sich gefallen lassen«, heißt es dazu in der Londoner Nietzsche-Rede, »ein Humanist genannt zu werden, wie er es dulden muß, daß man seine Moralkritik als eine letzte Form der Aufklärung begreift. Die überkonfessionelle Religiosität, von der er spricht, kann ich mir nicht anders vorstellen als gebunden an die Idee des Menschen, als einen religiös fundierten und getönten Humanismus, der, vielerfahren, durch vieles hindurchgegangen, alles Wissen

ums Untere und Dämonische hineinnähme in seine Ehrung des menschlichen Geheimnisses.«[364]
Man solle sich nicht täuschen lassen, ruft Thomas Mann gegen Ende seines Londoner Vortrags aus, der Faschismus als Massenfang, als letzte Pöbelei und elendestes Kultur-Banausentum, das je Geschichte gemacht habe, sei »dem Geiste dessen, für den alles sich um die Frage: ›Was ist vornehm?‹ drehte, im tiefsten fremd; er liegt ganz außerhalb seiner Einbildungskraft, und daß das deutsche Bürgertum den Nazi-Einbruch mit Nietzsches Träumen von kulturerneuernder Barbarei verwechselte, war das plumpste aller Mißverständnisse«[365]. Die Fremdheit, mit Nietzsche gesprochen: das *Pathos der Distanz* zu den aufkommenden Massenbewegungen des Jahrhunderts, liege dem Hauptgedanken seiner Philosophie zugrunde, der letztlich ästhetisch verfaßt sei. Thomas Mann versucht, Nietzsches Gedanken gerecht zu werden, den er als Künstler teilt, um ihn im Kampf gegen Hitler zu verwerfen. Denn nach seiner Überzeugung gibt es »zuletzt nur zwei Gesinnungen und innere Haltungen: die ästhetische und die moralistische, und der Sozialismus ist streng moralische Weltansicht«. Nietzsche dagegen sei der vollkommenste Ästhet, den die Geschichte des Geistes kenne. Und seine Voraussetzung, die »den dionysischen Pessimismus in sich enthält: Daß nämlich das Leben nur als ästhetisches Phänomen zu rechtfertigen sei, trifft genauestens auf ihn, sein Leben, sein Denk- und Dichtwerk zu, – nur als ästhetisches Phänomen ist es zu rechtfertigen, zu verstehen, zu verehren, bewußt, bis in die Selbst-Mythologisierung des letzten Augenblicks und bis in den Wahnsinn hinein ist dieses Leben eine künstlerische Darbietung, nicht nur dem wundervollen Ausdruck, sondern dem innersten Wesen nach, – ein lyrisch-tragisches Schauspiel von höchster Faszination«[366].

Hier spricht kein Ästhet, der das Schauspiel genießt, sondern jener Autor des Nietzsche-Faustus-Romans, der am dargestellten Drama Anteil nimmt und sich mit seinem leidenden Helden identifiziert (vgl. § 17). Was Spiel zu sein scheint, ist tiefster Lebensernst einer Kunst, die an den Grund des Daseins rührt und Nietzsche als Denker Gerechtigkeit widerfahren läßt. »Daß Philosophie«, mit diesen denkwürdigen Worten schließt Thomas Mann seine Nietzsche-Rede, »nicht kalte Abstraktion, sondern Erleben, Erleiden und Opfertat für die Menschheit ist, war Nietzsches Wissen und Beispiel. Er ist dabei zu den Firnen grotesken Irrtums emporgetrieben worden, aber die Zukunft war in Wahrheit das Land seiner Liebe, und den Kommenden, wie uns, deren Jugend ihm Unendliches dankt, wird er als eine Gestalt von zarter und ehrwürdiger Tragik, umloht vom Wetterleuchten dieser Zeitenwende, vor Augen stehen.«[367]

An Gerechtigkeit für Nietzsche, daran läßt es der ein Jahr zuvor im ›Aufbau‹ erschienene Niekisch-Essay fehlen. In seinem Kampf gegen die Westmächte während der Weimarer Republik und danach gegen Hitlers Diktatur, die ihn ins Gefängnis warf, hatte Niekisch für Lenins Rußland votiert; ein Votum, das ihn nach 1945 zeitweilig an die Seite der Moskauer Emigranten in Ostberlin führt. Daraus mag sich erklären, weshalb Niekisch die europäische Dimension von Nietzsches Denken vollständig verschlossen bleibt. Und schlechthin unzugänglich ist ihm die Form von Nietzsches Philosophie, ihr Prosastil. Niekisch gewahrt darin »etwas Lärmendes«, das ihn, *horribile dictu*, an den Spektakel von Versammlungen erinnert, die der Alldeutsche Verband um 1890 veranstaltete, von späterem Versammlungsspektakel zu schweigen. Ein Grundton der Aufrichtigkeit ziehe sich durch seine Schriften, aber er werde, so Niekisch, verdeckt durch Klänge, die anderen Bereichen anzugehören scheinen.

Niekisch spielt auf den *jugendlichen Kulturphilosophen* an, auf dessen Unterscheidung des Dionysischen vom apollinischen Prinzip des Geistes (der *Form*, des herrschsüchtig *Aristokratischen*) die sozial ungebändigten, rabiaten, wirbelnden, rauschhaft-formlosen Elemente in sich einbegreife, jenes »Untere«, »Niedere«, »Barbarische«, das ihm, im Gegensatz zu Schopenhauer und Wagner oder der idealistischen Kunstphilosophie, als fruchtbar gebärender Schoß gelte: die revolutionär-plebejische Komponente seiner Philosophie. Und er denkt an den *aufklärerischen* Nietzsche, den Verfasser von ›Menschliches, Allzumenschliches‹ und der ›Morgenröte‹, der so freigeistig sei wie ein Zeitgenosse Voltaires, bis ihn der *anarchistische* Nietzsche ablöse. Er laufe Stirners extremem Subjektivismus (›Der Einzige und sein Eigentum‹, 1844/45) den Rang ab und strebe dem totalen Nihilismus zu, um ihn schließlich im Lehrstück vom »Willen zur Macht« zu »überwinden« und am »harten Kern« seiner Denkformen anzulangen.
An dieser Stelle bringt dann auch Niekisch Nietzsches Denken auf die faschistisch gewendete Formel einer *bestialischen Philosophie*, die zum ›Reich der niederen Dämonen‹ (1953) gehöre (so der Titel von Niekischs Nachkriegsbuch über den Nationalsozialismus: die Fortsetzung zu ›Hitler. Ein deutsches Verhängnis‹ aus dem Jahre 1932). Niekisch verfällt dem Irrtum der Antifaschisten im Moskauer Exil, Nietzsche mit Hitler und Mussolini zu verwechseln und sie zu seinen »Brüdern« zu erheben; ein Vorgang, der wiederholt, was sich schon einmal während des 1. Weltkrieges in der englischen Kriegspropaganda abgespielt hatte, als sie den Philosophen zu »Bismarcks Bruder« machte. In den Westzonen mochte man so weit nicht gehen. Ich verweise nur auf die Beiträge des heute fast vergessenen Schriftstellers Klaus Herrmann zum »Nietzschebild der Gegenwart« (1946),

der Nietzsche nicht weniger stark als Becher oder Niekisch mit der historischen Schuld am Nationalsozialismus belastet und dennoch einräumt, daß es übertrieben wäre, Hitler einen »Schüler« Nietzsches oder seinen »Bruder« zu nennen. Die historische Wahrheit sei vielmehr, daß die moderne Zivilisation, nach Grillparzers bitterem Wort, unbeirrbar auf ihrem Weg »von der Humanität über die Nationalität zur Bestialität« wie eine Lawine fortrolle,[368] ohne dazu einen Nietzsche nötig zu haben.

Dagegen ist Niekisch der Auffassung, daß sich in Nietzsches Antithese des Apollinischen und Dionysischen jene »unteren Mächte« ankündigen, die sein Denken entfesselt. Er nehme ihnen die natürliche Unschuld. Und seine Lehre vom »Willen zur Macht« gebe dem Tier im Menschen das »gute Gewissen«, so daß dann die »blonde Bestie« von sich her bestimme, was »gut« und »böse« sei. Und wer dem Herrenideal der Vornehmheit das »aufrechtgehende Raubtier« aufpräge, der öffne zuletzt der Barbarei Tür und Tor. Ich zitiere aus Niekischs Aufsatz einen Passus, um zu verdeutlichen, wie schmal der Grat zwischen der Banalisierung von Nietzsches Denken und seiner antifaschistischen Dämonisierung in der Nachkriegszeit war: »Macht ist die Summe der Lebens- und Vernichtungsurtriebe im Stadium ihrer entfesselten Begehrlichkeit; sie ist roher, wilder Einsatz der gesamten ungezügelten Naturhaftigkeit. Darwins … ›Kampf ums Dasein‹ wird bei Nietzsche zur philosophischen Weltdeutungsformel und damit zum höchsten Legitimierungsprinzip jeder tierischen Hemmungslosigkeit im Raum der Gesellschaft und Politik. Jedermann darf und soll Bestie sein, und der Führer, der Herrenmensch, ist das äußerste Monstrum an Bestialität. Heroisch ist, wer von seinen Kräften den viehischsten Gebrauch macht und keine Skrupel vor Blutvergießen, Menschenschinderei und blankem Mord mehr kennt.«[369]

6. Kapitel

Zwischen West- und Ostzone: Zweierlei Nietzsche-Debatten

§15 Im Zwielicht des Jahrhunderts: Der junge Wolfgang Harich als Nietzsche-Verteidiger?

Niekisch fällt damit in jenen Tenor von Anklagen und Verurteilungen wegen Verbrechens gegen die Menschlichkeit ein, den mit Becher viele andere angestimmt hatten, die in allen Zonen nach einem Sündenbock für den Sündenfall deutscher Geschichte suchten: die Verfehlung des Weges zu einem europäischen Deutschland, das die Völker im Osten mit dem Westen unseres alten Erdteils verbindet. In Nietzsche, der darüber ein Leben lang nachgedacht hat, glaubt man ihn gefunden zu haben. Gilt er doch nach Kriegsende im In- und Ausland als Prophet des »Dritten Reiches«, als Schöpfer des Mythos vom Übermenschen und von der blonden Bestie. Und sein ›Wille zur Macht‹ wurde gar »als Schlagwort der Hitler-Ära bezeichnet, obwohl die wenigsten Nachbeter mehr davon kennen als den Titel und die Gedankengänge dieses Werkes schlecht begriffen haben«[370]. So schreibt Eva Siewert in einem bemerkenswert offenen, nüchternen, um mehr Sachlichkeit bemühten Aufsatz in der ›Weltbühne‹ (1947) mit dem zeitgemäßen Titel ›Nietzsche vor der Spruchkammer‹.
Ein Jahr zuvor war im ›Kurier. Berliner Abendzeitung‹ vom 9. Februar 1946 in ähnlicher Tonart zu lesen: »Das redliche Bemühen, die deutsche Geistesgeschichte einer Gewaltbereinigung zu unterziehen, entartet gegenwär-

tig zuweilen zu hochnotpeinlichen Gardinenpredigten, vor denen so leicht kein großer Deutscher sicher ist. Freilich ist«, fügt der Verfasser hinzu, »die Fehde der Zeitalter wie auch die Zerstückelung der Tradition eine allgemein europäische Erscheinung. ›Der Mensch muß die Kraft haben und von Zeit zu Zeit anwenden, eine Vergangenheit zu zerbrechen und aufzulösen, um leben zu können: Dies erreicht er dadurch, daß er sie vor Gericht zieht, peinlich inquiriert und endlich verurteilt.‹«[371] Der Zusatz stammt aus Nietzsches 2. ›Unzeitgemäßer Betrachtung‹, die vom »Nutzen und Nachteil der Historie für das Leben« handelt. Jedes Gerichtsurteil bedarf jedoch neben dem Gesetzbuch der Gerechtigkeit, jener Eigenschaft des guten Richters, die zugleich die Tugend des Historikers ist, der Licht und Schatten im Vergangenen gewahrt und das Zwielicht dazwischen zu erhellen sucht. Davon handelt der Aufsatz des ungenannten Mitarbeiters am ›Kurier‹, dem Nietzsches Satz »heute gültiger denn je« erscheint, obwohl auch derjenige, der ihn prägte, zu jener Vergangenheit gezählt werde, die mit Gewalt bereinigt und verurteilt werden solle. *Keine Verurteilung ohne historisch begründetes Urteil:* das ist der Grundtenor des *Kurier*-Artikels über ›Nietzsche im Zwielicht des Jahrhunderts‹.

Der Artikel ist einer der glänzendsten Feuilleton-Beiträge, die während der Nachkriegszeit zur Verteidigung Nietzsches gegen politische Banalisierungen seiner Philosophie erschienen sind. Ein Beitrag, der mehr ist als eine Verteidigungsrede oder ein schöngeistiger Essay. Die Sätze beben vor Zorn, ihr leidenschaftlicher Duktus erinnert an Sendschreiben aus der Zeit des Urchristentums oder der Reformation. Kein Zweifel: Hier spricht ein *Paulus redivivus* zu seiner städtischen Umgebung, den hungernden Menschen in der Trümmerlandschaft des untergegangenen »Dritten Reiches«. Ihnen hat der

»Herr dieser Welt«, die Teufelsfratze des Nationalismus und sein Nietzsche-Götzenbild, den Sinn geblendet, so daß sie Nietzsches Hinterlassenschaft in Weimar und die Verbindungslinien zum Erbe der Goethezeit, die tiefere Einheit des Nationalen mit dem Universalen im Werk des »guten Europäers«, gar nicht mehr gewahren.

In einem redaktionellen Nachtrag vom 11. Februar 1946 teilt die im Französischen Sektor von Berlin erscheinende Zeitung ihren Lesern mit, daß »der Aufsatz Wolfgang Harich zum Verfasser hatte«[372]. Der junge Harich, damals kaum 23 Jahre alt, war seit 1944 Schüler des Philosophen Nicolai Hartmann und hatte das Kriegsende in Berlin erlebt. Während der ersten Nachkriegsjahre machte er durch Essays, Parodien, Theaterkritiken im ›Kurier‹ auf sich aufmerksam.[373] Da er damit über die Berliner Sektorengrenzen hinweg bekannt wurde, ist es unwahrscheinlich, daß sich die Redaktion in ihrer Zuschreibung des Nietzsche-Artikels an »Wolfgang Harich« geirrt haben könnte. Und zweifellos hätte Harich angesichts der Schwere des Vorgangs – einer öffentlichen Beschwerde gegen die in Ostberlin und Weimar insgeheim betriebene Nietzsche-Verhunzung – dagegen sofort protestiert.

Der junge Wolfgang Harich hatte *vor* dem nationalsozialistischen Zusammenbruch ein Damaskus-Erlebnis: Sein Lehrer Nicolai Hartmann öffnet ihm die Augen über den »wahren« Nietzsche, das Urbild des Philosophen und dessen Abstand zum faschistischen Götzenbild. Nun sieht er sich gedrängt, das Erlebnis in der Sprache von Hartmanns Wertlehre mitzuteilen; wozu ihm außer den Mitteln seines Lehrers die eingeborene Leidenschaft des Bekenntnisses zur reinen Lehre und eine leidenschaftliche Liebe zum »wahren« Deutschland zu Gebote stehen. Davon erhält das Sendschreiben mit der ihm

eigentümlichen Mischform zwischen Essay und Verteidigungsrede, die sich mit unbestechlicher Schärfe und Redlichkeit immer wieder zu Anklagen gegen die – faschistisch *und* antifaschistisch eingerissene – Kulturverwilderung im vormaligen Land der »Denker und Dichter« steigert, sein unverwechselbares Gepräge. Keine Frage: Dieses Schreiben gegen den Zeitgeist ist ein bedeutendes Dokument deutscher Nachkriegsgeschichte und des Kampfes um ein philosophisch authentisches Nietzschebild.

Als der Verfasser des ›Kurier‹-Beitrags seine Gedanken zur Jahreswende 1945/46 konzipiert, da reist der alte, fast 85jährige Historiker Friedrich Meinecke mit Goethe-Vorträgen durch das in vier Besatzungszonen geteilte Deutschland. Und in seinem Buch über ›Die deutsche Katastrophe‹ (1946) empfiehlt Meinecke die Gründung von Goethe-Vereinen zur Rettung vom geschichtlichen Unheil der »tausendjährigen Vergangenheit« des Hitlerreichs. Die Berufung auf Goethe, so merkt dazu jener redaktionell mit »Wolfgang Harich« identifizierte ›Kurier‹-Mitarbeiter an, der nach seiner wundersamen Bekehrung vom Paulus zum Saulus dieses von den Repräsentanten des DDR-Staats übernommene Spiel mit dem »humanistischen Erbe« und seinem vermeintlichen Gegenspieler Nietzsche selbst einmal mitspielen wird, »gehört bei den Zeitenwenden zum guten Ton. Nietzsche war diese Unantastbarkeit der geistigen Geltung nicht beschieden. Den Fachleuten aller Richtungen und Generationen war er tief verdächtig. Thomas Mann schulte seine Psychologie der Schwachen und Abseitigen an Nietzsches Analyse der Décadence, den Nazis behagte die bedenkenlose ›Herrenmoral‹ seines Übermenschen, nicht aber ernannten ihn die Geisteserneuerer jüngster Richtung zu ihrem Propheten. Der Mann, der von sich sagte, er trage die

Fahne der Aufklärung weiter, die Fahne mit den Namen Petrarcas, Erasmus', Voltaires, wird heute nicht etwa als kühner Fortschrittler seiner Zeit gefeiert, sondern als finsterer Reaktionär abgelehnt.«[374]

Es ist, als würde der Verfasser die Verteidigungsargumente von Eva Siewert aus dem Jahr 1947 vorwegnehmen, wenn er »aus Gründen der Gerechtigkeit« zunächst festhält, Nietzsche habe »weder je das sentimentale Fagott, noch die schmetternde Trompete des Patriotismus geblasen«. Er spricht hier, vor dem Hintergrund der Erfahrungen seiner Generation mit der Kriegspropaganda Hitlers und seines Widerparts Stalin, von einer »unerquicklichen Erscheinung für unsere Zeit, da sich sogar die Kommunisten des nationalen Pathos befleißigten«. Und in klarer Erkenntnis der unbewußt (oder bewußt) fortgesetzten Mißbräuche im Umgang mit literarischen Klassikern (oder »klassischen« Romantikern) kritisiert er bedenkenlose »Umerziehungspolitiker« auf dem Felde der »Kultur«, die vermutlich nicht davor zurückschrekken würden, Heinrich von Kleist als Sozialisten und Demokraten zu feiern und ihm im aktualisierten »Rausch des Entzückens über den frühen Forderer der Bodenreform« selbst die ›Hermannsschlacht‹ zu vergeben, seinen »Lebenshymnus« auf einen alle politischen Mittel rechtfertigenden Chauvinismus.

Keine Vergebung für Nietzsche, den Bewunderer von Goethe und Heine, der unter Deutschen nicht als literarischer Klassiker gilt? Für seine Tiraden gegen das Christentum? Und dazu für manche literarisch peinliche Entgleisung im Spätwerk? Das sind, auf dem Hintergrund zwielichtiger Erfahrungen mit dem Programm einer Entnazifizierung romantischen Kulturerbes in den Berliner Theatern, Fragen des ›Kurier‹-Beiträgers an den Leser in der vom Krieg zerstörten, geteilten Hauptstadt.

Nietzsche ist kein deutscher Klassiker geworden, gewiß. Aber er war auch kein Befürworter politischer Romantik oder gar ein Vorläufer des Deutschen Reiches: »Es wurde in unserer Literatur zu allen Zeiten heftig einem Patriotismus von fast provinzieller Enge gefrönt. Goethe, Heine, Nietzsche sind Ausnahmeerscheinungen, die die freie Luft eines Kosmopolitismus atmeten. So hat Nietzsche Bitterböses über Deutschland und die Deutschen gesagt, wobei ihm die olympische Distanz Goethes freilich ebenso fremd war wie die verletzte Liebe Heines. Warum also glaubt man heute, ihn als Vorfaschisten abtun zu dürfen?«[375]

Es ist die Grundfrage des ›Kurier‹-Beitrags, die sich an Johannes R. Becher und Ernst Niekisch richtet, deren Berliner Nachkriegsreden und Aufsätze Nietzsches Philosophie mit diesem Stempel versahen. Ich weiß nicht, ob der Verfasser Lukács' Moskauer Schriften schon gekannt hat, die zur gleichen Zeit im Berliner Aufbau-Verlag erschienen: in gelbem Umschlag und zu Preisen, die uns als Schülern und Studenten den Kauf erleichterten. Wenn ich mich recht erinnere, begann die ganze Serie mit einem Abriß zur ›Geschichte der deutschen Literatur im Zeitalter des Imperialismus‹ (1945), der sie nach »fortschrittlichen« und »reaktionären« Schriftstellern (zu denen Nietzsche selbstverständlich zählte) einteilte. Der Lukács-Freund Becher – seine Lyrik markiert den positiven Schlußpunkt jener Literaturgeschichte – sorgte für ihre Verbreitung in der Sowjetisch besetzten Zone Deutschlands. Beide, so scheint mir, hat der Verfasser im Sinn, wenn er zu der fraglichen, bei Lukács vorgezeichneten Entwicklungslinie »von Nietzsche zu Hitler« anmerkt: »Den Schwarz-Weiß-Malern, die nur die Begriffe ›Fortschritt‹ und ›Reaktion‹ auf der historischen Palette haben, fällt es leicht, diese Frage zu beantworten. Für die Darstellung der bunt schillernden Persönlichkeit Nietz-

sches aber ist die beschränkte Farbgebung nicht ausreichend. Es gibt keine einheitliche Lehre, kein ›System‹ und kein ›Dogma‹ Nietzsches, die zu akzeptieren oder abzulehnen wären. Seine Liebe zur Weisheit«, schreibt der ›Kurier‹-Mitarbeiter, und hier klingen von weitem Gedankenmotive an, die zuerst der Amerika-Emigrant Ernst Bloch in seinen Jugendschriften über Nietzsche figuriert hatte,[376] »war nicht monogam, sondern von jeder neuen Erkenntnis neu erotisiert und in tausend Eroberungen treulos und abenteuerlich verzettelt. Die Schattenseite dieser lichten und heiteren Leidenschaften aber war ein Kreuzigungszug der Erkenntnis mit vielen Stationen.«[377]

Nietzsche – kein Doktrinär, sondern gekreuzigter Lehrer der Weisheit aus dem Geist der Wissensneugier und leidenschaftlicher Erkenntnis: das ist keine bloß historische Feststellung. Wer mit Nietzsche zu denken versucht, so möchten wir die Damaskus-Vision erläutern, der hat sich durch keine Doktrin blenden zu lassen, sondern muß sich auf die »Leidenschaft der Erkenntnis« einlassen, um Nietzsche auf die Spur zu kommen.

Das Bild von Christi Leidensweg berechtigt uns, die Vision von Nietzsches Denkweg im Lichte jenes Sendschreibens zu verstehen, das der vormals schärfste Christenverfolger Saulus, der sich nach der Bekehrung zum christlichen Glauben »Paulus« genannt haben soll, im ersten Jahrhundert unserer Zeitrechnung an die aufs neue verfolgten Christen in Thessalonike (dem heutigen Saloniki) richtet.[378] Seine Botschaft ermahnt die Thessalonicher, sich durch Lügenmärchen der Philister und Leviten über Christus nicht täuschen zu lassen. Denn der Lüge glauben nach Paulus nur jene Verworfenen, die seiner Lehre nicht gleichgültig gegenüberstehen, sondern höchst geschäftig und tätig sind, um ihn mit allen Mitteln zu verdächtigen. Schlimmer noch als die Gleichgültigkeit

wäre es, sich darüber Sand in die Augen zu streuen oder gar zu schlafen, während die Feinde wach bleiben.
Dies ist die Situation, der sich die kleine, schon im »Dritten Reich« zersprengte Nietzsche-Gemeinde nach dessen Untergang gegenübersieht. Für ihren Apostel kommt nun alles darauf an, aus den Scherben des zerborstenen Nietzsche-Götzenbilds das Bild des »wahren« Nietzsche wieder zusammenzufügen. Während seine Umgebung von einem Extrem ins andere fällt, weiß er, daß bei Nietzsche keine Doktrin angeboten und keine Weltanschauung verkündet wird, sondern eine erotische Kraft in immer neuer Eruption am Werk ist, die jede wissenschaftlich oder politisch festgelegte Wegweisung überholt. In der Rolle des bekehrten Paulus bleibt er seiner vor 1945 empfangenen Vision auch danach treu. Er erliegt nicht den Schatten von Abenteuerlichkeit und Untreue, die dieses Denken unterwegs wirft. Denn er läßt sich nicht vom Wahren ablenken und täuschen, wie jene Vielen, die darin nur Gefahren wittern und auf der Suche nach Sicherheit ihre Verantwortlichkeit für das Wahre und Richtige hier und jetzt preisgeben. Er sieht das Lichte und Heitere am Wege des Wanderers wie den langen Fall der Schatten, die ihn begleiten. Und so drängt es ihn noch einmal, der bedrängten Nietzsche-Gemeinde in den Nachkriegskatakomben von Berlin Vision und Bekenntnis in ein Bild zu bringen, das in der Annäherung an das Urbild das falsche Götzenbild einer irrlichternden Zeit zertrümmert.
In diesem Sinne verstehen wir, warum der Verfasser jenes merkwürdigen Sendschreibens unter dem Titel ›Nietzsche im Zwielicht des Jahrhunderts‹ das christlich-paulinische Bild vom »Kreuzigungszug der Erkenntnis« gebraucht. Seine Jünger sind es, die von Nietzsche abfallen, die Nietzscheaner verschiedenster Couleurs. Kein Wunder, daß ihn viele, die sich durch Schattenseiten ha-

ben betrügen lassen, nun verraten. Die Lehre gibt nicht, was der Faschismus versprochen hatte: Glaubenssicherheit für immer. Sie lebt nicht ohne die Leidensstationen, die zum Kreuzigungszug der Erkenntnis gehören. Und das Wichtigste: Sie kennt keinen Kreuzzug, zu dem Hitlers fanatisierter Antikommunismus aufrief. Wer mit Nietzsche zu denken sucht, so möchten wir die Erläuterung der Damaskus-Vision im komplementären Bild von Christi Leidensweg verstehen, der *muß* verzweifelt und bekümmert sein, damit sich seine Denknot steigere. Warum? Weil nur so der Schritt zurück von der doktrinären Weltanschauung zur Philosophie vollzogen werden kann.

Im Lichte *dieser* Denkerfahrung hat der Wolfgang Harich zugeschriebene ›Kurier‹-Beitrag gegen das faschistisch verfälschte Nietzsche-Trugbild im groben Umriß jenes historisch getreue Bild vom Leidensgefährten des Gekreuzigten skizziert; eine Skizze, die drei Jahrzehnte später Giorgio Colli und Mazzino Montinari mit ihrer Edition des Nietzsche-Nachlasses aus dem Weimarer Goethe- und Schiller-Archiv Strich für Strich fortziehen und inhaltlich füllen sollten (vgl. § 19). Was den späten Wolfgang Harich zum Einspruch herausforderte. Der junge Nietzsche-Apostel sah es anders, er antizipierte ihre Sicht.

Und er sagte es so geistreich wie Colli und stilistisch ebenso brilliant: »Von der ›Geburt der Tragödie‹ bis zum ›Ecce homo‹ hat Nietzsche sich durch seine Werke und seine geistigen Wandlungen blutig hindurchgeschunden, gepeitscht von dem tyrannischen Dämon der Neugier, der ihn beherrschte. Zu Nietzsche Stellung zu nehmen, ihn zu widerlegen oder die Beweise, die er schuldig blieb, nachträglich zu erbringen, ist unmöglich. Man kann ihn als Ganzes bejahen oder verneinen, und wer ihn verneint, ist ein prüder Spießer. Das aber heißt nicht, daß man die

Gefahr dieses hochexplosiven geistigen Sprengstoffs unterschätzen soll!«[379]

Die Erklärung für das Gefährliche an Nietzsches Denkwagnissen ist historisch so gut begründet, daß die ihr zugrunde liegende Diagnose der Gefahrenwege deutscher Geschichte noch im Abstand eines halben Jahrhunderts unüberholt erscheint. Nietzsche war, um den historischen Wirkungszusammenhang zu präzisieren, nur möglich im Schatten der klassischen deutschen Philosophie, in einem Land, dessen Menschen nach dem Scheitern der Revolution von 1848 und des Verfassungswerkes der Frankfurter Paulskirche am Sinn der Geschichte verzweifelten. Sie vermochten nicht mehr mit Kant und Hegel an einen »Fortschritt im Bewußtsein der Freiheit« zu glauben. Das Werk der Verfassung nach westeuropäischem und amerikanischem Muster scheiterte nicht nur an Preußen und dem feudal-agrarischen Osten, sondern auch am deutschen Südwesten. Es mußte mißlingen, weil das rheinische und pfälzische Bürgertum in Landstrichen lebte, wo die Menschenrechte, nach dem treffenden Wort des englischen Historikers Dennis W. Brougham, »im Proviantwagen einer Invasionsarmee« eingeführt wurden (womit, nach einer sarkastischen Anmerkung des *Kurier*-Beiträgers, »das Jahr 1793 und nicht 1945 gemeint ist«). Darum triumphierte in Nietzsches Jugendzeit Schopenhauers Pessimismus, dem die Geschichte als Satanswerk galt.

Nietzsches Distanz zur klassischen deutschen Philosophie wird in dem engagierten Votum durch eine zweite Gestalt markiert: die von Darwin. Er steht zwischen Schopenhauer und Nietzsche, der Darwins Lehre von der Entwicklung der Arten durch natürliche Auslese des Stärkeren auf geschichtliche Zusammenhänge überträgt, was Nietzsches Philosophie ein antirationales und rückschrittlich-naturalistisches Gepräge verleiht. Aber nicht hier liegt ihr Wesen und Werk, das die National-

sozialisten am Leitfaden der Lehre vom »Willen zur Macht« im Nachlaß suchten. Sein »eigentliches Werk« sieht der Verfasser darin – und dafür gebraucht er ein Bild, das dem Tiefenweg von Nietzsches Philosophie gemäß ist –, »die dumpfigen Kellergewölbe des bürgerlichen Ressentiments erkennend durchmessen zu haben, über denen Schopenhauer sein System errichtet hatte, auferstanden zu sein zur Taghelle einer emphatischen Daseins- und Willensbejahung, aufgestiegen zur einsamen Gipfelhöhe der Erkenntnis. Eine Serpentinenstraße«, sagt er zur Verdeutlichung in einem anschaulichen Wortbild für jene philosophische »Schlange der Erkenntnis« (lat. *serpens*, *serpere*, »kriechen«, »winden«), die sich auf Nietzsches Denkweg von unten nach oben ringelt, »führt hinauf, und von dieser Gipfelhöhe her hat Nietzsche hineingeschaut in weite Zeiträume des Vergangenen und der Zukunft.«[380]

Geschaut hat Nietzsche, was Nicolai Hartmann »die Fülle der geschichtlich wirksamen Werte« und »die historische Relativität menschlicher Wertung« nannte, das Prinzipielle, Überzeitliche *und* das Faktisch-Zeitliche als den einen, einheitlichen Gegenstand philosophisch strenger Erkenntnis. In Übereinstimmung mit seinem Lehrer an der Berliner Universität während der letzten Jahre des Nationalsozialismus hat der junge Hartmann-Schüler Nietzsche gegen den Strich von Alfred Baeumler (Hartmanns Kontrahent seit 1933) gelesen. Der Lehrer hat ihn nicht als den Zertrümmerer alter Wertetafeln und Errichter neuer interpretiert: nach dem Prinzip jener »Umwertung aller Werte«, die ein »Jenseits« von Gut und Böse aufdeckt.[381] Sondern Hartmann hat Nietzsche als Befreier phänomenologischer Einsicht für übersehene oder unterdrückte Werte verstanden. Er ist mit seinen Einblicken in Tiefendimensionen und Abgründe der europäischen Kultur hinabgestiegen, die Hartmann selbst, paradox ge-

nung, in Anspruch nahm für seine Entdeckungsfahrten einer sittlich wahren Welt des überzeitlichen »Reichs der Werte«. Und damit hat ihn Hartmann (wie Max Scheler, der Nietzsche ähnlich las) gründlich mißverstanden.
Harichs Lehrer hatte Nietzsche als Vorläufer der apriorischen Werteforschung gehuldigt[382] und zugleich des Relativismus bezichtigt: ein Urteil, das sich bei seinem Schüler in die Worte kleidet, Nietzsche habe sich nach dem Aufstieg zur Höhe seines Gedankens in der historisch tradierten Wertvielfalt und ihrer neuzeitlichen Auflösung wieder verloren und dabei »die ideale Unabhängigkeit der Werte (des Mitleids wie der Tapferkeit, der Nächsten- wie der Fernstenliebe) vom wandelbaren Dafürhalten des Menschen verkannt«[383]. Dieser Relativismus sei sein *Irrtum*, »der einzige, den ihm strenge Philosophie vorwerfen« könne. Weit schwerer wiege jedoch der »Irrtum der anderen, der Nietzsche-Anhänger und -Gegner, die eine beliebige Ecke aus dem Zickzack seines Serpentinenwegs herausbrechen und sie als Nietzsches Lehre bejubeln oder verachten«[384].
Was Nietzsche von »den anderen« nachgesagt werde: daß er Hitlers Vorläufer, wenn nicht sein »Bruder« sei, dieser Vorwurf treffe eher auf »Anweisungen zur Raubtierpolitik« bei Oswald Spengler zu, der in grober Vereinfachung Nietzsches Lehre vom Willen zur Macht mit dem Machtkampf imperialistischer Staaten im Zeitalter des Faschismus identifiziert hatte.[385] Nietzsche selbst hingegen sei »unschuldig« daran, daß »feiste deutsche Spießer sich bei Judenpogromen als Herrenmenschen fühlten, daß rückständige Atavisten sich revolutionär und jugendfrisch aufschminkten, daß ein abgestandener Mythos von Blut und Boden die Politik desavouierte und eine fanatisierte Jugend den stockreaktionären Ideen ihren biologischen Charme lieh, Kriegslieder auf den Lippen, den Arm zum Hitlergruß gereckt und mit ›gelobt sei, was hart

macht‹ als Motto der Pimpf-Dienstvorschrift. Mit diesen Karikaturen des ›Willens zur Macht‹«, so schließt der Nietzsche-Verteidiger sein Plädoyer auf Freispruch des Angeklagten vor dem Nachkriegstribunal, »hat keine Zeile Nietzsches etwas gemein.«[386]

§ 16 Freispruch für Nietzsche: Eva Siewert

Zum gleichen Urteil gelangt ein Jahr später, als der junge Wolfgang Harich sein Lehrer-Idol Nicolai Hartmann durch das Idol von Georg Lukács ersetzt und die politische Kampflinie gegen den »Vorfaschisten« Nietzsche zu stärken begonnen hatte,[387] die Nietzsche-Anwältin Eva Siewert in der Berliner ›Weltbühne‹: mit einer aus Verzweiflung geborenen Gerichtsrede, die sich streckenweise wie die Fortsetzung von Argumenten des ›Kurier‹-Mitarbeiters anhört.

Was Nietzsche nachgesagt werde, trifft nach Eva Siewert mehr auf Wagner zu. Erst nationalistisch und danach rassistisch gesonnen, repräsentiere Wagner mit seiner Verherrlichung falschen Heldentums und dem Hang zu mythischer Verwirrung, Chaos und Maßlosigkeit den typischen Deutschen der späten Bismarckzeit, während Nietzsche fast der einzige Europäer und Weltbürger gewesen sei, den Deutschland um die Jahrhundertwende erlebt habe. Ja, er sei einer von wenigen, die das Land überhaupt besessen hätte. »Wir können es uns aber nicht leisten«, schreibt Eva Siewert, »einen solchen raren Sprößling am deutschen Baum in Acht und Bann zu tun, und es wird Zeit, ihn vor die Spruchkammer zu bestellen und gründlich zu entnazifizieren. Appellanten an solcher Stelle haben das Recht, alles vorzubringen, was sie von dem Verdacht säubern kann, im tiefsten Herzen und im tiefsten Denken Faschist gewesen zu sein. Wir wol-

len hören, was Nietzsche aus seinem Werk zu zitieren hätte.«[388]

Nach diesem Verfahren lädt die ebenso mutige wie geistreiche Verteidigerin des beschuldigten Philosophen zu einem *ersten Termin* vor Gericht ein und bringt als Entlastungszeugnisse die ›Morgenröte‹, die ›Fröhliche Wissenschaft‹ und die ›Unzeitgemäßen Betrachtungen‹ mit. Weit davon entfernt, Nietzsche lediglich vom Nazi-Verdacht entlasten zu wollen, weist sie nach, daß er, der mit Verachtung ausrief, wieviel Verlogenheit und Sumpf dazu gehöre, um im heutigen Mischmascheuropa Rassenfragen aufzuwerfen, vor Männern wie Goebbels, Streicher und Rosenberg wahrscheinlich ausgespieen hätte. Eva Siewert behauptet ferner, daß Nietzsche im »Dritten Reich«, wenn er es erlebt hätte, die deutsche Staatsangehörigkeit aberkannt worden wäre, was sie mit seinem Bekenntnis belegt, er sei »etwas von einem Deutschen einer aussterbenden Art. ›Gut deutsch sein heißt sich entdeutschen‹ – habe ich einmal gesagt; aber das will man mir heute nicht zugeben. Goethe hätte mir vielleicht recht gegeben«[389]. Schließlich weist Eva Siewert in ihrem großen Plädoyer zugunsten des Angeklagten darauf hin, daß Nietzsche am Aufkommen der Führeridee in der Moderne ein Zeichen von Charakterschwäche witterte. Je weniger einer zu befehlen wisse, so habe er notiert, um so dringlicher »begehrt er nach einem, der befiehlt, streng befiehlt, nach einem Gott, Fürsten, Stand, Arzt, Beichtvater, Dogma, Partei-Gewissen«[390]. Und außerdem habe er den Militarismus ebenso wie den Kommandoton, jene Unterwürfigkeit und sklavische Kriecherei gehaßt, die er am verpreußten Deutschland der Bismarckzeit wahrgenommen hätte, an seinen Kasernenhöfen und den »Kommandorufen«, von denen »die deutschen Städte förmlich umbrüllt werden, jetzt, wo man vor allen Toren exerziert: welche Anmaßung, welches Autoritäts-

gefühl, welche höhnische Kälte klingt aus diesem Gebrüll heraus«[391].

Wer Nietzsche als »belastet« einstufe, ohne diese Zeugnisse anzuhören, argumentiert Eva Siewert, macht sich selber geistig schuldig. Und wer nicht bedenke, daß sich die Ideologen des Nationalsozialismus aus Nietzsches Werk nur einzelne Sätze und Schlagworte herausgefischt hätten, um sie als Reklamefang für ihre Weltanschauung zu mißbrauchen, der fällt ein Fehlurteil. Denn was immer Nietzsche mit der Lehre vom Übermenschen, vom Willen zur Macht, mit seiner Verneinung des Mitleids, der Weichheit und Sanftmut gemeint haben mag: Er mußte sie sich selbst predigen, weil er zu empfindsam und verletzlich war. Sie haben, so lautet das Fazit seiner Verteidigerin, nichts mit dem zu tun, was die Propaganda des »Dritten Reiches« daraus machte, die verständlicherweise das Ausland herausforderte und auch dort das Nietzsche-Bild verzerrte. Nietzsche, mit diesem Ausblick endet die ungewöhnlichste Verteidigungsrede, die während der Nachkriegszeit in einer »linken« Zeitschrift unter alliierter Kontrolle publiziert worden ist, hätte sich wahrscheinlich dagegen gewehrt. Und wahrscheinlich wäre er, falls er nicht beizeiten Zuflucht jenseits der Grenzen gesucht hätte, wegen »§ 2, Heimtückegesetz« im Konzentrationslager gelandet, weil er durch übertriebene Neigung zu Paroxismen und zum Paradoxen sein Verständnis erschwert und den deutschen Leser allzu oft vor den Kopf gestoßen habe. Kurzum: »Er hat den deutschen Unarten die schärfstgeschliffenen Spiegel vorgehalten. Wir können es uns nicht leisten, Nietzsche in die Ecke zu stellen. Wir müssen ihn nicht nur reinwaschen vor unberechtigter Verdächtigung, ein Wegbereiter des Nationalsozialismus gewesen zu sein. Wir müssen beweisen, daß er dessen Gegner war, schon ehe Hitler auftrat.«[392]

Falls dieser erste Spruchkammertermin, so hatte Eva

Siewert am Eingang ihrers Plädoyers ironisch vermerkt, nicht genügen sollte, den Appellanten zu entlasten, so würde sie gern in einem *zweiten Termin* weitere Entlastungszeugen vorladen. Dazu ist es nie gekommen. Die Redaktion der ›Weltbühne‹ hatte die Rede mit einer Gegenrede: *Contra Nietzsche* versehen, die der alte Herbert Eulenberg hielt. Eine Kulturinstitution schon im Kaiserreich und danach in der Weimarer Republik, war Eulenberg fair und kenntnisreich genug, um Eva Siewert in den Hauptpunkten zuzustimmen: daß Nietzsche weder Rassist oder gar ein Anhänger des Antisemitismus und erst recht kein Nationalist gewesen sei, der die »Völklerei« in Deutschland gefördert habe. Aber offenbar hatte der in der Westzone lebende Essayist Eulenberg keine Ahnung davon, was sich im Ostberliner Sektor vorbereitete. Sonst hätte er schwerlich behaupten können, die Verteidigungsrede ziele ins Leere, weil es niemand eingefallen sei, Nietzsche, dessen Schriften von Ausfällen gegen die Deutschen strotzten, als einen ausgesprochenen Vertreter des Germanentums hinzustellen.[393] Nach Eulenberg geht es im »Fall Nietzsche« um ganz anderes, wodurch er unsäglichen Schaden angerichtet habe: Um die »moralische Falschmünzerei« in den stilistisch verführerischen und überspitzten Schriften nach der *Zarathustra*-Dichtung, ihr Programm einer »Umwertung aller Werte«, das sich Mussolini zu eigen gemacht hätte, während Hitler selbst viel zu ungebildet und unwissend gewesen wäre, um »diesem großen Verführer zum Opfer fallen zu können«[394].

Sein Unterscheidungsvermögen und der unbefangene Blick auf das nun bald in vielfältigen Varianten durchgespielte Thema: »Nietzsche, Hitler und die Deutschen« vermochten Eulenberg nicht vor den Klischees der Nachkriegszeit zu bewahren.[395] So übernimmt er in wesentlichen Zügen das nationalsozialistisch banalisierte

Bild von Nietzsche als dem Anwalt des Mitleidlosen, der prachtvoll schweifenden blonden Bestie, des Herrenmenschen, dem der Krieg jede Sache heiligt, um Eva Siewerts Zeugenbeweis (eine *probatio per testes* in Gestalt unwiderlegbarer Nietzsche-Sätze) die fragwürdige *probatio per famam* entgegenzusetzen, das Gerücht, die Legende, den Mythos; Elemente jenes »Famosen«, die Nietzsches Namen immer mehr in Verruf geraten lassen. Um im übrigen daran festzuhalten, daß man niemand die Begeisterung für den Sprachkünstler Nietzsche nehmen sollte, obwohl sich in seinen Spätschriften Blendwerk und Künstelei häuften.

§ 17 Vor dem Kassationshof: Stefan Andres, Otto Flake und Heinrich Scholz. Mit einem Nachtrag zum Urteilswiderspruch in Thomas Manns ›Doktor Faustus‹

Ähnlich hatte Stefan Andres mit seinem in der Münchener Literaturzeitschrift ›Ruf‹ erschienenen Beitrag ›Nietzsche vor dem Kassationshof‹ argumentiert. Es ist ein Protest gegen die verlangte Aufhebung der Nietzsche-Verurteilungen wegen Nichtigkeit von Prozeßverfahren, die nicht alle Zeugen verhören oder vorgelegte Dokumente verfälschen. Wer seine Briefe lese, bemerkt der fromme Verfasser des Romans ›Ritter der Gerechtigkeit‹ (1948), der wisse auch, daß Nietzsche durch sein Gewissen öfter gewarnt wurde, z. B. ehe er mit dem Werk ›Wille zur Macht‹ begonnen habe: »Aber er schrieb es nicht in esoterischen Hieroglyphen und versah seine furchtbare Lehre der Verzweiflung nicht mit den Schleiern der Rücksicht auf die Schwachen im Geiste, auf die verführbare Jugend.« Nach Stefan Andres ist Nietzsche seiner Verantwortung als Schriftsteller nicht gerecht

geworden. Sein Versagen hänge mit der aphoristischen Form philosophischer Selbstdarstellung zusammen. Denn Nietzsches Schuld sei das unaufhörliche »Ausplaudern« ebenso unbeweisbarer wie in den Folgen furchtbarer Weltansichten, die bei ihm überdies sogleich nach Prophetenmanier zu Gesetzestafeln gerannen. Und in seinem Innersten sei er der leibhafte Antichrist, als den er sich selbst bezeichnete; ein Verführer, der keinerlei Grundlagen menschlicher Gemeinsamkeit zu dulden scheine als die Macht und ihre Mittel: Grausamkeit und Gewalt, List und Mitleidlosigkeit im Verhältnis zwischen Herren und Knechten. Und nur darum, weil Nietzsche im Leben nicht so böse gewesen sei, wie seine Lehre erscheine, weil die ganze Summe antihumanen und antichristlichen Denkens nicht seinem Herzen, sondern einem verzweifelten Geist entsprang, der sie auf die Dauer nicht zu tragen vermochte, darum hätte die Gottheit seine Gedanken mit Wahnsinn verhüllt. So endet das Plädoyer gegen die Aufhebung des Nachkriegsurteils versöhnlich: »Wir sollten in Nietzsche den Dulder verehren, den an der Abwesenheit Gottes leidenden, vereinsamten Geist. Und wir sollten ihn wie eine unerhört menschliche Gestalt in einem Seelen-Roman erleben, deren Leiden für uns aufschlußreicher sind als ihre Handlungen – und deren Worte uns, denen es immer noch um die Wahrheit geht, nur so weit binden, als der Autor dieses Romans (derselbe, der auch unser Leben schreibt) es durch das Schweigen zwischen den Zeilen gestattet.«[396]

Das Zeitschriftengeplänkel wird in allen Zonen begleitet von einer kaum übersehbaren Flut von Anklageschriften zum »Fall Nietzsche«, die unmittelbar nach Kriegsende zuerst in den westlichen Besatzungszonen einsetzt, während in der Ostzone anfangs merkwürdigerweise wenig über ihn erscheint: Als ob er hier zunächst totgeschwiegen worden wäre, um die Nacht-und-Nebel-

Aktion gegen das Nietzsche-Archiv nicht durch eine öffentliche Erörterung des Gesamtfalls zu belasten. Und dazu die zahlreichen Schriften zur Nietzsche-Apologie: Als ob der Philosoph, der am ersten und letzten von sich verlangte, seine Zeit in sich zu überwinden, »zeitlos« zu werden,[397] vor dem Forum der Zeitgeschichte verteidigt werden müßte!

Die früheste Anklage aus den westlichen Besatzungszonen stammt von dem einstigen Nietzscheaner Otto Flake, der ein Nietzsche-Buch (›Rückblick auf eine Philosophie‹, 1946) im Frühjahr 1944 zu schreiben beginnt: in der Hoffnung, der Hitlerstaat werde bald zusammenbrechen und es könne noch zum 100. Geburtstag »seines Philosophen« im Oktober 1944 erscheinen. Nach dieser einfachen Gleichung sitzt der vormals enthusiastische Nietzscheaner als moralisierender Prediger über Nietzsche zu Gericht. Im Geschwindschritt erhebt er ihn zum Wortführer norddeutsch-protestantischen, »preußischen Denkens«, das seit Jahrhunderten an allem Unglück in Europa schuld sei.[398]

Nietzsche – der »Antipode« zum süddeutschen Protestanten und reichsdeutschen Humanitätsdichter Goethe: auf diese plakative Vereinfachung deutscher Geistesgeschichte läuft Flakes Argumentation hinaus. Seine gleichzeitige Option zugunsten von Goethe, den die Humanität vor dem Absturz bewahrt hätte, und der katholisch-christlichen Substanz der Nation erinnert in manchem an Hugo Balls ›Kritik der deutschen Intelligenz‹ aus der Nachzeit des ersten Weltkriegs (1919). Flake scheut dabei weder vor Ungeheuerlichkeiten noch vor Manipulationen seiner Nietzsche-Anklagen zurück. Einerseits hegt er keinen Zweifel daran, daß Nietzsche »nie, aber auch nie die Abscheulichkeiten, die in den Lagern begangen wurden, gebilligt hätte«, um auf der anderen Seite die Verantwortung für den »gedanklichen Unterbau« des »Dritten Reiches«

seiner Philosophie aufzubürden und im nachhinein (als im Nürnberger Prozeß [1946] sein Name gefallen war) zu behaupten, Nietzsche sähe sich, wenn er noch lebte, vermutlich »auf die Liste der Kriegsschuldigen gesetzt, nach Nürnberg bestellt«[399]. Flakes Begründung ist einfach: »In der Praxis sagen wir: Der Mensch ist verantwortlich, wenn nicht für seine Anlage, sein Temperament, so doch für das, was er damit beginnt. Wir *machen* ihn dafür verantwortlich, um überhaupt eine Norm, einen Maßstab des Urteils zu haben. Und so ist auch Nietzsche verantwortlich für seine *Ideenwahl.* Zur Verantwortung gezogen werden weniger die Träger der Ideen, mithin die Personen, als die Ideen selbst. Und Nietzsche, das ist die Machtidee.«[400] Eine nachträgliche Bestätigung von Baeumlers halbierter Nietzsche-Interpretation ...

Mit holzschnittartigen Vereinfachungen wartet auch Konrad Algermissen in seiner Broschüre ›Nietzsche und das Dritte Reich‹ (1946) auf. Sie stellt einen äußeren Zusammenhang über das Konzept des Herrenmenschentums her, um dann auf der Linie von Flake den latenten Atheismus im protestantischen Erbe seit Luther und Kant gegen Nietzsche zu kehren. Indem er den pietistisch verinnerlichten, im Gewissen verankerten Gottesglauben zu Ende denke, lege Nietzsche mit dem idealistisch verkehrten Gottesbegriff den Glauben an Gott überhaupt ab, womit er an der Zeit schuldig werde. Nietzsches geistiger Zusammenbruch ist nach Algermissen nicht nur *Symptom* einer persönlichen Glaubenskrise oder Folge seines rauschhaft-dämonischen Dionysos-Kults, sondern *Symbol* all desjenigen, was der Rausch für die Welt in sich schloß, als sie ihm folgte, sprich: für die politische Katastrophe in Deutschland. Bei diesen Rekursen wird jedoch auf katholischer Seite übersehen,[401] daß die »Führer« des Faschismus keine Protestanten gewesen sind.

Es sei nicht verschwiegen, daß zu dieser Zeit auch pro-

testantische Wortführer Nietzsches Mitschuld am katastrophischen Geschehen der Jahrhundertmitte nach jenen Denkmustern bestimmen. Hier wird er zum »geistigen Strahlenbrecher« erklärt, der den neuzeitlichen Prozeß der Entgöttlichung des Lebens auffängt und auf unsere Gegenwart wirft: »Diese seine Stellung in der Geschichte der Säkularisation unseres geistig-seelischen Lebens macht ihn verantwortlich für den Zusammenbruch von 1945. Denn die Ursache der Katastrophe Deutschlands ist im Zentrum des seelischen Lebens, in der Aushöhlung des Gott-Glaubens des Menschen zu sehen.«[402] Die theologische Argumentation beruft sich darauf, daß die Entgöttlichung eine Entsittlichung des Lebens zur Folge gehabt und zum gänzlichen Zerfall der Werte auf allen Lebensgebieten geführt habe, bis hin zum militärischen und wirtschaftlich-politischen Zusammenbruch. Und daran sei Nietzsches Geist entscheidend beteiligt, weil er zugleich wie ein »riesiger Strahlensammler« den langen Prozeß der Emanzipation des *Ethos* von der Autorität des lebendigen, persönlichen Gottes in seinem Werk umgesetzt habe in Maximen von propagandistischer Raffinesse, in Aphorismen, denen Sprachstil und aufreizender Sinn demagogischen Einfluß sicherten: »Indem diese große Entwicklung durch den Geist Nietzsches hindurchging, gewann sie erst eigentlich ihre Gegenwartsbedeutung.«[403]

Ähnlich verfahren in ihren Schriften nach Kriegsende bedeutende Dichter und Philosophen, von Nietzsche-Spiegelungen in der deutschen Faust-Legende angefangen, die Thomas Mann 1942 im amerikanischen Exil vornimmt, bis hin zum Spiegelbild klassischer Tugend-Ethik, das den Nachkriegsdeutschen in Heinrich Scholz' ›Begegnung mit Nietzsche‹ (1946) vorgehalten wird.

Jede Spiegel-Welt ist verwirrend. Immer kommt es darin zu »Erscheinungen in zweideutiger Gestalt«. Dieses

Wort von Shakespeare trifft wie kein zweites auf Thomas Manns Erzählung der Lebensgeschichte des deutschen Tonsetzers Adrian Leverkühn im Spiegel der Faustus-Nietzsche-Legende zu. Für den Autor des Romans über Goethe (›Lotte in Weimar‹) ist das eigentliche Gegenstück zur kritischen Auseinandersetzung mit dem deutschen Geist im Exil der »Nietzsche-Roman«, wogegen nach seinem Urteil die Nachkriegsrede über ›Nietzsches Philosophie im Lichte unserer Erfahrung‹ (vgl. § 14) fast als »kleines Geplauder« hinzunehmen sei.[404] Ein Fehlurteil in doppelter Hinsicht, wie mir scheint. Goethes *Faust*-Stoff hatte Thomas Mann seit Anfang des Jahrhunderts beschäftigt. Und wie die Entstehungsgeschichte des Romans lehrt, ging es darin zunächst im Blick auf Gleichklänge in Hugo Wolfs und Nietzsches Lebensschicksal um den »Teufelspakt« des Künstlers, seine Erkrankung als Dekadenzsymptom und Schicksal europäischer Kultur,[405] bis sich jener Pakt mit dem herannahenden Ende des »Dritten Reiches« im Prozeß des Schreibens auf den Geschichtsprozeß des deutschen »Sonderwegs« verschiebt und Nietzsches Denkwagnis am Leben des deutschen Tonsetzers »Adrian Leverkühn« zum Gleichnis einer Zeit wird, deren ansteckende Atmosphäre den Ausbruch der faschistischen Krankheit verursacht. Nach der Logik von Ursache und Wirkung kann Thomas Manns Nietzsche-Faustus nicht mehr wie Goethes Faust erlöst werden, sondern er fährt im ersten Kriegsjahr zur Hölle und der Faschismus wenige Jahre später wie zum Beweis hinterher.[406]

Als großer Künstler, der er ist, mußte Thomas Mann dieser Art von Kausalität, die uns in Nachkriegsabrechnungen mit Nietzsche immer wieder entgegentritt, widersprechen. Und den Widerspruch hebt im Faustus-Roman symbolhaft das Dioskurenpaar Leverkühn und sein Philologenfreund Zeitblom auf: zwei Welten scheinbar, die

doch insgeheim zwei Seiten deutschen Daseins in sich bergen. Als einer der wenigen unter den heutigen Literaturwissenschaftlern hat Eckhard Heftrich ihre geheime Identität erkannt und sie in der Kunstform des Romans als einer »radikalen Autobiographie« des Autors aufgehoben gefunden.[407] Und mein Leipziger Lehrer Hans Mayer hat dann das Geheimnis gelebter Zwienatur ein Stück weit gelüftet und festgehalten, daß Thomas Mann die Zusammengehörigkeit jenes Paares *»unmerklich durch ihre Beziehung zu Nietzsche«* verdeutlicht. Der eine erbt Nietzsches Schicksal, seine Krankheit und die Art, wie er sie sich zuzieht, der andere übernimmt die Rolle des Lehrers der klassischen Philologie und manche Züge seiner noch hellsichtigen Kulturkritik. Es sind zwei zu Ende gedachte Lebensmöglichkeiten deutschen Wesens, die Gestalt Leverkühns, des Genies der Kälte und Einsamkeit, und die Gestalt Zeitbloms, des unpolitischen Gelehrten und humanistischen Kunstfreundes, der jene Bahnen des Künstler-Freundes miterlebt. Und beide sind nicht voneinander zu trennen.[408]
Ihre Einheit in Nietzsches Philosophie wiederzuerkennen, das war Thomas Mann nicht gegeben – übrigens bis heute eine ungelöste Aufgabe. Aber sie zu fühlen und nach Vereinigung des scheinbar Getrennten zu suchen, dieses Gefühl hat Thomas Mann in seiner Liebe zu Nietzsche niemals verlassen. Es hat ihn bis in die Nachkriegszeit hinein begleitet und schließlich zu fragen veranlaßt, ob etwa Goethe kein »öffentliches Unglück« für sein Land gewesen sei, wo doch so viel von Nietzsches Immoralismus schon in seinem »naturfrommen Anti-Moralismus« stecke: »Damals konnte alles noch schön, heiter und klassisch sein. Dann wurde es grotesk, trunken, kreuzleidvoll und verbrecherisch.«[409] Und im Wissen darum, daß dies der Gang des Geistes in der Zeit und sein Schicksal sei, dem keiner ohne Liebe und den Willen zu

historischer Gerechtigkeit standhalte, konnte Thomas Mann sagen, nur »die Flakes« würden, wenn der Augenblick es will, simple Broschüren dagegen schreiben und Nietzsche den »Philosophen des National-Sozialismus« nennen, was »eine Barbarei« sei. Und berechnende, rechthaberische Konjunkturreiterei obendrein, denn »allzusehr fühlt man, daß kein Erlebnis mitgeteilt, sondern eben nur denkerische Kritik geübt wird – zu günstiger Stunde«[410].

Die Konjunktur der Rechthaber dauert in den Westzonen einige Jahre, in der Ostzone und späteren DDR Jahrzehnte an. Davon ist der bedeutende Religionsphilosoph und Logiker Heinrich Scholz meilenweit entfernt. Inmitten der deutschen Trümmerlandschaft des geteilten Deutschlands sucht er nach Erklärungen für das katastrophale Geschehen, um sie zu einem Teil in Nietzsches Werk zu finden. Scholz unterscheidet genauer Entschuldbares, das sich mit seinem nationalsozialistischen Mißbrauch zutrug und nicht zu verhindern war, vom unentschuldbaren Gebrauch, den das Spätwerk den Nazi-Philosophen ermöglichte. Und obwohl er dafür plädiert, auch hier gerecht zu sein, liest Scholz Nietzsche so, als sei er wirklich Hitlers Ideenlieferant gewesen. So berechtigt manche seiner Anklagen gegen Nietzsches disziplinloses Schreiben während des letzten Schaffensjahrs erscheinen mögen, so haltlos sind doch manche Beschuldigungen, die Heinrich Scholz erhebt.

Ich illustriere das an einem Beispiel, Nietzsches Deutung von Anzeichen für ein kommendes Zeitalter, das einmal wieder die *Tapferkeit* als Tugend zu Ehren bringen werde: »Denn es soll einem noch höheren Zeitalter den Weg bahnen und die Kraft einsammeln, welche jenes einmal nötig haben wird – jenes Zeitalter, das den Heroismus in die Erkenntnis trägt und Kriege führt um der Gedanken und ihrer Folgen willen. Dazu bedarf es jetzt vieler vor-

bereitender tapferer Menschen … Menschen mit eigenen Festen, eigenen Werktagen, eigenen Trauerzeiten, gewohnt und sicher im Befehlen und gleich bereit, wo es gilt zu gehorchen, in einem wie im anderen gleich stolz, gleich ihrer eigenen Sache dienend: gefährdetere Menschen, furchtbarere (!) Menschen, glücklichere Menschen.«[411] Wenn Heinrich Scholz den von ihm zitierten Schlußsatz mit den Worten kommentiert, es werde erlaubt sein zu sagen, wie gemütsbewegend es sei, mit welchem Genauigkeitsgrad »die Grundzüge der Hitlerform des deutschen Menschen in dieser Vision vorausgesehen sind«[412], so ist gegen diesen Kommentar des scharfsinnigen Logikers – ohne besserwisserische Attitüde, eher bekümmert und entmutigt durch so viel trübe Emotion in einem klaren Kopf – einzuwenden, daß Nietzsche statt von »furchtbaren« von *fruchtbaren Menschen*, von ihrem Daseinsgeheimnis und der heimlichen Genußfähigkeit des erkennenden Menschentums spricht. Und das Geheimnis, um »die größte Fruchtbarkeit und den größten Genuß vom Dasein einzuernten, heißt: *gefährlich leben!*«. Scholz' Affekt und seine Auslegung verbieten sich, wenn man das Lob der Tapferkeit im Kontext des Lobes der Leidenschaft der Erkenntnis und des zu ihr gehörigen Geschmacks liest. Denn der von Nietzsche geführte *Kampf um der Gedanken willen* ist »Polemos«: kein »Weltanschauungskrieg« nach Art von Hitlers »totalem Krieg«, sondern ein Denkkampf um das Verständnis des Ewigen inmitten der Zeit, der Lehre von der ewigen Wiederkehr des Gleichen und ihrer Folgen für das menschliche Selbstverständnis: »Seid Räuber und Eroberer [das heißt: *Kritiker*; M. R.], so lange ihr nicht Herrscher und Besitzer [der *Weisheit*; das heißt: der einverleibten Lehre; M. R.] sein könnt, ihr Erkennenden! Die Zeit geht bald vorbei, wo es euch genug sein durfte, gleich scheuen Hirschen in Wäldern versteckt zu leben! Endlich wird

die Erkenntnis die Hand nach dem ausstrecken, was ihr gebührt: – sie wird *herrschen* und *besitzen* wollen, und ihr mit ihr!«[413]
Was sich in den Westzonen abspielt, sind Vorgeplänkel zur großen Attacke im Osten, die etwas länger auf sich warten läßt. Wenn schon ein Logiker und Historiker der Philosophie von Scholz' Format nach 1945 unfähig ist, Nietzsche unbefangen zu lesen und redlich auszulegen, so dürfen wir uns nicht wundern, was mit ihm vor Gericht in Nürnberg und dann durch Kampagnen russischer und deutscher Kommunisten und ihrer Handlanger passiert. Was hier geschieht, beginnt als Satyrspiel zum Weimarer Drama, ein Spiel teils mit burlesken, teils tragikomischen Zügen, das im Verlauf seiner Aufführung wie von selbst in die Tragödie der Philosophie umschlägt: die Fesselung des freien Geistes und dessen Untergang auf dem Boden der Sowjetisch besetzten Zone Deutschlands (SBZ), dem Gebiet der späteren DDR.

IV. TEIL

Der Philosoph als Staatsfeind

»Jede Gesellschaft hat die Tendenz, ihre Gegner bis zur Karikatur *herunterzubringen und gleichsam auszuhungern, – zum Mindesten in ihrer* Vorstellung.«

Nachgelassene Fragmente, Herbst 1887, 10 [112], KSA 12, S. 521

»Eine jede Partei versucht, das Bedeutende, das außer ihr gewachsen ist, als unbedeutend darzustellen; gelingt es ihr aber nicht, so feindet sie es um so bitterer an, je vortrefflicher es ist.«

Menschliches, Allzumenschliches, II, Aph. 314, KSA 2, S. 506

7. Kapitel

Im Namen des Antifaschismus oder wie Nietzsche realsozialistisch banalisiert wird

§ 18 Verurteilung durch die Besatzungsmacht und Ernennung zum Staatsfeind

Von »Polemik« im Sinne eines an sachlicher Auseinandersetzung orientierten Gedankenwettkampfs ist wäh rend der Nietzsche-Attacken jener »Kulturoffiziere« nichts zu verspüren, die unter dieser militärischen Bezeichnung seit dem Sommer 1945 in der Sowjetisch besetzten Zone Deutschlands (SBZ) Befehlsgewalt mit dem von Stalin vorgeschriebenen Ziele »demokratischer Erneuerung« ausüben. Ihr Schauplatz ist die ›Neue Welt‹, eine Halbmonatsschrift des Zeitungsverlags ›Tägliche Rundschau‹, die im Januar 1947 unter dem Titel ›Also sprach Nietzsche‹ die Offensive eröffnet. Ein Pamphlet im Stil der Stalinzeit, das sich zuweilen der Sprache von Hitler und Rosenberg bedient, etwa mit der Behauptung, daß Nietzsche der zu Ende des vorigen Jahrhunderts entstandenen »Plutokratie« ihre »eigene Ideologie lieferte«. Der Autor stellt mit Sätzen dieser Art die Weichen für die Nietzsche-Tabuisierung in der späteren DDR.

Tatsächlich war der Aufsatz unter dem Autorennamen I. Leshnew schon im Frühjahr 1945 in der von Johannes R. Becher redigierten Zeitschrift ›Internationale Literatur. Deutsche Blätter‹ erschienen. Laut einer bibliographischen Aufschlüsselung zu diesem wichtigsten Organ der Moskauer Emigrantengruppe (die während der 30er Jahre eine Reihe von Nietzsche-Beiträgen publizierte)[414]

verbirgt sich hinter diesem Namen »Isai Grigorjewitsch Altschuler«, der sonst nicht näher hervorgetreten ist. Im offiziellen Organ der Besatzungsmacht nachgedruckt und in seinen Kernthesen von amtlichen Regierungsstellen wie vom SED-Vorsitzenden Otto Grotewohl übernommen, begleitet Altschulers Pamphlet kulturpolitische Maßnahmen, die gegen das Nietzsche-Archiv in der Folgezeit ergriffen werden, darunter den Widerruf des Beschlusses von 1949 über die Errichtung einer Nietzsche-Gedenkstätte in Weimar. Mit seiner Zurücknahme im Jahr der DDR-Gründung wird der Philosoph zum Staatsfeind.

Unter den Utopien der Menschenzüchtung und Rassenlehre des 19. Jahrhunderts stellt Nietzsches Philosophie für den Verfasser die »monströseste« Variante dar, eine Lesart der Menschheitsgeschichte, die buchstäblich zur Inhumanität der antiken Sklavenhaltergesellschaft zurückkehre. Ihr verdanke sie das Motto: die Formel vom »Willen zur Macht«. Leshnews Pamphlet geht nicht nur davon aus, daß der unter diesem Titel von Nietzsches Schwester kompilierte Text das Hauptwerk des Philosophen sei. Es gewahrt darin die »Leitidee seiner ganzen Weltanschauung«, die der Verfasser dann nach frei erfundenen Geschichten der Nietzsche-Biographie interpretiert. Elisabeth Förster-Nietzsches Legenden von Nietzsches »heroischem« Leben werden für bare Münze genommen, seine eigenen Zeugnisse gelebter Kriegserfahrungen ausgeblendet. Kein Wort über Nietzsches Leiden am Krieg von 1870, den er als Sanitätshelfer mitmacht, bis er nach wenigen Wochen die Schmerzensschreie und Qualen der Verwundeten, das massenhafte Sterben und den Gestank der Leichen auf dem Schlachtfeld vor Metz nicht mehr aushält und zusammenbricht. Statt dessen wiederholt Leshnew die uns bekannte Erzählung vom »Lärm und Donner« der Schlacht, die

Nietzsche den Gedanken nahegebracht hätte, der stärkste und höchste Wille komme »als Wille zum Kampf, als Wille zur Macht und Übermacht« zum Vorschein: im deutschen Hegemoniestreben gegenüber den europäischen Völkern (vgl. § 1). Dazu paßt dann das vermeintliche Nietzsche-Zitat, jener erfundene Zusatz, wie gut es doch sei, daß »Wotan den Feldherren ein hartes Herz in den Busen legt«, damit sie die »ungeheure Verantwortung« tragen könnten, »Tausende in den Tod zu schicken, um ihr Volk und damit sich selbst zur Herrschaft zu bringen«.[415]

Ein Satz im theatralischen Bayreuth-Stil, der dem Verfasser Nietzsches »Militarismus« beweist, während er seinen Bruch mit Wagner verschweigt. Unter dem Deckmantel des Ästhetentums, so argumentiert der Autor des Pamphlets, habe Nietzsche versucht, »das Recht eines Grüppchens von ›Gebietern‹ auf monopolistische Weltherrschaft ideologisch und moralisch zu begründen«. Seine Werttafel sei vom gleichen Geist erfüllt wie das außenpolitische Programm des deutschen Imperialismus, der Europa unter der »Hegemonie der Krupps und dem Zepter der Hohenzollern mit ihrer Militärclique« gewaltsam zu »einigen« gesucht habe. Kurzum: Nietzsches Denken ist der Keim zur Idee eines »germanischen Europa« unter Führung des preußischen Militarismus und des Nationalsozialismus als seinem Erben. Nicht umsonst, das ist die Spitze dieser Invektiven, »schöpften aus der trüben Quelle Nietzscheschen Geistes sowohl die Imperialisten Vorkriegsdeutschlands als auch die Hitlerschen ›Doktoren‹«[416].

Nietzsche kein Vorläufer, sondern Vordenker, ja, geistiger Urheber der Untaten des Faschismus: so stellt sich sein Bild im Zerrspiegel stalinistischer Kulturoffiziere dar. Es lohnt sich nicht, den polemischen Ausfällen nach allen Seiten weiter zu folgen. Ich ergänze die ange-

deuteten Kreuz- und Querzüge um einige Bannsprüche über Nietzsches Werk und dessen Unterwerfung unter die Zwangsgerichtsbarkeit der Besatzungsmacht, die es verurteilt und das Urteil strafrechtlich sanktioniert; bis es sich mit Nietzsches Ernennung zum Staatsfeind während vier Jahrzehnten fast als Gewohnheitsrecht durchsetzt, ihn unter DDR-Kaderphilosophen wie einen auf immer Verbannten zu behandeln. Darunter wird uns Wolfgang Harich wieder begegnen, der das frühe Nietzsche-Bekenntnis in dem ihm zugeschriebenen Essay des französisch lizensierten ›Kurier‹ von 1946 revidiert und an der sowjetamtlichen ›Täglichen Rundschau‹ mitschreibt.

Da sind einmal Ausfälle gegen die von Nietzsche geprägten Richtungen der avantgardistischen Dichtung der Moderne: von Andrej Belyj und Dimitri Sergejewitsch Mereschkowskij bis hin zu Strindberg und Gide, jene »Dekadenten«, wie sie nach dem nietzscheanischen Sammelwort der von Stalins Parteigängern formulierten »Ästhetik« genannt werden; ein Etikett, das damals einem Verdammungsurteil mit potentiell physischer Vernichtung gleichkam. Die »Dekadenten« waren Antihumanisten, Volksfeinde und als solche Vorläufer des Faschismus, die Nietzsches »reaktionäres Gedankengut« mit »radikalen Phrasen schmücken«. Und da ist die maßlose Polemik gegen den Vordenker der »faschistischen Reaktion«, jene üble Bezeichnung der SS-Schergen als »Kinder Zarathustras«, die Otto Grotewohl im Hauptreferat über ›Die geistige Situation der Gegenwart und der Marxismus‹ auf dem »Kulturtag« der SED im Herbst 1948 aufgriff. Scheute sich doch der spätere DDR-Ministerpräsident nicht, Klischees der nationalsozialistischen Nietzsche-Propaganda zu übernehmen und die Mitglieder von Himmlers Orden Nietzsches »Söhne« zu nennen, die »der Welt den Mythos von der deutschen Sendung

und die Herrenmoral in Polen und Rußland, in der Tschechoslowakei und in fast ganz Europa ebenso wie im eigenen Land mit unüberbietbarer Grausamkeit vorexerziert haben«.[417]

Die Kernsätze von Grotewohls Rede entstammen allesamt dem Waffenarsenal der ›Täglichen Rundschau‹: Nietzsche verachtete die dialektische Vernunft, weil sie das Handeln töte. Er verneinte die Demokratie und den Sozialismus, weil sie die angeborenen Privilegien einer rassischen Herrenschicht antasteten. Und auch Grotewohls Urteil ist daraus abgeschrieben: »Der Wiederherstellung der Ordnung der Sklavenhalter war seine Lehre gewidmet. Den Sklavenhaltern, seinen Übermenschen, lehrte er die Moral der blonden Bestie.«[418] Ja, Grotewohl schreckt nicht vor der Behauptung zurück, der germanische »Rassenwahn« mitsamt dem »Traum der Versklavung Rußlands«[419] sei keine Erfindung Hitlers und Rosenbergs, sondern Nietzsches Idee – was seinem Plädoyer für »Rassenmischungen« widerspricht, von lebenslanger Sympathie für Polen und Rußland nicht zu reden.

Ich weiß nicht, wer Grotewohls Redenschreiber nach der Westflucht von Klaus Bölling (er verfaßte offenbar eine Vorstudie[420]) gewesen ist, ob Wolfgang Harich, der nach seinem plötzlichen Sinneswandel dieser Tonart verfällt, oder einer der sowjetischen »Kulturoffiziere«. Aber ich frage mich, wie der erste DDR-Ministerpräsident wohl reagiert hätte, wenn ihm jemand Zeugnisse von Nietzsches tiefer Verehrung slawischer Volkskultur und seiner Liebe zu Rußland und den Russen vorgelegt hätte.

Man denke an diese Sätze: »Die russische Musik bringt mit einer rührenden Einfalt die Seele des moujek, des niederen Volks ans Licht. Nichts redet mehr zu Herzen als ihre heiteren Weisen, die allesamt traurige Weisen sind. Ich würde das Glück des ganzen Westens eintau-

schen gegen die russische Art, traurig zu sein.«[421] Oder an den Satz: »Ein Denker, der die Zukunft Europas auf seinem Gewissen hat, wird, bei allen Entwürfen, welche er bei sich über die Zukunft macht, mit den Juden rechnen wie mit den Russen, als den zunächst sichersten und wahrscheinlichsten Faktoren im großen Spiel und Kampf der Kräfte.« Und man bedenke den *Zusatz*: Was heute in Europa »Nation« genannt werde und eigentlich mehr eine *res facta* als *nata* darstelle (»ja mitunter einer *res ficta et picta* zum Verwechseln ähnlich sieht«), sei in jedem Falle etwas Werdendes, Junges, Leicht-Verschiebbares, bei weitem keine »Rasse«; denn um eine europäische Nation zu sein, brauche man die Russen wie die Juden, »wozu es vielleicht nützlich und billig wäre, die antisemitischen Schreihälse des Landes zu verweisen«.[422] Und was hätte Grotewohl wohl zu Nietzsches Rußland-Prophetie gesagt, wenn sie von umtriebigen Lesern wie dem jungen Harich aufgestöbert worden wäre? Sie stammt aus dem Jahre 1880 und lautet: »Zeichen des nächsten Jahrhunderts: 1) das Eintreten der Russen in die Kultur. Ein grandioses Ziel. Nähe der Barbarei, Erwachen der Künste. Großherzigkeit der Jugend und phantastischer Wahnsinn und wirkliche Willenskraft. 2) die Sozialisten. Ebenfalls wirkliche Triebe und Willenskraft. Assoziation. Unerhörter Einfluß Einzelner. Das Ideal des armen Weisen ist hier möglich.«[423]

Nach solchen Zeugnissen von Nietzsches Rußlandliebe wird man in den kommunistisch gelenkten Publikationsorganen der damaligen Ostzone vergeblich suchen. Dagegen finden sich gelegentlich Klagen über Behauptungen »einiger Antifaschisten«, wonach Nietzsches Philosophie »im strikten Gegensatz zum Hitlerismus« stünde. Erwähnt wird ein Vortrag von »Johann Schmidt« an der ›Freien Deutschen Hochschule‹ in Paris über ›Die nationalsozialistische Wissenschaft und die Aufgaben

der freien deutschen Forschung‹ (1938), worin erklärt worden sei, Nietzsche den Faschisten zu »überlassen«, das würde bedeuten, »gegen die historische Tradition zu handeln«.
Die deutschen Emigranten in Westeuropa und Amerika hatten nicht vergessen, daß sich Harry Graf Kessler nach dem Ende des 1. Weltkriegs unter Einwirkung von Nietzsches Ideal des »guten Europäers« und seiner Ideen über den »Frieden der Gesinnung« dem Paneuropagedanken zuwandte und offen für Demokratie und Pazifismus unter den Völkern aussprach; daß Thomas Mann im Zeichen der faschistischen Gefahr die Weimarer Republik unter Berufung auf Goethe *und* Nietzsche zu verteidigen suchte; und daß Heinrich Mann, Präsident der von deutschen Kommunisten gelenkten Volksfront, ursprünglich Nietzscheaner war und die Treue zu Nietzsche zuletzt durch seine Nietzsche-Anthologie (Les pages immortelles de Nietzsche, 1939) und den großen Essay in der Exil-Zeitschrift ›Maß und Wert‹ (1939) bezeugt hatte: mit den wahrhaft bewegenden Worten, Nietzsche habe vor seinem Gewissen das Amt eines Denkers zwischen den Jahrhunderten verwaltet: »Die zweite Hälfte des zwanzigsten sollte, ihm zufolge, endlich begreifen, wer er gewesen war. Gerade das ist nunmehr zweifelhaft geworden: die erste Hälfte hat ihn voreilig mißbraucht.«[424]
In dieser historischen Tradition steht im skandinavischen Exil auch Bertolt Brecht, der nicht bereit war, seine nietzscheanischen Anfänge preiszugeben, um den von Lukács und der damaligen Sowjetphilosophie ausgesprochenen Verdikten über den Ahnherrn des expressionistischen »Formalismus« und Vorläufer der »faschistischen Ästhetik« zu folgen. Brechts ›Geschichten vom Herrn Keuner‹ und die ›Flüchtlingsgespräche‹ spielen immer wieder auf Nietzsche-Aphorismen an. Und dem Autor der *Zarathu-*

stra-Dichtung gilt auf dem Tiefpunkt seiner Erniedrigung zum Staatsphilosophen des »Dritten Reichs« und des Kampfes gegen sein Werk durch die Moskauer Emigranten (1938) das Sonett:

> Du zarter Geist, daß dich nicht Lärm verwirre
> Bestiegst du solche Gipfel, daß dein Reden
> Für jeden nicht bestimmt, nun misset jeden:
> Jenseits der Märkte liegt nur noch die Irre.
> Ein weißer Gicht sprang aus verschlammter Woge!
> Was dem gehört, der nicht dazu gehört...
> Im Leeren wird die Nüchternheit zur Droge.[425]

Den Pariser Vortrag hat mit Sicherheit Lásló Radványi gehalten, der Gefährte von Anna Seghers im französischen und mexikanischen Exil.[426] Nach der Rückkehr in die DDR beschweigt er seine Bindung an Nietzsche und die »historische Tradition«. Die Klage des sowjetischen Nietzsche-Kritikers hätte sich aber auch gegen Ernst Bloch richten können, der in seinem Emigrationsbuch ›Erbschaft dieser Zeit‹ (1935) diese Tradition bekräftigt und die deutschen Antifaschisten dazu ermutigt hatte, Nietzsches »dionysische Beute« zu teilen, statt sie ungeteilt dem Faschismus zu überlassen.

§19 Essayraum der Hoffnung: Ernst Bloch

Bloch hatte mit seinem Freund Georg Lukács vor dem 1. Weltkrieg als Nietzscheaner zu philosophieren begonnen, ohne sich dem Nietzsche-Kult zu verschreiben (vgl. §5). Ja, er hatte zu einer Zeit, als im Weimarer Nietzsche-Archiv die erste Kompilation am »System« des »Willens zur Macht« gerade abgeschlossen war, auf die Unabgeschlossenheit von Nietzsches Philosophie hingewiesen. Nicht in seinen *Werken*, sondern in seinen *Wünschen*

bestehe das Große dieses Denkers, der nach einem *kategorischen Optativ* als Kompaß uneingeschränkter Lebensbejahung gesucht und dabei dem Begriff des »Subjekts« die »stärkste qualitative, d. h. in die Tiefe führende Bestimmung gegeben« habe.[427] Blochs Frage, ob das menschliche Leben auf eine Höhe geführt werden könne, wo »Seele« und »Sinne« eins werden, nimmt die Grunderfahrung von Lukács' Frühschrift ›Die Seele und die Formen‹ (1912) vorweg.

Bloch bleibt dabei nicht stehen. Im ›Geist der Utopie‹ (1918) erscheint Nietzsche als der »wollende, zielhafte Denker an sich«, dem es im Kampf gegen die verwissenschaftlichte Kultur der Moderne zu folgen gelte. Bloch bringt den *ganzen* Nietzsche in den Blick, seinen »Kampf gegen den kalten, undionysischen, unmystischen Menschen, gegen das Daseinsrecht und die Wahrheit der wissenschaftlichen Wahrheit überhaupt, ohne Subjekt und Traum«. Und das gelingt ihm, *obwohl* Bloch der Auffassung ist, daß die gedanklichen Mittel zum »Sturm auf den zögernden Himmel«, die Lehre vom Willen zur Macht wie das Bild einer aus endloser Wiederholung imitierten Ewigkeit, allzu zeitliche, halb aus der »Welt« und halb aus der »Überwelt« gebildete, Optative enthalten, die »nur den mißglückten Versuch eines dritten Testaments darstellen, das an seinem zu niedrig und dann wieder allzu abstrakt gelegtem Apriori zugrunde geht«.[428]

Daß Nietzsche den Essayraum der Hoffnung geöffnet habe, neben der »Brücke zur Zukunft«, diese Einsicht hat Bloch nicht nur gegen seinen neukantianischen Lehrer Windelband verteidigt, der vom »Dichter Nietzsche« als einem »nervösen Professor« sprach, der »gern einmal Tyrann sein möchte«; was Bloch mit Recht »an Nietzsche einen Skandal« nennt.[429] Bloch hat sie auch gegenüber der marxistischen Nietzsche-Kritik von Mehring über den Ostemigranten Hans Günther bis hin zum späten

Lukács aufrechterhalten, die ähnlich skandalös urteilten. Und sie ermöglichte ihm, den reduktionistischen Nietzsche-Mythos zu durchschauen, der die Grunderfahrung des Dionysischen verfälscht.

Nach Bloch umschreibt der Name des griechischen Gottes jenes »historisch verdrängte, unterschlagene, geschwächte, mindestens abgelenkte ›Subjekt‹«[430], das für den Menschen als »fernes Wunschwesen« und für seine Sehnsucht nach Lebensnähe zugleich steht, – was Bloch selbst mit der Formel vom »Dunkel des gelebten Augenblicks« umschrieben hat. Nietzsche erhellt es im »utopischen Blitz« des Gedankens der Wiederkunft des Gleichen, der in das Dunkel des Hier und Jetzt einschlägt, des Eingedenkens, das »noch einmal« (da capo) sagt, im Bunde mit dem Vorschein des gelungenen Werks der Kunst wie im Nachschein erlebter Frömmigkeit durch religiöse Bewegungen, die zu »Wiederholung« und Wiederkehr (in der »Nachfolge Christi«) aufrufen.

Das ist der philosophische Impetus im ›Prinzip Hoffnung‹ (1954–1959), woran dem Leser in der frühen DDR ein unbekannter Nietzsche aufging. Sein »Wille zur Macht«, konnte Bloch damals schreiben, habe sich bereits vom Bismarck-Reich abgewandt, das »Dritte Reich« wäre ihm Anlaß zu Gelächter und schmerzlicher Scham gewesen.[431] Bloch war nicht gesonnen, nach dem marxistisch-leninistischen Geschichtsbild Baeumler und Rosenberg als authentische Nietzsche-Interpreten anzuerkennen. Und dazu war auch sein Leipziger Freund, der Literaturhistoriker und Kritiker Hans Mayer, nicht bereit, der während seiner Vorlesungen im berühmten Hörsaal 40 ideologische Tabuisierungen von Nietzsches Werk und seiner Wirkung auf die europäische Dichtung des 20. Jahrhunderts immer wieder durchbrach. Obwohl Bloch und Mayer nicht übersahen, daß sein Denken »faschistisch brauchbar« gewesen war, hielten sie es doch

für einen Fehler der Antifaschisten im Moskauer Exil, Nietzsche dem Faschismus ausgeliefert zu haben. Ja, Bloch sah darin etwas »ungeheuer Schädliches«, weil dadurch zu viel falscher Glanz auf den Nationalsozialismus fiel und Hitler für viele gerechtfertigt, zumindest interessant erschien.

Blochs Kritik an Lukács' Nietzsche-Interpretation empfängt ihre Schärfe aus der gleichzeitigen *Expressionismus-Debatte* in der Moskauer Emigranten-Zeitschrift ›Das Wort‹ (1937–1939), die durch die nationalsozialistische Kampagne gegen diese »dekadente« Kunstrichtung ausgelöst wird. Sie berührt das Zentrum seines utopischen Denkens, die doppelte Nähe zur expressionistischen Kunst *und* zu Nietzsche, den der junge Bloch als ihren Vorläufer ausgelegt hatte. Eine Kunst – mit diesen unüberhörbaren Nietzsche-Anklängen greift Bloch von Prag her in die Debatte ein –, die »weder mit den überlieferten Formen noch vor allem mit dem ringsum Gegebenen einverstanden war, überzog damals die Welt mit Krieg. Dieser Krieg hatte freilich keine anderen Waffen als Pinsel und Tube, als direkten Schrei, und sein Schlachtfeld war die Leinwand oder das musisch bedruckte Papier. Und die kriegführende Macht bestand aus dem puren Subjekt, aus der emotionalen Not und Wildnis des Subjekts.«[432] Die Bilder selbst, die bei Lukács und seinen orthodox-marxistischen Anhängern gar nicht vorkommen (als ob es die Münchener Ausstellung über »entartete Malerei« [1937] nie gegeben hätte), sie sind nach Bloch mit einer Mischung, die nur in Deutschland möglich ist, dem Lande »Ossians, der Romantik und zuletzt noch des sumpfblumigen Jugendstils, aus Archaischem und Utopischem zugleich hergeholt, heraufgeholt, ohne daß genau zu sagen gewesen wäre, wo der Urtraum aufhörte, das Zukunftslicht begann«[433].

In dieser durch Ossianzeit, Sturm und Drang und neu-

romantischen Kunstgeist beseelten Landschaft lokalisiert Bloch den Geist von Nietzsches »expressionistischer« Philosophie, und er tut es im Kontrast zu Lukács' Moskauer Versuch, gegen beides den Klassizismus auszuspielen, die Winckelmann-Antike der Weimarer Kunstfreunde. Und obgleich Bloch nicht verkennt, daß Lukács auch den bürgerlich-realistischen Roman bis hin zu Balzac und Keller als große Kunstform anerkennt, wendet er sich doch dagegen, daß hier Klassik überall das Gesunde, Romantik das Kranke und Expressionismus das Allerkränkeste vertritt, jene von Nietzsche selbst gelebte Dekadenz, die nach Lukács' Auffassung der bürgerliche Realismus überwunden habe.

Lukács hatte in Moskau neben der 1948 im Europa-Verlag Zürich erschienenen Monographie über *Hegel* an einer *Goethe*-Monographie geschrieben. Und nach Kriegsende stellt er dann sein literaturgeschichtliches und philosophisches Schaffen generell unter die Leitfrage, inwiefern die Weimarer Kultur richtunggebend für das Deutschtum der Gegenwart sein könne.[434] Angesichts dieses klassizistisch stilisierten Geschichtsverständnisses, das die osteuropäische und bald auch die westeuropäische Nachkriegswelt dominiert, sieht Bloch keine andere Möglichkeit, als von Goethe auf Schiller, vom Weimaraner Mitbewohner auf den Verfasser der ›Räuber‹ zurückzugehen und seine eigenen Anfänge mit dem Theaterrevolutionär zu identifizieren, um dann, historisch ganz folgerichtig, Nietzsches Gestalt gegen Lukács' Verdunkelungen aus der Schiller-Nähe ins Licht zu setzen.

Bloch hat den ›Geist der Utopie‹ einmal ein Sturm-und-Drang-Buch genannt.[435] Und obwohl darin Schiller keine so große Rolle spielt, ist dessen Wirkung auf den Autor des ›Prinzip Hoffnung‹ unverkennbar. Die Liebe zum Dichter der ›Räuber‹ hat Bloch in seiner Jenaer Rede

über ›Schiller oder Weimar als seine Abbiegung und Höhe‹ (1955) bekannt. Die Charakterisierungen zum Auftakt: daß Schiller »gewalttätig« sei, »Schlag auf Schlag«, auch wenn er davor erschrecke, sich besonders in Zucht fasse und dann »ein durchaus untersuchender, ruhig abwägender Denker« sei,[436] diese Schiller-Charaktere mitsamt der Liebeserklärung für sein *Kolumbus*-Gedicht (1796) könnten auch auf Nietzsche gemünzt sein: »Darin ist lauter Ausfahrt ins Neue, noch Unbekannte und deren Feier ... Und sein Kurs geht zwar übers Vorhandene, doch nicht übers Wirkliche hinaus; er bleibt auf der Erde. Das Aufwärts wird ein Vorwärts über den jeweiligen Horizont hinaus.« So beschwört Schiller den Genuesen, den Unablenkbaren, Nicht-Scheiternden, im Geist der Renaissance:

»Immer, immer nach West! Dort muß die Küste sich zeigen.
Liegt sie doch deutlich und liegt schimmernd vor deinem Verstand.
Traue dem leitenden Gott und folge dem schweigenden Weltmeer!
Wär' sie noch nicht, sie stieg' jetzt aus den Fluten empor.
Mit dem Genius steht die Natur in ewigem Bunde:
Was der eine verspricht, leistet die andre gewiß.«

»Genius«, so heißt der leitende Gott. Er ist es in doppelter Gestalt: als heldenhaft mutiger Segler und als Naturgenius. Der Genius als Held verfolgt laut Bloch sein Ziel mit dem Pathos und der Macht seines durch nichts eingeschränkten, getriebenen, notwendigen Suchens; der leitende Genius der Natur bringt Schillers Weltvertrauen zum Anhalt und gibt all seinen Versuchen Halt. Schillers *Kolumbus*-Gedicht verbindet das pathetische Unterwegs des Sturm-und-Drang-Menschen mit dem Pathos der

Ankunft, einer dichterischen Höhe ohne Goethes höfische Abbiegung in Weimar, die sich durch den Jenaer Aufenthalt und seine Wende zu Kants Philosophie idealistisch vollendet.
Im Unterschied zu Lukács' Apotheose des klassischen Weimar im Namen von Goethe, dem Gegner des Romantischen, »Krankhaften« in der Kunst, dem Gegenbild zur Dekadenz spätbürgerlicher Kunst- und Denkformen, betrachtet Bloch Nietzsches Philosophie auf dem Hintergrund des Aufbruchs der naturalistischen Jugend um 1890, die sich keineswegs »dekadent« gefühlt habe und erst recht nicht »präfaschistisch« gewesen sei, wie die Schriften von Gerhart Hauptmann, Johannes Schlaf und dem frühen Sudermann bezeugen. Bloch unterscheidet zwischen dem »ersten Sturm und Drang« von Schiller und seinen dichterischen Zeitgenossen und dem »zweiten« des Jungen Deutschland im Vormärz. Und beide werden dann vom »dritten Sturm und Drang« abgehoben, den Nietzsche angestoßen, ja, sogar zum Teil erzeugt habe: »Das geschah zusammen mit dem sozialdemokratischen Einfluß in einer uns heute unbegreiflichen Mischung.«[437]
So konnten es Blochs Leipziger Studenten in seinen Vorlesungen zur Geschichte der Philosophie im Herbst 1956 hören. Und die meisten konnten das Unbegreifliche damals begreifen, nämlich als Bloch diese Querverbindung zu seiner eigenen Jugenderfahrung mit dem einschränkenden Vermerk versah, es sei eine fragwürdige Involvierung, die sich das Auditorium nicht ganz zu eigen machen möchte; aber pädagogisch möge sie gelten. Sie hatte historische Gültigkeit und galt zugleich für die Sache des utopischen Denkens. Es war Blochs Wille zur Zukunft im Vergangenen und seine Sehnsucht nach einer reinen, klaren Höhenluft, wie sie Nietzsches *Kolumbus*-Gedicht atmet:

»Dorthin – will ich, und ich traue
Mir fortan und meinem Griff.
Offen liegt das Meer, in's Blaue
Treibt mein Genueser Schiff.
Alles glänzt mir neu und neuer,
Mittag schläft auf Raum und Zeit –:
Nur *dein* Auge – ungeheuer
Blickt mich's an, Unendlichkeit!«[438]

Das Gedicht illustriert Blochs Rede vom »dritten Sturm und Drang«, eine Weite, die es vorher in deutscher Dichtung nicht gab, und zugleich eine Erneuerung deutscher Sprache, die im Butzenscheibengedicht aus den gleichen 80er Jahren von der Weimarer Höhe nicht abgebogen, sondern abgefallen war.
Wie Nietzsches utopische Zukunftsintention den Nebel des Bismarck-Reiches durchdringt, so zerteilen Blochs weit ausgreifende Vergleiche den Dunst der frühen DDR-Zeit. Diese Intention bricht sich bereits in der ›Geburt der Tragödie‹ Bahn, als Nietzsche hinter der Winckelmann-Antike des Weimarer Goethe-Kreises ein Palliativ gegen das Entsetzliche und Grauenhafte des griechischen Daseins erkannte, den tragisch düsteren Mythos vom leidenden Gott Dionysos, der zu nächtlicher Stunde von Mänaden zerrissen und durch Apollo geheilt wird. Und Nietzsches Wille zu reiner Luft holt dann zum Gegenschlag einer Philosophie der Morgenröte und des Vormittags aus, wo alle Dinge glatt und rund und einfach sind; mit erklärter Vorliebe für die romanische Kultur und herrlichen Invektiven gegen die Spießer des »Aufklärichts« in Deutschland, bis es in seiner *Zarathustra*-Dichtung zu leuchtender Wiederauferstehung von Dionysos kommt, dem Gott, der nun nicht mehr nur Dunkel und Nacht, sondern Dämmerung und Morgenrot zugleich ist.

Bloch verkennt nicht das fortdauernd Düstere, den Umschlag der Lobpreisung des Seelenhelden in zuweilen bestialisch klingendes Kriegs- und Barbarenlob. Aber der Boden ist nach Bloch »keineswegs ›blonde Bestie‹, ist keineswegs Roheit. Sondern in die blonde Bestie ist eingemischt die Kategorie der *Vornehmheit*. Aristokratie soll sein, gegen die Vielzuvielen wird die Aufgipfelung des Werts im einzelnen hohen Naturen gepriesen. Statt des Guten wird nicht das Böse schlechthin gesetzt, sondern ein anderes Element: das Vornehme, das Ritterliche, das Equestriche, das nicht einfach böse ist.«[439]
Den ungeschriebenen Gesetzen adeligen Landlebens, so Bloch in seiner Leipziger Nietzsche-Vorlesung, entstammt die unabgegoltene *Kategorie der Treue*, dem Kodex der Bürgerwelt die *Kategorie der Rechtschaffenheit*, *Wahrhaftigkeit*, *Ehrlichkeit*, *Pünktlichkeit*, die bedenkenlos und unverändert Geltung hätten. Aber die blonde Bestie und die Kategorie der Vornehmheit, die gäben schon etwas zu denken. Bloch hat es mit Marx oft ausgesprochen, wie im Citoyen der Französischen Revolution der Bourgeois angelegt war. Er wußte, was hinter dem Genossen der Russischen Oktoberrevolution steckte, und er hat sein Wissen oft genug mit einem Stoßseufzer versehen. In Leipzig konnte er es nicht aussprechen. Bloch konnte nur andeuten und fragen, ob etwa gar das Proletariat oder die klassenlose Gesellschaft eine Pöbelei unter sich sei, um dann zu antworten, daß der Pöbel der schlimmste Feind sei, vom Lumpenproletariat aufwärts, und Vornehmheit nicht nur Herrentum, sondern eine gesellschaftlich-geschichtlich unabgegoltene Kategorie. Und dazu konnte Bloch sich auf Nietzsche berufen.
Sein Ruf nach Leben sei zuerst über das »Weiche« an seiner Gestalt gekommen, die sich erst mit der *Zarathustra*-Dichtung ins Harte verbog. Nietzsches Lebensarbeit, der

vom Autor des ›Geist der Utopie‹ gerühmte »Kampf gegen den kalten, undionysischen, unmystischen Menschen, gegen das Daseinsrecht und die Wahrheit der wissenschaftlichen Wahrheit überhaupt, ohne Subjekt und Traum«[440], dieser Impuls war durch die nationalsozialistische Ideologie ins Gegenteil verkehrt worden. Sie fand, was sie im Lehrstück vom Übermenschen suchte: den Herrenmenschen »jenseits von Gut und Böse«, ohne Mitgefühl und humane Phraseologie. Nietzsche, daran hält Bloch fest, meinte es anders: Er »malte das *Vornehme* (statt des Guten) zukünftig unbestimmt«, mit dem ethischen Leitbild des Menschen, der über gesellschaftlich abverlangte Verkleinerung und Anpassung hinausdrängt, nach dem Leitsatz: »Wirf den Helden nicht fort in deiner Seele.« Das »schlecht lebende Ich«, der Einzelne als Individuum, greift sich hier selber an, und sein Angriff gilt zugleich der gesellschaftlichen Ausformung und Verformung des *Ethos* zur Herden- und Sklavenmoral, nicht der Ethik selbst als der Frage danach, wo das Menschentum Halt suchen, wie es seinen Aufenthalt in der Zeit finden könnte.

Auch für Nietzsche ist der vereinzelt gedachte Mensch »ein Irrtum«. Das Individuum ist nichts für sich, kein *Atom*, wie das griechische Wort für den Einzelnen (= das Un-teilbare) sagt. Ein Irrtum wäre aber ebenso die Gesellschaft, würde man sie für den Einzelnen substituieren. Gewiß: Sie ist etwas für sich, ein soziales Nebeneinander, das aber niemals unser individuelles Leben erfüllen oder gar erschöpfen kann. Die Wahrheit des Einzelnen, das ist für Nietzsche die *Eine Linie Mensch bis zu ihm selber hin*, die *Menschheit* in dem uns bekannten Sinne der Geschlechterlinie. Und hier behält Nietzsches Grundeinsicht für den Nietzscheaner Bloch ihre Gültigkeit: Stellt der einzelne Mensch die aufsteigende Linie dar, so ist sein Wert außerordentlich,

weil sich mit ihm das Gesamtleben steigert.[441] Eine Einsicht, die Blochs Lehrer Simmel auf die Formel gebracht hatte, daß die Menschheit dann verfalle, wenn nicht mehr die Qualität des Individuums ihr gedankliches Interessenzentrum bildet, sondern die sozialmoralische, altruistische Wendung des Individuums von sich weg zur Gesellschaft.[442]

Bloch ordnet Nietzsche der *Unheilslinie der deutschen Philosophie* von Schopenhauer bis Heidegger ein, was ihn nicht abwertet. Im Gegenteil! Da »Unheil« eine »hohe Kategorie« ist: Anzeichen der Gefahr und Erfahrung des Rettenden zugleich, sei auf dieser Linie etwas auch bemerkt worden, das auf der Heilslinie eines optimistischen Vernunftdenkens allzu leicht verdrängt werde, »nämlich nicht ganz unwichtige Prinzipien in der Wirklichkeit, die man durchaus zur Kenntnis nehmen muß und an die mit Nachdenklichkeit heranzugehen in unserer trüben und schwierigen Welt und auf dieser dunklen Erde immer Gelegenheit ist«[443].

So war an der Leipziger Universität lange nicht mehr über Nietzsche gesprochen worden. Der letzte, der es wagte, ein Seminar über Nietzsches *Zarathustra*-Dichtung zu halten, war 1948 Hermann August Korff, Nestor der deutschen Germanistik und Verfasser des vierbändigen Werkes: ›Geist der Goethezeit‹ (1923–1953). Gewarnt durch Grotewohls Verbreitung der Nietzsche-Invektiven sowjetischer »Kulturoffiziere«, vermied er es, solche Veranstaltungen zu wiederholen. Anders Ernst Bloch! Er sprach die seine Hörer tief berührenden Worte über »den Vornehmen von Sils-Maria« Anfang November 1956 im Hörsaal 40 aus, als die Unheilslinie des Stalinismus ihn selbst und Georg Lukács, dem sie galten, einzuholen begann. Ohne über die Zusammenhänge unter den der stammverwandten Bürgerkriegsparteien nachzudenken, hatte Lukács in sei-

nem Buch ›Die Zerstörung der Vernunft‹ (1954) die deutsche Unheilslinie auf die Formel »Von Schelling zu Hitler« gebracht, mit Nietzsche als Mittlerfigur; eine fatale Formulierung, die seinen ursprünglich nietzscheanischen Denk-Impuls verleugnete.

§20 Die Banalität ist die Gegenrevolution: Georg Lukács

Lukács' Auseinandersetzung mit Nietzsche beginnt nach Hitlers Machtergreifung in Deutschland und Stalins Terrorherrschaft über Rußland im Moskauer Exil der frühen 30er Jahre. Den Anfang bildet die Studie über ›Nietzsche als Vorläufer der faschistischen Ästhetik‹ (1934), die trotz ihres angleichenden Titels das Unvergleichbare und den nicht zu übersehenden Niveauunterschied markiert. Nennt sie doch Nietzsches faschistische Ausleger eklektische Apologeten und ihn selbst einen »bedeutenden und interessanten Denker«, ja, sogar den letzten Denker der deutschen bürgerlichen Kultur, in dem die Weimarer Tradition bis zu einem gewissen Grad lebendig bleibt, obwohl in »verzerrter und verzerrender Form«[444]. Und die Widersprüche in Nietzsches Behandlung fast aller Fragen der Kultur und Kunsttheorie hält Lukács nicht für eine »Inkonsequenz seines Denkens im banalen Sinne des Wortes«, wie ihn manche gegnerische Universitätsphilosophen verstanden: als Ausdruck des »geistreichen« Denkers, der zu »systematischer« Philosophie nicht veranlagt gewesen sei. Er erklärt sie damit, daß Nietzsche vielmehr eine mythische Synthese seiner einander ausschließenden Gedankenformeln angestrebt habe. Und als Denker von Rang hätte er dann das ihn jeweils bewegende Motiv mit konsequentem Mut zur Inkonsequenz, mit Vertrauen auf die synthetische Kraft einer dichte-

risch erneuerten Philosophie der Mythologie bis hin zur gesuchten Paradoxie zu Ende geführt.[445]
Hier spricht noch einmal der jugendliche Verehrer von Kierkegaard *und* Nietzsche, jener Bewunderer neuromantisch-mythischer Symbolkunst und Fürsprecher moderner Dichtung, der in dieser Studie »Gerichtstag über sein eigenes Ich« hält und mit seinem nietzscheanischen *Credo* abrechnet: dem Bekenntnis des Autors der ›Entwicklungsgeschichte des modernen Dramas‹ zur Ästhetik der *Dissonanz*. Danach impliziert die Form des Kunstwerks keine Versöhnung, sondern den zur Ewigkeit erlösten *Krieg* (Lukács' Ausdruck) einander widerstreitender Prinzipien (bei Nietzsche: des Begrenzten, Bildhaften mit dem Unbegrenzten, Bildlosen, symbolisch gesprochen: des Apollinischen und des Dionysischen).[446] So schwankt Lukács auf dem eingeschlagenen Weg der Abkehr von der literarischen Moderne noch einmal zwischen Hegel und Nietzsche, zwischen klassischer und neuromantischer Kunsttheorie. Und noch immer kommt es Lukács darauf an, das Widermenschliche der künstlerischen Form, ihren schroffen und absoluten Gegensatz zum gewöhnlichen Leben so streng wie möglich hervorzukehren, um zu ermessen, was die verlorene Herrschaft der Kunst über die Lebenswelt des modernen Menschen bedeutet.
Es ist das kulturphilosophische Problem einer Diagnose der *Dekadenz* am Ausgang von Lukács' Denkweg, die sich Nietzsches späte Wagnerkritik und die Distanz zu den nachromantischen Anfängen seiner Artistenmetaphysik zu eigen macht. »Dekadent« erscheint nach Nietzsche ein Kunstwerk, wenn das Leben nicht mehr im Ganzen wohnt, das Wort souverän wird und aus dem Satz herausspringt, ihn übergreift und den Sinn der Seite verdunkelt, wenn die Seite Leben gewinnt auf Kosten des Ganzen und das Ganze kein Ganzes mehr darstellt. Es

ist ein literarisches »Gleichnis für *jeden* Stil der *décadence*: jedesmal Anarchie der Atome, Disgregation des Willens, ›Freiheit des Individuums‹, moralisch geredet, – zu einer politischen Theorie erweitert: ›gleiche Rechte für alle‹«[447]. Lukács sieht darin keine Erweiterung, weil er das Gleichnis von vornherein auf die moderne bürgerliche Gesellschaft im Stadium ihres »Abfalls« von der Totalität des Lebens in der Welt überträgt. Und nach dieser sozialgeschichtlichen Metaphorik deutet er es dann im Horizont der dialektischen Gesellschaftsphilosophie als Ausdruck des Verfalls vormaliger Lebenstotalität aus.

Das Leben, so lautet Nietzsches Diagnose, entzieht sich auf dem Boden der Moderne dem Bereich künstlerischen Schaffens, das formell, artifiziell, konventionell wird. Und damit zieht es sich wie von selbst aus den geschaffenen Kunstwerken zurück: »Das Leben, die *gleiche* Lebendigkeit, die Vibration und Exuberanz des Lebens in die kleinsten Gebilde zurückgedrängt, der Rest *arm* an Leben. Überall Lähmung, Mühsal, Erstarrung *oder* Feindschaft und Chaos: beides immer mehr in die Augen springend, in je höhere Formen der Organisation man aufsteigt. Das Ganze lebt überhaupt nicht mehr, ist zusammengesetzt, gerechnet, künstlich, ein Artefakt.«[447a] Als Nietzscheaner von einst bezieht sich Lukács darauf, wie diese Entwicklung nach Nietzsche auf dem Boden der Moderne im menschlichen Gefühlsleben sowohl einen Überfluß an nutzlosen, »freigelassenen«, in nichts verankerten und nirgends mündenden Erlebnissen und *zugleich* eine Verarmung und Austrocknung der Erlebnisfähigkeit des modernen Menschen hervorbringt; eine Gegensätzlichkeit, die sich auf dem Verstandesgebiet wiederholt, wo übertriebene Intellektualisierung mit Verdummung in faktischen Lebensfragen einhergeht.[448] Als Linkshegelianer glaubt Lukács mit

Marx daran, den Kampf der Gegensätze politisch anfachen und ihre Überwindung in einer höheren Einheit wie ein Werk herstellen zu können. Und damit hebt sich sein jugendlicher Zweifel auf: ob für den Metaphysiker der Form am Ende »eine wirklich ›lebendige‹ blutige Wirklichkeit, ein wahres und ewiges Leben« entstehen werde, zugunsten des dialektischen Wissens um das Naturgesetz der geschichtlichen Bewegung zur Wiederherstellung der Totalität und eines darauf gestützten Glaubens an die Werkeinheit der Menschengeschichte.[449]

Vor dem Hintergrund dieser höchst folgenreichen Horizontverschiebung verbindet sich dem Moskauer Emigranten Lukács Nietzsches Diagnose der Dekadenz und sein Kampf gegen Wagners Romantik mit dem eigenen Programm einer kulturphilosophisch inspirierten Erneuerung der Ästhetik des klassischen Weimar. Was ihm an Nietzsche bemerkenswert erscheint, ist sein Votum gegen die »Kunst der Kunstwerke«[450], den von Kritikern der literarischen Moderne so genannten *Ästhetizismus*. Die Kunst, so zitiert Lukács aus Nietzsches nachgelassenen Fragmenten, solle vor allem und zuerst das Leben *verschönern*, also uns selber den anderen erträglich, womöglich angenehm machen, sodann alles Häßliche verbergen oder umdeuten. Und nach jener großen, ja übergroßen Aufgabe der Kunst im weitesten Sinne dieser Worte ist die Kunst der Kunstwerke nur ein »Anhängsel«. Aus dieser kulturphilosophischen Perspektive verurteilt Nietzsche die moderne Dichtkunst mit dem Argument, daß die Dichter keine Lehrer mehr sind. Die großen Künstler der Vergangenheit sind für ihn »Willens-Bändiger, Tier-Verwandler, Menschen-Schöpfer und überhaupt Bildner, Um- und Fortbildner des Lebens, während der Ruhm der jetzigen in Abschirren, Kettenlösen, Zertrümmern liegen mag«. Die Kunst, folgert Lukács, ist für diese Tendenz des Nietzscheschen Denkens

nicht um ihrer selbst willen da. Weit davon entfernt, das Artistische zu verselbständigen und die vollendete Lösung von Formproblemen ins Zentrum einer Ästhetik zu rücken, sei vielmehr das gelungene Kunstwerk in Nietzsches Spätzeit ein Mittel für die Höherentwicklung der Menschheit im Sinne biologischer Höherzüchtung des bisherigen Menschentums zur Utopie des Übermenschen. Die Dichter seien nach dieser Forderung »Wegzeiger für die Zukunft«, ihre Aufgabe sei es, »an dem schönen Menschenbilde *fortzudichten*«. Und das Ziel der Dichtung sei »nicht etwa die Abmahnung des Gegenwärtigen, die Wiederbeseelung und Verdichtung der Vergangenheit, sondern das Wegweisen für die Zukunft«[451].

In dieser Perspektive verknüpft sich Lukács' Polemik wie von selbst mit der Option für Stalins neoklassizistische Kunsttheorie, die Romantik, Symbolismus und Expressionismus als »formalistisch« und »dekadent« verdammt, ohne die eigene Nähe zum faschistischen Kunstkanon zu gewahren oder über den Zusammenhang der stammverwandten Bürgerkriegsparteien nachzudenken.

Schon während des amerikanischen Exils hatte Bloch das fragwürdige Zusammenspiel von faschistischem und stalinistischem Klassizismus wahrgenommen und sich nach der Rückkehr darüber vor seinem Leipziger Schülerkreis ausgesprochen. Und als Lukács' Buch ›Die Zerstörung der Vernunft‹ (1954) erschien, da schrieb Bloch dem Verfasser nach Budapest, darin auffällig sei »wieder ein gewisser Soziologismus oder wie man das nennen soll«[452]. Was ging denn, fragt Bloch in Erinnerung an alte Lukács-Klischees aus der Moskauer Zeit, »den geistesaristokratischen und reaktionären Patrizier Schopenhauer die Klassenohnmacht des Bürgertums an? Und vor allem: Sind durch derlei die *philosophischen* Probleme des Pessimismus, selbst als Scheinprobleme, erschöpft?«[453] Was Bloch auffällig erscheint, sind die von

Lukács frei erfundenen, jedenfalls so nicht ergangenen Hegel-Invektiven gegen Schelling, mit der daran geknüpften Behauptung, von Schellings »intellektueller Anschauung« verlaufe ein gerader Weg zum Faschismus über Schopenhauer und Nietzsche. »Ein dreifaches Hoch auf den kleinen Unterschied!« ruft Bloch dazu aus. Und er wiederholt dann seine Anfragen aus der Exil-Zeit, ob damit nicht ein höchst ungemäßes Glänzen an Hitlers Fahne komme. Fragen, die nach Blochs fluchtartigem Wechsel von Leipzig nach Tübingen in der DDR-Philosophie und dann bald auch von einflußreichen Schulrichtungen in der Bundesrepublik nicht mehr wirklich gefragt werden. Und so konnte denn Lukács' ›Zerstörung der Vernunft‹ auf Jahrzehnte hinaus ihr zerstörerisches Werk im deutschen Geistesleben der Nachkriegszeit verrichten.

Bloch mag das geahnt haben, als er zu Lukács' 80. Geburtstag über alle Unterschiede hinweg die Hoffnung ausspricht, bei »anders dimensionierter Ratio« doch einig zu sein in dem Satz Isaak Babels: »Die Banalität ist die Gegenrevolution.«[454] Lukács' Reaktion darauf verrät Betroffenheit und ist ebenso einsilbig wie sibyllinisch: »Der Satz von Babel könnte ein bestimmtes Einverständnis bringen, wenn nur ein Einverständnis darüber hergestellt werden könnte, was Banalität ist.«[455] An diesem Punkt bricht das Gespräch der alt gewordenen Dioskuren ab, die einmal ein gemeinsamer geistiger Impuls verband: die Anknüpfung an Schellings »aufrichtigen Jugendgedanken« und den aufrechten Gang des jungen Nietzsche, seinen Sturmlauf gegen das »preußische« Deutschland.[456]

Das Banale, das ist die Unterdrückung dieses Impulses. Es bedeutet – und Babel wußte, was er damit unter Stalin anzusprechen wagte –, sich dem tyrannischen Zwangsrecht zu unterwerfen oder mit allen auf einem vom Herrscher umzäunten Landstrich eingepfercht zu sein. »Ba-

nal« heißt dann soviel wie »unfrei«, »beengt«, »zwangshaft«, »mit der Herde getrieben« (vgl. §§ 1, 6). In letzterer Bedeutung kennt Nietzsche das Wort. Er spricht dann sarkastisch von bornierter »Herden-Denkweise« und »Herden-Furchtsamkeit«[457], der Herkunft aus »Borneo und Horneo« oder kurz vom »Hornvieh-Nationalismus«. Wer sich dem Tyrannen unterwirft oder in der Herde treiben läßt, der kann gar nicht anders: Er muß das Unabgeschlossene als fertig, den Versuch als abgemacht, alles Hohe als niedrig behandeln.

Der Hang zum Banalen ist dem »Soziologismus« von Lukács' Werk eingewurzelt. In der Auseinandersetzung mit Nietzsche wirkt er sich verhängnisvoll aus. Seine Breitenwirkung erst in der Sowjetischen Besatzungszone, dann in der DDR wurde begünstigt durch die Freundschaft mit dem Moskauer Mitemigranten Johannes R. Becher. In Bechers Zeitschrift ›Internationale Literatur‹ (12/1943) erschien Lukács' Aufsatz ›Der deutsche Faschismus und Nietzsche‹, der den von meiner Generation viel gelesenen Sammelband mit dem Titel ›Schicksalswende. Beiträge zu einer neuen deutschen Ideologie‹ (1947) eröffnete. Zusammen mit den (unpublizierten) Studien über ›Kritik von rechts oder von links?‹ (1943) und ›Gehört Nietzsche dem Faschismus?‹ (1943) bildete er die Keimzelle von Lukács' späterer Nietzsche-Kritik, die im Kern eine Auseinandersetzung mit der »rechten« Nietzsche-Auffassung des Antifaschismus und ihren Hauptvertretern Heinrich Mann und Ernst Bloch war. Antifaschisten, die Hitler einen Teil der deutschen Kultur zutreiben, so hatte der Westemigrant Bloch in der Zeitschrift ›Freies Deutschland‹ (Mexiko, 2/1942) argumentiert, »verbessern nicht nur den Nazi. Sie liefern ungewollt und unbewußt der Reaktion gewisse Mittel, um auch das Künftige, das aus Deutschland kommen mag, nach Hitlers Ende rechtzeitig zu entwerten.«[458]

Genau so ist es in der Sowjetischen Besatzungszone und dann in der DDR geschehen: unter Mithilfe von Lukács, der durch seine Schriften dazu beigetragen hat, die Wirksamkeit von Blochs philosophischem Denken zu hemmen und die Erarbeitung eines kritischen Nietzsche-Verständnisses zu verhindern. Nach Lukács »isolieren« Blochs Gedankengänge Hitler von der »deutschen Entwicklung«, so daß er als das »beispiellose Genie« erscheinen mußte, für das er sich hielt – als ob es nicht genügen würde, den Mißwuchs von ›Mein Kampf‹ auf Dietrich Eckarts Stammbaum oder die Schößlinge antisemitischer Traktätchenliteratur zurückzupfropfen! Und wenn Lukács glauben mochte, gerade die Isolierung Hitlers von den geistigen Strömungen seiner Zeit hätte eine Reorganisierung der reaktionären Kräfte innerhalb und außerhalb Deutschlands erleichtert und nicht erschwert, so teilte dieser Glaube an die Macht des Ungeistes den faschistischen Defaitismus gegenüber dem Rang geistiger Überlieferung. In Nietzsches Fall bestärkt er nur den Zweifel, ob seine Philosophie es verdiene, vor der Inanspruchnahme durch den Faschismus »geschützt« zu werden.
Diesem Ungeist hat Lukács in der Entscheidung gegen Nietzsche das Wort geredet; und es erscheint nur folgerichtig, daß er dazu auf die »Philosophie des Nietzsche-Archivs« zurückgreifen mußte. Er nimmt sie so wörtlich wie die sowjetischen Kulturoffiziere, von denen er sich in diesem Punkt nicht wesentlich unterscheidet. Ja, zuweilen hat es den Anschein, als würden sie seinen Nietzsche-Aufsätzen aus der späten Moskauer Emigrationszeit in den Grundlinien folgen.[459] Das gilt vor allem für die Annahme des »Willens zur Macht« als eines Hauptwerks, das die Schwester in den »Kriegs«-Erzählungen der Nietzsche-Biographie authentisch interpretiert habe (vgl. § 1), wobei ihr Lukács bis in Details hinein folgt (die

heute als Falschmünzereien widerlegt sind).[460] Daraus ergeben sich weitere Berührungspunkte. Ich erwähne nur Nietzsches Einordnung in die Geschichte des deutschen Weltmachtstrebens im wilhelminischen Kaiserreich, die unverträglich ist mit seinem Kampf gegen Bismarck und die Hohenzollern-Dynastie (vgl. § 2). Unter dieser Voraussetzung konnte Nietzsches Kritik an der hegelianischen Staatsvergottung und überhaupt am zeitgenössischen »Nationalitätswahn« gar nicht erst in den Blick treten.

Von hier aus hat dann Lukács leichtes Spiel, Nietzsches Gedankenfiguren der nationalsozialistischen Parteiherde zuzutreiben und den Philosophen selbst als ideologisches Leittier dem Tyrannen an die Seite zu stellen. Was der historischen Tradition von Nietzsches doppelseitigem Kampf gegen den vulgären Nationalismus wie gegen den doktrinären Sozialismus widerspricht. Und erst recht widerstreitet diese Zuordnung dem ursprünglichen Gedanken des »Willens zur Macht« und dessen Zusammenhang mit dem Denken gezeitigter Augenblickserfahrungen der ewigen Wiederkunft. Für den späten Lukács stellen Nietzsches Grundlehren »nur« die gesellschaftlichen »Hauptprobleme des imperialistischen Zeitalters« in »allgemeiner«, nämlich »mythischer Form« dar. Die »Allgemeinheit« des Mythischen läßt Nietzsche seiner Zeit »vorausspringen«, so daß er bei aller Lageverschiebung und veränderten »Taktik der reaktionären Bourgeoisie« ständig der »führende Philosoph« bleibt. In dieser Sicht reduziert sich dann der Kern von Nietzsches Philosophie auf eine krisenstabilisierende Gesellschaftstheorie. Wie der mythische *Wille zur Macht* die imperialistische Herrschaft zu verklären vermag, so leistet der Mythos der *ewigen Wiederkunft* dem Glauben Vorschub, daß sich daran in aller Zukunft nichts ändern werde.

So kommt es in Lukács' Spätwerk zu dem von Bloch befürchteten Ergebnis einer vollständigen Entwertung von Nietzsches Philosophie, die sich durch die Kritik an der »Philosophie des Nietzsche-Archivs« beglaubigt. Lukács beruft sich nicht nur auf falsche Zeugnisse; in seltsamer Allianz mit der Gegenpartei ernennt er zugleich die Urheber der nationalsozialistischen Weltanschauungsdoktrin zu Nietzsches authentischen Interpreten. Und so nimmt denn die marxistisch-leninistische Geschichtsklitterung ihren Lauf, wonach die »methodologische Struktur seines Gedankensystems« völlig dem von Hitler entspreche, nur daß in Hitlers Weltanschauung die Chamberlainsche Rassentheorie als neues ergänzendes Element an die Stelle der ewigen Wiederkunft eingebaut sei. Nietzsches gedankliche Nähe zum Hitlertum, sagt Lukács in der ›Zerstörung der Vernunft‹, und er sagt es gegen die erste historisch-kritische Destruktion der faschistischen Legende durch den aus Hitler-Deutschland nach Amerika emigrierten Philosophen Walter Kaufmann (›Nietzsche. Philosopher, Phsychologist, Antichrist‹, 1950), »kann also nicht durch Widerlegung falscher Behauptungen, Fälschungen usw. von Baeumler oder Rosenberg aus der Welt geschafft werden; sie ist objektiv noch größer, als diese sie sich vorgestellt haben«.[461]
Damit hatte Lukács jenes Maß an Wissenschaftlichkeit zurückgenommen, das er in der Exilkontroverse mit Bloch noch konzedierte: die Ideologie des *deutschen* Faschismus mit *deutschen* Waffen zu zerstören.[462] Seine Kampfmittel waren Waffen von Stalins Parteigängern geworden. Und so konnten seine ungarischen Schüler später die Hauptthese der ›Zerstörung der Vernunft‹, wonach es keine »unschuldige Weltanschauung« gebe: Daß jeder Denker für den objektiven Gehalt seines Philosophierens vor der Geschichte verantwortlich sei, schließlich gegen ihn selbst und den Lehrmeister Marx

wenden, der nach dieser »Logik« am Stalinismus »schuld« gewesen wäre. Während sie darangingen, Lukács' Unterscheidung zwischen Marx und dem Marxismus auch für Nietzsche einzuklagen,[463] hielten die ostdeutschen Schüler auch nach der Verurteilung von Lukács' Engagement an seinen Hauptthesen fest. Als Nietzsche-Ankläger blieben sie drei Jahrzehnte hindurch auf den Kronzeugen des antifaschistischen Gerichtsprozesses gegen Nietzsche fixiert – in der erklärten Absicht, die fortbestehende »Kontinuität« des Faschismus mit dem »westdeutschen Imperialismus« herauszuarbeiten und »Material« für die »Bekämpfung« von Nietzsches Ideen zu liefern.

8. Kapitel

Der Kampf gegen die westliche Nietzsche-Renaissance

§ 21 Das Feindbild »spätbürgerliche Philosophie«

Es kann nicht meine Aufgabe sein, der zwiespältigen Lukács-Wirkung in der DDR-Philosophie nachzugehen, wie ich mir auch versagen muß, deren Selbstentmündigung zur parteigebundenen Weltanschauungslehre zu untersuchen, die zeitlich mit Blochs Entfernung vom Leipziger Lehramt und seinem erzwungenen Ausscheiden aus der Redaktion der ›Deutschen Zeitschrift für Philosophie‹ (1956) zusammenfällt.[464] Erwähnt werden mag in diesem Zusammenhang lediglich, daß in über drei Jahrzehnten des Bestehens dieser Zeitschrift nicht eine einzige Abhandlung zu *Nietzsches Philosophie* erschien. Nietzsche wird zum Kriminalfall der »Philosophie des Verbrechens«. Um den »Fall Nietzsche«, die »Aufdekkung« seiner Rolle im vermeintlichen Wiederaufleben des Faschismus in der Bundesrepublik und den USA, darum dreht sich bis zum Mauerfall das ideologiekritische Hauptgeschäft der Staatsdenker unter Ulbricht und Honecker. Über Nietzsches Philosophie selbst war der Bann des Schweigens verhängt. Sofern von ihr überhaupt noch geredet wird, fällt das Niveau der Rede auf Angriffspositionen sowjetischer Kulturoffiziere der Nachkriegszeit zurück (vgl. § 18). Und im Vordergrund »kritischer Attakken« steht immer eine »neue Periode« der *Nietzsche-Renaissance* in der westdeutschen Nachkriegsphilosophie, die darauf abziele, Nietzsche zu »entnazifizieren«, um

der »refaschisierten« Bundesrepublik den Staatsphilosophen des Nationalsozialismus zurückzugeben.

Ich beziehe mich auf den gleichnamigen Beitrag von Bernhard Kaufhold, der danach fragt, »welchen gesellschaftlichen Kräften in Westdeutschland eine Restauration der Philosophie Nietzsches dient und zur theoretischen Begründung welcher Ansichten und Absichten sie wieder herangezogen wird«[465]. Für Kaufhold ist Nietzsche vor allem ein »politischer Philosoph«, weshalb er in der Vergangenheit so verhängnisvoll gewirkt habe, und eben darum dürfe es nicht verwundern, wenn »in der westdeutschen Nietzsche-Rezeption die gesellschaftliche und politische Thematik durchaus im Vordergrund steht«[466].

Das ist verwunderlich, wenn wir bedenken, daß die Rezeption während der 50er Jahre von den großen Interpretationen des Gesamtwerks durch Karl Löwith, Martin Heidegger und Karl Jaspers bestimmt wird, die in kritischer Auseinandersetzung mit dem nationalsozialistischen Nietzsche-Mißbrauch entstanden sind. Aber auf historische Wahrheiten kommt es den DDR-Ideologen seit dem Ausscheiden von Ernst Bloch aus dem Leipziger Lehramt längst nicht mehr an. Wie ein Axiom steht ihnen fest, daß »zwischen der Theorie Nietzsches und der Praxis der Nazis« in grundlegenden Fragen – Todfeindschaft gegen die Arbeiterklasse und den Sozialismus, Kriegsbejahung und aggressive Eroberungslust – eine »eindeutige Kongruenz« herrsche. Und die Ursache liege eben darin, daß Nietzsches Philosophie »eine in ihrer Art ›geniale‹ – keineswegs gesellschaftlich voraussetzungslose – Vorwegnahme der extremsten Form des Imperialismus, der Faschismus aber ihre Verwirklichung war«[467]. Wer so denkt, bestätigt nicht nur das banalisierende Verfahren der nationalsozialistischen Nietzsche-Verfälschungen, er hat auch unter umgekehrtem Vorzeichen

ihre Inhalte übernommen. Und er wird dann keine Bedenken mehr haben, beide auf die westdeutsche Nietzsche-Renaissance zu übertragen, um die »Analogie« zwischen gestern und heute vollständig auszumalen; also über Heideggers hermeneutische Seinserfahrungen kurzerhand zu sagen, was Elisabeth Förster-Nietzsche von einer philosophischen Grundlehre ihres Bruders behauptete: »Jener hat den Willen zur Macht beim Anblick der preußischen Armee entdeckt, dieser erfuhr das Sein bei der Errichtung des Faschismus.«[468]
Dieser ideologische Wahn kontrastiert bezeichnenderweise mit der Wirklichkeit des Lebens in der anfänglichen DDR. Gab es doch Professoren wie den erwähnten Goethe-Forscher Hermann August Korff, der noch 1948 an der Universität Leipzig eine Vorlesung zu dem Thema: ›Von Hebbel bis Nietzsche‹ anzukündigen wagte.[469] Obwohl sich Korff auf formale Elemente von Nietzsches Sprache und Stil beschränkte, zeugten diese Veranstaltungen in der damaligen Situation von ungewöhnlichem Mut und der geistigen Unabhängigkeit eines Gelehrten, der auch sonst in seinen Vorlesungen Nietzsches Philosophie vom Hintergrund der Weimarer Klassik aus betrachtete. So verglich Korff Schillers Geschichtsphilosophie mit dem Aufbau von Nietzsches »monumentaler Historie«, jener »Ruhmeshalle denkwürdiger Schicksale, an denen sich am deutlichsten und klarsten das Wesen und der Sinn des Menschenlebens offenbart«; oder er deutete den Goetheschen Naturidealismus an Nietzsches Konzept der »großen Vernunft« des Leibes und der Notwendigkeit einer »Einverleibung« des Geistes aus.[470] Kaufhold notiert das mit Mißfallen und schließt daran eine Polemik gegen den ›Geist der Goethezeit‹, die an die ablehnende Haltung des Nationalsozialisten Alfred Baeumler gegenüber Korffs Werk erinnert. Und noch immer, auch dies hat Kaufhold no-

tiert, gab es SED-Mitglieder aus der alten SPD, die sich angesichts marxistischer Nietzsche-Klischees entsannen, daß Nietzsche als Dichter, Kulturkritiker, Psychologe ein »Revolutionär« genannt werden müsse, dessen Werk »unserer proletarischen Gesinnung« keineswegs widerspreche. Und mit Recht waren die von Kaufhold getadelten SPD-Anhänger der Meinung, daß es falsch sei, »unserer Jugend die Erkenntnisse dieses Mannes vorzuenthalten«, zumal sein Werk eines für die Jugend sei, die notwendige Begegnung für jeden, der »über sich hinaus will«.[471]

Dennoch wird der ideologische Wahn im folgenden zur Methode der Auseinandersetzung mit Nietzsche. Wir finden ihn in Wolfgang Heises Buch ›Aufbruch in die Illusion. Zur Kritik der bürgerlichen Philosophie in Deutschland‹ (1964), das den Anfang einer »spezifisch imperialistischen Linie in der bürgerlichen Philosophie« auf Nietzsche zurückführt.[472] Für Heise fällt Nietzsches Grundlehre mit der Lehre vom »Willen zur Macht« zusammen, die als Ausdruck bestehender Herrschaftsverhältnisse und der Abwehr von Versuchen zu ihrer Veränderung interpretiert wird. Womit sich die Verwechslung des »Buches zum Denken« mit einer Handlungsanweisung wiederholt. Was bei Nietzsche ein Gedankenexperiment ist: die Welt »von innen her« zu verstehen und ihren »intelligiblen Charakter« zu erschließen, diese Denkhypothese erscheint unter marxistischer Optik als praktisch-politisches Geschichtsexperiment der Gegenseite im europäischen Bürgerkrieg. Nietzsches Philosophie, so Heise, ist eine »sozial und politisch determinierte Seinskonstruktion«, die Unrechtsverhältnisse der Klassenherrschaft unter Berufung auf Darwins Gesetze der natürlichen Zuchtwahl als »Recht des Stärkeren« zu verewigen sucht.[473] Und am Leitfaden von Nietzsches *hypothetischem* Grundgesetz, wonach »alles organische

Geschehen in der Welt ein Überwältigen, ein Herrwerden« sei, wird dann das Augenmerk gelenkt auf die (laut Nietzsche) »prachtvolle, nach Beute und Sieg lüstern schweifende blonde Bestie«. Ohne den Eigensinn dieser Textstellen oder ihren Kontext zu befragen, steht für den marxistischen Interpreten die Antwort fest. Mit Heises Worten: »Die Konsequenz seines Denkens in Negation und Position drängt auf die Lösung, zu der die gesellschaftliche Praxis, der Übergang vom Kapitalismus der freien Konkurrenz zum Monopolkapitalismus, treibt. Indem er den Sozialdarwinismus zu seinen äußersten philosophischen Konsequenzen verallgemeinert, vollzieht er im Gedanken, was der Kapitalismus der freien Konkurrenz an der Herausbildung der Monopolbourgeoisie leistet: die Bildung einer Oligarchie, die nicht bürgerliche Freiheit, sondern unumschränkte Herrschaft will.«[474]

§ 22 Auf den Spuren Zarathustras: Fahndungen nach dem Kriegstreiber

Wir erreichen damit das letzte Stadium der Nietzsche-Banalisierung, jene Phase, die mit dem Niedergang der Universitätsphilosophie während der Ulbricht-Ära zusammenhängt: eine Folge ihrer immer stärkeren Anbindung an die marxistisch-leninistische Ideologie der damaligen Sowjetunion. Verdeutlichen wir uns den Vorgang am Beispiel der DDR-Rezeption von Stepan F. Odujev, dem russischen Autor einer Nietzsche-Monographie. Odujev war Ende der 50er Jahre mit einer Arbeit über ›Das reaktionäre Wesen des Nietzscheanismus‹ hervorgetreten und seither als Parteifunktionär der KPdSU tätig, bis er 1964 als Spezialist für die westliche Nietzsche-Renaissance nach dem Ende des 2. Weltkriegs zum stell-

vertretenden Direktor des Instituts für Philosophie an der Akademie der Wissenschaften der UdSSR und dann zum Lehrstuhlinhaber an der Akademie für Gesellschaftswissenschaften beim Zentralkomitee der KPdSU avancierte. Sein Buch: ›Auf den Spuren Zarathustras‹ (1977) ist das einzige »Nietzsche-Buch«, das in vierzig Jahren DDR-Zeit erscheinen konnte, und stellt insofern ein Zeitdokument dar. Gegen die westliche Nietzsche-Renaissance geschrieben, legt es Zeugnis davon ab, wie Nietzsches Philosophie »nach ihrer ›Entnazifizierung‹ nicht nur wieder voll in das spätbürgerliche Geistesleben der BRD eingegliedert wurde, sondern auch aus der Katastrophe heraus für ganze Bevölkerungsschichten neue ›Lebensideale‹ zu setzen vermochte«[475].

Nach dem Herausgeber Hans-Martin Gerlach charakterisiert der Ausdruck »spätbürgerlich« eine Philosophie »ohne historisches Subjekt«, die sich abgelöst habe von der »geschichtsbildenden Kraft der Volksmassen«.[476] Diese Charakterisierung wird in Beiträgen zum »bürgerlichen Philosophieren unserer Zeit« mit Seitenblicken auf Nietzsche und seine »Reaktivierung« für den gewaltsamen Austrag globaler Konflikte aktualisiert. Als hätte es für sie die Tragödie der Judenvernichtung in Deutschland nie gegeben, übernehmen Gerlach und andere Vertreter der DDR-Kaderphilosophie noch Anfang der 80er Jahre Grundmuster damaliger Sowjetpolemik gegen den *Zionismus*, den sie umstandslos mit der südafrikanischen Apartheidpolitik identifizieren. Damit bestreiten sie dem israelischen Volk das von den Westmächten garantierte Recht auf Selbstbestimmung, ohne das Unhaltbare ihres Standpunkts nach dem nationalsozialistischen Holocaust zu begreifen oder gar daran zu denken, daß Nietzsche jenes Volk das »erhabenste« der Weltgeschichte genannt und sich zur Maxime gemacht hatte, mit keinem Antisemiten Um-

gang zu pflegen. Und um das Maß voll zu machen, gipfelt diese Geschichtssicht in dem Satz, die westliche Welt beruhe in ihrer nordamerikanischen Metropole selbst auf dem Rassismus, der barbarischsten Form des Antihumanismus.[477]
Diese altmodische Kader-Sprache, die einmal brandaktuell war, dient zur Rechtfertigung von Gerlachs These, zwischen jener »Wiederkehr des Faschismus« und der »Nietzsche-Renaissance« im Westen bestünde ein geschichtlicher Wirkungszusammenhang. Und als Beweisstück scheint dafür jedes Mittel recht zu sein. Wir könnten solche Geschichtsklitterungen von gestern leicht als Auftragsarbeiten im Parteidienst abtun, wären sie nicht eingebettet in jenes deutsche Drama um »Nietzsche in Weimar«, das während der Honecker-Ära zur Form einer Tragikomödie mit burlesken Zügen mutiert: der lächerlichen Darstellung von Gewichtigem und Großem durch lokale Partei- und Staatsgrößen.
Das Textbuch hatte Georg Lukács in der Moskauer Emigration geschrieben. Die verordnete Distanz zu seinem Werk verhindert die produktive Auseinandersetzung mit den Leitlinien, die Lukács während der Nachkriegszeit festschrieb. Der Linienzug in der Beschreibung des Weges der »bürgerlichen Philosophie« von Kant über Fichte und Hegel, Goethe und Humboldt führt an Schelling vorbei und verengt sich auf den »Abweg« von Nietzsche zu Hitler. Zur positivistischen und irrationalistischen Wende in der nachhegelschen Philosophie gesellt sich aus dieser Sicht die in Nietzsche zentrierte Verehrung des Beherrschers der Masse, des Helden außerhalb der anonymen Gruppe, des Übermenschen. An die Stelle der an antiken Vorbildern geschulten Idealvorstellung vom harmonischen Menschen treten Macht- und Herrscherfiguren, die sich im tragischen Gegensatz zur gesichtslosen Masse durch einen anonymen Willen,

elitären Stolz und Blutsverwandtschaft legitimieren. Kurzum: Nietzsches *Zarathustra*-Mythos und sein Antihumanismus verdrängen das »klassische Menschenbild«, Friedrich Wilhelm Nietzsche »ersetzt« Immanuel Kant, Johann Gottlieb Fichte und Wilhelm von Humboldt. Und der Klassiker Goethe in Weimar, so Gerlach, der damit Thomas Mann meinen müßte, wird von deutschen Nietzscheanern aus einem Sinnbild des Weltbürgertums zum Abbild des Deutschtums »heruntergebracht«. Sein Geist wird »verträglich gemacht mit dem Geiste Nietzsches«[478].

Kein Beitrag zu einem Kapitel deutscher Geistesgeschichte, wie sich versteht, denn nach Gerlach zeichnet sich »unsere Epoche« durch eine »sich ständig verschärfende Auseinandersetzung« zwischen dem Marxismus-Leninismus und »allen Spielarten des bürgerlichen Denkens« aus. Und die gefährlichste Variante der »in der BRD vorherrschenden Ideologie«, das ist die Nietzsche-Renaissance. Warum? Weil sie im Bannkreis des faschistischen Nietzsche-Mythos ein Symptom wachsender Kriegsgefahr darstellt und das »von Nietzsche selbst proklamierte Bündnis zwischen (seiner) Philosophie und (der) Politik« unter »imperialistischen Herrschaftsbedingungen die Welt zweimal in furchtbare Katastrophen gestürzt« habe.[479]

Im Ausgang von dieser Nietzsche-Dämonisierung ruft der Fürsprecher des einzigen »Nietzsche-Buches« für DDR-Leser dann folgerichtig dazu auf, nicht etwa Nietzsche kritisch zu lesen, sondern »die Auseinandersetzung mit den Wirkungen des Nietzscheanismus auf die imperialistische Ideologie unserer Tage weiterzuführen«[480].

Während sich Odujevs Polemik vor allem gegen Nietzsches »Entnazifizierung« durch vermeintlich rechtskonservative Gruppierungen und Repräsentanten einer philosophischen Nietzsche-Interpretation von Karl Löwith

über Martin Heidegger und Karl Jaspers bis hin zu Fritz Joachim von Rintelen und Alfred Weber bezieht, scheut sich Gerlach nicht, »ultralinke« Radikale aus der Studentenbewegung zusammen mit »Linksanarchisten« im Umkreis der »Kritischen Theorie« und darüber hinaus die Zagreber *Praxis*-Gruppe zu attackieren. Als »spätbürgerliche« Ideologen hätten sie »mit Verweisen auf eine vorgebliche ›Enge‹ und ökonomische ›Einseitigkeit‹ der Marxschen Theorie vom Klassenkampf« den Marxismus verfälscht, um für die intellektuelle Protestbewegung in Westeuropa und Nordamerika »Nietzsches subjektivistisch aufgeblähte Kulturkritik, seine Kritik am liberalen Bürgertum und seiner Spießermoral als einen entscheidenden Beitrag für die Emanzipation ›des‹ Menschen aus den Banden ›der Kultur und Moral‹ darzustellen«[481]. Kurzum: Der DDR-Herausgeber von Odujevs Machwerk prangert an, was dem Professor für Gesellschaftswissenschaften beim Zentralkomitee der KPdSU im fernen Moskau über seiner Kritik an »rechten BRD-Ideologen« in den Hintergrund getreten war – daß Nietzsches Nihilismus und seine Auffassung von Kultur und Dekadenz in den Mythen »ultralinker Kulturrevolutionäre« wie Herbert Marcuse und seiner Anhänger während der 60er und 70er Jahre eine »Wiedergeburt« feierten …

V. TEIL

Lärm, Stille vor dem Sturm und ein Mantel um Nietzsches Gedanken

»Sie reden alle von mir [...] aber niemand – denkt an mich! Das ist die neue Stille, die ich lernte: Ihr Lärm um mich breitet einen Mantel um meinen Gedanken.«

Also sprach Zarathustra, III 2, KSA 4, S. 212

»Wenn wir über Jemanden umlernen müssen, so rechnen wir ihm die Unbequemlichkeit hart an, die er uns macht.«

Jenseits von Gut und Böse, 4. Hauptstück: Sprüche und Zwischenspiele, 125, KSA 5, S. 95

9. Kapitel

Zwischen Staat und Kirche

Es waren Nachhutkämpfe im Schatten des europäischen Bürgerkriegs, die während jener Zeit ausgetragen wurden, als die italienischen Antifaschisten Giorgio Colli und Mazzino Montinari in der Stille des Weimarer Goethe- und Schiller-Archivs an der historisch-kritischen Werkausgabe arbeiteten und den Nietzsche-Mythos Schicht um Schicht abtrugen. Ihre Sicht war durch Thomas Mann geprägt, der Nietzsches Moralkritik als zugespitzte Form der Aufklärung begriff. Der Dichter des ›Zauberberg‹ plädierte für die Unterscheidung der politischen von der literarischen Sphäre der Kultur und riet zusammen mit seinem Bruder Heinrich Mann zum »Langsam-Lesen« seiner Texte, ohne damit im »Leseland DDR« Gehör zu finden. Da statt der »Sterbenische« für Nietzsche nur eine Blende in der Mauer zur Aufstellung des Nietzsche-Feindbildes zustande gekommen war (vgl. § 12), übersah man, was Montinari erkannte und was ihn nach Weimar hinzog: Nietzsches Goethe-Nähe, die schon Thomas Manns letzte Kämpfe für die Weimarer Republik inspiriert hatte, mit Goethe und Nietzsche als Bündnispartnern.[482]

§ 23 Zweierlei »Nietzsche-Konferenzen«

Ansätze zu einem neuen Nietzsche-Verständnis wurden Anfang der 80er Jahre zuerst im Umkreis der christlichen Kirchen erarbeitet. Ich erinnere an philologisch inspi-

rierte Interpretationen zum »Weg des Menschen« in Nietzsches *Zarathustra*-Dichtung, womit westliche Leser der ›Nietzsche-Studien‹ durch den bis dahin unbekannten Nietzsche-Exegeten Markus Meckel überrascht wurden, kurz vor der »Wende« im Herbst 1989 Mitbegründer der Sozialdemokratischen Partei und dann letzter DDR-Außenminister.[483] Ich denke an historisch fundierte Untersuchungen zum jungen Nietzsche, die der früh verstorbene Rainer Bohley im Westen publizieren mußte, da selbst archivalische Forschungen zur christlichen Herkunft des Philosophen keine DDR-Zeitschrift gedruckt hätte.[484] Und ich denke an die jugendlichen Teilnehmer der einzigen »Nietzsche-Konferenz« in der DDR, die den Namen verdient, an die Leiter des ›Katholischen Seelsorgeamts‹ und der ›Evangelischen Akademie in Sachsen-Anhalt‹, die Anfang der 80er Jahre den Mut hatten, sie unter dem Titel »›Der mißbrauchte Philosoph‹ – Wiederentdeckung von Friedrich Nietzsche« nach Magdeburg einzuladen. Da diese Vorgänge im kirchlichen Raum der Öffentlichkeit in den neuen und alten Bundesländern durch Nietzsche-Betriebsamkeiten ehemaliger Kader-Philosophen verdeckt und bis zum heutigen Tag so gut wie unbekannt geblieben sind, sei es mir erlaubt, darauf etwas näher einzugehen.

Es bleibt das denkwürdige Verdienst der beiden christlichen Kirchen, sich im Frühjahr 1982 der durch jahrzehntelange Fixierungen auf das Nietzsche-Feindbild entstandenen Unruhe unter der jüngeren DDR-Generation und ihrem Verlangen nach einer Klärung der geistigen Notlage angenommen zu haben, die durch das Versagen des staatlich verordneten Marxismus verursacht war. Im Aufruf zu einer für den 2. April vorbereiteten Tagung im Magdeburger Sebastianum wandten sie sich »an alle, die sich für Nietzsche interessieren oder ihn entdecken wollen. Es sind«, so hieß es in einem Erläuterungsschreiben

des Akademie-Studienleiters Steinmüller an den Merseburger Naturwissenschaftler Günter Knittel, den der Röckener Pfarrer Stauss als Redner empfohlen hatte, »keine Fachleute, an die wir uns wenden wollen. Es wird etwa ein Kreis von 30 bis 35 Personen sein, aufgeschlossene und sicher auch gesprächsbereite Leute, bei denen wir kein großes Wissen über Nietzsche voraussetzen können, die sich aber gewiß den Fragen stellen möchten, die das Schaffen dieses Philosophen heute aufwirft.«[485] Es kamen mehr als erwartet, aber nicht alle trugen sich in die Anwesenheitsliste ein: aus Angst, durch anwesende Stasi-Kundschafter notiert und einmal später identifiziert zu werden.

Knittel war Chemiker von Beruf; einer jener parteilosen »Stillen im Lande«, die durch das Studium von Nietzsches Philosophie und ihrer antiken Quellen die allmächtige Diktatur zu überstehen suchten. Sein Vortrag galt der Frage: »Wille zur Macht und nichts außerdem?« und behandelte »die Welt in der Sicht Friedrich Nietzsches«, kenntnisreich, auf dem Stand der westlichen Nietzsche-Interpretation und mit kritischem Seitenblick auf das nach 1945 konstruierte Zerrbild des Philosophen als »Ideenspender« faschistischer Weltanschauung. Er endete mit Sätzen, die sich von staatsüblichen Beschwörungsformeln ganz ablösten und eine sachliche Auseinandersetzung mit Nietzsche forderten: »Seitdem sind vier Jahrzehnte vergangen, ein Jahrhundert trennt uns von der Entstehungszeit des Zarathustra. Mit der historischen Distanz tritt die weltanschaulich orientierte Ausbeutung oder Ablehnung zurück. Nietzsches Philosophie ist ein unerschöpflicher Gegenstand der Forschung geworden.«[486]

Neben Knittel sprach Michael Jacob, Dozent am Evangelischen Sprachenkonvikt Berlin, zum Thema: ›Der Mensch zwischen Selbstentfremdung und Selbstüber-

windung‹. Sein Vortrag, der bei allen Unterschieden zu Marx' Religionskritik eine Gemeinsamkeit im »Zwang des neuzeitlichen Bewußtseins« sah, den Menschen als dasjenige Wesen zu denken, das sich auf dem Weg des Schaffens produktiv verwirklichen muß, knüpfte an die wenige Jahre zuvor entstandene Arbeit: ›*Gott am Kreuz*. Studien, Thesen und Texte zur Relation metaphysischer Gottesrede und Leben Jesu bei Friedrich Nietzsche‹ (1978) an, die in handschriftlichen Auszügen unter den kirchlichen Nietzsche-Freunden in der DDR kursierte. Beide Redner versuchten zu klären, »warum heute viele Menschen, besonders aus der jüngeren Generation, sich dem lange Zeit verfemten Philosophen zuwenden«. Und sie fragten danach, was sie an Nietzsche anspreche – seine »philisterfeindliche Verwegenheit, seine Kritik, die das Zerstörerische nicht scheute, sein zu Lebzeiten und sicher auch jetzt ungewöhnlicher Umgang mit Lebensfragen?«[487].

Hier war, zum ersten Mal seit Blochs letzter Leipziger Vorlesung vom Herbst 1956, von Nietzsches Philosophie die Rede,[488] während die sogenannte »Nietzsche-Konferenz« an der Universität Halle–Wittenberg vom Oktober 1986 in Wahrheit eine Konferenz zu ihrer Bekämpfung und zur klassenkämpferischen Abwehr des Einflusses der westlichen Nietzsche-Renaissance auf die junge DDR-Generation war. Nach dem Mauerfall, als Gerlach im Eiltempo eine »Nietzsche-Förder- und Forschungsgemeinschaft e. V.« gründete, erklärte dieser, man hätte damals das ursprüngliche Projekt einer »Nietzsche-Konferenz« auf Druck »von oben« in ihrer insgeheim oppositionellen Zielrichtung »umbiegen« müssen. In Wahrheit wurde die Konferenz im Parteiauftrag vorbereitet. Und ihre Zielsetzung war mit dem DDR-Staatssicherheitsdienst (der Stasi des Bezirks Halle) abgestimmt.

Die behandelten Themen (»Nietzsches Philosophie als imperialistische Kriegsideologie«, »Das Eliteproblem bei Nietzsche und in soziologischen Theorien«, »Der Streit Nietzsche contra Wagner im historischen Vorfeld des Faschismus«, »Zur Kontinuität bei der Analyse der philosophischen Auffassungen von Schopenhauer und Nietzsche in der Geschichte der marxistischen Philosophie«)[489] sprechen gegen Gerlachs nachträgliche Rechtfertigungen dieser Tagung. Und die Tatsache, daß die heute auch von namhaften westlichen Nietzsche-Forschern so genannte »Nietzsche-Konferenz« unter dem Titel: »Weltanschauliche Auseinandersetzung mit der Philosophie und Ideologie der imperialistischen Gesellschaft« im »Zentralen Plan« der Universität Halle-Wittenberg für die Jahre 1985 und 1986 verankert und als »erfolgreiche« Auftragsarbeit der SED-Bezirksleitung gemeldet war,[490] bezeugt die staatsübliche Fixierung auf das Nietzsche-Feindbild.

Solche Aktivitäten vormaliger Kaderdenker wie die Verwischungen ihrer Spuren nach der Wende könnte der nachdenkende Chronist in der Mitte der 90er Jahre den Archiven überlassen, die einige Überreste von Akten für künftige Historiker aufbewahren. Und er könnte mit jenem Satz, den Wolfgang Harich ein Jahrzehnt zuvor Nietzsche zugedacht hatte, ausrufen: »Ins Nichts mit dieser barbarischen Sprache!« Der Versuch ihrer Wortführer, das Unsägliche von gestern nicht nur zu verdrängen, sondern das Gegenteil zu behaupten und sich als heimliche Widerständler auszugeben, deren Nietzsche-Projekte durch Partei-Eingriffe bis zur Unkenntlichkeit ihrer eigentlichen Absicht entstellt worden seien,[491] ist jedoch keine Bagatelle. Er stellt eine Anmaßung gegenüber all jenen dar, die unter der Diktatur litten und ihr geistig widerstanden; von denjenigen ganz abgesehen, die im konkreten Fall als wirkliche DDR-Oppositionelle

und Nietzsche-Liebhaber von dieser angeblich »interdisziplinär« veranstalteten Konferenz ausgeschlossen wurden.[492] Und es ist eine Verkehrung des historischen Zusammenhangs zwischen Widerstandskräften gegen geistige Entmündigung im Umgang mit Nietzsche in der DDR obendrein, die auch dann eine Verkehrung bleibt, wenn sie durch »Ehrenerklärungen« von Nietzsche-Forschern aus den alten Bundesländern und aktiven Beistand von Politikern aus den neuen Ländern gestützt wird. Oder soll jenes geschichtliche Zeugnis geistiger Freiheit, das Themenwahl und Gestaltung der Nietzsche-Konferenz im Magdeburger Sebastianium beurkundet, weiterhin beschwiegen, die mutige Tat einiger weniger redlicher Christen im Umkreis der sich formierenden DDR-Bürgerrechtsbewegung weiter vom umtriebigen Tun gestriger DDR-Ideologen und ihrer heutigen Legendenbildung überlagert werden? Wie hatte Nietzsche im ›Ecce homo‹ gesagt? – »Verwechselt mich vor Allem nicht!«

Wer die problematischen Verhältnisse im kirchlichen Raum der 80er Jahre etwas näher kennt, der weiß, daß die Staatssicherheit bei so ungewöhnlichen Veranstaltungen wie der Magdeburger Tagung immer »dabei« war. Und wer sich inzwischen mit der Herrschaftsstruktur von DDR-Universitäten vertraut gemacht hat und die Kadersprache vorauseilenden Parteigehorsams kennt, den wird es nicht mehr wundern, im nachhinein zu erfahren, daß die Hallesche Konferenz nach Anlaß und Zielsetzung bei der Staatssicherheit vorangemeldet war. »Immer in Zeiten«, so heißt es in einer IM-Tonbandabschrift aus dem Jahre 1984, »wo die Großbourgeoisie neokonservative Kräfte besonders fördert, d. h. unmittelbar nach 1945 und auch in der BRD seit einigen Jahren, werden Thesen, Theorien, Ansichten solcher Ideologen, zu denen auch vor allen Dingen F. Nitsche (sic!) gehört, besonders gefördert, hervorgeholt, verbreitet«; weshalb

es zu einer westdeutschen »Renaissance« seines Werkes gekommen sei. Und nach der Feststellung, daß für »entsprechende Orientierung« im Kampf gegen dieses Wiedererstarken alter faschistischer Kräfte »bisher zu wenige Handreichungen, Material, solide Arbeiten vorliegen«, wird dann verwiesen auf die verfügbare »Übersetzung des hervorragenden Werkes des sowjetischen Philosophen Odujev, die von Hans-Martin Gerlach betreut« wurde. Es sei vorgesehen, »in der nächsten Zeit auf diesem Gebiet verantwortungsvoll etwas mehr zu tun und hier nicht der bürgerlichen Ideologie und ihrer Propaganda allein das Feld zu überlassen«, so daß sich »die Sektion m/l-Philosophie der MLU mit der Auseinandersetzung mit spätbürgerlicher Philosophie und Ideologie schwerpunktmäßig beschäftigen« werde.[493]

Thomas Manns Vorhersage, daß die bewußte Politisierung von Nietzsches Denken auf eine Nietzsche-Verhunzung hinauslaufen werde (vgl. § 3), sie hat sich im Auf und Ab des Jahrhunderts erfüllt und gipfelt in dieser Verhunzung seines Namens (kein Einzelfall, wie wir wissen). Oder handelt es sich dabei um eine Arbeit des kollektiven »Unbewußten«, die ebenso zufällige wie burleske Anspielung von »Nitsche« auf jene »Nische« (vgl. § 12), worin das Andenken an den toten Nietzsche längst in der Blende für das Nietzsche-Feindbild versunken ist? Wer immer diese auf den Hund gekommenen Sätze in ihrer unsäglichen Mischung von »inoffizieller« Stasi-Politik und offiziellem Kaderauftragsdenken gesprochen oder zu verantworten haben mag: Von hier aus ist der Auftrag auf offenbar »normalem« Dienstweg im »Zentralen Plan« der Universität Halle – Wittenberg für die folgenden Jahre als »Arbeitsschwerpunkt« festgeschrieben und nach vollzogener Erfüllung an die SED-Bezirksleitung weitergemeldet worden, um mit der Wende von 1989 aus den Akten eilends wieder getilgt zu werden …

Wie immer der universitätsgeschichtlich beispiellose Vorgang zu beurteilen sein mag: Es kann nicht bezweifelt werden, daß die sogenannte Nietzsche-Konferenz, so wie sie der mächtigen Mielke-Behörde 1984 angezeigt war, zwei Jahre später stattgefunden hat. Denn die Sprache des Stasi-Protokolls, eines geschichtlichen Zeugnisses intellektueller Erniedrigung und Entwürdigung deutscher Universitätstradition, ist trotz ihrer unfreiwilligen Namenskomik nicht prinzipiell von der Protokollsprache jenes letzten Kader-Paradeaufgebots im Kampf gegen Nietzsche als Staatsfeind unterschieden, worin der nachmalige Gründer einer »Nietzsche-Gesellschaft« unmittelbar vor der Wende den Beitrag zur legendären »Nietzsche-Konferenz« von 1986 im September-Heft der ›Deutschen Zeitschrift für Philosophie‹ (1988) mitsamt seinem Verdammungsurteil über den doppelt Mitschuldigen an den Weltkriegen des Jahrhunderts bekräftigt.
So wiederholt sich das Drama um Nietzsche und die »Philosophie der Nietzsche-Gesellschaft« im Jahre 1933 mit umgekehrtem Vorzeichen im Jahre 1989: als Satyrspiel »marxistisch-leninistischer Auseinandersetzung« mit dem »Nietzsche-Mythos von ultralinks bis ultrarechts«. Und obwohl ihr Wortführer, vielleicht in Vorahnungen kommender Wendegesänge, die (faschistische) »Form von Wirkung nicht mit dem Mann und seinem Werk völlig synchron denken« will (als wäre eine solche Synchronie geschichtlich möglich), bestätigt er in dürren Worten, daß der Schuldspruch des gewöhnlichen Antifaschismus aus der Nachkriegszeit (vgl. § 18) nicht zu revidieren sei: »Wie es unsere Aufgabe als marxistisch-leninistische Philosophen ist, Mann und Werk in seiner Zeit und als reflektierend-agierendes Ideologem und Theorem auf diese Zeit und ihre Geschichte analytisch-kritisch zu sehen, so ist es auch unsere Pflicht, daran zu denken, daß

die Sache selbst nicht schuldlos am Mythos war, ihn per se mit provoziert hat, weil sie letztlich Fleisch vom Fleische, Geist vom Geiste, einer spätbürgerlich-imperialen Gesellschaftsentwicklung war.«[494]

Die Sache selbst ist Nietzsches Philosophie und ihre »Schuld« jener Mythos des Faschismus, den die westliche Nietzsche-Renaissance im Bunde mit dem »Linksanarchismus« wieder belebe. Darum bleibt sie nach Gerlachs Ansicht »in den faschistischen Ideologiemechanismus als direkte Apologie dieser offenen terroristischen Diktatur der reaktionärsten, am meisten chauvinistischen, am meisten imperialistischen Elemente des Finanzkapitals umfunktioniert und – trotz bestimmter Schwierigkeiten – eingepaßt. Die Gefahr einer solchen Vermarktung, wie auch die einer ›linksanarchistischen‹«, so lauten seine prophetischen Worte, die den Mauerbau um Nietzsche ein Jahr vor dem Fall der Berliner Mauer noch einmal für alle Zukunft rechtfertigen, »wird unter den Bedingungen spätbürgerlicher Ideologieproduktion einerseits und bei Voraussetzung der inneren Janusköpfigkeit der Philosophie Nietzsches andererseits selbst ständig fortbestehen.«[495] Wenige Monate später »wendet« sich der Prophet und erscheint an der Spitze einer von ihm ins Leben gerufenen »Interessengemeinschaft Friedrich Nietzsche e.V.«. Und seither hat er als Vorsitzender des daraus hervorgegangenen Nietzsche-Fördervereins den Wandel auf der parteikonformen Einbahnstraße von gestern in subversive Unterwanderungen des einst verordneten Nietzsche-Feindbilds umgedeutet.[496] Auch ein Beitrag zur Geschichte des »Nietzscheanismus« in Deutschland …

§24 *Nietzsches Weg aus dem Weimarer Goethe- und Schiller-Archiv*

Während der engere Kreis damaliger Kaderphilosophen den Einfluß der westlichen »Nietzsche-Renaissance« über den kirchlichen Raum hinaus bekämpft und am Nietzsche-Feindbild bis zuletzt festhält,[497] konnten Philologen und Literaturhistoriker die Weimarer Editionsleistung auf die Dauer nicht ignorieren. Collis und Montinaris Nachweis der Prozeßgestalt von Nietzsches ganzem Werk mußte schließlich auch im DDR-Binnenraum ein gewandeltes Nietzsche-Verständnis zeitigen. Sieht man vom Abdruck des Gedichts: ›An den Mistral‹ in Stephan Hermlins ›Deutschem Lesebuch‹ (1976) und von einigen Nietzsche-Briefen in Eberhard Haufes Sammlung: ›Deutsche Briefe aus Italien‹ (1965[1], 1987[3]) einmal ab,[498] so ist zu DDR-Zeiten freilich kein einziger Nietzsche-Text publiziert worden. Doch war es immerhin Mitte der 80er Jahre möglich, Franz Pfemferts berühmten Aufsatz gegen ›Die Deutschsprechung Friedrich Nietzsches‹ (1915) in eine Anthologie aufzunehmen[499] und an einigen DDR-Universitäten über Nietzsche zu graduieren.[500]

Es waren die Literaturhistoriker und unter ihnen einige Thomas-Mann-Forscher, die den Bann des Schweigens durchbrachen und mit ihrer längst überfälligen Neubewertung moderner Dichtung eine neue Phase der Nietzsche-Auseinandersetzung in der DDR einleiteten. Wie es gewiß kein Zufall gewesen ist, daß sie sich an Thomas Manns Londoner Rede über ›Nietzsches Philosophie im Lichte unserer Erfahrung‹ (1947) anschlossen, die in der Berliner Ausgabe seiner Werke (1955, 1963) zu lesen war und einen *anderen Nietzsche* vorstellte, als ihn der ideologische Zerrspiegel zeigte. Und mit fortschreitender Vertiefung in die Wirkungsgeschichte von Nietzsches Philo-

sophie und ihren Einfluß auf die literarische Avantgarde des 20. Jahrhunderts verschwand das Feindbild, tauchte aus dem abziehenden Pulverdampf der Grabenkämpfe von gestern für einige seiner Leipziger Schüler (ich denke an Gerd Irrlitz und Friedrich Dieckmann) die Gestalt des Westemigranten Ernst Bloch wieder auf: sein Diktum, wonach Nietzsches Denken keine »gewohnte Luft« von »bürgerlichen Planeten« umwehe und ein philosophisches Potential enthalte, das im bisherigen Spektrum eines politisierten Rezeptionsverhaltens unterdrückt worden sei. Um es zu befreien, schrieb Renate Reschke, die sich zuerst wieder dieses Diktums erinnerte, müsse die marxistische Kritik sich nicht nur Nietzschescher Positionen differenzierter vergewissern, sondern auch das gesamte Spektrum der eigenen Auseinandersetzung mit seinem Denken zum »Gegenstand ihres Selbstverständnisses hinsichtlich des umstrittenen Philosophen machen«.[501]

Den entscheidenden Schritt in dieser Richtung ging der Thomas-Mann-Forscher Eike Middell, der direkt an die Nietzsche-Kontroverse zwischen Bloch und Lukács anknüpfte und im einzelnen herausarbeitete, daß der »Zielpunkt« von Lukács' Kritik zwischen den 30er und 50er Jahren zunehmend ein Nietzsche wurde, wie ihn die Interpreten des Nietzscheanismus durch »Systematisierung seines Denkens« erst erfanden. Middell sagte es fast mit denselben Worten wie Montinari, der diese Verschiebung historischer Fakten zugunsten ideologischer Fiktionen näher beleuchtet hatte,[502] als er in seinem Essay über ›Totalität und Dekadenz‹ (1985) zum Ergebnis gelangte, daß es »Baeumlers Nietzsche« sei, gegen den Lukács polemisiere – »die Polemik mithin gegen ein Bild, eine faschistische Funktionalisierung dieser Philosophie durch ihre Interpreten«[503].

Wenn Bloch gegen Lukács im Recht ist, stellt sich erneut seine Frage nach der Erbschaft einer Zeit, die wesent-

liche Denkimpulse durch Nietzsche erhalten hatte.[504] Sie stellt sich auch im Blick auf Lukács' Nietzsche-Kritik, deren Totalverdikt im Namen des Antifaschismus nicht das letzte Wort zur Sache sein konnte. Verbirgt es doch Berührungspunkte, die Nietzsches Kritik an der literarischen Dekadenz und seine Bejahung der Aufklärung nach Middells treffender Einsicht mit den tieferen Impulsen von Lukács' Denken verbindet. Und in der Tiefe ist weder die »Gesellschaft« und ihr »Fortschritt« durch Wissenschaft und Technik noch der Emanzipationskampf der »fortgeschrittensten« Klasse die Antriebskraft seines Denkens, sondern die damit verbundene »Tragödie der Kultur« (vgl. §5), mit Nietzsche gesprochen: die »Kultur-Komplexität« als »Vorzugsinteresse« philosophischer Erkenntnis (»gleichsam als Ganzes, bezüglich in seinen Teilen«).[505]

Besteht »Dekadenz« in der Erfahrung, daß das Leben nicht mehr im Ganzen wohnt, das Wort »souverän« wird und aus dem Satz herausspringt, der Satz auf andere Sätze übergreift und den »Sinn der Seite« verdunkelt, die Seite Leben gewinnt auf Kosten des ganzen Textes und kein Text ein Ganzes bildet,[506] dann steht dieses literarische Bild am Eingangstor zur *Moderne* (denn darum handelt es sich) auch über Blochs Denkweg. Dann haben Bloch und Lukács mit den avantgardistischen Schriftstellern und Künstlern ihrer Zeit die Erfahrung der kulturellen Dekadenz geteilt. Und beide sind dann von gemeinsamen Ausgangspunkten her unterwegs zu einer »nicht allein organisatorisch, sondern moralisch-ethisch vermittelten Totalität« und ihrer ästhetisch unmittelbaren Lebenszeugnisse gewesen – auf jenem Weg der Kunst, den das *ganze* Werk von Bloch bezeugt, während Lukács nach der Publikation seiner ›Theorie des Romans‹ (1920) durch seine Option zugunsten *einer* der europäischen Bürgerkriegsparteien von diesem Weg ab-

biegt und für das Dekadenz-Problem die große politische Lösung (mit »klassizistischen« Kunstmitteln) ins Auge faßt (vgl. § 20).

Wären diese beim Thomas-Mann-Forscher Middell angelegten Gedankengänge in der bekannten Nietzsche-Debatte von ›Sinn und Form‹ (1986) zwischen Heinz Pepperle und Wolfgang Harich aufgenommen worden,[507] hätte sie ins Zentrum heutiger Auseinandersetzungen mit Nietzsche führen und vielleicht den Weg ins Freie finden können: zur Freiheit jener philosophischen Position, wie sie in der Anfangszeit der DDR Ernst Bloch für kurze Zeit vorgelebt und gegenüber politischen Totalitätsansprüchen zur Geltung gebracht hatte. Die Debatte reagiert auf den von Montinari unternommenen Versuch, Nietzsche aus den Frontlinien des europäischen Bürgerkriegs während der ersten Hälfte unseres Jahrhunderts herauszuholen.[508] So scheint sie an die Kontroverse zwischen Lukács und Bloch anzuknüpfen, dessen Einordnung von Nietzsche in die »Unheilslinie« der deutschen Philosophie Pepperle bei Montinari ebenso vermißt wie Blochs Hinweis darauf, daß Nietzsches Denken faschistisch »brauchbar« gewesen sei. Aber das scheint nur so. Denn keiner der Teilnehmer verdeutlicht, in welchem Kontext Bloch die Linien auszieht, weshalb Blochs Kritik an Lukács' Nietzsche-Banalisierungen gar nicht ins Blickfeld gerät. Und der einstige Bloch-Mitstreiter Harich schlägt sich blindlings auf die Seite von Lukács, um seine Linienzüge in Weiß (von Hegel zu Marx) und Schwarz (von Nietzsche zu Hitler) fortzusetzen; ganz im Gegensatz zu jenem jungen *Kurier*-Autor vierzig Jahre zuvor, der redaktionell als »Wolfgang Harich« notiert war und darum wußte, daß eine so beschränkte Farbenpalette für eine Darstellung der buntschillernden Persönlichkeit des Philosophen nicht ausreicht (vgl. § 15).

Dem späten Wolfgang Harich erscheint Lukács etwa so, wie dieser in seiner frühen Heidelberger Zeit Max Weber erschienen ist: als erster Apostel unter den Evangelisten. Lukács ist der *Petrus redivivus* des Marxismus, der die Allmacht seiner Wahrheit im Kampf gegen jenen mächtigen Widersacher Nietzsche beweist, zu dem sich der junge Harich vor der Begegnung mit Lukács' apostolischer Tat bekannt hatte. Die Parallele kann uns helfen, Harichs Bekehrungsgeschichte zu verdeutlichen: seine Lukács-Nachfolge, die den Schriften aus vier Jahrzehnten DDR-Zeit bis hin zur Nietzsche-Debatte in ›Sinn und Form‹ ihren Stempel aufdrückt. Wie Simon Petrus durch sein felsenfestes Bekenntnis zu Jesus als Christus und Gottessohn die wahre Bedeutung seines Namens beurkundet (lat. *petra*, der Fels), nicht mehr Simon, sondern Petrus genannt zu werden verdient,[509] so verdient sich auch der ehemalige Christenverfolger Saulus den Namen Paulus durch die Festigkeit des neuen Glaubensbekenntnisses, das ihm nach der Bekehrung des »römischen Paulus« sein Namensdenkmal stiften läßt und hilft, den Kampf des wahren mit dem falschen Glauben gegen alte Magier und Dämonen auszutragen, um den Hauptfeind der Wahrheit zu überwinden.
Das sind, religionsgeschichtlich verfremdet, aber darum nicht minder genau ausgedrückt, die Fronten in der ›Sinn-und-Form‹-Debatte, die Lukács' Bild von Nietzsche als des großen Zauberers und Verführers zum Irrglauben in Blochs Namen – nach Max Weber kein Petrus-Nachfolger, sondern eigenwilliger Johannes-Evangelist – zur Revision vorlegt. Trotz des Zweifels der Gemeindeoberen an der Felsenfestigkeit seines Glaubens seit dem ungarischen Aufstand im Jahre 1956 ist Lukács' Bekenntnis nach Harichs Auffassung nicht zu übertreffen. Was zu revidieren wäre, sind lediglich einige historisch überholte Erkenntnisse. Und so versucht denn

Harich in seinem Beitrag zur Nietzsche-Debatte zu zeigen, daß Nietzsche »von den Faschisten nicht etwa mißbraucht worden«, sondern »tatsächlich ihr wichtigster, ihr entscheidender geistiger Wegbereiter« gewesen sei,[510] um sich dann über Bloch ganz auszuschweigen. In der Sache läuft die Debatte auf eine Zurückweisung von Montinaris Nietzsche-Interpretation hinaus, die beide Kontrahenten für »selektiv« halten, ohne daß sie ihre Tragweite für ein vertieftes Verständnis von Nietzsches Philosophie zur Kenntnis nehmen.[511] Bevor ich darauf zurückkomme (§ 26), sei diese Sicht im Gespräch mit Nietzsche und seinem Interpreten Montinari an einigen Punkten verdeutlicht.

§ 25 Kein Ausbruch aus der Lügenparade? Grunderfahrung und Gefahrenzone von Nietzsches Philosophie oder die Frage des »Vernichtungskriegs«

Nietzsches Grundproblem hatte Montinari mit Thomas und Heinrich Mann im »Kultur-Komplex« als Ganzem gefunden, der sich in den Teilbereichen von Wissenschaft und Kunst (im weitesten, die »Technik« einschließenden, Wortsinn) entfaltet und in der moralischen Weltauslegung durch den überlieferten Gottesbegriff der platonisch-christlichen Metaphysik kulminiert. Der moderne Atheismus, die Verneinung Gottes, bedeutet eine »Erhöhung des Menschen«, aber zugleich seine Erniedrigung, weil sich damit alles Geschehen auf Erden »verkleinert« und verkehrt. Nietzsche erläutert: Wenn Gott, als Inbegriff von Güte, Wissen und Macht, als Kern der Sinndeutung des Weltgeschehens, widerlegt ist, ist es der Teufel – der populäre Ausdruck einer immoralistischen Ausdeutung unserer Selbst- und Welterfahrung – kei-

neswegs; denn »alle göttlichen Funktionen gehören mit hinein in sein Wesen: das Umgekehrte ging nicht«.[512] Dann wird nämlich, wie ich Nietzsches Argument in Anlehnung an die Moralkritik seines Spätwerks ergänzen möchte, das Teuflische vergöttlicht und von den verschiedenen atheistischen Gruppen (darunter von den beiden Parteien des europäischen Bürgerkriegs) behauptet, sie seien im Besitz des Guten; jenes *moralisch höchsten Guts*, dem sie im Kampf gegen die das Böse verkörpernde Gruppierung dienen: *mit allen Mitteln*, um es im Namen »aller« (ausgenommen die zur Vernichtung Bestimmten) durch jene von Klassen- und Rassenmischungen gereinigte Gesellschaft der Zukunft in Besitz zu nehmen.

Indem sie das Böse vom Guten trennen und wechselweise auf »die Anderen« übertragen, werden die sich bekämpfenden Bürgerkriegsparteien von ihm »besessen«. Und damit verfallen sie dem Fanatismus, der, vom Ziel einer vollständigen »Ausrottung« des vermeintlich Bösen angetrieben, zum *Moraldämonismus* wird. Womit ich nach der Ursprungsbedeutung dieses Wortes (von griech. *daiomai* = trennen, teilen) die Selbstverkehrung des moralisch guten Willens in sein Gegenteil umschreiben und behaupten möchte: Die innere Verkehrung tritt dann ein, wenn sich der Wille ohne Rückbindung an den Lebensgrund der Moral auf seine gute Absicht versteift oder als »vereinigter Wille aller« das Gute politisch zu verkörpern wähnt.

Die Verselbständigung von Verkehrungsgeschehnissen dieser Art können wir an der Geschichte fanatischer Religionssekten im späten Mittelalter und den Religionskriegen der frühen Neuzeit studieren. Und an den Weltanschauungskriegen unseres Jahrhunderts mit ihren unsäglichen Massenvernichtungen konnten wir sie als eine der großen Bedrohungen für das Überleben der

Menschheit im Ganzen ihrer Geschichte erfahren. Im Wahn, das Gute zu besitzen und nur »Gutes« zu wollen, glaubt der Moraldämonist, sich von jenem Lebensgrund einer jeden Moral, dem innermenschlichen Spannungsverhältnis zwischen Gut und Böse (nach Kants richtiger Einsicht gleichursprüngliche »Naturanlagen« im Menschen) entlasten zu dürfen. Er entfernt sich von ihrem Grund, indem er das Verhältnis nach außen projiziert und auf soziale Gruppen und Verhaltensweisen verteilt, deren eine die andere bekämpft, ohne daß die Wortführer dieses Kampfes darum wissen, wie mit dieser Trennung die »Welt des Hassenswerten, Ewig-zu-Bekämpfenden« unmerklich ins Ungeheure anwächst, wie die Verteilung und Verlagerung des Bösen auf eine Gruppe notwendig zur Verleumdung und Verfolgung ihrer Mitglieder führen muß.[513]

Es ist das Große an Nietzsche, diese Gefahr einer Dämonisierung der Moral wahrgenommen und ihre Ursachen über das biblisch-christliche Moralverständnis hinaus bis auf Platos Metaphysik zurückgeführt zu haben. Gutes gibt es nicht ohne jeden Seinsgrund im Leben, platonisch geredet: in der Idee oder »jenseits des Seins«, als »Ding an sich« im Sinne objektiver Realität, die es zu erkennen gilt. Das Gute, so hat das Plato ausgedrückt, kann nie mit seinem Gegenteil, dem Schlechten und Üblen, zu gleicher Zeit an ein und demselben Dinge anwesend sein.[514] Dagegen setzt Nietzsche die These, daß Gutes immer nur zusammen mit Ungutem, dem Bösen, bestehen kann. Warum? Weil es gleichursprünglich zum Leben gehört wie der Schatten zum Licht, das Nein zum Ja. Die platonisch-christliche Denkweise, mit der »ein bestimmter Typus Mensch gezüchtet wird, geht von jener absurden Voraussetzung aus: Sie nimmt das Gute und das Böse als Realitäten, die mit sich im Widerspruch sind (*nicht* als komplementäre Wertbegriffe, was die Wahrheit wäre),

sie rät, die Partei des Guten zu nehmen, sie verlangt, daß der Gute dem Bösen bis in die letzte Wurzel entsagt und widerstrebt, – sie *verneint tatsächlich damit das Leben*, welches in allen seinen Instinkten sowohl das Ja wie das Nein hat«[515].

Die selbsternannte Partei des Guten weiß nicht, was sie tut. Sie träumt davon, »zur Ganzheit, zur Einheit, zur Stärke des Lebens« zurückzukehren, die sie sich als Erlösung von der ständigen Unruhe denkt, zwischen zwei entgegengesetzten Wert-Antrieben wählen zu müssen. Und sie weiß sich umringt vom »beständigen Ansturm des Bösen«, so daß sie die Welt im argen liegen sieht, sich selbst als verderbt, das Gutsein als Gnade, das heißt menschenunmöglich, ansieht. Am Ende beginnt sie zu begreifen, wie »das Gute als oberster Wert das Leben *verurteilt*«, womit der Moraldämonismus an seinen Folgen erkannt und als »widerlegt« gelten könnte. Aber eine Krankheit, so Nietzsche, »widerlegt« man nicht, sondern man schätzt und wertet sie zur Gesundheit um, man konzipiert ein »*anderes* Leben«[516]. *In summa*: Das Leben selbst ist unabschätzbarer Grund aller Wertschätzungen; es kann von sich her das Gute nicht als obersten Wert schätzen, weil es gleichermaßen Böses und Schlimmes umfaßt, den Schmerz, das Leid, den Tod. Sie sind Verneinungen, die das Leben zu seinem Wachstum braucht: um sich zu steigern und dem vorzeitigen Untergang (der »Dekadenz«) standzuhalten.

Zur wirklichen Gefahr werden die Tendenzen zur Dämonisierung der Moral, wenn sich das Wertschätzen selbst *von Grund auf* verkehrt. Die »Logik« der Verkehrung ist einfach: Wer sich im Besitz des Guten wähnt, wird in seinem Namen das ihm eingeborene Böse aus sich herausschaffen und anderen Schlimmstes antun – womit sich das Übel in der Welt aufs höchste steigert. Darin besteht der innere Zusammenhang des verneinenden Moralis-

mus mit dem Nihilismus, der Vernichtung des Lebens im Namen der Moral. Und vielleicht macht es Nietzsches wahre denkerische Größe aus, wie er der Gefahr des Moraldämonismus begegnet, als sie ihn am Ende seines Denkweges selbst einholt: als er im Gefolge seiner Moralkritik in den sich abzeichnenden Vernichtungskampf der Bürgerkriegsparteien nach deren praktisch-organisatorischem Muster einzugreifen sucht und an die Gründung einer »Gegenvernichtungspartei« denkt.

Damit schlage ich ein Thema an, das an die Abgründe des Nietzsche-Streits in diesem Jahrhundert rührt; ein Streit, der unverändert andauert. Dabei denke ich nicht nur an das westliche Fortziehen der Baeumler-Lukács-Linie »Von Nietzsche bis Hitler«[517]. Ich denke auch an »analytische« Vergleiche zwischen ›Hitler und Nietzsche‹[518] und an das suggestive Doppelkopfgleichnis eines altbundesdeutschen Nachrichtenmagazins Anfang der 80er Jahre mit der Titelaufschrift »Täter Hitler – Denker Nietzsche«[519]; eine Formel, womit nicht nur DDR-Kaderphilosophen, sondern altbundesdeutsche Berufsdenker Ende der 80er Jahre und danach »operieren« zu müssen glaubten.[520] So drehen sich die alt- und neubundesdeutschen Debattenkarussells um den »Protofaschisten« und Hitler-Vorläufer in zeitlicher Wiederkehr des Gleichen bis an das absehbare Ende des alten Jahrhunderts fort. Und weil dieses Satyrspiel längst wieder zum Drama geworden ist, halte ich es für unwahrscheinlich, daß danach seine Aufführung auf dem Jahrmarkt der Zeit endet.

Hier wird nicht beabsichtigt, den beliebten Kreisgang um das Dauerthema »Nietzsche, Hitler und die Deutschen« durch einen weiteren Gang zu »ergänzen«. Ich weiß mich fern vom Gestus jener moralisierenden Besserwisser, die alles nach abgegrenzten Frontlinien von gestern vermessen, den Weg von Hitler zu Nietzsche immer wieder nach

rückwärts oder auch in umgekehrter Richtung gehen, entlang der Wegzeichen von »Nietzsche-Maximen«, die sich dem deutschen Selbstbewußtsein im ersten Drittel des Jahrhunderts einprägen und dann zwölf Jahre hindurch praktiziert werden, von der Maxime des »Gefährlich-Lebens« angefangen bis hin zur maximalen Verachtung des Mitleids und Verlangens nach Glück, dem Kernstück nationalsozialistisch praktizierter »Herren-Moral«. Am Beispiel der fragwürdigsten Sache in Nietzsches Denken, die seine ganze Radikalität und damit auch die ambivalente Beziehung dieses Denkens zu jenen revolutionären Parteien enthüllt, möchte ich lediglich die Behandlungsart des Faschismus-Themas in den ost- und westdeutschen Nietzsche-Debatten der 80er Jahre verdeutlichen und andeuten, wie es damit bis hin zur Wiederkehr dieses Themas in heutigen Diskussionsrunden bestellt ist.

Die Vernichtungsphantasien aus dem letzten Jahr vor Nietzsches geistiger Umnachtung sind schrecklich, Symptome der Krankheit und abgründiger Verlassenheit vom Geist der Liebe und Sehnsucht nach Güte zugleich. Und sie setzen mit einer Schreckensvision ein: »Werfen wir einen Blick ein Jahrhundert voraus, setzen wir den Fall, daß mein Attentat auf jene zwei Jahrtausende Widernatur und Menschenschändung gelingt. Jene neue Partei, welche die größte aller Aufgaben in die Hände nimmt, eingerechnet die schonungslose Vernichtung alles Entartenden und Parasitischen, wird jenes *Zuviel von Leben* auf Erden wieder möglich machen, aus dem auch der dionysische Zustand wieder erwachsen muß. Ich verspreche ein *tragisches* Zeitalter: die höchste Kunst im Jasagen zum Leben, die Tragödie, wird wiedergeboren werden, wenn die Menschheit das Bewußtsein der härtesten, aber notwendigsten Kriege hinter sich hat, ohne daran zu leiden.«[521]

Die Vision verknüpft den ästhetischen Ausgangspunkt von Nietzsches Denkweg mit seinem Ende, der jetzt eine Wendung ins Politische zu nehmen scheint. Sie beginnt mit den kämpferischen Sätzen: »Ich bringe den Krieg. *Nicht* zwischen Volk und Volk: ich habe kein Wort, um meine Verachtung für die fluchwürdige Interessen-Politik europäischer Dynastien auszudrücken, welche aus der Aufreizung zur Selbstsucht, Selbstüberhebung der Völker gegen einander ein Prinzip und beinahe eine Pflicht macht. *Nicht* zwischen Ständen. Denn wir haben keine höheren Stände, folglich auch keine niederen... Ich bringe den Krieg quer durch alle absurden Zufälle von Volk, Stand, Rasse, Erziehung, Bildung: ein Krieg wie zwischen Aufgang und Niedergang, zwischen Willen zum Leben und *Rachsucht* gegen das Leben.«[522] Und dieses Satzstakkato gipfelt dann im Aufruf, eine neue »Partei des Lebens« zu gründen, stark genug zur »großen Politik«, die in der Lage wäre, »unerbittlich mit allem Entarteten und Parasitischen« ein Ende zu machen[523].
Das alles erinnert von ferne ans Zeitalter des ideologischen Bürgerkrieges, an Prämissen der nationalsozialistischen Rassentheorie wie der kommunistischen Klassenlehre und ihre Verwirklichung in den Vernichtungslagern beider Systeme. Diese Visionen sind denn auch von Ernst Nolte im Horizont jener barbarischen Vernichtungskriege interpretiert worden.[524] Obwohl es wenig dazu paßt, daß sich »die Partei des Lebens« (wie Nolte bemerkt) aus preußischen Offizieren und jüdischen Bankiers zusammensetzen soll, haben sich die alten wie die neueren Debatten um Nietzsches vermeintliche Vorwegnahme von Hitlers Rassenwahn ganz auf diese Analogien fixiert. Und, geleitet von alten Klischees weltanschaulicher Nietzsche-Interpretationen, haben sie die rassenkämpferische Tonart am Auftakt von Nietzsches Vernichtungsphantasien durch immer neue »Be-

lege« unterstrichen. Was sie dabei – bewußt oder unbewußt – ausblenden, ist die allmähliche Verschiebung ihres Richtungssinns bis hin zum Schlußakt: Nietzsches Veränderung des Gedankengangs im Winter 1888/89, wenige Tage vor dem Gang in die geistige Umnachtung; eine Gedankenverschiebung, die der Historiker des europäischen Bürgerkriegs in unserem Jahrhundert nicht vermerkt hat. Mündet sie doch in jene »letzte Erwägung«, die den kämpferisch zugespitzten Ton des »Willens zur Macht« ganz in die Spitze des *Denkens*, der *Krisis* des Gedankens im Sinne der Scheidung der Geister und ihres notwendigen Abschieds vom moraldämonistischen »Geist der Rache«, zurücknimmt: »Zuletzt könnten wir selbst der Kriege entraten; eine richtige Meinung genügt unter Umständen auch.«[525]

Es ist die Zurücknahme gewalttätiger Parteipolitik und ihre Autorisierung durch eine Weltanschauung zugunsten authentischer Philosophie, die Nietzsches Selbstverständnis im Schlußkapitel seiner letzten Schrift (›Ecce homo‹, 1888) entspricht. Es stellt die Frage, warum sein individuelles *Fatum* ein allgemeines Verhängnis sei: unser aller Menschenschicksal. Zu Beginn der Schrift hatte Nietzsche mit einem Rätsel geantwortet. Das Glück seines Daseins, seine »Einzigkeit«, liege eben darin, am Leben »krank«, ja der väterlichen Herkunft nach bereits gestorben und dennoch unterwegs zur Gesundung (mit Goethe gesprochen: auf dem Gang zu den »Müttern«) gewesen zu sein: »Diese doppelte Herkunft, gleichsam aus der obersten und der untersten Sprosse an der Leiter des Lebens, décadent zugleich und Anfang – dies, wenn irgend etwas, erklärt jene Neutralität, jene Freiheit von Partei im Verhältnis zum Gesamtproblem des Lebens, die mich vielleicht auszeichnet. Ich habe für die Zeichen von Aufgang und Niedergang eine feinere Witterung als je ein Mensch gehabt hat, ich bin der Lehrer par excel-

lence hierfür – ich kenne Beides, ich bin Beides.«[526] Das Ende von ›Ecce homo‹ löst die verrätselte Form der Antwort in eine Formel für sein Schicksal auf: *» – und wer ein Schöpfer sein will im Guten und Bösen, der muß ein Vernichter erst sein und Werte zerbrechen. / Also gehört das höchste Böse zur höchsten Güte: diese aber ist die schöpferische.«*[527]

Nietzsches Formel, eine Umschreibung der »Freiheit von Partei im Verhältnis zum Gesamtproblem des Lebens«, scheint die moraldämonistische Position nicht aufzuheben, sondern auf die Spitze zu treiben. Das scheint nur dann so, wenn man ohne Bedenken und Nachdenken über das Moralproblem selbst die Partei der »Guten«, jener »Wohlwollenden« und selbsternannten »Wohltäter« des Lebens ergreift, die sich anmaßen, in der Nachfolge einer christlich-aufgeklärten Moral ohne den Kern des Christentums (das göttliche Liebesgebot und seine Erfüllung im Tatbeweis des Gekreuzigten) die Welt und den Menschen nach ihren gedankenlosen Moralvorstellungen zu »verbessern«. Was dabei herauskommt, haben wir Nachgeborenen an uns selbst und den Millionen von Toten dieses Jahrhunderts erfahren, die im Namen des Guten, der besten Absichten und Versprechungen einer friedlich gesicherten Zukunft, ermordet worden sind. Nietzsche hat das vorhergesehen. Und er hat es vorhergesagt: *»... gute Menschen reden nie die Wahrheit. Falsche Küsten und Sicherheiten lehrten euch die Guten; in Lügen der Guten wart ihr geboren und geborgen. Alles ist in den Grund hinein verlogen und verbogen durch die Guten.«*[528]

Was Nietzsche auf dem Kreuzigungsweg der Erkenntnis gewahrt, ist das *Problem* einer menschlichen, allzumenschlichen Moral ohne Gott, die das Menschengeschlecht moraldämonistisch zerstückelt und dann auseinanderwirft, was doch im Innersten eines jeden

Menschen zusammengehört. Nietzsche hat tatsächlich, um mit Heinrich Mann zu sprechen, die einmalige Kühnheit besessen, alles in Frage zu stellen, »was den Westen der Erde zusammengehalten hatte seit den Tagen, als die heidnische Welt zerfiel. Das Wagnis ist unverlierbar.«[529] Sein Anteil ist die »Ergründung der Sittlichkeit, die geherrscht hat«: wie die herrschende Sittlichkeit erstarrte und den Namen des Guten mißbrauchte. Für den scharfblickenden Chronisten des dekadenten Bürgertums hat Nietzsche die sittlichen Begriffe, denen nichts mehr anhing als tote Konvention oder Selbsttäuschung, wieder lebendig gemacht, so daß gerade Intellektuelle, die von der Roheit und Treulosigkeit des äußeren Geschehens am heftigsten gereizt werden, davon erneut betroffen sind: »Das gute Gewissen hierfür«, so schreibt Heinrich Mann als Präsident der Volksfront im Exil, »machte ihnen ein Einziger, Nietzsche. Wobei es noch immer leicht wiegt, daß er um seines Jasagens zum Leben willen die Rohen und Treulosen gutgeheißen und ermutigt hat. ›Zuletzt‹, das Wort, das er zu handhaben verstand, zuletzt hat er keineswegs die Moral entwertet: er hat sie erhöht.«[530]

Auf diesem Weg mit seinen vielen Leidensstationen traf 1945 die äußere mit der inneren Opposition gegen Hitler im Kampf um das »wahre« Nietzsche-Bild zusammen; ein Zusammentreffen, das für beide Seiten lehrreich war. Es inspirierte im ersten Nachkriegswinter einen jungen Berliner Denker (laut Redaktionsnotiz des ›Kurier‹ vom 11. Februar 1945 »Wolfgang Harich«) zu jenem großen Essay, der Nietzsches Gang durch die dumpfen Kellergewölbe des kleinbürgerlichen Ressentiments zur Taghelle einer emphatischen Lebensbejahung freigelegt hat. Und nach seinem Aufstieg auf den Gipfel der Erkenntnis konnte der Verfasser sagen, von dieser Höhe aus hätte Nietzsche die Fülle der geschichtlich wirksamen Werte

und die historische Relativität menschlicher Wertung geschaut. Daß sich Nietzsches Blick in jener Vielfalt verlor und die ideale Unabhängigkeit moralischer Grundwerte nicht erkannte, dies schien dem Berliner Hartmann-Schüler, wie wir uns erinnern (vgl. § 15), der geringere Irrtum gegenüber den Mißverständnissen falscher Nietzsche-Freunde und -Ausleger, die seine »Umwertung« von »Gut« und »Böse« als Entwertung und Erniedrigung aller Werte mißverstanden, während er in Wahrheit die Moral einer neuer Wertschätzung unterzogen und dadurch das Ethos des Menschentums in seinem Verhältnis zur Natur emporzuheben gesucht hat.

10. Kapitel

»Wo der Staat aufhört…«

§ 26 Solopartie mit Kirchenchor: Der späte Wolfgang Harich und die Nietzsche-Debatte in ›Sinn und Form‹

Soweit die Nietzsche-Debatte in ›Sinn und Form‹ an das vom Nachkriegs-Antifaschismus verkehrte Erbe der Volksfront-Politik anzuknüpfen suchte, rührt sie an jenes »Gesamtproblem des Lebens«, das künstlerische Leitmotiv von Thomas und Heinrich Mann. Sie akzentuierten die *eine* Seite von Nietzsches Grundlehre, jene sittlich vorrangige Aufgabe, daß der Einzelne »zuerst *sich selbst* in die Gewalt bekomme: die Herren-Moral innerhalb der Triebwelt des einzelnen Menschen«[531], in der richtigen Erwartung, daß sich »das übrige – Herr der anderen werden –«, dann von selbst ergeben würde: aus dem »Pathos der Distanz« gegenüber Politik und Gesellschaft. Dieses von den Gesinnungspolitikern des Jahrhunderts verkannte, zutiefst berechtigte Motiv einer über sich aufgeklärten »Gesinnungsästhetik« rührt an den Grund philosophisch-authentischer Denkerfahrung und betrifft das Nietzsche beunruhigende Problem einer »Selbstüberwindung« des neuzeitlichen Menschentums. Und am Ende führt es zurück zur Frage autonomer Lebensführung, einer sittlichen Wiedergeburt aus dem Geist der Moralität und verantwortlicher Moralerziehung, wonach die grundhafte *Sittlichkeit*, ganz im Sinne von Kants Moralphilosophie, in die innere Konfliktwelt

menschlicher Triebe verlegt und damit über die gewöhnliche Forderung nach Selbstbeherrschung hinaus zur ständigen Aufgabe ausgleichender Sublimierung und Balancierung geschichtliche Lebenskonflikte erhoben wird.

Es war dem späten Wolfgang Harich vorbehalten, im Verlauf der Debatte diese ethische Problematik der Moderne ganz beiseite zu schieben, um Nietzsche noch einmal in die alten Frontlinien des ideologischen Bürgerkriegs zurückzustellen.[532] Nachdem er sich mit Äu-ßerungen zu Nietzsche in den vier Jahrzehnten DDR-Zeit – mit guten Gründen, wie wir annehmen dürfen – zurückgehalten hatte, stimmt er jetzt Punkt für Punkt in den Tenor der uns bekannten Nietzsche-Anklagen aus den Gerichtsverfahren der Nachkriegszeit ein.

Nietzsche – weder ein Aufklärer und Humanist in der Tradition von Petrarca, Erasmus, Voltaire noch ein Meister deutscher Sprache wie Goethe und Heine (1); das Werk – weder eine Inspirationsquelle für Thomas Manns psychologische Romankunst noch für die Kunst des 20. Jahrunderts (2); sein Denken – kein Kreuzigungsweg mit vielen Stationen, sondern eine Sackgasse (3); die Philosophie – keine einsame Gipfelhöhe der Erkenntnis mit Fernblick, sondern Ausdruck der Blindheit für seine Zeit und Verschleierung ihrer sozialen Spannungen: was Harich mit Lukács die »indirekte Apologetik« des Kapitalismus nennt (4); die Lehren vom Übermenschen und Willen zur Macht – eine direkte Apologie menschlicher Gewalttätigkeit im Zeitalter des Imperialismus (5), der Beweis dafür, daß Nietzsche eine moralische Qualität zwischenmenschlicher Beziehungen »nur innerhalb der Herrenkaste bejaht, die er zugleich dazu anspornt, sich zu den Ausgebeuteten und Unterdrückten wie ›frohlokkende Ungeheuer‹ aufzuführen«[533]. Und am Ende dieser Reihe, die zurücknimmt, was der dem jungen Harich zugeschriebene Nachkriegsbeitrag im ›Kurier‹ einmal zu

Nietzsches Gunsten angeführt hatte (vgl. § 15), steht der ungeheuerliche Satz: »Die Ideengeschichte aller Zeiten kennt keinen beredteren Künder der Gewalt, keinen passionierteren Kriegstreiber als Nietzsche.«[534]
Beschränken wir uns auf den Schlußpunkt, der alles übertrifft, was wir dazu seit der angelsächsischen Reaktion auf das *Zarathustra*-Motto im Buch des preußischen Generals und Treitschke-Schülers Bernhardi am Vorabend des 1. Weltkriegs kennen (vgl. § 3). »Zarathustra«, auf diesem Nietzsche-Wort über die gedichtete Hauptperson der tragischen Philosophie gründet Harichs Gerichtsurteil, »muß seine Jünger zur Erderoberung aufreizen: – höchste Gefährlichkeit, höchste Art von Sieg: ihre ganze Moral eine Moral des Krieges – unbedingt siegen wollen.«[535] In Wahrheit charakterisiert Nietzsche hier den philosophischen Denkkampf, den Sieg über nihilistische Verurteilungen des zeitlichen Lebens auf der Erde durch Eroberung des Gedankens ewiger Wiederkunft in der Zeit (»Bleibt mir der Erde treu!«). Als Beweisgrund dient ferner Nietzsches Polemik gegen das »grüne Weideglück der Herde«, der Harich keinerlei Anspielungen auf banalisierte Wunschträume, sondern lediglich die Verachtung eines »Daseins in Frieden und Harmonie« zu entnehmen weiß; während es Nietzsche in Wahrheit für sich zutiefst ersehnte: im Wissen darum, daß es uns menschlich nur zeitweilig vergönnt ist, so zu leben. Und schließlich zitiert der marxistische Hegel-Bewunderer Nietzsches Sätze über den Krieg, die in nüchterner Sprache wiederholen, was Fichte und Hegel – vor der Erfindung moderner Massenvernichtungswaffen – zu diesem Thema gesagt haben: »Einstweilen kennen wir keine anderen Mittel, wodurch mattwerdenden Völkern jene rauhe Energie des Feldlagers, jener tiefe unpersönliche Hass, jene Mörder-Kaltblütigkeit mit gutem Gewissen, jene gemeinsam organisierende Glut in der Vernichtung des Feindes, jene stolze Gleichgültigkeit

gegen große Verluste, gegen das eigene Dasein und das der Befreundeten, jene dumpfe erdbebenhafte Erschütterung der Seelen ebenso stark und sicher mitgeteilt werden könnte, wie dies jeder große Krieg tut.«[536]

Wenn Harich dazu notiert, Franz Mehring hätte in seiner ersten Nietzsche-Kritik am Ende des 19. Jahrhunderts »diese Seite seines unheilvollen Wirkens« übersehen, so ist dazu anzumerken, daß Mehring im Unterschied zu dem späteren Nachfahren philologisches Gewissen besaß und Nietzsche zu lesen verstand. Eben daran fehlt es dem Anwalt des »DDR-Leselands«, der Nietzsche-Texte zu zitieren als »unhygienisch« bezeichnet. Wie er Nietzsche liest, mag ein letztes Beispiel aus dem Wendejahr 1989 zeigen. Harich zitiert aus der *Zarathustra*-Dichtung die Mitte des Abschnitts: ›Von Krieg und Kriegsvolke‹ (»Ihr sollt den Frieden lieben als Mittel zu neuen Kriegen. Und den kurzen Frieden mehr als den langen. Euch rate ich nicht zur Arbeit, sondern zum Kampfe. Eure Arbeit sei ein Kampf, euer Friede sei ein Sieg«), ohne den Kontext auch nur zu beachten: Nietzsches Aufruf zum Gedankenwettkampf als reiner »Leidenschaft der Erkenntnis«.

Davon handelt der ganze Abschnitt, worin Nietzsche auf der Suche nach einer Läuterung und Reinigung zeitgenössisch verwissenschaftlichter Weltanschauungslehren (»Geschwätz«) und zeitgemäßer Verwechslungen von Philosophie mit historischer Gelehrsamkeit (»Arbeit«) die antike Metaphorik von »Krieg« (*Polemos*, »Streit«, »Auseinandersetzung«) und »Frieden« (*Eirene*, »Versöhnung«, »Einigung«) zugrunde legt. Der Kampf dreht sich um die Vorbereitung einer neuen »Heiligung« menschlichen Erkenntnisstrebens, damit es nicht in Arbeit und Geschwätz ausarte: »Und wenn ihr nicht Heilige der Erkenntnis sein könnt, so seid mir wenigstens deren Kriegsmänner. Das sind die Gefährten und Vorläufer sol-

cher Heiligkeit.«[537] Harich zitiert gelegentlich auch aus diesem Kontext; aber er läßt weg, was seiner Verurteilung von Nietzsche als Kriegshetzer widerspricht, so den folgenden Passus: »Ich sehe viele Soldaten: möchte ich viele Kriegsmänner sehen…« Im Text steht hier: »Ein-form nennt man's, was sie tragen: möge es nicht Einform sein, was sie damit verstecken« (vgl. oben § 3). Harich fährt nach seiner Punktuierung fort: »Euren Feind sollt ihr suchen, euren Krieg sollt ihr führen…«[538] Bei Nietzsche heißt es vollständig: »… und für eure Gedanken! Und wenn euer Gedanke unterliegt, so soll eure Redlichkeit darüber noch Triumph rufen.«[539]

Nietzsches Zusätze treffen ins Zentrum seines Verständnisses von philosophischer Polemik. Sie ist, was das griechische Wort besagt: »Krieg für den Gedanken«. Ihre Weglassung besagt einiges über Harichs polemischen Stil, dem wie einem schlechten Redner alle Mittel zur Erreichung seiner Zwecke recht sind. Und die Nietzsche-Sätze müssen ihn betroffen gemacht haben, da er sie sonst kaum ausgestrichen hätte. Für uns ist dieses Ergebnis einer kursorischen Nachlese zu Harichs Praktiken im Umgang mit Nietzsche so niederschmetternd, daß wir dem Leser keine weiteren Proben zumuten. Er mag selbst entscheiden, unter welche Kategorie diese Art von »Polemik« gehört.

Mit solchen Machenschaften beginnt das letzte, trübste Kapitel des Weimarer Dramas, das ich abschließend behandle, ohne mich auf weitere Züge dieses Nietzsche-Feindbilds einzulassen;[540] wie ich auch politisch vordergründige Umstände der Geschichte außer acht lasse, die unseren Blick noch mehr verdunkeln könnten. Licht in das Dunkel kommt aus dem Hintergrund. Wiederholt sich doch hier ein Abschnitt aus der langen Geschichte »deutscher Misere«, jenes seit Kant immer wieder angeprangerten Zustands selbstverschuldeter Unmündig-

keit, von kleinmütigem Elend und zaghaftem Mut, jenen Zustand zu verlassen und das staatlich verhängte Nietzsche-Tabu zu brechen. Ich halte fest, was mir davon durch Zeitzeugen zugänglich geworden ist – von dem späten Bemühen, aus der geduldeten Aufbewahrung des Nietzsche-Nachlasses im Goethe-Schiller-Archiv und seiner insgeheim geförderten Veröffentlichung durch die Colli-Montinari-Ausgabe die längst fällige Konsequenz zu ziehen und sich kritischen Impulsen westlicher Nietzsche-Renaissance nicht länger zu verschließen.[541] Und was ich zu erzählen haben werde, hebe ich von jenem Bericht ab, den Wolfgang Harich unter dem Titel: »Nietzsche und seine Brüder« (1994) von Hintergründen der ›Sinn-und-Form-Debatte‹ gegeben hat.

Der Titel des merkwürdigen Buches, das in der Hauptsache im Wendejahr 1989 verfaßt wurde, gibt mir Gelegenheit, den letzten Teil unserer Geschichtserzählung abermals durch biblisch-christliche Entsprechungen zu verfremden. Denn die Rede von »Nietzsche-Brüdern« spielt nicht nur auf »Bruder Hitler« an, das im ›Kurier‹-Aufsatz von 1946 zurückgewiesene Nachkriegsurteil, wonach Nietzsche ein »Vorfaschist« gewesen sei.[542] Sie meint vielmehr die »Brüder« in der eigenen Gemeinde: unter den »Antifaschisten« jene, die von der reinen Lehre abgefallen und – tendenziell – »Protofaschisten« geworden sind (ein von Harich der altbundesdeutschen Nietzsche-Debatte entnommener Ausdruck).

1988 hatten sie sich zu einem Nietzsche-Symposion in Wuppertal versammelt,[543] ohne Harich zum Kampf einzuladen, was ihn noch nach der Wende bekümmert. Wie der Apostel Paulus war Harich in der Welt herumgereist, um immer wieder zur Gemeinde zurückzukehren und die Oberen auf den richtigen Weg zu bringen. Obwohl sie Harich Mitte der 50er Jahre schon einmal ins Gefängnis geworfen hatten, hält er es nicht aus, ohne sie zu leben

und Eingemeindete nicht belehren zu dürfen (Harichs Rückkehr schloß niemals die Wiederaufnahme seiner Tätigkeit als Universitätslehrer ein). So nennt sich Harich zu Recht nach einem Wort von Paulus »verwaist«, ist er in seiner Gemeinde isoliert und kann sich den Weg zu ihr oftmals nur durch Briefe, Denkschriften, Eingaben bahnen; Schriftstücke, die nicht selten so abgefaßt sind, daß am Schluß dieser Schreiben der Satz des fernen Apostels an die Thessalonicher stehen könnte: »Ich beschwöre euch, den Brief allen vorzulesen.«[544]
In dieser Situation befindet sich Wolfgang Harich, als ihm Anfang der 80er Jahre von der Politbürokratie und dem DDR-Kulturministerium angetragen wird, ein »ausgewogenes« Buch über Nietzsche zu schreiben und auch seine »guten Seiten« zu würdigen; ein Ansinnen, das er unverzüglich abgelehnt und durch Gutachten und Denkschriften zu verhindern gesucht habe. Statt dessen, so Harichs Erinnerungsbericht, hätte er über seinen Lehrer Nicolai Hartmann gearbeitet, sei aber an der Vollendung dieses Vorhabens gehindert worden, da ihm das »Bestreben mancher Leute, Nietzsche, wenn auch unter kritischen Vorbehalten, in die kulturelle Erbpflege der DDR mit einzubeziehen«, immer wieder beunruhigte, so daß er erneut »gewarnt« und aus Anlaß von Lukács' 100. Geburtstag im Jahre 1985 auch auf dessen anhaltende Mißachtung aufmerksam gemacht hätte.[545]
In Wahrheit hatte sich Harich nicht mit Warnungen begnügt, sondern dem Kulturministerium für eingereichte Nietzsche-Editionen und Buchmanuskripte von DDR-Literaturwissenschaftlern seine Dienste als Gutachter angeboten – unter Bedingungen, die jede öffentliche Nietzsche-Diskussion ausschließen sollten, also *de facto* auf Zensordienste hinausliefen. In einer offiziellen »Eingabe« an das Ministerium erhob Harich grundsätzliche Bedenken gegen die ihm gerüchteweise zugetragene

Konzeption einer musealen »Nietzsche-Gedenkstätte« in Weimar. Und in diesem Zusammenhang wies er auf Unverträglichkeiten des Plans mit dem antifaschistischen Selbstverständnis der DDR hin. Worauf ihm beschieden wurde, was von Staats wegen beabsichtigt war: Nicht etwa die 40 Jahre zuvor geplante »Sterbenische« zu errichten (vgl. §12), sondern Nietzsches letzte Lebens- und Schaffensjahre »sparsam« darzustellen und eine »reichere« Dokumentation über die Beziehungen zum Faschismus und die Auseinandersetzung von Marxisten mit dem »Nietzsche-Mythos« vorzulegen, um jedem Anschein einer »Aufwertung« seiner Philosophie entgegenzuwirken.
Um so mehr geriet Harich in Panik, als die Zeitschrift ›Sinn und Form‹ das marxistische Nietzsche-Feindbild antastete und er befürchten mußte, daß solche Bestrebungen aus dem Weimar-Plan resultierten. Ihn zu vereiteln, dazu schien ihm jedes Mittel recht. Und so verfaßte er denn jenes Pamphlet, das alle Vorurteile seiner Gutachten, Denkschriften und Eingaben versammelte und in einem Rundumschlag diejenigen im Land treffen sollte, die Nietzsche für einen bedeutenden Denker oder Dichter zu halten wagten, von Michael Jacob und Markus Meckel angefangen bis hin zu Stephan Hermlin, der das große Gedicht: ›An den Mistral‹ in sein ›Deutsches Lesebuch‹ (1976) aufgenommen (vgl. §24) und, trotz Harichs Protest, in der zweiten Ausgabe (1988) stehen gelassen hatte.
Damit sein Beitrag in ›Sinn und Form‹ gedruckt werden konnte, mußte Harich freilich auf ironische Seitenhiebe gegen seinen Intimfeind Hermlin verzichten und die ernstgemeinte Schlußpassage streichen, daß die Weimaraner dabei seien, das Werk von Elisabeth Förster-Nietzsche fortzusetzen: »Sie handeln in derem Sinn, helfen ihren Auftrag erfüllen. Sie war es, die den Bruder zu sei-

nem höheren Ruhm und zu ihrem eigenen in die Nähe der besten Dichter Deutschlands rückte, zu denen er unter allen vor ihm und nach ihm am wenigsten gehört. Er hatte, wo Wieland und Herder, Goethe und Schiller lebten und wirkten, wo sie zu letzter Ruhe gebettet sind, wo nahe bei, in Jena, Reinhold und Fichte und Hegel dozierten, ... nichts zu suchen. Seine Anwesenheit in dieser Gegend, von der managenden Schwester bewerkstelligt, war ein Sakrileg. In der Zwischenzeit sind dort aber Dinge geschehen, die jenes Vorhaben noch viel makaberer machen. In Weimars Umgebung liegt Buchenwald. Hier betrieb die von Nietzsche geforderte ›Mörderkaltblütigkeit mit gutem Gewissen‹ ihr grausiges Handwerk. Die SS-Leute, die außer vielen, vielen anderen, Ernst Thälmann erschossen, sie hatten Nietzsches Philosophie im Kopf.«[546] Nietzsches Wiederkehr in Weimar, so Harich wörtlich, das wäre »eine Vision, die an Irrsinnigkeit meine Vorstellungskraft übersteigt. Dergleichen darf es im sozialistischen Teil des deutschen Sprachraums nie geben. Und damit es, um alles in der Welt, ungeschehen bleibe, muß in Sachen Nietzsche den Montinaris endlich Paroli geboten, müssen Pepperle, Reschke und andere zur Besinnung gebracht werden.«[547]

Es lag nicht in Harichs Absicht, an der Nietzsche-Debatte teilzunehmen, um die Öffentlichkeit auf das Nietzsche-Problem aufmerksam zu machen, wie es nach dem Druck seiner an Schärfe kaum zu überbietenden Invektiven geschehen ist. Publizität erlangten sie dadurch, daß Stephan Hermlin den hingeworfenen Fehdehandschuh vor dem Forum des X. DDR-Schriftstellerkongresses aufnahm.[548] Daß der Streit damit über die Staatsgrenzen weit hinausreichte und auch in Kreisen des Evangelischen Kirchenbundes der DDR Aufsehen erregte,[549] war eine Nebenwirkung, die genutzt werden konnte, um eine außer Kontrolle geratene Debatte durch Eingriffe von

oben zu stoppen und bereits beschlossene Maßnahmen zur kulturpolitischen »Teilnormalisierung« des Umgangs mit Nietzsche und der historischen Tradition rückgängig zu machen. Das »Gemeindegewissen« zu wecken und sein apostolisches Amtsgewissen in Erinnerung an vorhergehende Abirrungen zu beruhigen, einzig daran mag Harich gelegen haben. Daher die Intonation apokalyptischer Stimmungen, die nicht ohne Grund in Kircheninstitutionen mit Stasi-Kontakt Widerhall fanden.

Ich meine die ›Kirchliche Bruderschaft in Berlin-Brandenburg‹, die Harichs apostolische Bekümmerung um die Reinerhaltung der Lehre durch Abwehr des Nietzsche-Eindringlings in die Thessalonicher-Gemeinde teilt. Ein Brückenschlag aus Mißverständnissen, dem ich dennoch ein Stück weit nachgehe, damit sich der Leser mit der gespaltenen Wirklichkeit im DDR-Staatsraum auch der Spaltung kirchlicher Innenräume bewußt werde, die keinesfalls nur Räume geistiger Freiheit gewesen sind, wie sie der Verfasser oben (§24) bezeugt und während seiner Leipziger Studentenzeit Mitte der 50er Jahre selbst kennengelernt hat. Im Umkreis des Theologen Emil Fuchs, der in seinen Vorlesungen über ›Christentum, Existenzialismus und Marxismus‹ (1955) Nietzsches Angriffe auf das Christentum als positive Herausforderung an die christlichen Kirchen begriff und dem Ringen des Philosophen um Wahrhaftigkeit stets mit Verehrung und Liebe begegnete, ist mir damals gelegentlich Heinrich Fink begegnet, dessen Namen ich später in den ›Weißenseer Blättern‹ wiederfand, einem dem Staat nahestehenden Presseorgan der ›Kirchlichen Bruderschaft‹.

Dort hatte Hanfried Müller unter dem Titel: ›Das geht auch uns an‹ jenen auf dem X. DDR-Schriftstellerkongreß ausgetragenen Meinungsstreit um Nietzsche – der in der Sache ein Streit um Wolfgang Harichs Verteidigung des von ihm einst selbst bekämpften Nietzsche-

Feindbilds der Nachkriegszeit war – gerichtsmäßig inszeniert: »Am 24. November 1987 gegen 19.30 Uhr wurde der Bildschirm der Aktuellen Kamera [des DDR-Fernsehens in Adlershof; M. R.] zum Tribunal. Das Delikt: Schmähung Nietzsches; der Delinquent: Wolfgang Harich; Ankläger und Richter: Stephan Hermlin; das Urteil: reaktionäre Rückwärtswendung in Richtung auf erledigte Positionen; Beweismittel: Aufsatz des ›Reaktionärs‹ in ›Sinn und Form‹, Heft 5, 1987, S. 1018–1053 zum Thema: ›Revision des marxistischen Nietzschebildes?‹. Der Prozeß fand öffentlich statt: Vor dem Plenum des Schriftstellerkongresses der DDR.«[550]
Der Sprecher der kirchlichen Bruderschaft hat beides internalisiert: die Verwechslung von Nietzsche mit Hitler und Rosenberg durch Stalins »Kulturoffiziere« *und* die Gleichsetzung intellektueller Meinungsstreitigkeiten mit Gerichtsverfahren, wie sie das von seinen Nachfolgern beherrschte »Brudervolk« bis hin zu Gorbatschows »Perestroika« deutschen Kommunisten vorgemacht hatte. Die Internalisierung staatsanwaltschaftlicher Verfahren und deren Festlegung der »Wahrheit« als Besitztum für immer hat sich dem Theologen so tief eingegraben, daß es ihm »makaber« erscheint, wenn »Antidogmatiker« dogmatischer als die »Dogmatiker« von gestern »mit ihren geistigen Gegnern von heute umgehen und dabei Töne anschlagen, deretwegen sie den Meinungsstreit, wie er in den fünfziger Jahren geführt wurde, oft über Gebühr verurteilen«[551]. Keine Einwände gegen klare Worte und gerechte, strenge Urteile, wenn sie nur damals festgelegte (und staatlich sanktionierte) Frontlinien wiederholen! Kein Einspruch von Hanfried Müller und seinem Kreis, wenn man Nietzsche, wie das ein Jahr zuvor auf der sogenannten »Nietzsche-Konferenz« an der Universität Halle–Wittenberg mit Stasi-Information und Einverständnis höchster Parteiinstanzen ge-

schehen war, »einen Reaktionär nennt und eine Nietzsche-Renaissance eine ›reaktionäre‹ Rückwendung in Richtung auf erledigte Positionen! Hermlin aber – und nicht nur er – sagt das Gegenteil. Damit scheint eine bisher fachintern unter einigen Ästhetikern und einigen Philosophen in der DDR aufgekommene Neigung, Nietzsche zu rehabilitieren, nun von einem ausgewiesenen Antifaschisten in breiter Öffentlichkeit legitimiert zu werden. Damit aber steht ein Konsens in Frage, der viel gekostet hat und nicht verloren gehen darf.«[552]

Es war, allerdings, kein Staats-Kirchen-Konsens, sondern ein Konsens zwischen herrschender Staatspartei und innerkirchlichen Parteiungen, die sich auf Kosten christlicher Glaubenssubstanz dem sozialistischen Atheismus angepaßt hatten und Nietzsches Anti-Christentum nicht mehr als religiöse Herausforderung begriffen. So ist es kein Wunder, daß dem Kirchenmann später sein Staatskombattantentum angekreidet wird. Punkt für Punkt bringt er die kaderphilosophischen Banal-Urteile (Nietzsche sei »Antisozialist« [1], »Irrationalist« [2], »Antidemokrat« [3], »Kriegstreiber« [4], »Antisemit« und »Antichrist« [5] gewesen) als innerkirchliche *Gravamina* (das sind: »Beschwerden«) vor. Und seine Beschwerde an die Staatspartei schließt er mit dem Satz: »Wir hoffen, daß unsere marxistischen Freunde nicht empört sind, wenn wir freimütig sagen, was unser Vertrauen enttäuscht, nämlich, daß eine Reihe von Schriftstellern, darunter Genossen von ihnen, mit einer Öffnung für den Irrationalismus Nietzsches an der Grundlage rütteln, in der Vertrauen und Gemeinsamkeit wurzeln: An Vernunft und Humanismus.«[553]

Es handelte sich um eine Dauerbeschwerde auf bleibender Basis (juridisch geredet: das *gravamen continuum*), die in der Gegenwart des Nietzsche-Streits gegen eine Verewigung vergangener Zustände, das heißt des gegen

Nietzsche ergangenen Gerichtsurteils der Nachkriegszeit, votiert; und um die Beschwerde wegen etwas Zukünftigem, Bevorstehendem obendrein, das als Übel und Bedrohung von Gemeinsamkeit (zwischen dem Weißenseer Arbeitskreis und der allmächtigen Staatspartei) empfunden wird. Eine Empfindung, die Kurt Hager, zuständig für Kulturfragen im SED-Politbüro, nach Auseinandersetzungen im Zentrum der Staatsmacht teilte und so in einer seiner letzten politischen Reden vor Lehrkräften des marxistisch-leninistischen Grundlagenstudiums am 14. Januar 1988 den christlichen Freunden im staatsnahen Kirchenraum mitteilte. So kommt es zu dem merkwürdigen Vorgang, daß sich das Organ der ›Kirchlichen Bruderschaft in Berlin-Brandenburg‹ in das Sprachrohr des SED-Chefideologen verwandelt, die Staatsstimme durch den bruderschaftlichen Kirchenchor Verstärkung und zustimmendes Echo findet.

Die offenbar mit dem Redetext vertraut gemachte Redaktion vermerkt im Januar-Heft 1988, wichtigste Resonanz auf den Beitrag ›Das geht auch uns an‹ seien einige Aussagen in dem Referat von Kurt Hager: »Wir danken dafür, daß der uns betreffende Abschnitt zur Kenntnis gegeben und ein Bericht darüber erlaubt worden ist. Professor Hager knüpfte an die Diskussion in verschiedenen Gremien, unter anderem diejenige beim X. Schriftstellerkongreß, auf die sich die WBl [Weißenseer Blätter] bezogen, an und führte unter Berufung auf Bebel, Mehring, Lukács und Günther zu Nietzsche aus, wenn man heute die Rolle Nietzsches einschätzen solle, so müßten vor allem die Wirkungen seines Werks auf die spätbürgerliche und faschistische Ideologie und die Ursachen der Nietzsche-Renaissance in der BRD, Frankreich, Italien und anderen kapitalistischen Ländern untersucht werden. Dabei werde sich zeigen, daß die Ideologie und Philosophie Nietzsches nicht im Einklang mit unserer

antifaschistischen Tradition und humanistischen Weltanschauung steht.«[554] Was hatte Hager zu diesem diplomatischen Notenaustausch veranlaßt? Wie läßt es sich erklären, daß ein Kirchenmann das überreichte Staatsnotenblatt nicht nur absingt, sondern sogar im Verein mit seinen Brüdern den Ton angibt?
Auf politische Erklärungen (die Verstrickung des Kreises um Heinrich Fink mit der Staatssicherheit) kommt es hier nicht an. Es geht lediglich darum, aus dem Stimmengewirr im mehrfach gebrochenen Staats- und Kirchenraum der 80er Jahre die verschiedenen Melodien des Vorwende-Gesangs herauszuhören, die im gemischten Chor von Nietzsche-Freunden und -Feinden seiner Philosophie anklingen.

§27 Keine Nische für Nietzsche?

Durch die vollständige Edition der Werke und nachgelassenen Fragmente aus den Nietzsche-Handschriften des Weimarer Goethe- und Schiller-Archivs bewahrheitete sich noch einmal, was ein feinfühliger Kritiker Ende der 80er Jahre des vorigen Jahrhunderts witterte und mit dem Satz umschrieb, sie enthielten »Dynamit«. Gemeint war: wirkende Kraft (Dynamis), mit dem jungen ›Kurier‹-Beiträger gesprochen: *explosiver geistiger Sprengstoff*, der sich im Nachlaß angestaut hatte und nun, als sich seit der Marxismus-Krise in West- und Osteuropa das große Vakuum auftat, plötzlich entlud. Denn die vom späten Harich beschworenen Frontlinien der Nachkriegszeit hatten sich während der 80er Jahre unseres Jahrhunderts längst verschoben. Wer damals als engagierter Beobachter die Entwicklung der DDR-Literaturwissenschaft aus der Ferne verfolgte, dem konnte der Zusammenhang der Debatten um Nietzsche mit

der »Nietzsche-Renaissance« während der 70er Jahre in Westeuropa und den USA nicht entgehen.
Vor allem die »Linke« in Frankreich und Italien war es, die Nietzsche in der »antifaschistischen« Tradition von Bataille und Camus mit neuen Augen las und ihn als Philosophen der »Postmoderne« entdeckte. Ich erinnere an das berühmte Kolloquium der Derrida-Gruppe, das unter dem Titel ›Nietzsche heute‹ 1972 in der Nähe von Paris stattfand.[555] Von hier aus griff die Bewegung »Zurück zu Nietzsche!« nach Osteuropa und Rußland, ja, selbst nach China über. Und dem Betrachter des geistigen Szenenwechsels jener Zeit fiel es in die Augen, daß Nietzsches »Rettung« vor dem Faschismusverdacht durch die europäische Linke hervorgerufen und gefördert wurde durch das stille Wirken von Colli und Montinari im Weimarer Goethe- und Schiller-Archiv.
Mit dem Erscheinen der historisch-kritischen Werkausgabe trat Nietzsche allmählich aus der Verborgenheit heraus. Montinari lebte mit seiner Familie in Weimar, seit 1975 gehörte er dem Vorstand der dort ansässigen ›Goethe-Gesellschaft‹ an. Es kam zu einem Zusammenwirken der Nietzsche- und Goethe-Forscher, das zur Besinnung auf die historische Tradition am Ort herausforderte.
Hier stoßen wir wieder auf Ernst Blochs Spuren. Denn es war sein Schüler Jürgen Teller, der nach der Entlassung aus dem Universitätsdienst und langen beruflichen Irrfahrten in Berlin und Leipzig Unterschlupf am Weimarer »Institut für klassische deutsche Literatur« gefunden und im Zuge von Umbauarbeiten am Archiv-Gebäude Anfang der 80er Jahre vorgeschlagen hatte, dem historischen Rang von Nietzsches Weimarer Sterbehaus durch eine Außentafel und Dokumentationen im Innern gerecht zu werden. Er griff damit auf Pläne zurück, die in der Nachkriegszeit der Goethe-Forscher Hans Wahl ge-

hegt und Bloch nach seiner Wahl in den Vorstand der »Stiftung Nietzsche-Archiv« gewiß befürwortet hätte, wäre dieses Gremium Anfang der 50er Jahre nicht aufgelöst worden.
Tellers Überlegungen stützten sich auf die von DDR-Kulturpolitikern zu dieser Zeit vorgenommenen Erweiterungen im Geschichtshorizont des »nationalen Kulturerbes«, in das von Jahr zu Jahr immer mehr Namen hineinpaßten (darunter Friedrich der Große und Bismarck). Und sie waren von der Absicht getragen, das Verdikt über den Philosophen als Staatsfeind aufzuheben.
Das Wiederaufnehmen von Wahls Vorschlägen deckte sich mit gleichzeitigen Bemühungen angesehener DDR-Verlage, Nietzsche zu publizieren und so den Zustand zu beenden, daß er ausgerechnet in jenem Staat des »real existierenden Sozialismus« nicht existierte, der die Edition der historisch-kritischen Werkausgabe und damit die Herausbildung eines neuen Nietzsche-Bildes in aller Welt insgeheim doch förderte. Seine Existenz sollte eine vierbändige Textauswahl des Aufbau-Verlags belegen. Der Leipziger Reclam-Verlag plante eine Ausgabe der »Unzeitgemäßen Betrachtungen« (durch Friedrich Tomberg) und der »Fröhlichen Wissenschaft« (durch Renate Reschke). 1985 erschien im Verlag Edition, Leipzig, eine Prachtausgabe des Faksimiles der Schrift: ›Ecce homo‹, besorgt von Karl-Heinz Hahn, dem Leiter des Goethe- und Schiller-Archivs, der den Text zusammen mit Montinari kommentierte: ohne das für die Ausgabe geschriebene Nachwort von Steffen Dietzsch.[556] Und neben Heinz Malorny, dem Historiker für »spätbürgerliche Philosophie«, hatte der Thomas-Mann-Forscher Eike Middell ein Nietzsche-Buch in Arbeit, das im Sommer 1986 dem Akademie-Verlag vorliegen sollte.
Die gebündelten Bemühungen und Pläne im Umkreis des Weimarer Goethe- und Schiller-Archivs und nam-

hafter Verlagslektoren (wie Karin Gurst vom Reclam-Verlag)[557] hatten den für das Verlags- und Buchwesen »zuständigen« Minister-Stellvertreter Klaus Höpcke, der gelernter Journalist war, »von seiten der Verehrer Nietzsches« unter Druck gesetzt. Um ihn zu »entlasten«, bot Harich seine »Hilfe« an. Wie Nachforschungen und Gespräche mit Kennern der Berliner Literaturszene während der späten 80er Jahre ergeben haben, galt Harichs Zorn besonders Middells Artikel aus den ›Weimarer Beiträgen‹ (1985) über ›Totalität und Dekadenz‹ (vgl. §24), der aus Anlaß von Lukács 100. Geburtstag in Nebensätzen die ursprüngliche Nietzsche-Nähe des ungarischen Philosophen angedeutet hatte. Da Middell zugleich eine beachtenswerte Thomas-Mann-Biographie verfaßt hatte, unterläßt es Harich nicht, dem Literaturgewaltigen der späten Honecker-Zeit das Unstatthafte einer Anfang der 80er Jahre erfolgten DDR-Publikation von Thomas Manns ›Betrachtungen eines Unpolitischen‹ vor Augen zu führen;[558] mit dem Hinweis auf »kriegerische« Nietzsche-Passagen aus der *Vorrede* und dem Schluß jenes Buches (vgl. §4) die Nietzsches Wirkung auf die deutsche Literatur in einem Grade charakterisierten, daß sich nach Harichs Auffassung jedes weitere Wort zu diesem Thema erübrige.
In der *Vorrede* bekennt Thomas Mann, daß sein »Kriegs-Buch« keines sei, obwohl er gegen Schluß mit Nietzsche in altmodischer Fichte- und Hegel-Sprache einige Worte zur Notwendigkeit des »Krieges« für die Kultur sagt, die uns Zeitgenossen des Atomzeitalters reichlich unpassend erscheinen.[559] Es ist, alles in allem, ein »funkelndes Zitatspiel« mit dem (klassischen *und* romantischen) »Geist der Goethe-Zeit«; ein Spiel, das sich in Zitationen von Nietzsches Denken reflektiert und in dieser Spiegelung durch das Werk der Gebrüder Mann zur literarischen Moderne aufbricht. Daß *beide* Brüder in

Nietzsches Geist eines sind, diese von Middell geahnte Möglichkeit, tritt nicht in Harichs Gesichtskreis. Und so kommt ihm dann die Einsicht des im Gründungsjahr der DDR verstorbenen Goetheforschers Hans Wahl, die Weimar-Besucher würden nach der weltweiten Verbreitung von Thomas Manns Nachkriegs-Nietzsche-Rede mit den Gedenkstätten der klassischen deutschen Literatur zugleich das Sterbehaus des letzten großen Philosophen in Deutschland aufzusuchen wünschen (§ 12), erst gar nicht in den Sinn. Thomas Mann als »Gewährsmann für eine lichtspendende Ausstrahlung Nietzsches auf die Kultur des 20. Jahrhunderts« zu betrachten, wie es Middell zur Ehre der DDR-Literaturwissenschaft zwischen den Zeilen zu verstehen gibt, diesem Verständnis habe bei Thomas Mann der »massive« Einfluß der russischen Literatur, zumal Tolstois, und später in zunehmenden Maße Goethes und – Heinrich Manns »Volksfront-Antifaschismus« entgegengewirkt.[560]

Wenn es eine anregende, befruchtende Wirkung Nietzsches auf die Literatur »nie gegeben« habe, so lautet Harichs Anfrage an Höpcke, warum dann »bei uns« das Buch eines Nietzsche-*Verehrers*, der das Gegenteil beweisen wolle? Womit sich der »Druck« auf die Behörden nur verstärken und die Nietzsche-Diskussion noch zusätzlich beleben werde, die zu »ersticken« von höchstem Interesse sei. Ein Hinweis, den der für Druckerlaubnisse verantwortliche Minister aufgenommen und in seine Sprache »übersetzt« haben soll, indem er erklärte, eine Publikation im Geiste von Nietzsche-Verehrung werde nicht »gebraucht« und müßte, falls sie in Manuskriptform irgendwo »wachse«, im Keim »erstickt« werden.

Als dieser »Gedankenaustausch« im Dickicht der DDR-Literaturszene stattfand, berieten die Weimarer Goethe-Forscher mit Vertretern des DDR-Kulturministeriums und des von Manfred Buhr geleiteten Instituts für Philo-

sophie an der Berliner Akademie der Wissenschaften darüber, wie die »Sterbenische« für Nietzsche in Weimar zu gestalten sei. Statt ein Zimmer museal einzurichten (wie das 1949 vorgesehen war), kamen sie zum Schluß, die vom Jugendstilarchitekten van de Velde gestalteten Räume stilgerecht wiederherzustellen und über Nietzsches Wirkungsgeschichte aus marxistischer Sicht zu informieren. Gedacht wurde an eine Dokumentation über die letzten Lebens- und Schaffensjahre, um von hier aus die »Verbindungslinien zum Gebrauch der Philosophie Nietzsches durch die Ideologie des Verbrechens« (so der damalige Kulturminister H.-J. Hoffmann) deutlich zu machen.[561] Die Errichtung einer Gedenkstätte für den Philosophen mit geregelten Besuchszeiten für die Öffentlichkeit wurde nicht erwogen. Der Zugang war einzig für interessierte Wissenschaftler und Besucher aus dem westlichen Ausland vorgesehen, die seit Jahren nach den Nietzsche-Stätten in Röcken und Naumburg, in Schulpforte und Weimar drängten; ein Andrang, der sich im Blick auf Nietzsches 150. Geburtstag im Jahre 1994 verstärken würde: was den Planern als Herausforderung wohl bewußt war.

Das Beratungsergebnis fand die Zustimmung von Kurt Hager und sollte auf seinen Wunsch als geheime Staatsaktion, ohne öffentliches Aufsehen zu erregen, durch eine Arbeitsgruppe von Weimarer Goethe-Forschern und Mitgliedern von Buhrs philosophischem Zentralinstitut verwirklicht werden. Bevor es dazu kam, scheiterte das Vorhaben an einem Einspruch von Wolfgang Harich beim damaligen DDR-Ministerpräsidenten Willi Stoph.[562] Er löste den sofortigen Widerruf aus, da sich Harich nicht gescheut hatte, gegen den Staatsfeind und dessen namentlich aufgelistete Förderer aus der Kulturszene das Justizministerium und den Staatssicherheitsdienst ins Feld zu führen. Der Ministerrat begründete

seine ablehnende Entscheidung damit, daß man eine Stätte für Nietzsche in Weimar dem Andenken an die Widerstandskämpfer gegen den Faschismus nicht zumuten könne.

Es war jene »Begründung« aus der frühen DDR-Zeit, die der späte Wolfgang Harich ohne Abstriche vertrat und durch eine Reihe langer Beschwerdebriefe noch einmal wiederholte. Und Harich wiederholte seine Auffassung, die er auch während einer Reihe von Nietzsche-Streitgesprächen in Buhrs Philosophie-Institut bekundet hatte, wonach es ein kulturpolitischer »Fehler« der DDR-Führung gewesen sei, den Nietzsche-Nachlaß nicht gegen »Devisen« an das westliche Ausland verkauft zu haben; und daß es im Blick auf den Besucherandrang zum Nietzsche-Gedenkjahr 1994 geraten sei, sein Grab in Röcken einzuebnen.

Obenan in Harichs Brief an Stoph stand die Unzumutbarkeit, ja, Unerträglichkeit des »Gedankens«, daß »künftig an den Geburtstagen unseres Staatsoberhaupts [Erich Honecker wurde am 25. August 1912 geboren, an Nietzsches Todesdatum; M. R.] von Leuten, die gern im Trüben fischen, in Weimar stille Gedenkfeiern für den Verfasser von ›Also sprach Zarathustra‹, den Künder des Herrenmenschenidols, Verherrlicher der ›blonden Bestie‹ und Befürworter der Abtötung des menschlichen Gewissens, veranstaltet werden könnten« – in unmittelbarer Nähe des einstigen KZ Buchenwald, wo »zwischen 1933 und 1945« von Ideen Nietzsches irregeführte Deutsche Verbrechen an politisch und rassisch Verfolgten des Naziregimes verübt hätten. Laut Harich wäre das gleichbedeutend mit einer Entweihung des »geheiligten Bodens der Hauptstadt unserer klassischen humanistischen Kultur«, der Wirkungsstätte von Goethe und Schiller, deren Vermächtnis Nietzsche mißachtet hätte.

Als dieser Brief an den Vorsteher der Thessalonicher-Gemeinde zu Nietzsches 150. Geburtstag am 15. Oktober 1994 publiziert wurde,[563] da trat sein Schreiber die Flucht nach vorn an. Harich erklärte sich nicht nur mit der Publizierung einverstanden, sondern er drückte Freude über den Abdruck aus, da er auf seinen »Kampf gegen die Nietzsche-Renaissance in der weiland DDR nach wie vor stolz« sei und den Stoph-Brief »gern öffentlich dokumentiert« sähe. Am selben Tag hatte ein ande-rer Saulus, der Harichs Anklagen zu DDR-Zeiten darin fast übertraf, daß er Nietzsche zum zweifachen Mitschuldigen an den kriegerischen Massenmorden dieses Jahrhunderts machte, am Röckener Grab des »Fleisches vom Fleische ... einer spätbürgerlich-imperialen Gesellschaftsentwicklung« ein Geburtstagsprogramm mit staatlicher Beteiligung und Kranzniederlegung zelebriert.[564] Wie man aus einem Paulus zum Saulus und umgekehrt wird, das ist eine psychologische Frage ohne Belang für das Verständnis von Nietzsches Philosophie: »Paulus ist doch Saulus geblieben.«[565] So hatte Nietzsche im Blick auf das umgekehrte Eifertum des vormals hartnäckigen Christenverfolgers notiert. Und die folgende Notiz macht jeden weiteren bekehrungsgeschichtlichen Kommentar überflüssig: »Solche Naturen wie Paulus legen sich alle Erlebnisse nach der Logik ihrer Leidenschaft zurecht.«[566]

Si tacuisses, philosophus mansisses. Zur rechten Zeit zu schweigen, das ist eine seltene Kunst. Harich hat nicht geschwiegen, sondern in dem Buch ›Nietzsche und seine Brüder. Eine Streitschrift in sieben Dialogen mit Paul Falck‹ (1994) geredet. Und in der Rede hat der Nietzsche-Saulus *beschwiegen*, daß er – laut jener ›Kurier‹-Erklärung aus dem Jahre 1946 – vormals als Paulus für den von seinen Feinden verfolgten Nietzsche stritt.

Nach dem Muster von Lessings Freimaurergespräch: ›Ernst und Falck‹ verfaßt, ist diese Schrift vermutlich eine dialogisch fingierte Zwiesprache von Wolfgang Harich mit sich selbst im Jahr des Untergangs der DDR. Hier überschlägt sich jener Prozeß der Nietzsche-Banalisierung, den wir vom nationaldeutschen Nietzscheanismus angefangen über den italienischen und deutschen Faschismus während der ersten Jahrhunderthälfte bis hin zum DDR-Antifaschismus in der zweiten Hälfte unseres Jahrhunderts verfolgt haben. Nachdem der äußere Bann um Nietzsche gebrochen ist, hat es den Anschein, als würde Harich sich selbst bannen. Verschließt er sich doch zuletzt noch dem Sprachgestus des freien Geistes, den der junge ›Kurier‹-Beiträger einmal aufs höchste gerühmt hatte: Nietzsches vielfarbig schillerndem Sprachstil, seiner Ironie gegenüber »deutschen Jünglingen, gehörnten Siegfrieden und andren Wagnerianern«, die der germanischen Rassenlehre anhängen. Harich reagiert nicht mehr auf Nietzsches parodistisch übertriebene Schätzung der »bescheidenen Intelligenzen im nördlichen Deutschland«, denen »sogar die Intelligenz der Kreuzzeitung« genüge. Und Nietzsches rhetorische Frage, ob etwa gar »das junge Reich, in seinem Heißhunger nach Kolonien und allerlei Afrika, das die Erde besitzt, nicht unversehens auch die zwei berühmten schwarz-braunen Inseln verschluckt« – »Horneo und Borneo«[567], selbst dieses brillant inszenierte Fragespiel mitsamt seinen sarkastischen Anspielungen auf konfessionelle und preußisch-deutsche Engstirnigkeit und ihre Kompensation durch kolonialistische Gelüste, nimmt der einst so geistreiche Harich für bare Wortmünze mit Realwert (vgl. § 20). Sein Denken ist so banal geworden, daß ihm die Affinität des Banalen mit dem Bornierten gar nicht auffällt, weshalb er schließlich »Horneo« für eine »realexistierende« Insel hält.

Wer sich das Horn der Herde aufsetzt, für den ist danach kein Halten mehr. Es hilft nichts, daß Nietzsche sich ausdrücklich gegen den Rassenwahn erklärt und wörtlich sagt: »Wieviel Verlogenheit und Sumpf gehört dazu, im heutigen Mischmasch-Europa Rassenfragen aufzuwerfen (gesetzt nämlich, daß man nicht seine Herkunft aus Horneo und Borneo hat)!« Und obwohl Nietzsche drastisch vom »Hornvieh-Nationalismus« spricht, wird dieser Satz dem Gehörnten zum roten Tuch, das ihn zu fragen provoziert, ob das Wort »Mischmasch« nicht die »Hybris des Rassisten« verrate und in der »Sonderregelung« für »die Leute aus Borneo und Horneo« am Ende ein »für alle Farbigen bestimmtes Ausgrenzungsgebot« stecke...

In dem verständlichen Bedürfnis, sich das Verschwinden der »weiland DDR« zurechtzulegen, greift der sonst keineswegs phantasiearme Paulus-Saulus auf das seither auch bei seinen verstreuten Glaubensbrüdern und Feinden von gestern beliebte »Erklärungsmodell« des Stalinismus zurück. Er wird aber nicht allein für den Zusammenbruch des »realexistierenden« Sozialismus verantwortlich gemacht, sondern die Hauptschuld für dieses historische Ereignis trägt Nietzsches »machiavellistische« Anleitung zum Handeln im Namen staatlichen Machtwillens, dem das Ziel der Selbstbehauptung alle Mittel heiligt. Das Anklageverfahren ist so befremdlich, daß es sich jeder Verfremdung entzieht; und dennoch hat es »Methode«, die uns, den gebrannten Kindern, den irgendwann und irgendwo in diesem Jahrhundert Bedrohten und Verfolgten, bekannt vorkommt.

Die Nietzsche-Brüder, so kommt bei Harichs Beweisaufnahme heraus, dürften überall in den Politbürokratien des Ostens gesessen und dazu beigetragen haben, daß sich unter »realsozialistischen« Bedingungen die häretische Lehre von Friedrich Nietzsche immer weiter

verbreitet habe, von Ostberlin angefangen über Bukarest bis hinüber nach Peking. Ihr »Bahnbrecher in Osteuropa« sei das »Rumänien Ceauşescus«, in Asien das »China Dengs« gewesen, der »den Kapitalismus wieder einführt, ohne Demokratie zu gewähren«. Der *Wille zur Macht*, so Harich im ›Anhang‹ (I) seiner nachgeahmten Freimaurergespräche, »scheint diesen Herren-Menschen eingeleuchtet zu haben. Auch hierzulande hat eine greise Politbürokratie sich auf dem Weg zu Zarathustra befunden«[568]. Seit wann? Seitdem sie sich von Harichs *Alter ego* Georg Lukács abgewandt hatten: »Hermlins und Hagers Einfall, abgesegnet von Honekker, zur Verbreiterung ihrer dahinschwindenden Machtbasis Friedrich Nietzsche in die Erbepflege der DDR mit einzubeziehen, stellt zugleich den Gipfelpunkt ihrer Verfemung des großen, deutsch schreibenden ungarischen Marxisten dar; sie wächst hier ins Faschistische hinüber.«[569] In Harichs Sicht waren die deutschen Stalin-Enkel kopf- und zahnlose Zarathustra-Söhne. Warum? Weil sie die Nietzsche-Brüder Hitler und Mussolini hätten erkennen müssen, die in Nietzsches (und Macchiavellis) Geist den Röhm-Putsch inszeniert hätten, jenes Massaker in der Hitler-Partei am 30. Juni 1934, dem dann mit Kirows Ermordung ein halbes Jahr darauf der Terror Stalins gegen die eigenen Genossen gefolgt sei. Und als würde er den Wahnsinn in seiner Methode am Ende doch gewahren, fügt der ehemalige Angeklagte in einem der politischen Schauprozesse der 50er Jahre hinzu: »Auch wenn Nietzsches Philosophie damals in der Sowjetunion verpönt war, so beeinträchtigt das die Plausibilität des von mir behaupteten Zusammenhangs keineswegs. Nietzsche hat dort, ohne Wissen der Beteiligten, der Täter wie der Opfer, indirekt gewirkt, vermittelt allein durch die Röhm-Affäre, vermöge eines rapiden Verfalls der europäischen politischen Kultur überhaupt.«[570]

An einer Stelle des langen Anklage-Monologs läßt Harich sein *Alter ego* »Paul Falck« fragen, warum er denn trotz aller Nietzsche zur Last gelegten Verbrechen ein »Nietzsche-Kenner« sei. Harich entgegnet: Sich seiner Lektüre zu entziehen, wäre in der Nazizeit »für einen jungen Menschen, der über Philosophie mitreden wollte, unmöglich gewesen«. Und auf die Nachfrage, ob er Nietzsche damals »gemocht« hätte, antwortet Harich sich selbst: »Nicht im geringsten. Er hat mich schon damals angewidert, bestenfalls gelangweilt. Als ich dann Ende der siebziger, Anfang der achtziger Jahre spürte, daß er wieder en vogue wird, hielt ich es, voller Entsetzen, für meine politische Pflicht, ihn erneut und nunmehr gründlicher zu lesen, einzig zu dem Zweck, gegebenenfalls fundiert vor ihm warnen zu können. An sich interessiert er mich überhaupt nicht ... Es wäre mir lieber, mich ungestört meinem Buch über N. Hartmann widmen zu können.«[571]

Dem jungen Wolfgang Harich war die Verehrung für Hartmann und Nietzsche eins. Hatte doch der verehrte Lehrer Nietzsches Andenken geehrt, indem er seine ethische Auszeichnung der *schenkenden Tugend*, die immer nur »gibt« und aus ihrem Füllhorn geistige Güter und Werte austeilt, ohne zu »nehmen«, einen »Gipfel« europäischer Philosophie nannte.[572] Der späte Wolfgang Harich hat diese Einheit gespalten. Im Alter zurückgekehrt zum Lehrer seiner Jugend, von dem er sich nach dem Frontwechsel im Jahre 1947 abwandte,[573] verfolgt er zur gleichen Zeit mit abgründigem Haß, was er mit ihm einmal verehrt und aus der Fülle des Geistes gegen die Dürftigkeit und Armut am Nullpunkt deutscher Kultur verteidigt hatte.

An einer Stelle des Gesprächs lüftet Harich den um seine Jugend gelegten Schleier, bricht er das Schweigen, das er über die Mitarbeit am Westberliner ›Kurier‹ und seine damaligen Beiträge zur Kritik des gewöhnlichen Anti-

faschismus verhängt hatte. Es ist sein »anderes Ich« (*Alter ego*), das leise einwendet, gerade Hartmann habe »Nietzsche als Philosophen durchaus ernstgenommen. In seiner materialen Ethik, die er und die vor ihm Max Scheler …«, um mit dieser Punktreihe abrupt unterbrochen zu werden. Statt fortzufahren, was hier zu sagen wäre, was der junge Harich mit Hartmann einmal über Nietzsche gedacht hat, wird das »andere Ich« vom »Über-Ich« Lukács' zensiert. Mit ihm bleibt Harich eins. Sieht man genauer hin, so zensiert er sich selbst und den Lehrer Nicolai Hartmann, um der Einrede des »anderen Ich« Einhalt zu gebieten.

Denn es ist am Ende der Zensor selbst, Harich, der sich nunmehr allein, ohne seine Brüder und Gemeindeoberen, gegenübersteht. Und so sagt er für einen Augenblick die Wahrheit: »Bloß drei Jahre älter als Lukács, gehört Hartmann zur selben Generation. So scheint er seinerseits Nietzsche bis zu einem gewissen Grade überschätzt zu haben. Auf alle Fälle mußte er dem Nietzschekult … Rechnung tragen. Nietzsche, so beteuert Hartmann anerkennend, habe als erster wieder die Mannigfaltigkeit der Werte, die ›reiche Fülle des ethischen Kosmos nur eben von ferne erschaut. Aber‹«, so zitiert Harich, was der Verfasser des ›Kurier‹-Beitrags über ›Nietzsche im Zwielicht des Jahrhunderts‹ zum Leitfaden seiner geistvollen Nietzsche-Verteidigung gewählt und an ihrem Schlußpunkt ausgeführt hatte (vgl. § 13), »›sie zerfloß ihm im geschichtlichen Relativismus‹.«[574]

Dem gewundenen Fortgang dieses Selbstgesprächs mit den Schatten der Vergangenheit mag der Leser allein folgen. Uns genügt das Aufleuchten eines Lichts, die Wiederkunft jener Worte, die ein junger Hartmann- und Nietzsche-Kenner mit seinem Lehrer für das Große an Nietzsches Philosophie gefunden hatte. Es glimmt nur kurz auf, um sogleich wieder im Ascheregen einer trost-

losen Gegenwart zu erlöschen: Harichs Erklärung des Zusammenbruchs der DDR mit dem Nachlassen ihres »kompromißlosen« Kampfes gegen den Staatsfeind Friedrich Nietzsche …

Auf der ersten Gedenkfeier nach dem Wendejahr von 1989 rezitiert die vormalige Staatsschauspielerin Vera Oelschlegel , vormalige Theaterintendantin im ›Palast der Republik‹, zu Nietzsches 90. Todestag am 25. August 1990 in Röcken bei Lützen die Fanfarensätze des Verfassers von ›Also sprach Zarathustra‹: »Staat? Was ist das? Wohlan! Jetzt tut mir die Ohren auf, denn jetzt sage ich euch mein Wort vom Tode der Völker. / Staat heißt das kälteste aller kalten Ungeheuer. Kalt lügt er auch; und diese Lüge kriecht aus seinem Munde: ›Ich, der Staat, bin das Volk!‹ / Lüge ist's! Schaffende waren es, die schufen die Völker und hängten einen Glauben und eine Liebe über sie hin: also dienten sie dem Leben. / Vernichter sind es, die stellen Fallen auf für Viele und heißen sie Staat: sie hängen ein Schwert und hundert Begierden über sie hin. / … Dort, wo der Staat aufhört, da beginnt erst der Mensch, der nicht überflüssig ist: da beginnt das Lied des Notwendigen, die einmalige und unersetzliche Weise.«[575]

Epilog

Goethe und Nietzsche

Nietzsche hat sie nie geteilt, jene Abgötterei des Staatsbegriffs, die der Nationalsozialismus unter seinem Namen betrieb und der Realsozialismus *de facto* auf die Spitze trieb, als er sich Nietzsche zum *Staatsfeind* erkor. Dem Staat ist er stets feindlich gesonnen gewesen. Er war es in einem Sinne, den zu fassen die intellektuelle Kraft von Parteigängern beider Lager überstieg. Daß die einen seine Büste im Vestibül des Weimarer Nietzsche-Archivs durch die von Hitler (und Mussolini) ersetzten (§11), diese Aktion erscheint uns so borniert wie die banale Gegenaktion, die sie in Weimar und Umgebung für mehr als vier Jahrzehnte in den »Vorraum des Faschismus« versetzte. Die das taten und Nietzsche auf einer Linie mit dem Führerherdentier als fortwirkenden Kriegstreiber unter Daueranklage stellten, sie mußten beide Augen bedecken, um seine Sätze über den Staat und die Bedingungen für einen wirklichen »Frieden der Gesinnung« nicht wahrzunehmen (vgl. §3). Und damit sie Nietzsche als machiavellistischen Machtmenschen »entlarven« und mit den großen Tyrannen des Jahrhunderts identifizieren konnten, mußten sie seinen Kampf gegen das Bismarck-Reich ignorieren. Sie schlossen die Augen vor der historischen Wahrheit, daß er sich Bismarck mit dem ganzen »Pathos der Distanz« entgegenwarf. Er tat es, weil jener preußisch-deutsche Nationalstaat dem weltbürgerlichen Ideal der deutschen Nation widersprach, das Nietzsche von seinen Anfängen in Schulpforte her vertraut war und

im Erinnerungsblick von den Hügeln des Saaletals auf das benachbarte Schloß Dornburg – an der äußersten Grenze von Sachsen-Weimar zeitweilig Goethes Refugium – in sich trug.

Dort, wo der Staat aufhört, beginnt der Mensch – dieses »Lied des Notwendigen« wiederholt noch einmal jene »einmalige und unersetzliche Weise«, die Goethe im Bund mit Schiller und dem Weimarer Chor gleichgesinnter Künstler und Denker angestimmt und über unsere engere Sprachnation hinaus der Welt gesungen hatte. Nietzsche wußte um die Vorausbedingungen jenes Hohelieds der Weimarer Humanitätsdichtung, die nach dem Muster von Goethes unnachahmlicher Lebenskunst ein Leben für die Kunst und damit eine Lebensform außerhalb oder doch am Rande jenes großen Machtstaats verlangte, den Bismarcks Politik durch den Sieg über halb Europa und die Mediatisierung der deutschen Mittelstaaten schuf. Nicht Bismarcks Machiavellismus, seine brutale »Realpolitik«, war Nietzsches Ideal, sondern Weimars klassische Kultur: Schiller in der ›Geburt der Tragödie aus dem Geiste der Musik‹ (1972), Goethe in der langen Aphorismenreihe von ›Menschliches, Allzumenschliches‹ (1878) bis hinein ins Spätwerk ›Ecce homo‹ (1888). Und nach der Reichsvereinigung von 1871 hielt es Nietzsche nicht mehr in Deutschland aus. Er lebte ubiquitär: »überall und nirgend, aber immer in Europa, als erster deutscher Europäer, als europäischer Deutscher.« Ohne jene oft treulos wirkende Ubiquität, sagt Thomas Mann über Goethe, »hätte er nie eine Vereinigung des Urbanen und Dämonischen vollendet, wie sie in so gewinnender Größe kein zweites Mal vorgekommen ist in der Geschichte der Gesittung«[576].

In Thomas Manns Weimarer ›Ansprache im Goethejahr 1949‹ ist von ihm selbst und von Nietzsche die Rede, dem er diese Einsicht verdankt: »Goethe: kein deutsches

Ereignis, sondern ein europäisches.«[577] An Bismarck beklagte Nietzsche den Mangel an geistiger Bildung. Aber mehr noch vermißte er in seiner Machtdämonie ein zügelndes Element: jenes ubiquitär *Dämonische* im Goethe-Sinn, das Natürliches kulturell bewahrt und im Individuellen eines geschichtlichen Menschenlebens das Nationalgeschichtliche ins Universelle wendet: »Goethe, nicht nur ein guter und großer Mensch, sondern eine *Kultur*, Goethe ist in der Geschichte der Deutschen ein Zwischenfall ohne Folgen: wer wäre im Stande, in der deutschen Politik der letzten siebenzig Jahre zum Beispiel ein Stück Goethe aufzuzeigen! (während jedenfalls darin ein Stück Schiller, und vielleicht sogar ein Stückchen Lessing darin gewesen ist).«[578]

Nietzsche durfte der deutschen Politik ein Goethe-Element wünschen, weil das Übernationale, Universal-Europäische ein Element eigener Erziehung war. Goethe, so Nietzsche, der darin sein Eigenstes ausspricht und zugleich den nationalpatriotischen Germanistik-Lehrern seiner Jugend widerspricht, »gehört in eine höhere Gattung von Literaturen, als ›National-Literaturen‹ sind: deshalb steht er auch zu seiner *Nation* weder im Verhältnis des Neuseins noch des Veraltens. Nur für wenige hat er gelebt und lebt er noch: für die Meisten ist er nichts als eine Fanfare der Eitelheit, welche man von Zeit zu Zeit über die deutsche Grenze hinüberbläst.«[579] Nietzsche verachtete den Hang seiner Landsleute zu einer seit Luther »instinktiv gewordenen Unwahrhaftigkeit«, die sie sich erst am Renaissance-Geist und dann am Geist westeuropäischer Aufklärung vergreifen ließ, bis sie der »politischen Geschlechtskrankheit« verfielen und sich an Goethe vergriffen, den sie als »Napoleon-Knecht« verurteilten. Es sind jene Züge von »Begriffs- und Wert-Unsauberkeit, von Feigheit vor jedem rechtschaffenen Ja und Nein«[580], die wir an unseren Zeitgenossen wahr-

nehmen konnten, als sie Nietzsche mit Hitler verwechselten und im Ausziehen geschichtlicher Geschlechterlinien von Hegel oder Schelling abwärts seine Gedankenlinie dem Geist der Goethe-Zeit entzogen.
Goethe – ein Zwischenfall ohne Folgen in der deutschen Geschichte? Nein, wenn er mit Nietzsche als einer der weltliterarischen Klassiker verstanden wird, die *Vollender* und höchste *Lichtspitzen von Tugenden* ihrer Völker sind. Nietzsche – für die Heutigen nichts als ein folgenreicher »Fall«? Ja, wenn sich Nietzsche und Goethe in Weimar noch einmal verfehlen. »Sie haben sich bis jetzt an mir kompromittiert«, schreibt Nietzsche im Blick auf die Deutschen, denen sich »alles verfilzt und verwirrt, woran sie mit ihren Fingern rühren«. Und er fügt hinzu: »Ich zweifle, daß sie es in der Zukunft besser machen.«[581]
Wie richtig Nietzsche sein Schicksal in Deutschland vorhersagte, davon zeugen die dramatischen Ereignisse des Jahrhunderts, die uns ins Gedächtnis gegraben sind. Furchtbar der Gedanke, Nietzsche könnte für das kommende Jahrhundert recht behalten.

Anmerkungen

Prolog

1 Im April 1961 reisen die italienischen Nietzsche-Forscher G. Colli und M. Montinari nach Weimar und fassen nach kurzem Studium des Nietzsche-Nachlasses den Plan zu einer historisch-kritischen Nietzsche-Ausgabe. Vgl. M. Montinari, Die neue kritische Gesamtausgabe von Nietzsches Werken, in: Nietzsche lesen, Berlin/New York 1982, S. 10–21. Montinari wird in Weimar ansässig, ohne während dieser Zeit jemals einen Vortrag über seine Editionstätigkeit oder über Nietzsche halten zu dürfen.

2 Brief an Elisabeth Förster in Asuncion vom 26. Januar 1887, in: Friedrich Nietzsche, Sämtl. Briefe, Kritische Studienausgabe in 8 Bänden, hrsg. von G. Colli und M. Montinari, Taschenbuchausgabe (dtv) Berlin/New York/München 1986 (im folgenden: KSB), Bd. 8, S. 15.

3 Das beginnt mit dem Brief an Hermann Credner in Leipzig von Ende Januar 1886, KSB, Bd. 7, S. 143 (ferner S. 237, 240, 271); Bd. 8, S. 220, 227, 235, 248, 363, 377f. und 454.

4 Brief an Heinrich Köselitz vom 30. Oktober 1888, KSB, Bd. 8, S. 462.

5 Nachlaß Herbst–Frühjahr 1885/86, 1 [182], in: Friedrich Nietzsche, Sämtl. Werke, hrsg. von G. Colli und M. Montinari, Taschenbuchausgabe (dtv), Berlin/New York/München 1980; (im folgenden KSA) 12, S. 50f. Vgl. Nachlaß Winter 1888/89, 25 [6], KSA 13, S. 639, ferner: Jenseits von Gut und Böse (1886), 9. Hauptstück, Aph. 290, KSA 5, S. 234f.

I. TEIL: Der »Gute Europäer« und die Parteien des europäischen Bürgerkriegs

1. Kapitel: Die »Philosophie des Nietzsche-Archivs«

6 Also sprach Zarathustra, II, KSA 4, S. 105.

7 Vgl. dazu B. Macintyre, Vergessenes Vaterland. Die Spuren der Elisabeth Nietzsche, Leipzig 1994.

8 Vgl. ebd., S. 188, Brief an H. Köselitz vom 20. 11. 1893.

9 Ebd., S. 184, Brief an P. Gast vom 22. 9. 1893.

10 Brief an Malvida von Meysenbug, Ende Februar 1887, KSB 8, S. 35.

11 Ecce homo, KSA 6, S. 365.

12 Vgl. den erschütternden Brief an Heinrich Köselitz vom 7. März 1887, KSB 8, S. 40.

13 Menschliches, Allzumenschliches, 9. Hauptstück, Aph. 484, KSA 2, S. 317.

14 Das Nietzsche-Archiv und seine Anklagen gegen den bisherigen Herausgeber (1900), in: R. Steiner, Gesamtausgabe Bd. 31, S. 519. Vgl. dazu jetzt den Band: Rudolf Steiner und das Nietzsche-Archiv. Briefe von R. Steiner, E. Förster-Nietzsche, F. Koegel, C. G. Naumann, G. Naumann und E. Horneffer 1894 – 1900, hrsg., eingeleitet und kommentiert von David Marc Hoffmann, Dornach 1993. Es ist Hoffmanns Verdienst, den ganzen Themenkomplex aufgearbeitet zu haben. Vgl. ders., Zur Geschichte des Nietzsche-Archivs. Chronik, Studien und Dokumente, Berlin/New York 1991.

15 Das Leben Friedrich Nietzsches, Bd. 2, Leipzig 1904, S. 595.

16 Ebd., S. 668. Vgl. dazu die kritischen Bemerkungen von K. Schlechta im ›*Philologischen Nachbericht*‹ zu seiner Nietzsche-Ausgabe, Bd. 3, München 1956, S. 1403.

17 Das Leben Friedrich Nietzsches, ebd., S. 668.

18 Unzeitgemäße Betrachtungen, I: David Friedrich Strauß, der Bekenner und Schriftsteller, KSA 1, S. 161 f.

19 Die Geburt der Tragödie aus dem Geiste der Musik

(1871), 7, KSA 1, S. 52 ff., ferner: Schopenhauer als Erzieher, 3, ebd., S. 357.

20 Vgl. Geschichte der griechischen Literatur (1874/75), in: Philologica II, hrsg. von O. Crusius, Leipzig 1912, Großoktavausgabe (im folgenden GOA) Bd. 18, S. 63.

21 Ecce homo, KSA 6, S. 286.

22 Diesen Gesichtspunkt hat die französische Nietzsche-Forschung herausgearbeitet. Vgl. P. Klossowski, Nietzsche, Polytheismus und Parodie, in: K. Hamacher (Hrsg.), Nietzsche aus Frankreich, Berlin 1986, S. 17 ff.

23 Vgl. Morgenröte, Vorrede 5 (1886), KSA 3, S. 17, mit: Ecce homo, KSA 6, S. 301.

24 Nachgelassene Fragmente, Sommer–Herbst 1884, 26 [452], KSA 11, S. 271.

25 Vom Nutzen und Nachteil der Historie für das Leben, 4, KSA 1, S. 276 f.

26 Vgl. die Urfassung von Ecce homo: ›Warum ich so weise bin‹, KSA 14, S. 472.

27 Schopenhauer als Erzieher, 8, KSA 1, S. 415.

28 Ebd., S. 414.

29 Ebd., S. 422.

30 Vgl. meine Studie: Nietzsches Philosophie der Tragödie, in: Hermenautik-Hermeneutik. Festschrift für Peter Horst Neumann, Würzburg 1996, S. 91 ff.

31 Homers Wettkampf, KSA 1, S. 783. Vgl. dazu die Arbeit von R. Schmidt, ›Ein Text ohne Ende für den Denkenden‹. Zum Verhältnis von Philosophie und Kulturkritik im frühen Werk Friedrich Nietzsches, Königstein/Ts. 1982, ferner den weiterführenden Aufsatz des gleichen Verfassers: Auf der Suche nach dem Humanum. Elemente der frühen Kulturkritik Friedrich Nietzsches, in Nietzsche-Studien, Bd. 13 (1984), S. 129 ff.

32 Götzen-Dämmerung, Was den Deutschen abgeht, 4, KSA 6, S. 106.

33 Nachgelassene Fragmente, Sommer–Herbst 1884, 26 [402], KSA 11, S. 256.

34 Vgl. Briefe an Malvida von Meysenbug vom 24. Sep-

tember 1886 und an Reinhart von Seydlitz vom 12. Februar 1888, in: KSB 7, S. 257 und KSB 8, S. 249.

35 Nachgelassene Fragmente, Ende 1880, 7 [312], KSA 9, S. 383.

36 Vgl. E. Salin, Vom deutschen Verhängnis. Gespräch an der Zeitenwende: Burckhardt-Nietzsche, Hamburg 1959, S. 149 ff.

37 Vom Nutzen und Nachteil der Historie für das Leben, 6, KSA 1, S. 293.

38 Also sprach Zarathustra, I, KSA 4, S. 63.

39 Brief von F. Koegel an J. Hofmiller vom 22. 9. 1897, in: D. M. Hoffmann, Zur Geschichte des Nietzsche-Archivs, ebd., S. 267.

40 Ecce homo (1888), Vorwort 4, KSA 6, S. 259.

41 So D. Schubert, Nietzsche und seine Einwirkungen in der Bildenden Kunst, in: Nietzsche-Studien, Bd. 9 (1980), S. 379.

42 Brief an Hugo von Hofmannsthal vom 16. 4. 1911, in: H. Burger (Hrsg.), Harry Graf Kessler, Briefwechsel mit H. v. Hofmannsthal 1898–1929, Frankfurt/M. 1968, S. 323–326. Vgl. dazu H. Cancik, Der Nietzsche-Kult in Weimar. Ein Beitrag zur Religionsgeschichte der Wilhelminischen Ära, in: Nietzsche-Studien, Bd. 16 (1987), S. 414 f. (mit Abdruck der Planskizzen); ferner die historisch erhellende Untersuchung von R. Wollkopf, Das Nietzsche-Archiv im Spiegel der Beziehungen E. Förster-Nietzsches zu Harry Graf Kessler, in: Jahrbuch der Deutschen Schiller-Gesellschaft 34 (1990), S. 125–167.

43 Erinnerungen an Friedrich Nietzsche, Leipzig 1901, S. 10.

44 Ecce homo, Warum ich so gute Bücher schreibe, 1, KSA 6, S. 301.

45 Ein wenig neue Dichtkunst, in: Die Neue Zeit XIV (1895/96), Vol. I, S. 653. Vgl. die materialreiche Studie von V. Vivarelli, Das Nietzsche-Bild in der Presse der deutschen Sozialdemokratie, in: Nietzsche-Studien, Bd. 13 (1984), S. 521 ff.

46 Bücher vom letzten Jahre, in: Die Neue Zeit XVI (1897/98), Vol. II, S. 395 ff.

47 So wird Mehrings Position treffend charakterisiert bei V. Vivarelli, Das Nietzsche-Bild in der Presse der deutschen Sozialdemokratie, ebd., S. 535 f. Vgl. auch die kenntnisreiche Studie von E. Behler, Zur frühen sozialistischen Rezeption Nietzsches in Deutschland, in: Nietzsche-Studien, Bd. 13 (1984), S. 503 ff.

48 Leipziger Volkszeitung vom 25. Juli 1898.

49 Rezension zu W. Weigand, F. Nietzsche, in: Die Neue Zeit XI (1892/93), Vol. II, Nr. 38.

50 Vgl. A. H. Th. Pfannkuche, Was liest der deutsche Arbeiter?, Tübingen/Leipzig 1900, S. 23.

51 Vgl. H. F. Peters, Zarathustras Schwester, ebd., S. 280.

52 Vgl. dagegen W. Herzog, Der Triumph des Krieges: Der große Umwerter, in: Das Forum 1 (1914), S. 257–260; F. Pfemfert, Die Deutschsprechung Friedrich Nietzsches, in: Die Aktion 5 (1915), S. 320–323.

53 Also sprach Zarathustra, I, KSA 4, S. 59.

54 Thomas Mann an Ernst Bertram. Briefe aus den Jahren 1910–1955, hrsg. von Inge Jens, Pfullingen 1960, S. 25 (Brief vom 4. Mai 1915).

55 Brief aus Deutschland II (1923), in: Aufsätze, Reden, Essays, Bd. 3, hrsg. von H. Matter, Berlin/Weimar 1986, S. 362.

56 Fast gleichzeitig erscheint zu diesem Thema das Buch von Canon E. McClure, Germany's War Inspirers Nietzsche and Treitschke, London 1914.

57 Daily Mail, 27. September 1914; Manchester Guardian, 7. Oktober 1914. Vgl. P. Bridgewater, Nietzsche in Anglo Saxony: A Study of Nietzsche's Impact on English and American Literature, Leicester 1972, S. 144.

58 H. L. Stewart, Nietzsche and the Ideals of Modern Germany, London 1915.

59 Den Satz hat E. Bertram notiert. Vgl. Nietzsche. Versuch einer Mythologie, hrsg. und mit einem Nachwort versehen von H. Buchner, Bonn 1965, *Anhang*: Alexander (Der östliche Nietzsche), S. 375.

60 H. L. Mencken (Ed.), Friedrich Nietzsche: The Antichrist, Introduction, New York 1923.
61 Vgl. seine Studie: Nietzsche im Krieg: Eine Erinnerung und eine Warnung, in: Die Weißen Blätter 6 (1919), S. 277–284.
62 Vgl. Seth Taylor, Left-Wing Nietzscheans. The Politics of German Expressionism 1910–1920, Berlin/New York 1990, S. 210.
63 Nietzsche. Sa vie et sa pensée, 6 Bde., Paris 1920–1931.
64 Die Philosophie Friedrich Nietzsches. Eingeleitet und übersetzt von E. Förster-Nietzsche, Dresden/Leipzig 1899. Vgl. auch D. Halévy, La vie de Nietzsche, Paris 1909.
65 Zwischen den Völkern. Aufzeichnungen und Dokumente aus den Jahren 1914–1919, Bd. 1, Stuttgart 1954, S. 145.
66 Vgl. noch einmal die Notiz bei E. Bertram, Alexander (Der östliche Nietzsche), ebd., S. 375.
67 Betrachtungen eines Unpolitischen (1918), in: Aufsätze, Reden, Essays, Bd. 2, Berlin/Weimar 1983, S. 294.
68 Ebd., S. 370. Vgl. dazu Inge und Walter Jens, Betrachtungen eines Unpolitischen. Thomas Mann und Friedrich Nietzsche, in: Das Altertum und jedes neue Gute. Festschrift für W. Schadewaldt, Stuttgart/Berlin/Köln/Mainz 1970, S. 239 ff.
69 Schopenhauer als Erzieher, 7, KSA 1, S. 409.
70 Betrachtungen eines Unpolitischen, ebd., S. 303 und 348.
71 Ebd., S. 239. Vgl. P. Pütz, Thomas Mann und Nietzsche, in: B. Hillebrand (Hrsg.), Nietzsche und die deutsche Literatur, Tübingen 1978, S. 131.
72 Ebd., S. 241 f. und 437.
73 Vgl. dazu Seth Taylor, Left Wing Nietzscheans, ebd., S. 55 ff.
74 Betrachtungen eines Unpolitischen, ebd., S. 370. Daß Thomas Manns Schlüsselwort Nietzsches Position mißversteht, wird nachgewiesen bei P. Bergmann, Nietzsche, ›The Last Antipolitical German‹. Bloomington/Indianapolis, 1987.

75 Eine differenzierte Übersicht enthält das kenntnisreiche Buch des Historikers Steven E. Aschheim, The Nietzsche Legacy in Germany 1890–1990, The Regents of the University of California, 1992, dt. Ausgabe unter dem Titel: Nietzsche und die Deutschen, Stuttgart/Weimar 1996, Kap. 5, S. 130ff.

76 Also sprach Zarathustra, I, KSA 4, S. 158.

77 Ebd., S. 59f.

78 Nachgelassene Fragmente, Winter 1869/70–Frühjahr 1870, 3 [11], KSA 7, S. 62.

79 Menschliches, Allzumenschliches, II: Der Wanderer und sein Schatten, Aph. 284, KSA 2, S. 678f.

80 So M. Brahn in seinem Buch: ›Nietzsches Meinungen über Staaten und Kriege‹, Leipzig 1915, abgedruckt bei F. Krummel, Nietzsche und der deutsche Geist, Bd. 2, Berlin/New York 1983, S. 594.

2. Kapitel: Nietzscheanismus ohne Philosophie?

81 Brief an F. Overbeck vom 24. März 1887, KSB 8, S. 48.

82 Druckvorlage zu ›Ecce homo‹ (1888), in: KSA 14, S. 482.

83 Vgl. den Brief an Paul Rée vom 19. November 1877, KSB 5, S. 290f., sowie den Briefwechsel mit Georg Brandes zwischen Ende 1887 und 1888, KSB 8, S. 205ff.

84 Sie wurden zuerst veröffentlicht von H. Albert, Nietzsche et Strindberg, in: Mercure de France 102 (1913), S. 725–737.

85 Eine Übersicht bietet P. Pütz, Friedrich Nietzsche, Stuttgart 1967, S. 58ff. und 94–99.

86 Vgl. dazu B. Hillebrand (Hrsg.), Nietzsche und die deutsche Literatur, Tübingen 1978.

87 Vgl. Betrachtungen eines Unpolitischen, ebd., S. 706.

88 Vgl. E. Behler, Zur frühen sozialistischen Rezeption Nietzsches in Deutschland, ebd. S. 503ff.

89 Der Antichrist, 57, KSA 6, S. 244.

90 Nachgelassene Fragmente, Sommer–Herbst 1873, 29 [207], KSA 7, S. 713.

91 Nachgelassene Fragmente, Sommer 1875, 9 [1], KSA 8, S. 131 ff.

92 Bremer Bürgerzeitung vom 15. Januar 1895. Vgl. V. Vivarelli, Das Nietzsche-Bild in der Presse der deutschen Sozialdemokratie, ebd., S. 530 f.

93 Aus dem Nachlaß der 80er Jahre, Schlechta, Bd. 3, S. III, 843.

94 Menschliches, Allzumenschliches, II, 2: Der Wanderer und sein Schatten, Aph. 286, KSA 2, S. 682.

95 Menschliches, Allzumenschliches, I, 8, Aph. 473, KSA 2, S. 307 f.

96 Nachgelassene Fragmente, Ende 1876 – Sommer 1877, 21 [43], KSA 8, S. 373, näher ausgeführt in 23 [25], ebd., S. 412.

97 H. Weichelt, Zarathustra-Kommentar, Leipzig 1922², S. 245.

98 L. Braun, Memoiren einer Sozialistin, Bd. 2, München 1911, S. 585.

99 Ebd., S. 653 f.

100 K. Eisner, Psychopathia spiritualis. Friedrich Nietzsche und die Apostel der Zukunft, Leipzig 1892, S. 6 ff. – Vgl. G. Landauer, Aufruf zum Sozialismus, Frankfurt/Wien 1967, S. 93, 178.

101 Vgl. Die Lessing-Legende, in: F. Mehring, Ges. Schriften, Bd. 9, Berlin 1963, S. 263, ferner: Über Nietzsche, Ges. Schriften, Bd. 13, Berlin 1961, S. 182.

102 Ebd., S. 630.

103 Ebd., S. 635.

104 Ebd., S. 640.

105 Vgl. J. Deutscher, Der bewaffnete Prophet. Trotzki 1879 – 1929, Stuttgart 1952, S. 59 und 195 f.

106 B. G. Rosenthal (Ed.), Nietzsche in Russia, Princeton 1986. Vgl. M. Deppermann, Nietzsche in Rußland, in: Nietzsche-Studien, Bd. 21 (1992), S. 242 ff.

107 Franklin Rosemont (Ed.), Isidora Speaks, San Francisco 1983, S. 170.

108 Vgl. zu dieser Konstellation Nancy S. Love, Marx, Nietzsche and Modernity, New York 1986.

109 A. H. Dietrich, Marx' und Nietzsches Bedeutung für die deutsche Philosophie der Gegenwart, in: W. Strich (Hrsg.), Die Dioskuren, Bd. I, München 1922, S. 360.

110 Ebd., S. 380.

111 Seth Taylor, Left-Wing Nietzscheans, ebd., S. 60ff.

112 Generalanzeiger Magdeburg vom 4. September 1918.

113 So der Zentrumsabgeordnete Spahn in der Debatte des Deutschen Reichstags vom 12. Januar 1895 über die Umsturzvorlage. Vgl. V. Vivarelli, Das Nietzsche-Bild in der Presse der deutschen Sozialdemokratie, ebd., S. 550.

114 A. Levenstein, Friedrich Nietzsche im Urteil der Arbeiterklasse, Leipzig 1914, Vgl. auch M. Adler, Arbeiterbriefe über Nietzsche, in: Wissen und Leben, 14 (1921), S. 430, ferner: Klassenkampf gegen Völkerkampf, München 1919, S. 146f.

115 Brief aus Deutschland (II), in: Aufsätze, Reden, Essays, Bd. 3, S. 363.

116 Russische Anthologie (1921), in: Aufsätze, Reden, Essays, Bd. 3, ebd., S. 92; Russische Dichtergalerie, ebd., S. 283.

117 Ebd.

118 Goethe und Tolstoi: Fragmente zum Problem der Humanität (1921), in: Reden und Aufsätze, Bd. 1, Frankfurt/M. 1990, S. 80.

119 Brief an Ida Boy-Ed vom 5. 12. 1922, in: Briefe 1889–1936, hrsg. von Erika Mann, Berlin/Weimar 1965, S. 227f.

120 Zu Friedrich Eberts Tod (1925), Reden und Aufsätze, Bd. 4, ebd., S. 635f.

121 Brief an Ernst Fischer vom 25. 5. 1926, in: Briefe 1889–1936, ebd., S. 286.

122 Pariser Rechenschaft (1926), in: Reden und Aufsätze, Bd. 3, ebd., S. 50. Vgl. ferner das Fragment: Von europäischer Humanität (1927), Reden und Aufsätze, Bd. 4, ebd., S. 638. Auf das damit nur angedeutete Goethe-Nietzsche-Thema wird in anderem Zusammenhang zurückzukommen sein.

123 Menschliches, Allzumenschliches, I, 8, Aph. 475, KSA 2, S. 310.

124 Jenseits von Gut und Böse, 3. Hauptstück, Aph. 52, KSA 5, S. 72.

125 Genealogie der Moral, 3. Abhandlung, Aph. 22, KSA 5, S. 393.

126 Morgenröte, 3. Buch, Aph. 205, KSA 3, S. 183.

127 Vgl. N. A. Nobel, Friedrich Nietzsches Stellung zum Judentum, in: Die jüdische Presse 31 (1900), S. 414, 373; die Wiederaufnahme dieser Fragen bei C. Seligmann, Nietzsche und das Judentum, in: Judentum und moderne Weltanschauung. Fünf Vorträge, Frankfurt/M. 1905, S. 86–89.

128 Vgl. dazu jetzt W. Stegmeier/D. Krochmalnik (Hrsg.), Jüdischer Nietzscheanismus. Berlin/New York 1997.

129 Vom Nutzen und Nachteil der Historie für das Leben, 6, KSA 1, S. 286.

130 Vgl. A. Hà-am, Nietzscheanismus und Judentum, in: Ost und West, Jg. II (1902), Heft 3 und 4, Sp. 145–152, 241–254.

131 Jüdische Renaissance, in: Die jüdische Bewegung. Gesammelte Aufsätze und Ansprachen, Bd. 1 (1910–1915), Berlin 1916, S. 13f.

132 Vgl. mein Buch: Tradition und Utopie. Ernst Blochs Philosophie im Licht unserer geschichtlichen Denkerfahrung, Frankfurt/M. 1994, S. 24ff. und 268ff.

133 Der vergessene Essay wurde zuerst wieder bekannt gemacht durch R. Schmidt, Ernst Blochs Nietzsche-Aufsatz von 1906, in: Bloch-Almanach 3 (1983), S. 71–80. Vgl. Blochs Brief an G. Lukács von Ende Mai 1915, in: E. Karádi/E. Fekete (Hrsg.), Georg Lukács' Briefwechsel 1902–1917, Stuttgart 1982, S. 355.

134 Martin Buber, Ein Wort über Nietzsche und die Lebenswerte, in: Die Kunst im Leben (1900), S. 13.

135 Ebd., S. 78.

136 Ebd., S. 80.

137 Ebd., S. 80. Vgl. ›Geist der Utopie‹; Erste Fassung, Faksimile der Ausgabe von 1918, WA Bd. 16, S. 81ff.,

345ff. und 443f. – Es sei jedoch vermerkt, daß einer der Hauptvertreter des jüdischen Nietzscheanismus, S. Friedlaender (Friedrich Nietzsche. Eine intellektuelle Biographie, Berlin 1911), Blochs Ansatz von Nietzsche her als verfehlt ablehnt: S. Mynona (Pseud.), Der Antichrist und Ernst Bloch, in: Tätiger Geist 4 (1920), S. 103–117.

138 Vgl. den *Nietzsche*-Abschnitt mit dem *Symbol*-Kapitel über das Judentum im ›Geist der Utopie‹ (1918), der einen Bogen schlägt zwischen dem nietzscheanisch inspirierten »Essayraum der Hoffnung« und jenem messianischen »Drang auf die Verwandlung des Lebens zur Reinheit, Geistigkeit und Einheitlichkeit, womit der Gerechte die Schlüsselgewalt über das Obere erlangt« (WA, Bd. 16, Frankfurt/M. 1971, S. 322).

139 Entwicklungsgeschichte des modernen Dramas, hrsg. von F. Benseler, Darmstadt/Neuwied 1991, S. 359.

140 Die Schaffenden, das Volk und die Bewegung, in: Die jüdische Bewegung, ebd., S. 73. – Zur Beziehung zwischen Buber und dem jungen Lukács vgl. E. Karádi/E. Fekete (Hrsg.), Briefwechsel, ebd. S. 204, 258f. und 264. Lukács hatte Bubers chassidische ›Legende des Balschem: Die Geschichte des Rabbi Nachman‹ (1900) in seinem Essay über ›Jüdischen Mystizismus‹ in der ungarischen Zeitschrift: ›A Szellem‹ (1911) gewürdigt. Vgl. G. Lukács' Brief an S. Friedländer, Mitte Juli 1911, in: Briefwechsel, ebd., S. 230.

141 Brief an Carl von Gersdorff vom 21. Juni 1871, KSB 3, S. 203.

142 Nachgelassene Fragmente, Frühjahr–Herbst 1881, KSA 9, S. 515.

143 Schopenhauer als Erzieher, 4, KSA 1, S. 365.

144 Menschliches, Allzumenschliches, I, Aph. 480, KSA 2, S. 314.

145 Dem Begriff und Phänomen des Moraldämonismus bin ich in meinen Jenaer Schiller-Vorlesungen (1992/93) nachgegangen. Vgl. einstweilen als Teilpublikation: Die Idee vom anderen Deutschland, Kassel 1994.

146 Nachgelassene Fragmente, Sommer–Herbst 1884, KSA 11, S. 242.
147 B. Mussolini. Enciclopedia italiana, Art. Fascismo (1931), in: Die politische und soziale Doktrin des Faschismus 1933. Vgl. dazu E. Nolte, Nietzsche und der Nietzscheanismus, Berlin 1990, vor allem S. 260ff.
148 Mussolini und Nietzsche, in: Hamburgischer Correspondent, 9. August 1925, Morgenausgabe, 1. Beilage.
149 Nietzsche und Mussolini. Ein Beitrag zur Ethik des Faschismus, in: K. Rauch (Hrsg.), Nietzsches Wirkung und Erbe, Berlin 1930.
150 Vgl. D. M. Hoffmann, Zur Geschichte des Nietzsche-Archivs, ebd., S. 110.
151 Vgl. K. Algermissen, Nietzsche und das Dritte Reich, Celle 1947, S. 3.
152 Die Geburt der Tragödie aus dem Geist der Musik, 11, KSA 1, S. 77.
153 Weimarer Nachrichten vom 21. Juli 1934.
154 Gesammelte Werke, Bd. 10 (1975), S. 9.
155 Nietzsche und das Archiv seiner Schwester (1932), in: Gesammelte Schriften, Bd. III, hrsg. von Hella Tiedemann-Bartels, Frankfurt/M. 1991, S. 326.
156 Das neue Tagebuch, 25. November 1933, Nr. 22, S. 514.
157 Brief an W. Jesinghaus vom 27. 10. 1935, in: O. Spengler, Briefe 1913–1936, München 1963, S. 751.
158 Ich beziehe mich auf die Beschreibung der von F. Würzbach verfaßten Gründungsurkunde durch das damalige Vorstandsmitglied Th. Mann, in: Brief aus Deutschland (II), in: Aufsätze, Reden, Essays, Bd. 3, ebd., S. 363. Zur Berliner »Nietzsche-Gesellschaft« vgl. die Notiz von H. Matter, ebd., S. 801f.
159 Nietzsche und das deutsche Schicksal, Berlin/Leipzig 1933, S. 21f.
160 Ebd., S. 19f.
161 Die Wiedergeburt des Geistes aus dem Blute, in: Völkischer Beobachter vom 14. Januar 1934. – Würzbachs plötzlicher Sinneswandel vom Weimarer Republikaner zum Nationalsozialisten im Jahre 1933 hat ihn ein

Jahrzehnt später nicht vor Verfolgungen und einer Auflösung der »Nietzsche-Gesellschaft« durch den Naziphilosophen Günther Lutz (§ 11) bewahrt. Die Vorgänge um Würzbach sind noch ungeklärt und bedürfen historischer Nachforschung. Im umfangreichen Werk von Steven E. Aschheim, Nietzsche und die Deutschen, Geschichte eines Kults, ebd., wird sein Name nur im Literaturverzeichnis erwähnt (S. 379).

162 Die Lästerung Nietzsches, in: Das neue Tagebuch, 1. Jg., H. 3 (15. Juli 1933), S. 73. Den Hinweis verdanke ich S. Dietzsch.

163 Aus der Nietzsche-Konjunktur an Hand von Lehrveranstaltungen (242) über seine Philosophie an deutschen Universitäten zwischen 1933 und 1945 läßt sich noch nicht schließen, daß sie das nationalsozialistische Nietzsche-Bild begünstigt hätte. Diesen Schluß suggeriert M. Zapata, Die Rezeption der Philosophie Friedrich Nietzsches im deutschen Faschismus, in: I. Korotin (Hrsg.), ›Die besten Geister der Nation‹. Philosophie und Nationalsozialismus, Wien 1994, S. 188, Anm. 3.

164 Ebd.

II. TEIL: Nietzsche und der Nationalsozialismus

3. Kapitel: »Wille als Macht« und Übermensch: Halbierungen von Nietzsches Philosophie

165 So argumentiert A. Baeumler, Nietzsche der Philosoph und Politiker, Leipzig 1931, S. 63ff.

166 Vgl. M. Montinari, Nietzsches Nachlaß von 1885 bis 1888 oder Textkritik und Wille zur Macht, in: Nietzsche lesen, Berlin/New York 1982, S. 92ff.

167 Vgl. W. Kaufmann, Nietzsche. Philosopher, Psychologist, Antichrist (1950), dt. Darmstadt 1988[2], S. 337.

168 Vgl. Schopenhauer als Erzieher, 3, KSA 1, S. 357.

169 Vgl. M. Baeumler/H. Brunträger/H. Kurzke (Hrsg.),

Thomas Mann und Alfred Baeumler. Eine Dokumentation, Würzburg 1989, S. 139ff.

170 Mein Weg als Schriftsteller, ebd., S. 252. Vgl. M. Zapata Galindo, Triumph des Willens zur Macht. Zur Nietzsche-Rezeption im NS-Staat, Berlin 1995, S. 84f. (= Edition Philosophie und Sozialwissenschaften 33, mit einem Geleitwort von F. O. Wolf).

171 So Karl Löwith, Nietzsches Philosophie der ewigen Wiederkehr des Gleichen (1935), Anhang, in: Sämtl. Schriften Bd. 6, Stuttgart 1987, S. 363. Vgl. auch Thomas Mann, Pariser Rechenschaft (1926), in: M. Baeumler/ H. Brunträger/H. Kurzke (Hrsg.), Thomas Mann und Alfred Baeumler, ebd., S. 154ff.

172 Menschliches, Allzumenschliches, I, Aph. 16, 18, 291; II, Aph. 16, KSA 2, S. 36ff., 325 und 550f.

173 Nietzsche. Versuch einer Mythologie, Berlin 1922[6], S. 7. Vgl. die Charakterisierung dieses Buches bei K. Löwith, Nietzsches Philosophie der ewigen Wiederkehr des Gleichen, *Anhang*, ebd., S. 355f.

174 Nietzsche. Versuch einer Mythologie, ebd., S. 11. Bertram hat einige bedeutende Nietzsche-Abhandlungen verfaßt (unter anderem einen Aufsatz über ›Nietzsches Goethebild‹, 1920), die an anderer Stelle zu würdigen sind.

175 Pariser Rechenschaft (1926), in: Thomas Mann und Alfred Baeumler, ebd., S. 154 ff. – Eine vergleichbare Dokumentation von Thomas Manns Beziehung zu Bertram steht aus. Vgl. B. Böschenstein, Ernst Bertrams *Nietzsche* – eine Quelle für Thomas Manns *Doktor Faustus*, in: Euphorion 72 (1978), S. 68–83.

176 Nietzsche. Versuch einer Mythologie, ebd., S. 69f.

177 Morgenröte, IV, Aph. 298 und KSA 3, S. 221f.

178 Die fröhliche Wissenschaft, IV, Aph. 318, KSA 3, S. 550.

179 Ebd.

180 Ecce homo, KSA 6, S. 294.

181 Nachgelassene Fragmente, Frühjahr–Sommer 1883, 7 [38], KSA 11, S. 255.

182 Nietzsche, der Philosoph und Politiker, ebd., S. 17.

183 Baeumler zitiert diese Notiz aus dem Umkreis der *Zarathustra*-Dichtung in der von ihm herausgegebenen Nachlaß-Sammlung: Die Unschuld des Werdens, Bd. 2, Leipzig 1931, S. 206.

184 Die fröhliche Wissenschaft, III, Aph. 268, KSA 3, S. 519.

185 Nietzsche, der Philosoph und Politiker, ebd., S. 18f.

186 Nietzsches Philosophie der ewigen Wiederkehr des Gleichen, Anhang, ebd. S. 364.

187 Vgl. KSA 7, S. 402, weitere Belege in meinem Vortrag: Heimisch werden im Denken. Heideggers Dialog mit Nietzsche, in: ›Verwechselt mich vor Allem nicht!‹ Heidegger und Nietzsche, Frankfurt/M. 1994 (= Schriftenreihe der Martin-Heidegger-Gesellschaft, Bd. 3), S. 17ff.

188 So lautet das Fazit von K. Löwith, Nietzsches Philosophie der ewigen Wiederkehr des Gleichen, Anhang, ebd. S. 365.

189 Nietzsche, der Philosoph und Politiker, I, S. 66.

190 Also sprach Zarathustra, I, KSA 4, S. 88.

191 Vgl. dazu das *Nachwort* zu meiner Ausgabe dieses Textes aus dem Kontext des Nietzsche-Nachlasses der 70er Jahre, Stuttgart 1994.

192 Götzen-Dämmerung, Sprüche und Pfeile 26, KSA 6, S. 63.

193 Ebd., S. 82.

194 Ebd., S. 80. Vgl. dazu H. Langreder, Die Auseinandersetzung mit Nietzsche im dritten Reich. Ein Beitrag zur Wirkungsgeschichte Nietzsches, Phil. Diss. Kiel 1971, S. 72 ff.

195 Nietzsche, der Philosoph und Politiker, ebd., S. 49.

196 Davon berichtet Baeumler in der Rede zu seinem 70. Geburtstag. Vgl. Mein Weg als Schriftsteller, in: Thomas Mann und Alfred Baeumler, ebd., S. 250.

197 Nietzsche, der Philosoph und Politiker, ebd., S. 88.

198 Der Fall Wagner (1888), 11, KSA 6, S. 39.

199 Vgl. den Brief an Richard Wagner vom 22. Mai 1869, in: KSB 3, S. 9.

200 Genealogie der Moral (1887), III. Abhandlung, 27, KSA 5, S. 392.

201 Nietzsche, der Philosoph und Politiker, II, S. 90.
202 Der Antichrist (1888), 55, KSA 6, S. 237 f.
203 Ebd., S. 238.
204 Vgl. Nachlaß Frühjahr 1885, 34 [69], KSA 11, S. 442.
205 Götzen-Dämmerung, Streifzüge eines Unzeitgemäßen, 38, KSA 6, S. 139.
206 Der griechische Staat (1872), KSA 1, S. 771 f.
207 Nietzsche, der Philosoph und Politiker, II, ebd. S. 93.
208 Ebd.
209 Nachgelassene Fragmente, Sommer 1875, 6 [49], KSA 8, S. 118.
210 Nietzsche, der Philosoph und Politiker, II, ebd. S. 97.
211 Ebd., S. 103.
212 Vgl. Jenseits von Gut und Böse, III. Hauptstück, Aph. 48–49, KSA 5, S. 69 f.
213 Nietzsche, der Philosoph und Politiker, II, ebd. S. 182 f.
214 Vgl. R. Bollmus, Das Amt Rosenberg und seine Gegner. Zum Machtkampf im nationalsozialistischen Herrschaftssystem, Stuttgart 1970.
215 Nietzsche und der Nationalsozialismus, in: Studien zur deutschen Geistesgeschichte, Berlin 1937, S. 283. Nachdem Baeumler zugibt, daß der Nationalsozialismus ursprünglich »kaum unmittelbar aus Nietzsche geschöpft« und nach dem Ende des 1. Weltkriegs niemand (!) daran gedacht hätte, »die neue Bewegung mit Nietzsche in einen Zusammenhang zu bringen« (S. 281), baut er zwischen dem »großen Krieg« und Hitlers Machtantritt eine »Brücke«, die Nietzsche als Architekt vorentworfen hätte: »Vielen hat erst das Ereignis des Jahres 1933 die Augen dafür geöffnet, daß ein neues Weltalter im Anbrechen ist. Denn mit dem großen Kriege geht es uns wie mit den Gipfeln des Hochgebirges: erst aus einer gewissen Entfernung bekommt man sie überhaupt erst zu Gesichte. Wer aber den großen Krieg zu Gesichte bekommt, der hat zugleich Nietzsche und den Nationalsozialismus gesichtet. Denn aus Feuer und Blut des großen Krieges ist der Nationalsozialismus geboren – er weist *rückwärts* auf die gewaltige Tat-

und Opfergemeinschaft unseres Volkes, auf das größte Ereignis unserer Geschichte. Nietzsche weist aus seiner Zeit heraus *vorwärts* auf dieses Ereignis« (ebd.). Hier wird Geistes- zur Ideologiegeschichte, die im Dienst der Bürgerkriegspartei den Geist aufgibt. Nach dem Ende des 2. Weltkriegs hat sich Baeumler mit seinen Irrwegen kritisch auseinandergesetzt. Vgl. Meine politische Entwicklung (1948), in: M. Baeumler/H. Brunnträger/H. Kurzke (Hrsg.), Thomas Mann und Alfred Baeumler, ebd., S. 195–198.

216 H. A. Korff, Die Lebensidee Goethes, Leipzig 1925, S. 163. Thomas Mann verwendet Korffs Formel in seiner Rede: Goethes Laufbahn als Schriftsteller (1932), in: Reden und Aufsätze 1, Gesammelte Werke Bd. IX, Frankfurt/M. 1990, S. 352 und 354. Im Umkreis der ›Betrachtungen eines Unpolitischen‹ (1918) hatte Thomas Mann von Goethe und Nietzsche als seinen »höchsten Meistern« gesprochen und sich, nicht ohne Scheu, »zum Schüler solcher Wesen« erklärt (Brief an Felix Bertaux vom 1. 3. 1923, in: Briefe 1889–1936, ebd., S. 233).

4. Kapitel: Von Nietzsche zu Hitler?

217 Schelling. Vom Wesen der menschlichen Freiheit (1809), Freiburger Vorlesung vom Sommersemester 1936, Gesamtausgabe (= GA) Bd. 42, hrsg. von I. Schüßler, Frankfurt/M. 1988, S. 40 f.

218 Vgl. dazu H. Ott, Martin Heidegger. Unterwegs zu einer Biographie, Frankfurt/New York 1988, S. 188 und 241 f.

219 Das wird jetzt deutlich aus der Studie von M. Heinz/Th. Kisiel, Heideggers Beziehungen zum Nietzsche-Archiv im Dritten Reich, in: Annäherungen an Martin Heidegger, Festschrift für Hugo Ott zum 65. Geburtstag, hrsg. von Hermann Schäfer, Frankfurt/New York 1996, S. 103–136.

220 Brief an Richard Oehler vom 25. November 1937, zit. ebd., S. 111 f.

221 Die Quelle ist der Heidegger und seiner Schule gewogene Verleger Vittorio Klostermann, der diese Etikettierung in einem Brief an Walter F. Otto vom 22. November 1935 erwähnt, zit. ebd., S. 108.

222 Nietzsche. Der Wille zur Macht als Kunst (1936/37), GA Bd. 43 hrsg. von B. Heimbüchel, Frankfurt/M. 1985, S. 275 f. – Zum geschichtlichen Kontext von Heideggers Nietzsche-Vorlesung vgl. W. Ries, Grundzüge des Nietzsche-Verständnisses in der Deutung seiner Philosophie. Zur Geschichte der Nietzsche-Literatur in Deutschland (1932–1963), Phil. Diss. Heidelberg 1967.

223 Der Wille zur Macht als Kunst, ebd., S. 25 f.

224 Vgl. G. Picht, Nietzsche, Stuttgart 1988, S. 152, der zu Recht bemerkt, es sei »ein beschämendes Zeichen für den Stand der geistigen Redlichkeit in unserer Zeit, daß über Heideggers politische Mißgriffe ein Pamphlet nach dem anderen erscheint, während niemand ein Wort darüber verliert, was diese Vorlesungen als Dokument der deutschen Geschichte jener Jahre bedeuten« (ebd.).

225 Der Wille zur Macht als Kunst, ebd., S. 22.

226 Ebd., S. 22 f.

227 Ebd., S. 23.

228 Nietzsches metaphysische Grundstellung im abendländischen Denken. Die ewige Wiederkehr des Gleichen, GA Bd. 44, hrsg. von M. Heinz, Frankfurt/M. 1986, S. 145.

229 Nietzsches metaphysische Grundstellung, ebd., S. 103.

230 Vgl. Nietzsches Lehre vom Willen zur Macht als Erkenntnis, GA Bd. 47, hrsg. von E. Hanser, Frankfurt/M. 1989, S. 19. Obwohl Heidegger nicht vom »Reliefcharakter« des Nietzscheschen Denkens spricht, hat er sich daran immer stärker orientiert. Man vergleiche die angekündigte, aber nicht gehaltene Vorlesung über ›Nietzsches Metaphysik‹ (1941/42), GA Bd. 50, hrsg. von P. Jaeger, Frankfurt/M. 1990, S. 5 f.

231 Nietzsches Lehre vom Willen zur Macht als Erkenntnis, ebd., S. 19.

232 Ebd.

233 Nietzsche. Einführung in das Verständnis seines Philosophierens, Berlin/Leipzig 1936, *Vorwort* zur 2. Auflage, Berlin 1946.

234 Ebd., S. 80.

235 Ebd., S. 80. Eine Ahnung der philologischen Problematik verrät einzig Jaspers' Zusatz: »Dies wird allerdings erst die zukünftige Publikation in vollem Umfang an den Tag bringen« (S. 80f.).

236 So M. Heidegger in der Jaspers-Kritik seiner ersten Nietzsche-Vorlesung, GA Bd. 43, S. 269.

237 K. Löwith, Nietzsches Philosophie der ewigen Wiederkunft des Gleichen, Berlin 1935. Vgl. das Vorwort zur 2. Ausgabe, Stuttgart 1956, sowie die Anm. 21 zum *Anhang*, in: Sämtl. Schriften, Bd. 6, Stuttgart 1987, S. 363.

238 Mein Leben in Deutschland vor und nach 1933. Ein Bericht (1940), Frankfurt/M. 1989, S. 79.

239 Ebd.

240 Nietzsche, der Philosoph unserer Zeit (1934), in: Sämtl. Schriften, Bd. 6, Stuttgart 1987.

241 Ebd., S. 391.

242 Ebd., S. 392.

243 Rezension von Karl Jaspers, Nietzsche. Einführung in das Verständnis seines Philosophierens, in: Zeitschrift für Sozialforschung 6 (1937), S. 405ff.

244 Bemerkungen zu Jaspers' *Nietzsche* (1937), in: M. Horkheimer, Gesammelte Schriften, Bd. 4, Frankfurt/M. 1988, S. 227.

245 *Spiegel*-Interview vom 8. September 1969, Jg. 37, S. 164. Vgl. P. Pütz, Nietzsche im Lichte der kritischen Theorie, in: Nietzsche-Studien 3 (1974); ferner R. Maurer, Nietzsche und die kritische Theorie, ebd. 10/11 (1981/82).

246 Bemerkungen zu Jaspers' *Nietzsche*, ebd., S. 235.

247 Zum Problem der Wahrheit (1935), in: Gesammelte Schriften, Bd. 3, Frankfurt/M. 1988, S. 323.

248 Deutschlands Erneuerung nach dem Krieg. Memorandum (1943), in: Gesammelte Schriften, Bd. 12, Frankfurt/M. 1985, S. 189.

249 Bemerkungen zu Jaspers' ›Nietzsche‹, in: Zeitschrift für Sozialforschung, Jg. 1937, S. 407–414.

250 Brief an Carl Fuchs vom 14. April 1888, KSB 8, S. 294.

251 Diskussionsprotokolle des Instituts für Sozialforschung. Zu einem Referat Ludwig Marcuses über das Verhältnis von Bedürfnis und Kultur bei Nietzsche (14. Juli 1942), in: M. Horkheimer, Gesammelte Schriften, Bd. 12, Frankfurt/M. 1985, S. 563–570. Die Grundthesen des Referats ›Über das Verhältnis von Bedürfnis und Kultur bei Nietzsche‹ erscheinen mir so bemerkenswert, daß ich sie für den Leser an dieser Stelle notiere. Nach Ludwig Marcuse kommt erst mit der Lehre vom Übermenschen in Nietzsches Spätwerk »das Neue, das spezifisch Nietzschesche. Im Übermenschen finden alle Utopien der Geschichte ihren Platz: die Bergpredigt ebenso wie die klassenlose Gesellschaft. ›Ich sehe etwas Höheres und Menschlicheres über mir, als ich selber bin; helft mir alle, es zu erreichen, wie ich jedem helfen will, der Gleiches erkennt und am Gleichen leidet: damit endlich wieder der Mensch entstehe, welcher sich voll und unendlich fühlt im Erkennen und Lieben, im Schauen und Können und mit all seiner Ganzheit an und in der Natur hängt als Richter und Wertmesser der Dinge.‹« Nach dieser Nietzsche-Exegese bekennt Marcuse, daß ihn mit Nietzsche neben seinem kritischen »Zerstörungswerk« seine *Sehnsucht* verbinde: »Ihre Erfüllung ist ihm und mir unendlich fraglich. Uns bleibt nur übrig, ›tapfer zu sein, mag nun dies oder jenes herauskommen‹. Oder mit meinen Worten: voller Zweifel zu hoffen. Für uns gibt es nur ein Muß in der Richtung der Sehnsucht. Aber es gibt auch eine Chance; denn die Sehnsucht hat sich ebenso hartnäckig erhalten wie der Hunger, der eine Unterabteilung der Sehnsucht ist. Und [haben] wir Heutigen; abgesehen von dieser vagen Chance, verloren? Nicht ganz und gar, denn das

Paradies ist nicht erst am Schluß da, alle Kulturen sind auch Antizipationen der Utopie. So waren die Toten, so sind auch wir frühe und ärmliche Teilhaber dessen – was kommen mag, oder nicht kommen mag« (ebd., S. 564). Anhand der unterschiedlichen Reaktion der Gesprächsteilnehmer (Adorno, Horkheimer, Herbert Marcuse, Pollock, Günther Anders) auf Marcuses Nietzsche-Thesen ließe sich eine kleine Geschichte der »Kritischen Theorie« im Exil schreiben.

252 Ebd.

253 Ebd., S. 569f.

254 Ebd., S. 568.

255 Nietzsche und der Nationalsozialismus (1934), in: Studien zur deutschen Geistesgeschichte, Berlin 1937, S. 281.

256 Der Mythus des 20. Jahrhunderts, München 1934, S. 530. Vgl. dazu H. Kreid, Die ideologische Ausbeutung der Philosophie Nietzsches durch den Nationalsozialismus. Phil. Diss. Wien 1961, S. 19ff.

257 Vgl. A. Hitler, Monologe im Führerhauptquartier 1941–1944. Die Aufzeichnungen H. Heims, hrsg. von W. Jochmann, Hamburg 1980, S. 411.

258 Ich habe sie verdeutlicht in meinem Weimarer Vortrag vom Juni 1990: Nietzsches Idee von Europa, in: E. Haufe (Hrsg.), Nietzsche und Kessler, Weimar 1994.

259 Nietzsche heute. Lebensfragen des deutschen Volkstums und der evangelischen Kirche, Berlin 1935, S. 14, 27, 63, 71, der Verweis auf Dietrich Eckart S. 40. Vgl. dazu Roderich von Stackelberg, Nietzsche und der Nationalsozialismus, in: prima philosophia, Bd. 2 (1989), S. 434f.

260 Friedrich Nietzsche in seiner Bedeutung für das Denken der Gegenwart, Breslau 1938, S. 38f.

261 Nietzsche in unserem Jahrhundert, Berlin 1939, S. 113.

262 Vgl. A. Bartels, Deutsche Literaturgeschichte III, Leipzig 1928, S. 491; Geschichte der deutschen Literatur, Berlin 1934, S. 357; J. Nadler, Literaturgeschichte des deutschen Volkes, III, Berlin 1938[4], S. 558.

263 In diesen Abgrenzungen stimmt meine Diagnose des Streits um das nationalsozialistische Nietzsche-Bild überein mit H. Langreder, Die Auseinandersetzung mit Nietzsche im Dritten Reich, ebd., S. 11 f.
264 Nietzsche und der Nationalsozialismus, ebd., S. 86.
265 Nachgelassene Fragmente, Herbst 1881, 15 [93], KSA 9, S. 643.
266 F. A. Beck, Deutsche Vollendung, Posen 1944, S. 782 ff.
267 Ebd., S. 786.
268 Nietzsche und der Nationalsozialismus, S. 64 und 163.
269 Ebd.
270 Wissenschaft, Weltanschauung, Hochschulreform, Leipzig 1934, S. 72.
271 Morgenröte, III, Aph. 205, KSA 3, S. 180 f. Vgl. Curt von Westernhagen, Nietzsche, Juden, Antijuden, Weimar 1936, S. 43.
272 Der Staat des deutschen Menschen, Berlin 1933, S. 18.
273 Völkisch-politische Anthropologie, Bd. 1, Leipzig 1936, S. 31.
274 Vgl. G. Müller, Nietzsche und die deutsche Katastrophe, Gütersloh 1946, S. 11 f., der interessante Einblicke in die damaligen, durch den Nietzsche-Streit erweckten Hoffnungen auf ein Aufbrechen der »sogenannten Geschlossenheit der nationalsozialistischen Weltanschauung« gibt.
275 So das treffende Urteil bei Roderich von Stackelberg, Nietzsche und der Nationalsozialismus, ebd., S. 434.
276 Nietzsche, Juden und Antijuden, ebd., S. 76. Vgl. zu dieser hier nur gestreiften Problematik die bis heute unübertroffene Studie von R. M. Lonsbach, Friedrich Nietzsche und die Juden, Stockholm 1939.
277 Das Reich und die Krankheit der europäischen Kultur, Hamburg 1938, S. 35, 85, 159.
278 Ebd., S. 224.
279 Ebd., S. 160.
280 Jenseits von Gut und Böse, Achtes Hauptstück, Aph. 251, KSA 5, S. 192; Ecce homo, KSA 6, S. 317 und 359 ff.

281 Also sprach Zarathustra, II: Von den berühmten Weisen, KSA 4, S. 132.
282 Ebd., S. 211 und 214.
283 Also sprach Zarathustra, I: Vom neuen Götzen, KSA 4, S. 63 f.
284 Das Reich und die Krankheit der europäischen Kultur, S. 221.
285 Ebd., S. 222.
286 Ebd., S. 160.
287 Brief an E. Thiel vom 29. Mai 1934, in: H. F. Peters, Zarathustras Schwester, München 1983, S. 292. Das Verhängnis dieser Entwicklung erkennt G. Bataille, Elisabeth Judas-Foerster, in: Acéphale (1937), S. 3.
288 Vgl. das Telegramm des Nietzsche-Archivs an Mussolini zum 50. Geburtstag, in: Kölnische Volkszeitung vom 27. August 1933.
289 Völkischer Beobachter vom 6. 4. 1932. Vgl. Th. Laugstien, Philosophieverhältnisse im deutschen Faschismus, Hamburg 1990, S. 25.
290 Bericht über die achte ordentliche Mitgliederversammlung der Gesellschaft der Freunde des Nietzsche-Archivs vom 6. Dezember 1933, S. 10 f. Vgl. D. M. Hoffmann, Zur Geschichte des Nietzsche-Archivs, 2 ebd. S. 110 f.
291 Die künftige Religion, Leipzig 1909, S. 70.
292 Nietzsche und die Revolution (1933), in: Nietzsche als Vorbote der Gegenwart, Düsseldorf 1934, S. 19.
293 Karl Löwith, Sämtl. Schriften, Bd. 6, Stuttgart 1987, S. 492.
294 Sie sind gesammelt und abgedruckt bei Marius Paul Nicolas, De Nietzsche à Hitler, Paris 1936, engl. From Nietzsche Down to Hitler, London 1938, S. 5, der diese Linienführung widerlegt. Vgl. auch Rudolf E. Künzli, Political Uses and Abuses of Nietzsche, in: Nietzsche-Studien 12 (1983), S. 429.
295 Ich beziehe mich auf die beiden Standardwerke von W. M. McGovern, From Luther to Hitler. The History of Fascist-Nazi Political Philosophy, Boston 1941, und

F. J. C. Hearnshaw, Germany the Agressor Throughout the Ages, New York 1941.

296 Der vollständige Titel lautet: ›Les pages immortelles de Nietzsche. Choisies et expliquées par Heinrich Mann‹, Paris 1939. Eine Übersetzung ins Englische erschien unter dem Titel: ›The living thoughts of Nietzsche, presented by Heinrich Mann‹, New York/Toronto 1939. Die Textauswahl hatte Golo Mann besorgt. Das Buch war trotz des ungünstigen Erscheinungstermins in den USA, England, Frankreich, Dänemark, Norwegen, Holland und Bulgarien verbreitet. Vgl. den *Anhang* zur deutschen Edition von W. Klein, Nietzsches unsterbliche Gedanken. Eingeleitet von Heinrich Mann. Ausgewählt von Golo Mann, Berlin 1992, S. 163–167.

297 Vgl. Nachgelassene Fragmente, Herbst 1887: »Der komplizierte Charakter Henri IV: königlich und ernst und wieder mit der Laune eines Buffo, undankbar und treu, großherzig und listig, voll von Geist, Heroismus und Absurdität« (9 [68] KSA 12, S. 371), mit weiterer Charakteristik der Hauptpersonen, die Heinrich Mann in seinem Roman ausführt. Er stellt zugleich eine *Hommage* für Nietzsches Vorbild Montaigne dar: »Daß ein solcher Mensch geschrieben hat, dadurch ist wahrlich die Lust auf dieser Erde zu leben vermehrt worden ... Mit ihm würde ich es halten, wenn die Aufgabe gestellt wäre, es sich auf der Erde einheimisch zu machen« (Schopenhauer als Erzieher [1874], 2, KSA 1, S. 348).

298 Metapolitics. The Roots of the Nazi Mind, New York 1941, 1965².

299 Nietzsche, Paris 1939, S. 164.

300 Nietzsche, New York 1941, 1965², p. VII.

301 Nach Erinnerungen von M. Horkheimer, Fragen der Geschichtsphilosophie (1954), in: Gesammelte Schriften, Bd. 13, Frankfurt/M. 1989, S. 338.

302 Erwähnenswert erscheint mir K. Löwiths Gedenkrede zu Nietzsches 100. Geburtstag im Amerikanischen Exil, Sämtl. Schriften, Bd. 6, ebd., S. 396–414. Vgl. auch

F. Kaufmann, Thomas Mann und Nietzsche, in: Monatshefte (Madison) 36 (1944), S. 345–350.

303 In seiner Nietzsche-Anthologie, Basel 1942.

304 Von Hegel zu Nietzsche. Der revolutionäre Bruch im Denken des 19. Jahrhunderts, Zürich 1941, S. 251. Vgl. ferner Ernst Blochs ›Erbschaft dieser Zeit‹, Zürich 1935; Edgar Salins Vorlesungen über ›Jacob Burckhardt und Friedrich Nietzsche‹, gedruckt als Rektoratsprogramm der Universität Basel, 1937, und den großen Nietzsche-Essay von Heinrich Mann, in: Maß und Wert 2 (1939), S. 277–304.

305 Vgl. M. Zapata, Triumph des Willens zur Macht, ebd., S. 198f. – Die Verfasserin scheint mir die »Geschlossenheit« des nationalsozialistischen Nietzsche-Bildes zu überschätzen. »Dabei steht fest«, so heißt es noch im »offiziellen« Nietzsche-Artikel von ›Meyers Lexikon‹ (1940), »daß N.s Verhältnis zur Rassenfrage nicht eindeutig war, wie besonders seine Stellung zur Judenfrage beweist. Ähnlich verhält es sich mit N.s Stellung zur völkischen Wirklichkeit. So tritt die Synthese zwischen N.s Bekenntnis zur dynamisch-lebensgesetzlichen Weltauffassung und seiner Achtung der völkischen Lebensäußerungen und -notwendigkeiten erst in Andeutungen auf« (Bd. 8, Leipzig 1940, Sp. 392).

306 Ein Zusammenhang zwischen Lutz' Auftreten in Weimar und Heideggers Rücktritt ergibt sich aus den Darlegungen von M. Heinz/Th. Kisiel, Heideggers Beziehungen zum Nietzsche-Archiv im Dritten Reich, in: Annäherungen an Martin Heidegger, ebd., S. 127.

307 Nietzsche, in: Th. Haering (Hrsg.), Das Deutsche in der deutschen Philosophie, Stuttgart/Berlin 1942, S. 455. Für biographische Angaben zu Lutz' Karriere danke ich Claudia Schorcht.

308 R. Oehler, Die Zukunft der Nietzsche-Bewegung, S. 14.

309 So Max Oehler laut Margot Boger-Langhammer, Erinnerungen an Elisabeth Förster-Nietzsche, Manuskript S. 46 (nach einer Lesung im Europäischen Kulturzentrum, Erfurt 1992). Vgl. H. Cancik, L'ommagio di Mus-

solini per il centinario dell'anniversario di Nietzsche, in: Quaderni di Storia 23 (1986), S. 135–151.

310 Völkischer Beobachter vom 17. Oktober 1944, Berliner Ausgabe. Der Nachbericht zur Rosenberg-Rede spielt mit dem Gedanken, daß jenes »höchste Werk«, das die Stadt an der Ilm empfangen habe, das Kunstwerk eines Lebens sei und den Namen »Goethe-Zeit« trage. In der Residenz des Geistes gebe es nichts, das den Besucher mehr erschüttere als die lichten Wohnräume des Hauses am Frauenplan im Gegenüber zur düsteren Atmosphäre von Nietzsches Sterbezimmer in der »Villa Silberblick« (Diagnose des Zeitalters, Völkischer Beobachter vom 18. Oktober 1944). Und in der Tat liegt zwischen Goethes (1832) und Nietzsches Todesjahr (1900) nicht nur der Umbruch bürgerlicher Lebensformen, sondern eine »Geburt der Tragödie« aus dem Geiste der Zeit, deren Krankheit Nietzsche durchlitt. Die ihr erlagen, das sind die Veranstalter jener »Reichsfeier«, die von Nietzsches Philosophie so wenig gewußt haben wie vom humanen Geist der Weimarer Klassik, den sie im KZ Buchenwald mit Füßen traten.

311 Nach dem Krieg hat Baeumler zur Rechtfertigung seiner martialischen Sprechweisen versucht, die Erzählung auf seine Außenseiterposition gegen Ende der Naziherrschaft zu beziehen. Vgl. Brief an Manfred Schröter vom 24. März 1950, in: Thomas Mann und Alfred Baeumler, ebd., S. 209.

312 Völkischer Beobachter vom 13. 10. 1944, Berliner Ausgabe, S. 1.

313 Ebd.

314 Ebd.

315 L'Homme révolté, Paris 1951. Das Nietzsche-Kapitel ist in deutscher Übersetzung zuerst im ›Monat‹ 4 (1951/52), S. 227–236, erschienen, wiederabgedruckt von J. Salaquarda (Hrsg.), Nietzsche, Darmstadt 1980 (= Wege der Forschung Bd. 521). Camus' Quelle scheint Marius Paul Nicolas zu sein (De Nietzsche à Hitler,

Paris 1936), der diesen Vergleich mit Recht absolut beleidigend empfand, weil Nietzsches Philosophie vom Nationalsozialismus durch einen Abgrund geschieden sei.

316 Vgl. A. Kurella, Der Einfluß Nietzsches auf das französische Geistesleben, in: Internationale Literatur, Jg. 1936, Heft 7, S. 152–155.

317 So wird die »Lügenparade« in den Augen der DDR-Kaderphilosophie zusammengefaßt bei H.-M. Gerlach, Friedrich Nietzsche – ein Philosoph für alle und keinen?, in: Deutsche Zeitschrift für Philosophie, Bd. 36 (1988), Heft 9, S. 781 (DZ f. Ph.). Der Artikel eröffnet im Herbst 1988 die letzte kaderphilosophische Parade zur Verteidigung des »antifaschistischen« Nietzsche-Feindbilds gegenüber »revisionistischen« Kräften und wird von einer Kampagne in der parteigebundenen DDR-Presse begleitet.

III. TEIL: Im Schatten der Nachkriegszeit

5. Kapitel: Zwischen Anklage und Verteidigung

318 J. Leithäuser (Hrsg.), Der freie Geist. Ein Nietzsche-Brevier, mit einem Nachwort von F. Stegmeyer, Wiesbaden 1947, S. 227.

319 Ebd., S. 230f.

320 Ebd., S. 230.

321 Ecce homo, Der Fall Wagner, 3, KSA 6, S. 360.

322 Der freie Geist, Nachwort, S. 233.

323 Vgl. Philosophische Lehrjahre, Frankfurt/M. 1977, S. 128.

324 Verteidigung des Nietzsche-Archivs gegen den Vorwurf der Reaktion. Elisabeth Förster-Nietzsche-Archiv Nr. 2628, in: D. M. Hoffmann, Zur Geschichte des Nietzsche-Archivs, ebd. S. 120.

325 Brief an Felix Meiner vom 8. September, Goethe- und Schiller-Archiv (= GSA), 72/1683. – Einer jener beiden Romanschriftsteller ist Theodor Plivier, der in damals

viel beachteten Büchern das Scheitern des »Rußlandfeldzugs« (›Stalingrad‹, 1945, ›Moskau‹, 1952) beschrieben hat. Plivier scheint an den Gesprächen zur Rückführung des Nietzsche-Nachlasses in das Nietzsche-Archiv im Juni 1946 teilgenommen zu haben. Vgl. Brief von Hans Wahl an Hauptmann Oserewski, SMA Weimar, vom 6. Juni 1946, in: GSA 72/2627.

326 Brief an den Böhlau-Verlag Weimar vom 3. 9. 1945, GSA 72/1683.

327 Brief an Felix Meiner vom 15. September 1945, ebd.

328 Brief an Anne Marie Oehler vom 17. 7. 1946, GSA, 72/2627.

329 Nietzsche als Sündenbock, in: Berliner Hefte, Jg. 2/1 (1947), S. 38.

330 Eine abweichende Version (Zwischenlagerung auf dem Weimarer Güterbahnhof – zum Abtransport in Stalins Sowjetunion) gibt H.-W. Sabais, Der Monat, H. 6 (1958), S. 118f.

331 Vgl. den Philologischen Nachbericht zu seiner Nietzsche-Ausgabe, Bd. 3, München 1956, S. 1431.

332 Schreiben von Dr. Rudolf Paul an Hans Wahl vom 15. 5. 1946, GSA, 72/2627. Nach Wahls Dankschreiben an den Ministerpräsidenten hat sich Paul für die »Erhaltung des Nietzsche-Archivs« eingesetzt: »Ohne Ihr Eingreifen wäre es wahrscheinlich für Weimar verloren gewesen. Die Kisten standen transportbereit im Sauckel-Werk« (Brief vom 10. 7. 1946, in: GSA 72/2627).

333 Brief Hans Wahls am 9. 7. 1946 an Oberleutnant Borochowski, ebd.

334 Beschluß des Amtsgerichts Weimar vom 1. 12. 1946, ebd.

335 Entwurf des Schreibens an Marie Torhorst, ebd.

336 Brief von Hans Wahl an den Weimarer Oberbürgermeister Faust vom 4. Juli 1946, ebd.

337 Ebd. – Es ist nicht sicher, daß Wahl seine Vorschläge dem Ministerium unterbreitet hat.

338 Vgl. die Charakterisierung von Scholz' Person und kul-

turpolitischer Nachkriegstätigkeit durch Hans Mayer, Ein Deutscher auf Widerruf. Erinnerungen II, Frankfurt/M. 1984, S. 101.

339 Vgl. Schreiben des Ministeriums für Volksbildung vom 14. Juli 1949 und 22. August 1949, GSA 72/2627. – Wie sich das Weimarer Nachkriegsdrama um Nietzsche aus heutiger Sicht der englischsprachigen Nietzsche-Forschung darstellt, mag ein Seitenblick auf das anspruchsvolle Buch von Stephen E. Aschheim verdeutlichen, der die Geschichte eines halben Jahrhunderts mit folgenden Sätzen umschreibt: »Schon 1947 durfte Karl Schlechta trotz des damals ungünstigen Meinungsklimas auf eine Nietzsche-Renaissance hoffen. Das aber ließ sich von der Deutschen Demokratischen Republik nicht behaupten. In Fortsetzung einer langen marxistisch-leninistischen Tradition wurde Nietzsche in Ostdeutschland offiziell verboten und als der wichtigste Philosoph des brutalisierten deutschen Faschismus für tabu erklärt. Schon als es die Sowjetische Besatzungszone noch gab, war das Nietzsche-Archiv geschlossen worden. Wiedereröffnet wurde es für das Publikum erst nach der Wiedervereinigung im Jahre 1991« (Nietzsche und die Deutschen. Karriere eines Kults, ebd., S. 324 f.). Aschheim bezieht sich auf K. Schlechtas Beitrag: Entnazifizierung Nietzsches? Wandel im Urteil und Wertung, in: Göttinger Universitätszeitung 2/16 (1947), S. 3 f. – Aschheims Engführung seines Themas und dessen Figurierung aus DDR-Perspektiven führen deutlich vor Augen, welche schweren Versäumnisse die deutsche Nietzsche-Forschung zu verantworten hat. Es wäre wünschenswert, Ursachen und Motive für eine fehlende, historisch gründliche Auseinandersetzung mit diesem Thema zu erkunden, damit das von Aschheim gezeichnete »Bild« nicht vollends durch »Innenansichten« vor aller Welt zur Karikatur wird.

340 Protokoll der Sitzung des Vorstands der Stiftung Nietzsche-Archiv vom 21. Oktober 1949, GSA 72/2627. In einen Schreiben vom 5. September 1949 an die Deut-

sche Verwaltung für Volksbildung, Berlin, hatte Scholz über die Umwandlung des Nietzsche-Archivs erklärt: »Es wird als Arbeitsinstitut des Goethe- und Schiller-Archivs eingerichtet werden und den Aufgaben des Aufbaus des Museums ›Gesellschaft und Kultur der Goethezeit‹ sowie der Ausbildung des wissenschaftlichen Nachwuchses dienen« (ebd.).

341 Beilage zu dem Schreiben an das Amt für Information des Ministerpräsidenten sowie des Volksbildungsministeriums des Landes Thüringen und des Ministeriums für Volksbildung der DDR vom 19.10.1950, GSA 72/2627.

342 Vgl. sein Schreiben an das Staatssekretariat für Hochschulwesen der DDR vom 7.8.1951, worin Scholz vorschlägt, »daß anläßlich der Tagung der Goethe-Gesellschaft der seinerzeit mit dem Ministerium für Volksbildung Weimar abgesprochene Plan realisiert wird, Nietzsches Sterbebett und einige andere Utensilien im Sterbezimmer des jetzt als Wohnheim des Arbeitskollektivs dienenden früheren Nietzsche-Archivs aufzustellen.« (ebd.). Anfragen zur Erforschung des Nietzsche-Nachlasses veranlassen Scholz, an das Staatssekretariat für Hochschulwesen der DDR zu schreiben, er sei der Auffassung, »daß das Nietzsche-Archiv als öffentliche Institution aufgehört hat zu bestehen und daß seine Bestände bis auf weiteres einer öffentlichen Benutzung entzogen und der Verwaltung des Goethe- und Schiller-Archivs einverleibt sind« (Brief vom 28.5.1952, GSA 72/2627).

343 Deutsches Wörterbuch von Jacob und Wilhelm Grimm, Bd. 13, Leipzig 1989, Sp. 855.

344 Vgl. Tagebücher 1918–1937, Frankfurt/M. 1961, S. 466.

345 Vgl. dazu vom Verf.: Zeitkehre in Deutschland. Wege in das vergessene Land, Berlin 1991, S. 144 ff.

346 G. Bataille, Nietzsche et le national-socialisme (1944), in: Œuvres complètes, Bd. 6, S. 185–188. – Unter dem Titel: ›Nietzsche et les Fascistes‹ hatte Bataille schon im 2. Heft der Zeitschrift ›Acéphale‹ (1937) gegen die

»Philosophie des Nietzsche-Archivs« und alle Versuche votiert, Nietzsches Denken in den Dienst politischer Weltanschauungspropaganda zu stellen. Vgl. dazu die kenntnisreiche Untersuchung von Rita Bischof, Souveränität und Subversion, George Batailles Theorie der Moderne. Mit einem Vorwort von Elisabeth Lenk, München 1980, S. 293 ff.

347 Der Prozeß gegen die Hauptkriegsverbrecher vor dem Nürnberger Gerichtshof, Sitzung vom 17. Januar 1946, München/Zürich 1984, Bd. 5/6, S. 424 f.

348 Nietzsche, in: Critique 32 (1949), S. 271–274, in deutscher Übersetzung abgedruckt bei J. Salaquarda, Nietzsche, ebd., S. 45–49, der Verweis auf Rosenbergs Nietzsche-Ablehnung ebd., S. 49 (Anm.).

349 Man vergleiche dazu Bechers Stalin-Oden, die in ihrer Nähe zum faschistischen Führerkult alles überbieten, was bis dahin an Blasphemie möglich war, etwa die Ode: ›Danksagung‹, in: Sinn und Form 5 (1953), Heft 2, S. 8 f.

350 Deutsche Lehre (1943), in: Johannes R. Becher, Gesammelte Werke, Bd. 16, Berlin/Weimar 1978, S. 250 f.

351 Ebd., S. 251.

352 Zur Frage der politisch-moralischen Vernichtung des Faschismus (1945), in: Gesammelte Werke, Bd. 17, S. 426 und 428 f.

353 Es kommt der Tag. Deutsches Lesebuch (1936), Studienausgabe Berlin/Weimar/Frankfurt/M. 1992, S. 39 f.

354 Nietzsche, in: Maß und Wert, Jg. 1939, S. 277–304. Wahrscheinlich handelt es sich um: Les pages immortelles de Nietzsche. Choisies et expliquées par Heinrich Mann, Paris 1939. – Das Buch ist nach der Wende in dem von Becher gegründeten Aufbau-Verlag übersetzt worden. Vgl. W. Klein (Hrsg.), Nietzsches unsterbliche Gedanken, eingeleitet von Heinrich Mann, Berlin 1992.

355 Die dritte Walpurgisnacht (1933), hrsg. von H. Fischer, München 1967, S. 63 f.

356 Ebd., S. 429. Becher bezieht sich auf das oben (Anm. I,

20) erwähnte Buch von A. Baeumler, Nietzsche als Philosoph und Politiker, Leipzig 1931.

357 Nietzsche, in: Maß und Wert, ebd., S. 289.

358 Zur Frage der politisch-moralischen Vernichtung des Faschismus, ebd., S. 426ff.

359 Nietzsches Philosophie im Lichte unserer Erfahrung, Berlin 1948, S. 39. – Noch vor ihrer Drucklegung fand die zuerst in der ›Neuen Rundschau‹ (1947) veröffentlichte Rede auch die Aufmerksamkeit deutscher Philosophen der Husserl-Heidegger-Richtung. Ich verweise auf L. Landgrebe, Thomas Mann über Nietzsche, in: Hamburger Akademische Rundschau 2 (1947/48), S. 617–621.

360 Ebd.

361 Ernst Schoen, Thomas Mann sprach in London, in: Aufbau 11 (1947), S. 355. Als Vortragsthema wird (im Unterschied zur vorhergehenden Rede in Zürich) angegeben: »Nietzsche im Lichte unserer Zeit«. Nach dem Berichterstatter war der Vortrag »aufgebaut wie ein dreisätziges Musikstück oder wie ein Triptychon. Die drei Teile waren: Einleitung, Nietzsches Geisteskrankheit; Hauptteil, Nietzsches Kampf gegen die Moral; und Finale, Nietzsches prophetisches Europäertum« (ebd.).

362 Ebd., S. 356.

363 Ebd., S. 707 und 710.

364 Ebd., S. 711.

365 Nietzsches Philosophie im Lichte unserer Erfahrung (1947), in: Gesammelte Werke, Bd. IX, Frankfurt/M. 1990, S. 703.

366 Ebd., S. 706f.

367 Ebd., S. 712.

368 Nietzsche und sein Jahrhundert / Friedrich Nietzsche und wir. Zwei Aufsätze zum Nietzschebild der Gegenwart, in: Die neue Zeitung, Januar 1946 (Herrmann siedelte 1949 nach Weimar über). Vgl. auch Stefan Andres, Nietzsche vor dem Kassationshof, in: Der Ruf, Jg. 2, Nr. 17 (1947), im Auszug nachgedruckt in: Aufbau, Heft 4 (1948), S. 359f.

369 Im Vorraum des Faschismus, in: Aufbau, Heft 2 (1946), S. 127 ff.

6. Kapitel: Zwischen West- und Ostzone: Zweierlei Nietzsche-Debatten

370 Die Weltbühne, Jg. 2 (1947), Heft 8, S. 346.

371 Der Kurier. Die Berliner Abendzeitung, Nr. 19 vom 9. Februar 1946, S. 3. Die Zeitung erschien im Französischen Sektor von Berlin. Vgl. M. Riedel/G. Decker, Weltenwechsel – Harich und Nietzsche, in: ndl, 44. Jg., Heft 506 (2/1996), S. 123–132.

372 Der Kurier, Nr. 20 vom 11. Februar 1946, S. 3. – Einem Versuch, den bisher nur wenigen Kennern der Berliner Nachkriegsszene vertrauten Aufsatz öffentlich bekannt zu machen, haben sich Harichs Erben widersetzt. Die Zuschreibung der Autorschaft an Harich durch die *Kurier*-Redaktion ist unter Zuhilfenahme einer großen altbundesdeutschen Anwaltssozietät in Frage gestellt und ein Wiederabdruck des Aufsatzes unter dem Autorennamen »Wolfgang Harich« mit dem persönlichkeitsrechtlichen »Argument« untersagt worden, er schade Harichs öffentlichem Ansehen.

373 In seinen Erinnerungen an die Berliner Nachkriegszeit schreibt Günter de Bruyn über den jungen Wolfgang Harich, er, de Bruyn, sei »von seinen Parodien, die er mit Hipponax zeichnend, im Westberliner Kurier veröffentlicht hatte, begeistert gewesen. Ich hatte sie ausgeschnitten, lange aufgehoben und Passagen aus ihnen auswendig zitieren können« (Vierzig Jahre. Ein Lebensbericht, Frankfurt/M. 1996, S. 174).

374 Kurier. Die Berliner Abendzeitung, 9. Februar 1946, S. 3.

375 Ebd., S. 3.

376 Vgl. mein Buch: Tradition und Utopie. Ernst Blochs Philosophie im Lichte unserer geschichtlichen Denkerfahrung, ebd., S. 269 ff.

377 Nietzsche im Zwielicht des Jahrhunderts, ebd., S. 3.
378 Vgl. Apostelgeschichte 17, 1–16; I Thess. 2–5; II Thess. 1,4–3,11.
379 Nietzsche im Zwielicht des Jahrhunderts, ebd., S. 3.
380 Ebd.
381 Ich beziehe mich auf das Urteil des frühen Hartmann-Schülers H.-G. Gadamer, Wertethik und praktische Philosophie, in: Gesammelte Werke, Bd. 4 Tübingen 1987, S. 205. Vgl. auch den Bericht über Hartmanns Marburger Nietzsche-Seminar in Gadamers *Zarathustra*-Studie: Nietzsche – der Antipode, ebd. S. 449.
382 Vgl. Ethik, Berlin / Leipzig 1924, S. 412, 446, 456, 460 f. u. ö.
383 Nietzsche im Zwielicht des Jahrhunderts, ebd., S. 4.
384 Ebd., S. 4. Auf Hartmanns Nietzsche-Huldigung finden wir in Harichs späterer Huldigung an Hartmann einen versteckten Hinweis. Vgl. Nietzsche und seine Brüder, Schwedt 1994, S. 80 f.
385 Vgl. Jahre der Entscheidung (1933), München 1953, S. 15 und 87.
386 Nietzsche im Zwielicht des Jahrhunderts, ebd., S. 4.
387 Nach Harichs später Erwähnung seiner Mitarbeit seit Herbst 1945 am Kulturteil der französisch lizensierten Tageszeitung ›Der Kurier‹ ist der Wechsel zur Kommunistischen Partei (KPD) »im darauffolgenden Februar« erfolgt. Vgl. Keine Schwierigkeiten mit der Wahrheit. Zur nationalkommunistischen Opposition 1956 in der DDR, Berlin 1993, S. 8. Falls das Datum zutrifft, läge darin ein Motiv für heutige Versuche im Berliner Harich-Umkreis, die ihm zugeschriebene Autorschaft für den Nietzsche-Essay vom 9. Februar 1946 zu bestreiten.
388 Nietzsche vor der Spruchkammer, in: Die Weltbühne, 2. Jg. (1947), S. 346.
389 Vgl. Menschliches, Allzumenschliches, II, 1: Vermischte Meinungen und Sprüche, Aph. 323, KSA 2, S. 511 f.
390 Die fröhliche Wissenschaft, 5. Buch, Aph. 347, KSA 3, S. 582.
391 Ebd., 2. Buch, Aph. 104, KSA 3, S. 462.
392 Nietzsche vor der Spruchkammer, ebd., S. 350. Der

Aspekt einer *positiven* Nietzsche-Verteidigung durch Eva Siewert wird vernachlässigt bei M. Zapata, Die Rezeption der Philosophie Friedrich Nietzsches im deutschen Faschismus, in: I. Korotin (Hrsg.), ›Die besten Geister der Nation‹, ebd., S. 188 f.

393 Die Weltbühne, 2. Jg. (1947), Heft 8, S. 351. Vgl. den Brief von Thomas Mann an Herbert Eulenberg vom 26. Juli 1947, in: Briefe 1937–1947, hrsg. von Erika Mann, Berlin/Weimar 1965, S. 581.

394 Die Weltbühne, 2. Jg. (1947), ebd., S. 353.

395 Ich beziehe mich auf das gleichnamige Buch von J. Kirchhoff, das den doppelt umtriebigen Untertitel trägt: Die Perversion des neuen Zeitalters. Vom unerlösten Schatten des Dritten Reiches. Mit einem Vorwort von R. Bahro, Berlin 1990. – Das Thema hat sich in steter Repetition fortgesetzt und im postmodernen Gewirr der Stimmen zu Nietzsches 150. Geburtstag im Herbst 1994 überschlagen.

396 Ruf, Jg. II (1947), Nr. 17. Der Beitrag ist nachgedruckt im Ostberliner ›Aufbau‹, Heft 4 (1948).

397 Der Fall Wagner (1888), Vorwort, KSA 6, S. 11.

398 Nietzsche. Rückblick auf eine Philosophie, 2. vermehrte Auflage, Baden-Baden 1947, S. 9 (Herkunft aus dem »preußischen Bezirk Merseburg«, der jedoch erst seit 1815 zu Preußen gehört), S. 191 f. u. ö.

399 Vgl. Nietzsche (1945/46), in: B. Hillebrand (Hrsg.), Nietzsche und die deutsche Literatur, Tübingen 1978, S. 274–276 (Quelle: Zuweisungen. Essays und Aufsätze, Baden-Baden 1948, S. 87–109; Die Verurteilung des Sokrates, Heidelberg 1970, S. 300–317); vgl. dazu auch: O. Flake, Nietzsche, Rückblick auf eine Philosophie, ebd. Nachwort (S. 189–195).

400 Ebd., S. 275.

401 Erwähnt sei noch die ungleich differenziertere Sicht von Aloys Wenzl, Nietzsche. Versuchung und Verhängnis, Recklinghausen 1946[1], 1948[2].

402 H. Schülke, Nietzsches gottlose Frömmigkeit, Hamburg 1946, S. 9.

403 Ebd.
404 Vgl. Brief an Maximilian Brantl vom 26. Dezember 1947, in: Briefe 1937–1947, hrsg. von Erika Mann, Berlin/Weimar 1965, S. 617f.
405 Die Entstehung des Doktor Faustus. Roman eines Romans, Frankfurt/M. 1984, S. 18f. Zu Thomas Manns Nietzsche-Verständnis im Kontext seines Gesamtwerks vgl. E. Heftrich, ›Zauberbergmusik‹ und ›Vom Verfall zur Apokalypse. Über Thomas Mann‹, Bd. 1–2, Frankfurt/M. 1975–1983.
406 Vgl. R. Kreis, Der gekreuzigte Dionysos, Würzburg 1986, S. 122.
407 Doktor Faustus: die radikale Autobiographie, in: Thomas Mann 1875–1975. Vorträge in München–Zürich–Lübeck, hrsg. von B. Bludan, E. Heftrich, H. Koopmann, Frankfurt/M. 1977, S. 135ff.
408 Die umerzogene Literatur. Deutsche Schriftsteller und Bücher 1945–1967, Berlin 1988, S. 64.
409 Brief an Maximilian Brantl vom 26. Dezember 1947, in: Briefe 1937–1947, ebd., S. 698.
410 Brief an Oscar Schmitt-Halin vom 3. Mai 1948, in: Briefe 1948–1955 und Nachlese, ebd., S. 33.
411 Begegnung mit Nietzsche, Tübingen 1946, S. 15.
412 Ebd.
413 Die fröhliche Wissenschaft, Aph. 283, KSA 3, S. 526f.

IV. TEIL: Der Philosoph als Staatsfeind

7. Kapitel: Im Namen des Antifaschismus oder wie Nietzsche realsozialistisch banalisiert wird

414 Vgl. Internationale Literatur, Jg. 1935, Heft 8 (G. Lukács, Nietzsche als Vorläufer der faschistischen Ästhetik); Jg. 1936, Heft 6 (H. Günther, Farbenblind?); Heft 7 (A. Kurella, Der Einfluß Nietzsches auf das französische Geistesleben); 1943, Heft 12 (G. Lukács, Der deutsche Faschismus und Nietzsche). Die Entschlüsse-

lung von Altschulers Autorennamen Leshnew sowie weitere Auskünfte zu Nietzsche-Spuren in der Literatur des deutschen Exils verdanke ich meinem Leipziger Studienfreund Horst Laude, Berlin.

415 Neue Welt, 2. Jg. (1947), Heft 2, S. 104.

416 Also sprach Nietzsche, ebd., S. 105.

417 O. Grotewohl, Die geistige Situation der Gegenwart und der Marxismus, in: Um die Erneuerung der Kultur. Dokumente 1945–1949, hrsg. von G. Dietrich, Berlin 1983, S. 222. Tatsächlich hatten sich sowohl deutsche als auch französische und belgische SS-Propagandisten auf die »Umwertung aller Werte« in Nietzsches Spätwerk berufen und dabei den Züchtungsgedanken germanozentrisch vulgarisiert. Vgl. dazu Z. Sternhell, Fascist Ideology, in: W. Laqueur (Ed.), Fascism: A Reader's Guide. Analysis, Interpretations, Bibliography. Harmondsworth 1988, S. 363 f.

418 Die geistige Situation der Gegenwart, ebd., S. 223, mit dem Verweis auf Dienstanweisungen des Oberkommandos der deutschen Wehrmacht vom 1. Juni 1941, die Leshnew (Also sprach Nietzsche, ebd., S. 89) heranzieht.

419 Also sprach Nietzsche, ebd., S. 99 ff.

420 Vgl. Die fernen Nachbarn. Erfahrungen in der DDR. Hamburg 1983, S. 17, wonach Bölling Anfang 1947 im Auftrag des damaligen FDJ-Vorsitzenden Erich Honecker mit einem Redeentwurf zu dem Thema: ›Nietzsche und der deutsche Faschismus‹ befaßt war. Laut Bölling ist die Rede nie gehalten worden.

421 Nachgelassene Fragmente, Juli–August 1888, 18 [9], KSA 13, S. 535.

422 Jenseits von Gut und Böse, 8. Hauptstück: Völker und Vaterländer, Aph. 251, KSA 5, S. 193 f.

423 Nachgelassene Fragmente, Ende 1880, 7 [111], KSA 9, S. 340 f.

424 Maß und Wert 2 (1939), S. 278 f. – Zur Nietzsche-Anthologie vgl. Teil I, Kap. 4, § 11, oben, S. 88 und Anm. 249.

425 Brecht, Gesammelte Werke, Frankfurt/M. 1967, Bd. 9,

S. 613 f. Vgl. R. Grimm, Brecht und Nietzsche oder Geständnisse eines Dichters, Frankfurt/M. 1979, S. 156 ff.

426 Wie Nachforschungen ergaben, hatte Lásló Radványi alias »Johann Schmidt« als Budapester Ökonomie-Student am Galilei-Kreis teilgenommen und war dann als Besucher der Vorlesungen an der von Lukács inspirierten ›Freien Schule für Geisteswissenschaften‹ jüngster Gesprächsteilnehmer im berühmten »Sonntagskreis«. Nach dem Zusammenbruch der Ungarischen Räterepublik (1920) emigrierte er nach Deutschland und lernte während des Studiums an der Universität Heidelberg seine spätere Frau kennen, die Kunststudentin Netty Reiling, die sich nach dem Sujet ihrer Dissertation über die niederländische Malerei »Seghers« nannte. Ab 1926 leitet Radványi unter dem Namen Johann Lorenz Schmidt die Marxistische Arbeiterschule Berlin und gibt ihre Zeitschrift: ›Der Marxist‹ heraus (bis 1932). Aus der Emigration in Mexiko kehrt er zusammen mit Anna Seghers 1947 in die DDR zurück und wird Professor an der Berliner Humboldt-Universität. – Nach Mitteilungen von Horst Laude ist der Pariser Vortrag in der von »J. L. Schmidt« redigierten ›Zeitschrift für freie deutsche Forschung‹, Juli-Heft 1938, erschienen.

427 Vgl. R. Schmidt, Ernst Blochs Nietzsche-Aufsatz von 1906: Über das Problem Nietzsches, in: Bloch-Almanach, 3. Folge (1983), S. 76 ff.

428 Geist der Utopie, 1. Fassung, München/Leipzig 1918, S. 268 f.

429 Vgl. Erbschaft dieser Zeit, Gesamtausgabe Bd. 4, Frankfurt/M. 1962, S. 310. Der skandalöse Windelband-Satz wird von Leshnew, Also sprach Nietzsche, ebd., S. 92, zustimmend zitiert.

430 Erbschaft dieser Zeit, ebd., S. 364 f.

431 Das Prinzip Hoffnung, Bd. 3, Berlin 1959, S. 28.

432 Der Expressionismus, jetzt erblickt (1937), in: Erbschaft dieser Zeit, Erweiterte Ausgabe, WA Bd. 4, S. 258.

433 Ebd.

434 Goethe und seine Zeit, Berlin 1947, Vorwort, in: Werke Bd. 7, Neuwied/Berlin 1964, S. 45.
435 Brief an S. Unseld vom 7. Oktober 1964, in: Briefe Bd. 2, S. 889.
436 Vgl. Literarische Aufsätze, WA Bd. 9, S. 96.
437 Leipziger Vorlesungen zur Geschichte der Philosophie, Bd. 4, Frankfurt/M. 1985, S. 411.
438 Die fröhliche Wissenschaft, Anhang: Lieder des Prinzen Vogelfrei, KSA 3, S. 649. Um die Schiller-Reprise zu erkennen, vergleiche man das Gedicht: ›Nach neuen Meeren‹ mit ›Der neue Kolumbus‹, das auch als Schiller-Parodie gelesen werden kann.
439 Leipziger Vorlesungen zur Geschichte der Philosophie, Bd. 4, ebd., S. 410 f.
440 Geist der Utopie, WA Bd. 16, S. 269.
441 Nachgelassene Fragmente (1888), KSA 13, S. 231.
442 Vgl. Schopenhauer und Nietzsche, München/Leipzig 1923^3, S. 153.
443 Leipziger Vorlesungen zur Geschichte der Philosophie, Bd. 4, ebd. S. 355.
444 Nietzsche als Vorläufer der faschistischen Ästhetik, in: Beiträge zur Geschichte der Ästhetik, Berlin 1954, S. 286 und 315.
445 Ebd., S. 299.
446 Vgl. den erwähnten Brief über das Nietzsche-Buch an S. Friedländer, Mitte Juli 1911, Briefwechsel 1902–1917, ebd. S. 230.
447 Der Fall Wagner, 7, KSA 6, S. 27.
447a Ebd.
448 Nietzsche als Vorläufer der faschistischen Ästhetik, ebd., S. 310.
449 Ebd.
450 Die fröhliche Wissenschaft, II, Aph. 89, KSA 2, S. 446.
451 Nietzsche als Vorläufer der faschistischen Ästhetik, ebd., S. 309.
452 Bloch an Lukács am 25. 6. 1954, in: Briefe 1903–1975, Bd. 1, Frankfurt/M. 1985, S. 201 f.

453 Ebd.

454 Bloch an Lukács am 9.4.1965, ebd., S. 205. – Ob Babel diesen Ausdruck gebraucht hat, erscheint mir nicht sicher. In der deutschen Übersetzung seiner ›Rede auf dem Ersten Sowjetischen Schriftstellerkongreß‹ ist von »Trivialität« die Rede. Vgl. J. Babel, Ein Abend bei der Kaiserin. Erzählungen, Dramen, Selbstzeugnisse, Berlin 1969, S. 399. (Den Hinweis verdanke ich Horst Laude).

455 Lukács an Bloch am 30.4.1965, ebd., S. 206.

456 Vgl. dazu mein Buch: Tradition und Utopie. Ernst Blochs Philosophie im Lichte unserer geschichtlichen Denkerfahrung, ebd., S. 47 ff.

457 Jenseits von Gut und Böse, 5. Hauptstück, Aph. 199, KSA 5, S. 119 f.

458 Vgl. Archivum füzetek 4, Ernst Bloch und Georg Lukács. Dokumente. Zum 100. Geburtstag. Lukács Archivum Budapest 1984, S. 277.

459 Vgl. Schicksalswende, ebd., S. 6 f. und 12.

460 Die Zerstörung der Vernunft, Berlin 1954, S. 272 und 304. Vgl. dazu M. Montinari, Nietzsches Nachlaß von 1885 bis 1888 oder Textkritik und Wille zur Macht, ebd. S. 92–119.

461 Die Zerstörung der Vernunft, ebd., S. 272 und 304. Vgl. dazu H. Ottmann, Anti-Lukács, in: Nietzsche-Studien 13 (1984), S. 578, sowie die synoptische Studie von W. Jung, Das Nietzsche-Bild von Georg Lukács, ebd., 19 (1990), S. 419–430.

462 Kritik von rechts oder von links?, in: Archivum füzetek, ebd., S. 280. – Das Manuskript befindet sich auch im Anton-Ackermann-Nachlaß NL 109/79, Bestand des Zentralen Parteiarchivs der SED, Stiftung der Parteien und Massenorganisationen der DDR im Bundesarchiv, Berlin.

463 Vgl. G. Lukács, Gelebtes Denken. Eine Autobiographie im Dialog, Frankfurt/M. 1980, S. 166 f.

464 Vgl. N. Kapferer, Das Feindbild der marxistisch-leninistischen Philosophie in der DDR 1945–1988, Darmstadt 1990, S. 109 ff., der allerdings Bloch als »Feindbildlieferant« an die Seite von Lukács rückt und mit dem philosophischen Niveauunterschied die prinzipielle Differenz in ihrer Stellung zu Nietzsche nivelliert.
465 Ebd., S. 280.
466 B. Kaufhold, Zur Nietzsche-Rezeption in der westdeutschen Philosophie der Nachkriegszeit, in: R. Schulz (Hrsg.), Beiträge zur Kritik der gegenwärtigen bürgerlichen Geschichtsphilosophie, Berlin 1958, S. 280.
467 Ebd., S. 304.
468 Ebd., S. 376.
469 Diese Angaben verdanke ich Hans Richard Böttcher, Jena (Brief vom 7.7.1995), der damals Korff-Hörer war.
470 Korff tat dies während der Vorlesungen in den Jahren 1955/56 über die Geschichte der klassischen deutschen Literatur, die den Grundlinien des II. Bandes seines ›Geist der Goethezeit‹ folgte, 1954 in 2., durchgesehener Auflage erschienen (vgl. S. 250 und 288). Der Leipziger Germanist legte Wert darauf, daß er hier dieselben Gedanken darlege, die er bereits während der Weimarer Republik und im »Dritten Reich« vorgetragen habe, was die damalige Studentenschaft mit öffentlichem Beifall quittierte.
471 Vgl. die Polemik gegen Korff sowie den Bericht von B. Kaufhold über Leserbriefe, in: Zur Nietzsche-Rezeption in der westdeutschen Philosophie der Nachkriegszeit, ebd., S. 307, Anm. 30.
472 Aufbruch in die Illusion. Zur Kritik der bürgerlichen Philosophie in Deutschland, Berlin 1964, S. 139 ff. – Bezeichnend für die Abschnürung der DDR-Philosophie von westlichem Denken ist Heises Reaktion auf Karl Schlechtas Nietzsche-Forschungen und dessem Mitte der 50er Jahre vorgelegte Ausgabe ohne den »Willen

zur Macht«, die mit den Sätzen beginnt: »Die neue, handliche Nietzsche-Ausgabe des Hanser-Verlages in München ist symptomatisch für die zahlreichen Bemühungen um eine Nietzsche-Renaissance innerhalb der bürgerlichen Philosophie. Diese Bemühungen erklären sich aus dem sozialen Inhalt der Philosophie Nietzsches. Er war derjenige deutsche Denker, der in antizipatorischer Weise innerhalb der Philosophie den Übergang vollzog von der Position der liberalen zur Position der imperialistischen Bourgeoisie ... Früher als andre warf er die Fragen auf, die dann in allgemeiner Weise für die bürgerlichen Denker angesichts der allgemeinen Krise des Kapitalismus maßgebend wurden. Insofern war er ein aktiv konzeptiver Ideologe« (Rezension von F. Nietzsche, Werke in drei Bänden, herausgegeben von K. Schlechta, München 1954–56, in: Deutsche Zeitschrift für Philosophie 6 [1958], S. 653 f.).

473 Ebd., S. 143 f. – Heise hat später diesen Standpunkt revidiert. Vgl. S. Dietzsch, Pietà Pervers. Nietzsche in Weimar, in: Fortdenken mit Kant, Essen 1996, S. 181.

474 Ebd., S. 144. – Eine rühmliche Ausnahme bildet in dieser Zeit die Studie von J. Mittenzwei, Das Musikalische in der Literatur, Halle 1962, worin ›Nietzsches Leiden am Schicksal der Musik‹ behandelt wird (S. 275–298).

475 H.-M. Gerlach/G. Rieske, *Vorwort* zu S. F. Odujev, Auf den Spuren Zarathustras. Der Einfluß Nietzsches auf die bürgerliche deutsche Philosophie, Berlin 1977, S. 9. – G. Rieske ist der Übersetzer des Buches aus dem Russischen, das *Vorwort* hat Gerlach verfaßt. Wie mir G. Rieske mitteilt, hat seine Übersetzung einige der gröbsten Nietzsche-Verfälschungen des sowjetischen Autors stillschweigend getilgt (Gespräch am 13. Oktober 1995).

476 H.-M. Gerlach/R. Mocek, Bürgerliches Philosophieren in unserer Zeit, Berlin 1982, S. 12 f.

477 Ebd., S. 13. – Angesichts der skizzierten Geschichtssicht scheint mir H.-P. Krügers These, die hier anschließenden Arbeiten stellten eine »listig voranschreitende

Folge von Revisionsversuchen des kaderphilosophisch etablierten Feindbilds der westlichen Philosophie dieses Jahrhunderts dar« (so H.-P. Krüger, Demission der Helden, Berlin 1992, S. 92), ein Euphemismus zu sein.

478 H.-M. Gerlach/R. Mocek, Bürgerliches Philosophieren in unserer Zeit, ebd., S. 15.

479 Auf den Spuren Zarathustras, Vorwort, ebd., S. 10.

480 Ebd., S. 11.

481 Ebd., S. 11. Den historischen Kontext der 70er Jahre erhellt die kenntnisreiche Analyse von E. Behler, Nietzsche in der marxistischen Kritik Osteuropas, in: Nietzsche-Studien, Bd. 10/11 (1981), S. 80f.

V. TEIL: Lärm, Stille vor dem Sturm und ein Mantel um Nietzsches Gedanken

9. Kapitel: Zwischen Staat und Kirche

482 M. Montinari, Lo scolaro di Goethe, in: Su Nietzsche, Rom 1981, S. 66–72.

483 Der Weg Zarathustras als der Weg des Menschen. Zur Anthropologie Nietzsches im Kontext der Rede von Gott im ›Zarathustra‹, in: Nietzsche-Studien, Bd. 9 (1980), S. 174–208. Die Studie ist aus Seminarübungen von Michael Jacob am Sprachenkonvikt der Kirchlichen Hochschule Berlin-Ost zum Thema: ›Das theologische und philosophische Problem des Nihilismus‹ (1977) hervorgegangen. Nach freundlicher Auskunft von Oberkirchenrat Dr. Jacob, Berlin, hat er im Sommersemester 1982 eine zweistündige Vorlesung zum Thema: ›Kritik des Christentums bei Friedrich Nietzsche‹ gehalten, »seit Blochs Zeiten die erste und m. W. einzige freie und öffentliche Vorlesung zu Nietzsche in der DDR. Das Auditorium war natürlich regelmäßig überfüllt, auch von Studenten der Humboldt-Universität. Diese Vorlesung hatte ich auch im SS 1983 in Bern angezeigt anläßlich einer Gastprofessur, deren Wahrnehmung aber

durch die DDR-Behörden verhindert wurde« (Brief an den Verf. vom 13. Dezember 1995).

484 Vgl. den Hinweis von R. Bohley auf seine Studie: Die Christlichkeit einer Schule. Schulpforte zur Schulzeit Nietzsches, in: Nietzsche-Studien, Bd. 5 (1976), S. 298. Sie wurde von der Kommission für theologisch-wissenschaftliche Qualifikationsprüfungen beim Bund der Evangelischen Kirchen in der DDR als Qualifikationsarbeit angenommen und lag beim Sekretariat des Bundes in einer hektographierten Fassung vor. – Bohley hatte engen Kontakt zu Walter Jens, der Anfang der 80er Jahre Vorträge am theologischen Seminar in Naumburg hielt.

485 Brief vom 29.1.1982 an Günter Knittel. Ich danke Frank Steinmüller, dem damaligen Studienleiter der Akademie und Initiator der Magdeburger Nietzsche-Konferenz, für die freundliche Einsicht in Tagungsunterlagen und für seine Gesprächsoffenheit. Steinmüller hat selbst während der 80er Jahre vor Evangelischen Studentengemeinden in Greifswald, Magdeburg und Merseburg Nietzsche-Vorträge gehalten.

486 ›Wille zur Macht und nichts außerdem‹, Manuskript, S. 17.

487 Programm der vom Katholischen Seelsorgeamt und der Evangelischen Akademie Sachsen-Anhalt veranstalteten Tagung (auf Einladung von H.-J. Tchische, L. Nowak, F. Steinmüller) über: »›Der mißbrauchte Philosoph‹. Wiederentdeckung von Friedrich Nietzsche« am 3. April 1982.

488 Nach brieflicher Mitteilung vom 13.12.1995 hat Michael Jacob den Vortrag nach der Magdeburger Tagung in den Studentengemeinden von Berlin, Halle, Chemnitz (damals Karl-Marx-Stadt), Erfurt und Rostock wiederholt. Es war Jacob noch 1988 nicht möglich, den Text des Magdeburger Vortrags in der DDR-Kirchenzeitschrift: ›Stimmen der Zeit‹ zum Druck zu bringen.

489 Vgl. R. Bauermann, H.-M. Gerlach u.a. (Hrsg.), Beiträge zur Kritik der bürgerlichen Philosophie und

Gesellschaftstheorie, Bd. 7/8, Halle 1987, S. 3f. – Der erstgenannte Herausgeber dieser Reihe hatte als Prorektor für Gesellschaftswissenschaften an der Universität Halle-Wittenberg das wichtigste Universitäts-Parteiamt inne, was jede Öffnung für eine unabhängige Nietzsche-Forschung ausschloß.

490 Landesarchiv Merseburg, Jahresberichte der MLU Halle-Wittenberg (Az IV/F-2/9.02/316), 1986, Zentraler Plan, 412/11.03.01.01.I, 511.01: »Studie über Grundfragen der weltanschaulichen Auseinandersetzung mit der Philosophie und Ideologie der imperialistischen Gesellschaft (Prof. H.-M. Gerlach)«. Diese Akte sowie die Jahresberichte für den Zeitraum von 1984 bis 1986 sind mit Ausnahme des Deckblattes nicht mehr vorhanden. Im (erhaltenen) Jahresbericht für 1987 heißt es: »Aufbauend auf der erfolgreichen Arbeit 1986 ist es gelungen, die Profillinie *Geschichte und Kritik* der nichtmarxistischen Philosophie des 19. und 20. Jahrhunderts ... aus formationsspezifischer Sicht kontinuierlich fortzuentwickeln und weitere Fortschritte zu erreichen. So erfolgte u. a. auf dem Gebiete ›Geschichte und Kritik‹ die zielstrebige Analyse und marxistisch-leninistische Beurteilung der frühen Quellen des bürgerlichen Philosophierens in Deutschland, wobei die Tradition von A. Schopenhauer über S. Kierkegaard bis F. Nietzsche und W. Dilthey im Mittelpunkt steht« (Az 462/11.03.01.03/III, Bl. 18).

491 Von alten und neuen Schwierigkeiten mit Friedrich Nietzsche, in: Jahresschrift der Förder- und Forschungsgemeinschaft Friedrich Nietzsche e.V., Bd. I (1990/91), S. 42f. (mit »Belegen« aus einem »Privatarchiv«). Die Gründungsrede spricht von »der M-L-Philosophie«, als sei der Redner in seiner Eigenschaft als langjähriger Sektionsdirektor und Mitarbeiter in verschiedenen DDR-Institutionen bis hinauf zur »Parteihochschule des ZK der SED« nicht ihr offizieller Repräsentant, sondern darin »gefangen« gewesen, so daß er an keiner Stelle seine Nietzsche-Verdikte vor 1990 erwähnt oder

sich damit auseinandersetzt. Anderen wird dagegen im Direktionston ein »wirklich selbstkritisches Vorgehen« angesonnen, das sich »nicht vorschnell mit der Konstatierung ›guter Absichten‹ begnügt und so erneut verdrängt. So wird allgemein (und auch im Falle Nietzsches) Vergangenheitsbewältigung nicht wirklich gelingen. Verdrängung und opportunistische Akkomodation stehen dann auf der Tagesordnung« (S. 39). *Dictum Factum.* Vgl. H.-M. Gerlach, Aufbruch zur Vernunft – Zerstörung einer Illusion?, in: N. Kapferer (Hrsg.), Innenansichten ostdeutscher Philosophen, ebd., S. 95–110, worin sich der vormalige Veranstalter einer Konferenz zur ideologischen Bekämpfung von Nietzsches Philosophie als »erstes Opfer« der »Nietzsche-Kontroverse in der DDR« betrachtet (S. 107).

492 Laut brieflicher Mitteilung des Indologen Johannes Mehlig, Leipzig, vom 1. März 1995, dem die Teilnahme an der »interdisziplinären Nietzsche-Konferenz« mit der Begründung verweigert wurde, man wolle »unter sich bleiben«. Mehlig arbeitet an einem Buch über die »Wendezeit«, das unter anderem die Vorgänge um diese »Konferenz« erhellen wird.

493 BStU Halle, Az AJM 3751/86, Staatssicherheit des Bezirkes Halle, Abt. XX/8, Tonbandabschrift vom 3. August 1984, IM »Boros«, Bl. 1–2 (laut Auskunft der Gauck-Behörde ein zufällig erhaltener Rest eines während der Wende aufgelösten Aktenstücks). Nach Marcel »Broust« und Franz »Kaffka« ist also in der Stasi-Prosa auch Friedrich »Nitsche« verzeichnet. Das tragikomische Dokument verdient es, in Anbetracht grassierender DDR-Nostalgie und gezielter Irreführungen über historisch-faktische Verhältnisse im Kontext veröffentlicht zu werden. Als Sektionsdirektor und langjähriges Mitglied im »Beirat für marxistisch-leninistische Philosophie beim Ministerium für Hoch- und Fachschulwesen der DDR« hat Gerlach ohne Bedenken seine Suche auf den Spuren des Staatsfeinds nach allen Seiten abgesichert, bis hin zur Staatssicherheit.

Ohne diese Absicherung hätte er nicht zuletzt (1988) als Vorsitzender jenes weltanschaulichen Lenkungsgremiums im deutschen Teilstaat bis hin zu ihrer Auflösung amtieren können.

494 Friedrich Nietzsche – ein Philosoph für alle und keinen, ebd., S. 781. – Daß sich Gerlachs Kampfposition gegenüber seiner Position in der *Odujev*-Einleitung leicht modifiziert hat, erklärt sich aus parteitaktischen Urteilsverschiebungen der DDR-Führung, die seit Mitte der 80er Jahre die um Nietzsche gebaute Mauer in Weimar im Vorblick auf Nietzsches 150. Geburtstag im Herbst 1994 (für wenige!) durchlässig zu machen versuchte. In diesem Punkt erscheint mir die Interpretation in dem sonst kenntnisreichen Buch von N. Kapferer, Das Feindbild der marxistisch-leninistischen Philosophie in der DDR 1945–1988, ebd., S. 276, nicht überzeugend. Da sowohl in Universitätsarchiven als auch in Archiven der SED-Bezirksleitung Halle einschlägige Akten zur sogenannten »Nietzsche-Konferenz» entfernt worden sind, wird eine fundiertere Klärung dieser Fragen vielleicht auf der Grundlage von Berliner SED-Archiven möglich sein.

495 Ebd., S. 785. – Wie aus dem Kontext hervorgeht, handelt es sich hier keineswegs darum, Nietzsche-Legenden »von ultralinks ›bis‹ ultrarechts, also auch marxistisch-leninistische Mythen, aufzulösen« (N. Kapferer, Das Feindbild, ebd., S. 276), sondern um die Wiederholung von Gerlachs früherer Kritik am »linksanarchistischen« Nietzscheanismus im Umkreis der Frankfurter »Kritischen Theorie« und Zagreber *Praxis*-Philosophie (vgl. § 22). Marxisten, so heißt es am Schluß des Beitrags, lehnten *diese* Interpretationsmuster (des »Linksanarchismus«, der »bürgerlichen« Kulturkritik) »ab und könnten, ja müßten deshalb mit der Nüchternheit, der dialektischen Schärfe und der klaren Parteilichkeit gerade heute an den ›Fall Nietzsche‹ herangehen« (ebd., S. 786).

496 Gerlachs Gründungsrede (vgl. Anm. 491) führt die

»Vorgeschichte« der »Förder- und Forschungsgemeinschaft Friedrich Nietzsche e.V.« in direkter Linie auf die mit dem Partei- und Staatssicherheitsapparat abgestimmte »Nietzsche-Konferenz« von 1986 zurück (ebd., S. 45). Neuerdings anonymisiert Gerlach seine damalige Verantwortlichkeit und spricht von »besonderen Verdikten des ideologischen Apparates gegen einige deutsche Denker«, darunter gegen Nietzsche, dem »man Präfaschismus« vorgeworfen habe. Vgl. seinen Aufsatz: Gegnerschaft, Distanz, Annäherung, in: Festschrift für H. Ott, ebd., S. 139.

497 In einigen Publikationen bleibt die Kadersprache über die »Wende« hinaus durch technisch verzögerte Druckvorgänge stehen. Man vergleiche Gerlachs »Einführung« zu ›Nietzsche‹, erschienen nach Gründung seiner »Nietzsche-Gesellschaft« und der Einrichtung eines Beirats durch namhafte westliche Nietzsche-Forscher, in: Philosophen-Lesebuch, Bd. 3, Berlin 1991, S. 178, wo Nietzsche als Kulturkritiker der bürgerlichen Gesellschaft charakterisiert und dann seine vermeintliche Polemik gegen »die wirkliche soziale und politische Gegenkraft, das Proletariat und seine revolutionäre sozialdemokratische Partei« als Ideologie »in einem reaktionären, konservativen, dem Kampf der Volksmassen um Freiheit und Gleichheit feindlich gegenüberstehenden Sinne« bezeichnet wird (S. 179).

498 Die Briefsammlung sollte ursprünglich den Untertitel: ›Von Winckelmann bis Nietzsche‹ tragen und konnte erst erscheinen, nachdem E. Haufe auf Nietzsches Namen zugunsten von Gregorovius verzichtete (Brief an den Verf. vom 15. 1. 96).

499 Vgl. T. Rietzschel (Hrsg.), Die Aktion 1911–1918, Berlin/Weimar 1986, Sp. 459–463.

500 Vgl. Renate Reschke, Die anspornende Verachtung der Zeit. Studien zur Kulturkritik und Ästhetik Friedrich Nietzsches. Dissertation B (= Habilitation) an der Humboldt-Universität Berlin, 1983; Erhard Naake, Friedrich Nietzsches Verhältnis zu wichtigen sozialen

und politischen Bewegungen seiner Zeit. Dissertation zur Erlangung des akademischen Grades eines Doktors der Wissenschaften an der Gesellschaftswissenschaftlichen Fakultät der Universität Jena, 1985.

501 Vgl. R. Reschke, Kritische Aneignung und notwendige Auseinandersetzung. Zu einigen Tendenzen moderner bürgerlicher Nietzsche-Rezeption, in: Weimarer Beiträge, Jg. 29 (1983), S. 1211, der Hinweis auf Bloch S. 1200.

502 Nietzsche zwischen Alfred Baeumler und Georg Lukács (1979), in: Nietzsche lesen, Berlin / New York 1982, S. 169 ff.

503 Totalität und Dekadenz. Zur Auseinandersetzung von Georg Lukács mit Friedrich Nietzsche, in: Weimarer Beiträge, Jg. 31 (1985), S. 561.

504 Vgl. Totalität und Dekadenz, ebd., S. 563 f.

505 Vgl. Nachlaß Herbst 1887, 10 (28), KSA 12, S. 470.

506 Der Fall Wagner, 7, KSA 6, S. 27.

507 H. Pepperle, Revision des marxistischen Nietzsche-Bildes? Vom inneren Zusammenhang einer fragmentarischen Philosophie. In: Sinn und Form 5/1986, S. 934 – 969. Es erscheint bemerkenswert, daß von namhaften DDR-Philosophen nur Manfred Buhr und Gerd Irrlitz als Kontrahenten an der ›Sinn-und-Form‹-Debatte teilgenommen haben. In dieser Debatte, schreibt Irrlitz, »die Harichs absurden Angriff benutzte, um für theoretische Freiräume einzutreten, wäre es gut gewesen, wenn Herr Gerlach das auch begriffen hätte. Er war damals gebeten worden, etwas für ›Sinn und Form‹ in unserem Sinne zu schreiben, konnte sich dazu aber nicht entschließen« (Brief an den Verf. vom 31. 1. 1995).

508 Verwiesen sei auf den kenntnisreichen Aufsatz von W. Müller-Lauter, Ständige Herausforderung: Über Mazzino Montinaris Verhältnis zu Nietzsche, in: Nietzsche-Studien, Bd. 18 (1989), besonders die zur Orientierung unverzichtbaren Exkurse 2 – 3, ebd., S. 56 – 82. Vgl. auch Denis M. Sweet, Nietzsche Criticized: The GDR Takes a Second Look, in: Studies in GDR Culture and Society 7 (1987), S. 141–153.

509 Matth. 16, 16.
510 Revision des marxistischen Nietzschebildes?, in: Sinn und Form, Jg. 39 (1987), H. 5, S. 1020.
511 Montinari hat sie Mitte der 70er Jahre dargestellt in seinem Buch: ›Che Cosa ha ‚veramente‘ detto Nietzsche‹, Rom 1975. In deutscher Übersetzung ist das Buch erschienen unter dem Titel: Friedrich Nietzsche. Eine Einführung, Berlin/New York 1991.
512 Nachlaß August-September 1885, 39 [14], KSA 11, S. 625. Vgl. M. Montinari, Friedrich Nietzsche, ebd., S. 105.
513 Vgl. Nachlaß November 1877–März 1888, 21 (297), KSA 13, S. 124f.
514 Politeia, 436 b–e. Vgl. Nietzsches ›Einleitung in das Studium der platonischen Dialoge‹, in: Philologica III, GOA Bd. 19, S. 286f.
515 Nachlaß Frühjahr 1888, 15 [113], KSA 13, S. 473.
516 Ebd.
517 Unter diesem Titel ist Ende der 60er Jahre in der Bundesrepublik ein Auszug aus G. Lukács' ›Zerstörung der Vernunft‹ erschienen.
518 E. Sandvoss, Hitler und Nietzsche, Göttingen 1969.
519 Der Spiegel, Nr. 24, Jg. 35 (1981), S. 156–184.
520 Vgl. H. Malorny, Friedrich Nietzsche und der deutsche Faschismus, in: Eichholtz/Gossweiler (Hrsg.), Faschismus–Forschung–Positionen, Probleme, Polemik, Köln 1980; B. Taureck, Nietzsche und der Faschismus, Hamburg 1989; J. Kirchhoff, Nietzsche, Hitler und die Deutschen, Berlin 1990.
521 Ecce homo, Die Geburt der Tragödie, 4, KSA 6, S. 313.
522 Nachgelassene Fragmente, Dezember 1880–Anfang Januar 1889, 25 [1], KSA 13, S. 637.
523 Ebd., S. 638.
524 Nietzsche und der Nietzscheanismus, Frankfurt/M./Berlin 1990, S. 190ff., ferner: Der Faschismus in seiner Epoche, München 1963, S. 533f.
525 Nachgelassene Fragmente, Dezember 1888–Anfang Januar 1889, 25 [14], KSA 13, S. 644. – Es versteht sich

beinahe von selbst, daß dieser Passus in keiner der heutigen Nietzsche-Attacken erwähnt wird, weder in Kirchhoffs ›Nietzsche, Hitler und die Deutschen‹ noch in Taurecks ›Nietzsche und der Faschismus‹, von öffentlichen Erörterungen dieses vielberedeten Themas anläßlich des 150. Geburtstags im Oktober 1994 zu schweigen...

526 Ecce homo, Warum ich so weise bin, KSA 6, S. 264.

527 Ebd., Warum ich ein Schicksal bin, 2, S. 366. Vgl. dazu meine Auseinandersetzung mit dem Problem der »schöpferischen Güte«, in: Tradition und Utopie. Ernst Blochs Philosophie im Licht unserer geschichtlichen Denkerfahrung, ebd., S. 260ff.

528 Ebd., S. 368.

529 Nietzsche (1939), ebd., S. 279.

530 Ebd., S. 289. – In dieser Frage ist sich Heinrich Mann seit seiner Nietzsche-Verteidigung gegen falsche Propagandavorwürfe am Beginn des europäischen Bürgerkriegs treu geblieben. Vgl. seine *Zola*-Studie (1915) sowie: Kaiserreich und Republik (1919), in: Essays, Hamburg 1960, S. 209 und 408f., ferner: Ein Zeitalter wird besichtigt (1946), Studienausgabe Frankfurt/M. 1988, S. 186ff.

10. Kapitel: »Wo der Staat aufhört...«

531 Ich beziehe mich auf den Brief von Heinrich Köselitz an Franz Overbeck vom 29. Oktober 1892 über sein (Thomas und Heinrich Mann vertrautes) Vorwort zur 2. Auflage der *Zarathustra*-Dichtung, zitiert nach C. P. Janz, Friedrich Nietzsche. Biographie, Bd. 3, München/Wien 1979[1], 1981[2], S. 157. Vgl. im übrigen Köselitz' ›Einleitung in den Gedankenkreis von ‚Also sprach Zarathustra'‹, in: Nietzsche's Werke, 1. Abt., Bd. VI, Leipzig 1919, S. 486–521.

532 Revision des marxistischen Nietzschebildes?, ebd., S. 1028.

533 Ebd.
534 Ebd.
535 Ebd.
536 Menschliches, Allzumenschliches, I, Aph. 477, KSA 2, S. 311f.
537 Also sprach Zarathustra, I, KSA 4, S. 58.
538 Vgl. Nietzsche und seine Brüder. Eine Streitschrift, ebd., S. 135.
539 Also sprach Zarathustra, I, KSA 4, S. 58.
540 Das habe ich in einigen Aspekten (Stellung zu Sozialismus und Christentum, zum Krieg und Frieden) an verschiedenen Stellen meines Buches: Zeitkehre in Deutschland. Ebd., getan (u.a. S. 48ff., 63ff., 74ff.). Ähnliche Manipulationen finden sich in Harichs Darstellung von Nietzsches Verhältnis zum weiblichen Geschlecht, seinen abenteuerlichen Bemerkungen zum Antisemitismus und Rassismus als Zentrum der faschistischen Ideologie und seinen Fehlurteilen über »Dekadenz« bei Thomas und Heinrich Mann.
541 Wer diese Reformkräfte gewesen sind, wird aus dem noch unpublizierten Briefwechsel von Harich mit E. Honecker, W. Stoph und anderen Vertretern des DDR-Ministerrats ersichtlich. Die baldige Veröffentlichung der Harich-Briefe wäre im Interesse einer Klärung der unübersichtlich gewordenen Grenzlinienverläufe des Nietzsche-Streits innerhalb der ehemaligen DDR-Staats- und Kirchenräume dringend geboten.
542 Vgl. Weltenwechsel – Harich und Nietzsche, ebd., S. 124.
543 Bruder Nietzsche? Tagungsprotokolle, in: Edition Marxistische Blätter, Düsseldorf 1988.
544 2. Thess. 5, 27.
545 Vgl. Nietzsche und seine Brüder, ebd., S. 172 und 207.
546 Ebd., S. 190.
547 Ebd.
548 Vgl. die Reden von Hermann Kant und Stephan Hermlin vor dem Plenum des X. Schriftstellerkongresses der DDR, Köln 1988, S. 44 f. und 72–77.

549 Vgl. Weißenseer Blätter, hrsg. im Auftrag des Weißenseer Arbeitskreises (Kirchliche Bruderschaft in Berlin-Brandenburg), 5/1987, S. 47–50, und 1/1988, S. 58–61.
550 Weißenseer Blätter, 5/1987, S. 47.
551 Ebd.
552 Ebd., S. 48.
553 Ebd., S. 47–50.
554 Weißenseer Blätter, 1/1988, S. 58.
555 Vgl. Nietzsche aujourd'huis, Paris 1972.
556 Es erschien in polnischer Sprache: Ecce homo. Estetyczne samozbawienie Fryderyka Nietzschego, in: Studia Estetyczne 20/21 (1983/84), Warszawa 1987, S. 197–208. Vgl. S. Dietzsch, Vom Wiederentdecken eines Unvergessenen. Überlegungen zur ersten Nietzsche-Edition in der DDR, in: Weimarer Beiträge 36 (1990), S. 1018–1026.
557 Vgl. dazu S. Dietzsch, 30 Jahre Philosophie aus Leipzig 1962–1992, in: Kopfbahnhof. Almanach 5, Leipzig 1992, S. 141–145.
558 Betrachtungen eines Unpolitischen, ebd., S. 164 ff. und 627–629.
559 Ebd., S. 627. Vgl. H. Kurzke, Nietzsche in den Betrachtungen eines Unpolitischen, in: Festschrift für E. Heftrich, S. 197.
560 Darüber spricht Harich in: Nietzsche und seine Brüder, ebd. S. 105.
561 Kenntnis von diesen Plänen und Beratungsergebnissen der frühen 80er Jahre habe ich durch Gespräche im Jahre 1990 mit Frau Dr. Roswitha Wollkopf, Weimar, der für ihre freundliche Hilfsbereitschaft gedankt sei.
562 Vgl. dazu E. Heftrich, Auf deinen Namen werden die Buben schwören. Das Leiden an Nietzsche war eine Form des Leidens an Deutschland, in: Frankfurter Allgemeine Zeitung vom 17. September 1996, S. 40.
563 Tagesspiegel vom 15. Oktober 1994.
564 Vgl. dazu das gedruckte Programm der »Förder- und Forschungsgemeinschaft Friedrich Nietzsche e.V.« zur

Gedenkveranstaltung an Nietzsches 150. Geburtstag in Röcken/Sachsen-Anhalt.

565 Menschliches, Allzumenschliches, II: Der Wanderer und sein Schatten, Aph. 85, KSA 2, S. 591.

566 Nachlaß Sommer 1880, 4 [254], KSA 9, S. 162.

567 Nachlaß Winter 1887–1888, 11 [4] KSA 13, S. 10.

568 Nietzsche und seine Brüder, ebd., S. 92.

569 Vgl. Harichs ›Versuch einer Rechtfertigung nebst aktuellen Äußerungen‹, in: Keine Schwierigkeiten mit der Wahrheit, ebd., S. 213.

570 Ebd., S. 37 f. und 213.

571 Nietzsche und seine Brüder, IV: Ist das der ganze Nietzsche?, ebd., S. 92.

572 Ethik, Berlin/Leipzig 1926, S. 457.

573 Günter de Bruyn hat festgehalten, wie er nach dem Krieg Harich als parodistisch glänzenden Essayisten am Westberliner ›Kurier‹ und dann wenig später als »grobschlächtig-parteitreuen Kritiker der *Täglichen Rundschau*, als eifernden Leninismus-Dozenten erlebt. Seine mit geschmacklosen Witzen geschmierten Ausfälle gegen Nicolai Hartmann (die er später zu korrigieren versuchte) waren mir zuwider gewesen« (40 Jahre. Ein Lebensbericht, ebd., S. 174). Ein etwas anderes Porträt zeichnet F. Dieckmann, Vom Reich, dem Lindenblatt und der Beugehaft, in: Der Irrtum des Verschwindens, Leipzig 1996, S. 63 ff.

574 Nietzsche und seine Brüder, ebd., S. 83.

575 Also sprach Zarathustra, I: Vom neuen Götzen, KSA 4, S. 61 ff.

Epilog: Goethe und Nietzsche

576 Ansprache im Goethejahr 1949, Weimar, in: Reden und Aufsätze Bd. 3, ebd., S. 497.

577 Götzendämmerung, 49, KSA 6, S. 151.

578 Menschliches, Allzumenschliches, II, 2, Aph. 125: Gibt es ›deutsche Klassiker‹?, KSA 2, S. 606 f.

579 Ebd., S. 607. Vgl. dazu die wegweisende Studie von E. Heftrich, Nietzsches Goethe, Eine Annäherung, in: Nietzsche-Studien 16 (1987), S. 1–17.

580 Der Antichrist, 61, KSA 6, S. 251f; Ecce homo, ebd., S. 359.

581 Ecce homo, ebd., S. 360.

RECLAM-BIBLIOTHEK

Bernhard H. F. Taureck
Nietzsche-ABC

256 Seiten. RBL 1679. 18,– DM
ISBN 3-379-01679-9

Paul Valéry brachte die Wirkung Nietzsches auf den Punkt: Er sei keine Nahrung, sondern ein Aufputschmittel. Man hat Nietzsche gefeiert, und man hat ihn verboten. Seine Nachwirkungen im 20. Jahrhundert spiegeln seine Widersprüchlichkeit. Nietzsche verlangte die Ausrottung entarteter Menschen und glaubte gleichzeitig an eine harmonische Lebensweltgestaltung der Zukunft. Er äußerte sich pazifistisch und militaristisch. Er wollte Weltbürger sein und wurde im Deutsch-Französischen Krieg 1870/71 von nationalistischen Leidenschaften ergriffen. Er war Philosemit und lastete den Juden die Erfindung der Moral an. Er verkündete für Europa eine ökonomische Globalisierung und wünschte eine kulturelle Mobilmachung der Deutschen. Nietzsche radikalisierte Modernität und Antimodernität in einem Atemzuge.

Bernhard H. F. Taureck lehrt Philosophie an der Technischen Universität Braunschweig. Zuletzt erschienen »Nietzsches Alternativen zum Nihilismus« (1991), »Lévinas zur Einführung« (1997) und »Michel Foucault« (1997).

RECLAM-BIBLIOTHEK

Frank Schäfer
Lichtenberg-ABC

175 Seiten. Mit 14 Abbildungen. RBL 1636. 18,– DM
ISBN 3-379-01636-5

»Experimental-Politik«, »elektrische Figuren«, »animalischer Magnetismus«, »Mondkrater«, »Trinken« und »unzüchtige Literatur« sind einige Schlagworte im Lichtenberg-ABC. Wie hielt der Satiriker, Polemiker und Sudelbuch-Autor es mit der Religion? Und wie mit der Französischen Revolution? Was hat er jahrelang in England gemacht? Gegen wen richten sich seine Satiren und Polemiken? Und warum war Goethe sauer auf ihn? War Lichtenberg ein Hypochonder? Ein Judenfeind? Ein Selbstmord-Kandidat?
Diese und viele weitere drängende Fragen beantwortet dieses Lichtenberg-Kompendium.

»Von Abendmahl bis Zeittafel findet man – auf vergnügliche Weise geschrieben – unter anderem Stichworte über die Zeitgenossen des Universalgelehrten, seine Gewohnheiten und Vorlieben.«

Associated Press

»Es geht in diesem ABC meist zu, wie es bei einem wie Lichtenberg zuzugehen hat: manchmal obszön, stets unterhaltsam – gelehrt, meist witzig.«

Neue Zürcher Zeitung

Uta Störmer-Caysa
Entrückte Welten

Einführung in die mittelalterliche Mystik

157 Seiten. RBL 1634. 20,– DM
ISBN 3-379-01634-9

Mystische Lehren versuchen die Quadratur des Kreises: im endlichen und eingebundenen Leben zugleich eins zu werden mit dem Unendlichen, Grenzenlosen. Ihr Ziel ist die leidenschaftliche Begegnung der menschlichen Seele mit Gott.

Uta Störmer-Caysa, Mediävistin an der Universität Erlangen, entfaltet die Fragen, die die Mystik auf die Tagesordnung des europäischen Denkens gesetzt hat. Vorgestellt werden die Vernunftmystik, die Stufen der Unio mystica, die Ideen einer spirituellen Leiblichkeit und die Lebenskonzepte von Mechthild von Magdeburg, Meister Eckhart, Johannes Tauler, Heinrich Seuse und anderen.

Eine Einführung in die faszinierenden Gegenwelten der mittelalterlichen Mystik.

»Durch das ganze Mittelalter hindurch galt es als das eigentliche und entscheidende Merkmal des höchsten Menschenthums: dass man der Vision – das heisst einer tiefen geistigen Störung! – fähig sei.«

Friedrich Nietzsche

RECLAM-BIBLIOTHEK

Andreas Steffens

Philosophie des zwanzigsten Jahrhunderts
oder
Die Wiederkehr des Menschen

316 Seiten. RBL 1663. 22,– DM
ISBN 3-379-01663-2

Ausgehend von einer – in dieser Perspektive erstmals unternommenen – Analyse der im 20. Jahrhundert eskalierenden Politik der Menschenformung (Anthropolitik), deren Ziel es war, die Sehnsucht nach einem neuen, perfektionierten Menschen mit Gewalt zu verwirklichen, bietet Andreas Steffens einen zusammenfassenden Rückblick auf die zentralen philosophischen Denkformen unseres Jahrhunderts: von der Lebensphilosophie bis zur Ästhetik, von der analytischen Philosophie bis zur Kritischen Theorie, vom Symbolismus bis zur Semiotik, von der Phänomenologie bis zum Existentialismus.

»Steffens bietet eine kluge, engagierte Philosophie.«

Der Spiegel

RECLAM-BIBLIOTHEK

Melancholie

Herausgegeben von Lutz Walther
229 Seiten. RBL 1664. 24,– DM
ISBN 3-379-01664-0

Was bedeutet »Melancholie«? Eine pathologische Störung oder eine wesentliche Voraussetzung für Genialität und kreatives Schaffen? Verzweiflung an der Sinnlosigkeit der Welt? Im Mittelalter galt sie gar als unheilbare Erb- und Todsünde.
Literaturwissenschaftler, Kunsthistoriker und Psychopathologen befassen sich seit langem mit dem Phänomen »Melancholie«. Gegenwärtig findet, vor allem im deutschsprachigen Raum, eine regelrechte Debatte zum Thema statt, die zunächst eines herausstellt: Melancholie ist weitaus mehr als nur unbestimmte Traurigkeit, nostalgische Schwermut oder faules Nichtstun.

Dieses Studienbuch bietet sowohl einen Einblick in die reichhaltige Diskussion als auch einen Überblick über die Geschichte der Melancholie.

RECLAM-BIBLIOTHEK

Anthropologie

Herausgegeben von Gunter Gebauer
331 Seiten. RBL 1637. 28,– DM
ISBN 3-379-01637-3

Die Natur hat aus dem Menschen etwas gemacht – was wird er nun selbst aus sich machen? Die philosophische Anthropologie, die *Grundlagentheorie* aller »Menschenwissenschaften« (Norbert Elias), blickt vom Menschen auf die Natur zurück, um den Abstand zu ermessen, den der Mensch zwischen sich und seinen Ursprung gelegt hat.

Der Reader, herausgegeben von Gunter Gebauer, Professor für Philosophie in Berlin, spiegelt die aktuelle Situation der anthropologischen Debatten. Schwerpunkte der Textsammlung bilden die Kontroversen der modernen Anthropologie um die »Sprachwurzeln«, um den Ursprung und Aufbau symbolischer Werte, um die Rolle von Regeln und Normen, um die Beziehungen von Individuum und Gesellschaft, um das Universale des Menschseins, das alle Kulturen Übergreifende.

RECLAM-BIBLIOTHEK